刘泽华全集

刘泽华 ◎ 著

南开大学历史学院 ◎ 编

中国古代史

天津出版传媒集团

天津人民出版社

图书在版编目(CIP)数据

刘泽华全集. 中国古代史 / 刘泽华著；南开大学历
史学院编. -- 天津：天津人民出版社, 2019.10
 ISBN 978-7-201-15228-8

Ⅰ.①刘… Ⅱ.①刘… ②南… Ⅲ.①刘泽华–文集
②中国历史–古代史–文集 Ⅳ.①C53②K220.7–53

中国版本图书馆 CIP 数据核字(2019)第 201642 号

刘泽华全集·中国古代史
LIU ZEHUA QUANJI · ZHONGGUO GUDAI SHI

出　　版　天津人民出版社
出 版 人　刘　庆
地　　址　天津市和平区西康路 35 号康岳大厦
邮政编码　300051
邮购电话　(022)23332469
网　　址　http://www.tjrmcbs.com
电子信箱　reader@tjrmcbs.com

总 策 划　任　洁
责任编辑　金晓芸
装帧设计　明轩文化·王　烨
　　　　　TEL:23674746

印　　刷　河北鹏润印刷有限公司
经　　销　新华书店
开　　本　710 毫米×1000 毫米　1/16
印　　张　27.5
字　　数　445 千字
版次印次　2019 年 10 月第 1 版　2019 年 10 月第 1 次印刷
定　　价　178.00 元

前　言

　　由天津人民出版社编辑出版的《刘泽华全集(全十二卷)》,在众多南开师友、刘门弟子、家属及出版社领导、各位编辑的共同努力下,终于可以问世了。此套全集由南开大学历史学院主持编选,一些事项需要在此说明:

　　一、刘泽华,享誉海内外的著名史学家、南开大学荣誉教授,1935 年 2 月出生,2018 年 5 月 8 日病逝于美国西雅图,享年 83 岁。自 1960 年大学三年级破格留校任教后,刘先生在南开大学历史系、历史学院执教四十余载,直至 2003 年退休。刘先生曾任南开大学历史系主任、校学术委员会委员、教育部人文社科重点基地中国社会史中心主任等校内外多种重要学术职务,受聘于多家高校及科研单位并担任客座教授,退休后被授予"南开大学荣誉教授"称号。刘先生著作较多,理论观点自成一体,所提出的"王权支配社会""王权主义是传统思想文化的主脉""中国传统政治思想是一种'阴阳组合结构'"等命题和论断, 准确而深刻地把握住了中国传统政治文化与政治实践的特点,具有重要的理论创新性,学术影响极大。

　　二、在几十年的教学与科研进程中,刘先生带起了一支专业素质较强的学术团队,以他的学术观点为灵魂,系统梳理中国传统政治思想的脉络,找寻传统与现代政治理念间的异同, 致力于剖析中国现代化进程中的诸多症结,具有鲜明的学术个性、敏锐的问题意识和强烈的现实关怀,被誉为"王权主义学派"或"刘泽华学派"。先生可谓是中国政治思想史领域的代表性人物之一。

　　三、鉴于刘泽华先生崇高的学术地位及其论著的重要理论价值,《刘泽华全集(全十二卷)》得以入选天津市重点出版项目。为保证文集的学术水平和编纂质量,天津人民出版社与南开大学历史学院密切合作,联手打造学术精品。经刘泽华先生生前授权，由南开大学历史学院主持全集编选工作，成立了由李宪堂、张荣明、张分田教授为主的编选工作组，带领部分研究生收集初稿进行编选，之后又多次协调召开京津地区刘门弟子研讨会，对全集十二卷的顺序、各卷目录及学术年谱进行了反复讨论。天津人民出版社副总编辑任洁带领团队全力投入，负责各卷编辑工作。

四、时值南开大学百年华诞，作为献礼之作的《刘泽华全集（全十二卷）》的出版引起广泛关注。全集编选工作得到各方支持，进展顺利。多位师友提供刘泽华先生文章手稿及照片。阎师母及先生的女儿刘琰、刘璐对全集的出版十分关心，就全集的编撰、封面设计提出不少建设性的意见。葛荃教授代表刘门弟子撰写了全集的序。葛荃、张荣明、李宪堂、孙晓春、季乃礼、林存阳等教授审读了各卷。何平、杨阳、林存光、邓丽兰等诸多刘门弟子，以及诸多南开史学的毕业生纷纷表达期待之情，翘首以待。

五、由于刘泽华先生的写作时间始自 20 世纪 50 年代初，直至 2018 年 5月逝世前夕，跨度长达半个多世纪，各个时期的学术规范、报刊发表要求不尽相同，给收集整理和编辑工作带来相当大的困难。此次出版，除对个别字句的误植进行订正外，基本保持发表时的原生样态，以充分体现论著的时代性，便于后人理解当代中国史学演变的路径及意义。刘泽华先生的回忆录《八十自述：走在思考的路上》于 2017 年由生活·读书·新知三联书店出版后，引起广泛关注，被誉为"当代中国学人的心灵史"，此次全集出版时也将其收录进来，以体现全集的完整性，并于文末附由林存阳教授与李文昌博士所梳理的"刘泽华先生著述目录"。

六、由于印刷模糊、议题存疑等原因，刘泽华先生的个别文章未能收入。希望以后有机会再增补出版，以补缺憾。

七、天津人民出版社《刘泽华全集（全十二卷）》编辑小组的全体编辑，对全集编辑出版工作倾情投入，付出了艰巨的劳动，他们是责任编辑金晓芸、张璐、赵子源、霍小青、孙瑛、王小凤、康嘉瑄、韩伟，二审赵艺编审和三审任洁编审。在此向天津出版传媒集团和天津人民出版社表示衷心的感谢。

刘泽华先生长达半个多世纪的学术生涯是在南开度过的，他对南开大学、南开史学拥有一份真诚、朴素的情感，曾带头汇捐四十万元用于设立"中国思想史奖学金",希望中国思想史学科能后继有人。这套全集也是按照刘先生生前愿望,由南开大学历史学院主持编选,这也是刘泽华先生向南开百年奉献的一份真挚祝福。

唯愿刘泽华先生在天之灵安宁!引导我们永远走在思考的路上!

南开大学历史学科学术委员会

2019 年 10 月 17 日

序:刘泽华先生的学术贡献

葛　荃[①]

　　刘泽华先生(1935—2018),河北石家庄人,中国当代著名史学家,中国政治思想史研究著名学者。研究领域包括先秦史、政治史、知识分子史、历史认识论和中国古代政治思想史。先生成果丰硕,为当代中国学术研究贡献良多,主要体现在以下三个方面。

一、著述等身

　　中国政治思想史研究自 1952 年全国院系调整以后基本处于停滞状态。间或也有些研究成果,刘泽华先生此时即有论文面世,大都是先秦诸子及后世思想家方面的学术论文,鲜有专著问世。20 世纪 80 年代改革开放后,中国政治思想史研究得以复苏。1984 年《先秦政治思想史》出版,这是继 1924 年梁启超《先秦政治思想史》[②]之后唯一的一部同名学术专著,其翔实和厚重的程度,体现了中国学术界六十年来的知识积累和理性认知的进步。其后,1987年《中国传统政治思想反思》出版,这两部著作在学术界形成了重要影响,奠定了刘泽华先生的学术地位。

　　关于《先秦政治思想史》,据先生自述,这是一部"迄今为止最系统、最全面(包括'人'和'书')、资料最翔实的一部先秦政治思想史"。诚哉斯言!从体例来看,这部著作有三个特点。一是脱出中国哲学史研究的套路,真正形成了

---

　　① 葛荃(1953—　　),安徽巢湖人,系刘泽华先生首徒。曾在南开大学、山东大学任教。现为中国政治学会常务理事,中国政治思想史研究会常务理事兼会长。术业专攻:中国政治思想与政治文化。
　　② 该书一名《中国圣哲之人生观及其政治哲学》。

中国政治思想史的知识体系。二是立论允当,均有翔实的史料依据。所谓"言必有据",这正是先生"让史料说话"治学理念的验证。三是在理论突破方面有所尝试。《先秦政治思想史》的写作时间大约是从 1979 至 1983 年。那个时段的中国刚刚改革开放,曾经的教条主义思想束缚还没有完全破除,在理论方面有所突破是需要胆识和超前意识的。刘泽华先生说:"在研究方法上我突破了用阶级理论定义政治的'铁则'。我认为政治有阶级性,也有社会性。""1949 年以后到本书出版之前所有的思想史著作,在论述人物及其思想时几乎都被戴上'这个'阶级或'那个'阶级的帽子,而我在本书中实行了'脱帽礼'。把帽子统统摘掉了。这在当时也可以说是绝无仅有的,谓余不信,不妨翻翻那时的著作。"刘泽华先生延续了"马克思主义"流派的论说方式,破除了教条思维的束缚,摒弃了几十年来桎梏人们头脑甚而轻车熟路的"阶级代入法",形成了夹叙夹议、史论结合、突显学术个性的叙事方式。刘泽华先生以传统中国的政治思维与当下的家国情怀相观照,充分展现了政治思想史研究的理论深度与学术感染力,具有明显的开创性,从而在学术界形成了广泛影响。

《中国传统政治思想反思》更是一部力作。刘泽华先生以鲜明的问题意识"反思"传统,论题包括人性、民论、天人合一、法制、礼论、谏议思想、清官问题,等等。书中提出了中国传统政治思想的研究对象和研究方法问题,论述了传统人文思想与王权主义问题。这些论题的视角和形成的学术判断展现出作者自由思维的敏锐与犀利,引起学界极大的关注。《先秦政治思想史》和《中国传统政治思想反思》开启并奠定了刘泽华先生的研究路向,提升了先生在学术界的知名度和影响力。其中王权主义理念的提出,预示着先生学术思想体系的核心部分已经形成,为其以后的研究及王权主义理论体系的构建开通了道路。

嗣后几十年,刘泽华先生在中国古代政治思想史研究领域用功尤勤,出版了一卷本《中国古代政治思想史》(1992)、三卷本《中国政治思想史》(1996)和九卷本《中国政治思想通史》(2014)。这三部著作跨越二十余年,反映出先生在中国政治思想史领域的超越性进路。其中,1992 年初版的《中国古代政治思想史》于 2001 年出版修订本,被国家教育部研究生工作办公室推荐为全国研究生教学用书。2014 年出版的《中国政治思想通史》是这一学科发展近百年来唯一的一部通史类著作。如果从 1923 年出版的谢无量的《古代政治思想研究》和 1924 年梁启超的《先秦政治思想史》算起,近百年来,有关中国政治思想史类的个人著述并不少。除了梁、谢之作,还有萧公权、萨孟武等人的二十余种,但是冠以"政治思想通史"者,唯先生一人耳。

此外,刘泽华先生还出版了《中国政治思想史集(全三册)》《中国的王权主义》《专制主义与中国社会》(合著)《士人与社会(先秦卷)》《士人与社会(秦汉魏晋南北朝卷)》《中国传统政治哲学与社会整合》(合著)《洗耳斋文稿》《中华文化集粹丛书·风云篇》《中国传统政治思维》《竞争、改革、进步:战国历史反思》(合著)《王权思想论》《中国古代王朝兴衰史论》(合著)等三十多种书,并主编《中华文化通志·制度文化典》。晚年出版个人回忆录《八十自述:走在思考的路上》,这部著作登上了《南方周末》《新京报》等各大书榜,又被《中华读书报》评为 2017 年 5 月月度好书。

刘泽华先生在《历史研究》《哲学研究》《历史教学》《红旗》《文史哲》《南开学报》《天津社会科学》《学术月刊》等刊物,以及《人民日报》《光明日报》《文汇报》《今晚报》等先后发表学术论文、学术短文合计两百四十多篇。

另外,先生还有多部论文和著作在外文期刊或外国出版社出版。其中《中国传统政治思想反思》由卢承贤译成韩文,首尔艺文书苑 1994 年出版;三卷本《中国政治思想史》由韩国著名学者、韩国荀子学会会长、韩国政治思想学会会长张铉根教授用功二十年(1997—2017),译成韩文,合计二百六十万字,已经于 2019 年 2 月面世。

20 世纪 80—90 年代,中国政治思想史研究形成热潮,计有几方重镇。中国古代政治思想史有南开大学、吉林大学,中国近现代政治思想史以中国人民大学为首。进入 21 世纪,重镇相继衰落。唯 2014 年泽华师主编的九卷本"通史"问世,彰显了他数十年的学术积累和巨大的学术影响力,即以皇皇巨著表明其学术追寻的孜孜以求和笔耕不辍的坚守,誉为"著作等身",实至名归。

二、开创学派

学者的成功不仅在于著述,更在于培养新人、接续文化与学术传承。刘泽

3

华先生于 1982 年初指导硕士研究生,1994 年始招博士研究生,几十年培养弟子众多。其中一些弟子选择在高校或科研单位任职,在学术观点上与先生相承相通,逐渐形成了一个相对松散却志同道合的学术群体。刘泽华先生的学术旨趣在于反思中国历史与传统文化,以批判中国君主专制政治为要点,形成了一套学术理念,具有鲜明的启蒙性。在先生的感召和引领下,学术群体虽然分散在各地,但仍能坚守学术志向,传承先生衣钵,形成了李振宏先生命名的"中国政治思想史研究中的王权主义学派"①。

这里需要说明的一点是,这一"学派"的形成,并非有意为之,更非刻意求之,而是在长期的指导、引领与合作中自然形成的,正所谓"无心插柳柳成荫"。一方面,先生指导研究生的重点是精读原典和研习理论方法,主要通过讨论的方式,激发学生思考,学会做研究。另一方面,先生以指导学生习作的方式来培养和提高学生的研究能力,旨在通过实际操作,激活学生的思维能力。特别是对于某些年龄偏大、入门较晚的学生更是如此。正是在这样的过程中,在先生耳提面命、逐字逐句的谆谆教诲中,师生得以思想交流、情感交融。老师的学术旨趣、价值理念感染和浸润着受教者,许多学术判断和创见性论断在学生的著述中得到接续和不断阐发。兹可谓聚似一团火,散则满天星,历经有年,以刘泽华先生为中心的学术群体逐渐形成。

关于学派的名称,李振宏认为"是考虑到这个学派内部成员的学术个性、差异性问题,而'王权主义学派'较之'刘泽华学派',可能具有更大的包容性"②。这一判断当然是有道理的。不过据我所知,先生本人却没有完全认同。他认为,应该是"王权主义批判学派"或"王权主义反思学派",否则容易令人产生误解,以为我们是赞同王权主义的,其实恰恰相反。

我与师门中诸位好友倒是倾向于最初的提法,以为"刘泽华学派"更为恰当。李教授关注的重点是"王权主义学派"的提法有更大的包容性。不过我以为,孔子以后儒分为八,墨子之后墨分为三,无论怎样分化,其学派的基本理念和宗旨是一脉相承的。中国传统政治文化的价值系统抑制人的个体主体性,长期以来的集体主义教育也使得我们的文化基因对突显个人有着天然的

---

①② 李振宏:《中国政治思想史研究中的王权主义学派》,《文史哲》,2013 年第 4 期。

恐惧和抵制。事实上,以刘泽华先生为创始人的学术群体,其成员主要是硕士生或博士生,以及部分优秀私淑弟子及学道同人。正是基于价值观的认同与长期的学术合作而相互呼应,形成了学术传承,以礼敬先生、光大师门的共识凝结了认同基础,具备了"师承性学派"的典型特征。故而冠以老师之名讳而称学派,或可开当代中国学界风气之先。

开创或形成学派,并非自家的一厢情愿,而是成就于学界共识。其规定至少有三:一是创始人创建出相对完备的理论体系及相应的知识与话语体系,具备特色鲜明的方法论;二是学术群体成员基本沿顺着相同的学术立场和价值观而接续传承;三是学术群体不仅合作,更有学术创新,而且多有建树,发扬光大。借此而言,刘泽华先生能身体力行,堪为典范。学术群体成员长期合作,建立了全国性学术组织①,并在各自的研究领域各有擅长与学术特色。李振宏对此论述详尽,这里不赘言。

三、知识创新

坊间探讨何为大学,谓之须有大师。能称为大师者,必然能在人类社会的知识传承方面有所创新。刘泽华先生正是这样,主要体现在三个方面。

一是中国政治思想史理论架构和知识体系的创新。梁启超早在20世纪20年代就已经提出了政治思想史研究对象问题,不过他仅仅从类型的视角解读了中国政治思想史的研究对象。一是从"所表现的对象"来划分,分为"纯理"和"应用"两类;二是从"能表现之主格"来区分,分为"个人的思想"和"时代的思想"。这样的概括显然过于笼统,学理性略有不足。此后,大凡涉猎中国政治思想者,纷纷做出解读。

近一个世纪以来,比较具有说服力的是徐大同在20世纪80年代初的认识。他提出:"政治思想史的研究对象是:历史上各个阶级和政治集团对社会政治制度、国家政权组织,以及各阶级相互关系所形成的观点和理论体系;各

---

① 2014年,以刘门弟子为主,发起成立中国政治学会之中国政治思想史专业委员会,即中国政治思想史研究会,迄今已经召开七届年会暨"中国政治思想史论坛"。该论坛始于2012年,即筹备成立研究会,在学术界形成了广泛的影响。

种不同政治思想流派之间的斗争、演变和更替的具体历史过程;各种不同政治思想对现实社会政治发展的影响和作用。"①进入 21 世纪,徐大同的认识进一步凝练,提出"一切政治思想无不是反映一定的社会阶级、阶层或集团的政治理想、政治要求,设计夺取、维护政治统治方案或为政治统治'出谋献策'。古今中外概莫能外"②。这一认识较之 80 年代有所扩展,不过其核心仍然可以概括为"关于国家与法的认识"。

刘泽华先生认为,徐大同等人的说法相当深刻,抓住了政治思想史研究的主要内容,可是尚有不足。"问题主要是把政治思想史的对象规定得过于狭窄,有碍于视线的展开。"他提出政治思想史除了研究国家和法的理论外,还有一些内容也应列入研究范围。计有政治哲学、社会模式理论、治国方略和政策、伦理道德、政治实施理论及政治权术理论等。③三十年后,先生在 2014 年出版的《中国政治思想通史》中进一步概括说:"中国古代的政治学说包罗万象,有时还与其他领域的学说理论交织在一起,而中国古代政治思想史的研究对象应包纳无遗,故在确定研究的内容和范围时,宁失之于宽,勿失之于狭。即除了关于国家、政体、法制的理论以外,还要根据中国古代政治学说自身的特点,充分注意政治哲学、社会模式理论、关于治国方略与政策的理论、政治实施理论、政治权术与政治艺术理论、政治道德理论,以及中国古代政治学说所关注的其他各种理论和其他各种门类学术理论中所包含的政治理论内容。"④

刘泽华先生在前人研究的基础上,重新审视中国古代政治思想史的研究对象,提出了政治哲学等五个方面也须作为中国政治思想史的研究对象。这一学术判断符合中国历史和文化生态,拓宽了中国政治思想史的研究视域,具有原创性,为构建中国政治思想史知识体系奠定了基础。

---

① 徐大同、陈哲夫、谢庆奎、朱一涛编著:《中国古代政治思想史》,吉林人民出版社,1981 年,第 2—3 页。

② 徐大同:《势尊道,又尊于道》,载于赵宝煦主编:《知识分子与社会发展》,华夏出版社,2003 年,第 51 页。

③ 刘泽华:《先秦政治思想史》,南开大学出版社,1984 年,第 2—7 页。

④ 刘泽华主编:《中国政治思想通史(综论卷)》,中国人民大学出版社,2014 年,第 6 页。

对中国政治思想史进行整体性的概括是基于学科的发展逐渐展现出来的。自从 20 世纪初叶梁启超"常作断片的发表"①,随着学科发展,有诸多研究者想对中国政治思想史做整体性的把握。不过,研究者往往是通过历史分期或概括特点进行整体性的描述。如陶希圣《中国政治思想史》、吕思勉《中国政治思想史十讲》等,莫不如此。被誉为以政治学理论研究中国政治思想史第一人的萧公权也是这样。②相较而言,萧公权的整体性认识是有一定的创新性的,但是基本格局没能走出前人的思路。

刘泽华先生的认识在一定程度上超越了前人,他以"王权主义"概括中国古代社会、政治与思想,对中国政治思想史做出了整体性判断。在《中国政治思想史(先秦卷)》序言中,他将中国政治思想史的主题归纳为三点:君主专制主义、臣民意识、崇圣观念。随后,他将这三点归结为一点——王权主义。在他看来,所谓王权主义"既不是指社会形态,也不限于通常所说的权力系统,而是指社会的一种控制和运行机制。大致说来又可分为三个层次:一是以王权为中心的权力系统;二是以这种权力系统为骨架形成的社会结构;三是与上述状况相应的观念体系"③。他认为,"在观念上,王权主义是整个思想文化的核心"。作为现代人的研究,当然要借助现代学科的分类来审视传统思想,"但不能忽视当时的思想是一个整体,它有自己的特定的逻辑和结构,而政治思想则是其核心或主流部分,忽视这个基本事实,就很难贴近历史"④。借此断言,"在中国的历史上,除为数不多的人主张无君论以外,都是有君论者,在维护王权和王制这一点上大体是共同的,而政治理想几乎都是王道与圣王之治"⑤。显然,王权主义不是一个简单的政治意识形态化的陈述,而是对中国传统社会的政治、社会与思想文化的结构性认知。在这一结构中,君主政治权力系统是中心。与中心相关联的,一方是与之相应的社会结构,另一方则是与权力中心及社会结构相应的思想观念。这里的逻辑关系

---

① 梁启超:《先秦政治思想史》,中华书局,1936 年,第 1 页。
② 萧公权按照思想演变的趋势,划分为四个时期:草创时期、因袭时期、转变时期、成熟时期。又以思想的历史背景归纳为三段:封建天下之思想、专制天下之思想、近代国家之思想。
③ 刘泽华:《中国的王权主义》,上海人民出版社,2000 年,第 2 页。
④⑤ 刘泽华:《中国的王权主义》,上海人民出版社,2000 年,第 4 页。

7

很清楚,政治思想与政治权力系统及社会结构相关联,三者之间存在着相互影响与作用的互动关系。

这就是说,刘泽华先生突破了以往就思想而谈思想,以分期的方式概括政治思想全局的思路。他从历史学家横亘历史长河的认知高度审视中国古代社会、政治与文化,用王权主义的体系性框架对中国传统社会政治、经济、思想文化做总体性把握,梳理出思想与社会、思想与政治、思想与制度之间互动和相互影响的认知路径,形成了独具学术个性的学理逻辑,实则构成了一种认知范式。

正是在王权主义总体把握的认知基础上,先生对中国政治思想史的命题和范畴做了梳理。诸如传统人文思想与君主专制主义、宗教与政治、王权与"学"及士人、王权与圣人崇拜、革命与正统、政治理想与政治批判,以及道与王、礼与法,等等。又提出中国传统政治思维的"阴阳组合结构",这一判断极具首创性。刘泽华先生在几十年的探索、思考中,渐渐形成了自成体系的学理逻辑,构建了充分展现其学术创新性的知识体系,终成一家之言。

二是学术观点的创新。刘泽华先生的研究新见迭出,多有首创性学术判断,这里仅举两例。

1.关于"王权支配社会"。这一观点是在传统的"权力支配经济"基础上提出的。先生坦言他受到了前人的启发:"王亚南先生的见解可谓前导。"不过他指出,王亚南是从经济入手解读政治权力与社会的关系。而"王权支配社会"与前人所论有着相当的差别。他说:"第一,我不是从经济(地主制)入手,而是直接从政治权力入手来解析历史。君主专制体制主要不是地主制为主导的经济关系的集中,而恰恰相反,社会主要是权力由上而下的支配和控制;第二,我不用'官僚政治'这一术语,君主要实现其统治固然要使用和依靠大批官僚,但官僚不是政治的主体,而只是君主的臣子、奴仆,因此不可能有独立的'官僚政治'及其他学者提出的'学人政治''士人政治'等。君主可以有各式各样的变态,如母后、权臣、宦官,等等,但其体制基本是一样的。"①

"王权支配社会"的提出具有首创性,用先生自己的话说:"我提出这一看

①刘泽华:《王权支配社会的几个基本理论》,《历史教学(上半月刊)》,2018年第2期。

法不是出于灵机一动,而是多年来学术积累的概括。"正是在这一看法的基础上,总结出了"王权主义"理论体系。这一学术判断为深入解读和诠释中国政治思想提供了政治学视角,使诸多传统论题的研究,诸如天人合一、圣人观、重民思潮等,得以走出前人的框架与格局。

2."政治文化化与文化政治化"。刘泽华先生沿顺着思想与社会互动的思路提出,"政治关系就不仅仅是单纯的权力关系,它还是一种文化关系"。他把制度、法律、军队、警察、监狱等称为政治关系中的"硬件",将信仰、情感、态度、价值观等称为政治关系中的"软件",认为"政治文化指的就是这些'软件'"。在这里,先生借鉴了现代政治文化理论,指出"政治文化是政治实体中一个有效的组成部分,在某些情况下,对政治行为起着指导作用"。他把这种状况称为"文化政治化"。其中"包括两层政治含义:其一,一定政治体制的形成有赖于一定的文化背景;其二,一定政治体制的存在和运行,受到文化因素的制约和改造。仅仅从制度、法律、规定、强制等范畴来谈政治是远远不够的,还必须结合一定的文化背景才能真正理解政治的运行和发展"[①]。

政治文化化是说,一定的政治制度与法律体系可以通过不断的政治社会化过程逐渐内化成为政治共同体内成员所奉行的行为准则与政治观念。刘泽华先生从政治与文化互动关系的视角切入,借鉴现代政治学的政治社会化理论,深刻剖析中国传统政治思想的内在结构与关联。"政治文化化与文化政治化"不仅具有学术创新性,而且作为政治学立论本土化的案例,充实了中国政治思想史研究领域的中国话语。

三是研究方法的创新。严格而论,人文社会科学的研究方法和方法论是有区别的。一般而言,研究方法指的是研究的技术手段,如计量方法,包括田野调查、质性研究,等等。方法论是指运用某种理论作为认知、分析、论证和形成学术判断的手段。刘泽华先生是彻底的唯物主义者,自喻"马克思主义在我心中"。他的方法论基础是历史唯物论和辩证唯物论,学界称为"历史与逻辑相结合"的研究方法。从 20 世纪 70 年代中期起,先生坚定而决然地摒弃了僵化教条思维,扩展视野,提出并践行中国政治思想史研究的"互动"方法与价

---

① 刘泽华:《政治文化化与文化政治化》,《天津社会科学》,1991 年第 3 期。

值研究方法。

关于"互动"方法。刘泽华先生提出的"思想与社会互动研究方法"是其辩证思维的体现。他认为,"在以往的研究中,大致说来,占主流的是'二分法'。先是阶级的二分法,强调两者的对立。近年来,讲阶级性的大大减少,取而代之的是'精英'与'大众'的二分法"[①]。在他看来,"思想与社会本是一个有机的整体。然而,由于学科的分化,人类社会的主要领域被分割""为了提高研究的专门化程度,人们可以将本来浑然一体的历史现象分割给不同的学科。"为此他提出"必须以综合性的研究来还原并解读事物的整体",概括出"互动"方法论。就是要"综合思想史与社会史的资源、对象、思路、方法",运用"互动"方法进行研究,"撰写更全面的思想史和社会史"。[②]

为了进一步说明,泽华师举出统治思想与民间社会意识关系问题作为案例。他认为,正是学科分工细化导致的"二分法"将思想分为统治思想和民间社会意识,研究者将上层与下层、官方与民间、经典与民俗、精英与大众、政治思想与社会思想分隔开来。为此就需要运用互动方法论,"依照历史现象之间固有的内在联系,确定研究对象,拓展研究视角,设计研究思路,对各种社会政治观念进行综合性解读"。"在对统治思想、经典思想、精英思想、社会思潮、民间信仰和大众心态分别进行系统研究的基础上,考察它们之间的相互关系,对全社会普遍意识发展史做出深度分析和系统描写。"[③]互动研究方法关注事物之间的联系与逻辑,可以视为辩证唯物论在政治思想史研究领域的具体运用。这种研究方法能够突破主流思想和政治意识形态对于政治思想史研究的局限,对中国社会的思想与文化做出更为深刻与合理的阐释。

关于价值研究方法。刘泽华先生说:"一方面要注意学科自身的认识规律,循序渐进;另一方面还要借鉴思想史和哲学史研究的经验与教训。"于是提出要把价值研究作为中国政治思想史研究的重要视角,这显然是一种方法论的提炼。

---

①②③ 刘泽华等:《开展统治思想与民间社会意识互动研究》,《天津社会科学》,2004 年第 3 期。

先生认为,研究中国政治思想史不能只限于描述思想内容和思想发展的历史过程,同时要考察思想的价值,价值性认识在政治思想史研究中是具有特别重要意义的。他说:"为了判明一种思想的价值,首先要明确价值标准……这就是历史唯物主义。""价值问题不只是个阶级定性问题,还有许多其他方面的内容。不做价值分析,政治思想史就会变成一笔糊涂账。为了更好地判明各种思想的价值,应该探讨一些价值标准问题。在这个问题上,既要借助历史学中已获得的成果,又要结合政治思想史的具体情况,理出一些自身特有的标准。"①

在他看来,在历史上,一些代表剥削阶级的政治思想付诸实践,是可行的,有效的,"甚至起了促进历史的作用"。那么,"在这种情况下,真理与谬误该如何分辨,代表剥削阶级利益的政治思想中有否科学和真理?实践证明是可行的,起了积极作用的思想是否就是实践检验证明了的真理?"②这些认识是在《先秦政治思想史》中提出的,时值20世纪80年代初期,"思想解放"几近热潮,这些认识代表着中国政治思想史研究的新思维趋向。

总的来看,刘泽华先生密切关注中国思想、社会和历史相关的宏观性问题,从批判和破除教条主义的思想禁锢出发,彰显和倡导史家自由思考和独立认识的主体意识,形成了成熟的方法论理念,并用于研究实践。互动研究方法和价值研究方法的提出,对推动中国政治思想史研究的深入与拓展,构建创新性知识体系具有重要意义。

四、学术人格

刘泽华先生的学术人格主要是通过其治学理念体现出来的。他说:"研究中国的政治思想与政治精神是了解中国历史与现实的重要门径之一。"为了从传统的封建主义体制和心态中走出来,"首先要正视历史,确定历史转变的起点。我们经常说要了解和熟悉国情,而历史就是国情最重要的组成部分。我的研究目的之一就是为解析中国的'国情',并说明我们现实中封建主义的由

---

① 刘泽华:《先秦政治思想史》,南开大学出版社,1984年,第11页。
② 刘泽华:《先秦政治思想史》,南开大学出版社,1984年,第12页。

来"①。可知先生作为历史学家有着强烈的家国情怀和现实关怀,并凝聚为特色独具的治学理念,形成了极富主体精神的学术人格。

其一,反思之学。反思(turn over to think)的概念在近代西方哲学已有使用,可以界定为认知主体以当下的立场和认知方式审视、回溯传统,即以往的事物与知识。刘泽华先生最早使用这一概念就是在前文提到的《中国传统政治思想反思》一书中。"反思"作为书名,实则体现了他的治学理念。作为历史学家,他认同这样的理念:历史是个不断地再认识的过程,需要当下的认识主体不断地予以反思。历史本来就是人类过往的记述,历史研究就是要为当下的现实生活做出解释,给出学术判断。"学科学理与反思国情就是我研究政治思想史的两个主要依据,也是我三十年来循而不改的一个原因。"这是他致力于"反思"中国历史与传统政治思想的"愿力"②所在。

刘泽华先生曾明确表示:"我觉得我们这一代人经历的曲曲折折很值得反思,其中我认为政治思想的反思尤为重要。""我是强调分析,强调反思……我自己也认为我是反思派,是分析派,而不是一个弘扬派,我主张在分析当中,在反思当中,来区分问题。"③先生的反思之学有两个突出的特点。一是坚持马克思主义基本方法,"把马克思主义作为一种认识论来看待"。他坚持"马克思是伟大的思想家,是人类的精神财富",并且"仍然认为马克思讲的一些基本的道理,具有很强的解释力,比如经济是基础这一点,我到现在仍然认为是正确的"。但马克思主义不是教条,因而对于某些观点需要"修正"。"作为一种学派,它的发展一定要有修正,没有修正就没有发展。其实不只是我在修正,整个社会从上到下都在修正,历史在变,不能不修正,有修正才能发展。"④这里说的修正,指的是学理层面的反思、批判和发展。

二是延续"五四"批判精神。刘泽华先生认为:"'五四'在中国思想文化史上都是划时代的,不管别人怎么批评,我个人还是要沿着'五四'的批判道路接着往下走的。""我自认为我是一个分析的、批判的态度。""五四"精神体现

① 刘泽华:《中国政治思想史集(第一卷)》,人民出版社,2008 年,第 1 页。

② 佛教用语,指心愿的造业力。在这里指意愿之力。

③④ 王申等:《独立思考,突出学术个性——刘泽华先生访谈》,《中国研究生》,2011 年第 4 期。

着一种鲜明的批判精神,正如李振宏所指出的,王权主义学派有着鲜明的学术个性和强烈的现实关怀,"与现代新儒家有明显对立的学术立场,对中国古代政治思想文化抱持历史批判的科学态度"①。这里说的批判当然不是对传统思想与文化的全盘否定,而是哲学意义上的"扬弃",有否定,有拣择,有传续。泽华师延续"五四"批判精神的初衷是"关切民族与人类的命运"。他认为"历史学的重要功能之一,应该是通古今之变,关切民族与人类的命运"。"如果史学要以研究社会规律为己任,那么就必须关注人间烟火。所谓规律,应该程度不同地伸向现实生活。"②

"反思"的治学理念彰显着刘泽华先生的学术个性。正是基于数十年的坚守,先生及其研究群体才能在中国政治思想史领域不断推出成果,为当代中国的文化精神提供理性与新知。

其二,学术主体性与自由思维。刘泽华先生的治学理念体现了作为历史学家理应具有的学术主体性和自由思维。他明确表示"我一直主张独立思考,强调学术个性"③。20 世纪 80 年代后期,先生发表了两篇文章,一为《除对象,争鸣不应有前提》,一为《史家面前无定论》,④集中体现了先生的学术人格。

刘泽华先生提出:"在认识对象面前,一切学派都应该是平等的,谁先认识了对象,谁就在科学领域处于领先地位。"他反对在"百家争鸣"面前设置前提和人为的规定,"百家争鸣是为了发展科学。科学这种东西是为了探索和说明对象,因此科学只对对象负责"⑤。他明确表示:"我认为在历史学家的面前,没有任何必须接受的和必须遵循的并作为当然出发点的'结论'与'定论'。""从认识规律上看,众说纷纭,莫衷一是,是认识的常态;反之,舆论一律,认识一致,则是变态。前者是认识的自然表现,后者则是权力支配与强制的结果。"⑥

———————————

① 李振宏:《中国政治思想史研究中的王权主义学派》,《文史哲》,2013 年第 4 期。
② 刘泽华:《历史研究应关注现实》,《人民日报》,1998 年 6 月 6 日第 5 版。
③ 王申等:《独立思考,突出学术个性——刘泽华先生访谈》,《中国研究生》,2011 年第 4 期。
④ 分别载于《书林》,1986 年第 8 期、1989 年第 2 期。
⑤ 刘泽华:《除对象,争鸣不应有前提》,《书林》,1986 年第 8 期。
⑥ 刘泽华:《史家面前无定论》,《书林》,1989 年第 2 期。

基于这样的认识，刘泽华先生力主研究者理应具有认知主体的个性，即主体精神，认为研究者要从历史中走出来，以造就当下的主体精神。为此，他不赞成把"国学"说成是中华文化的本体，不赞成"到传统那里寻根、找自己，等等"。他说："我认为传统的东西是资源不是主体或本体，我不认为孔子能包含'我'，孔子他就是一个历史的资源，我就是我！中国文化的主体应该是一个活的过程，应该首先生活在我们的现实之中，至于说作为资源，那没问题。"①

　　此外，涉及中西文化的"体用"问题，先生断言："如果讲到体和用，我就讲先进为体，发展为用。只要是属于先进的东西，不管来自何方，都应该学习，拿来为我们现在的全方位发展服务。"②

　　刘泽华先生的主体性也体现在他有意识地对教条化阶级理论进行批判。1978 年与王连升合写《关于历史发展的动力问题》一文，"依据马克思、恩格斯有关生产是历史发展的'根本动力'说，来修正当时神圣的阶级斗争说"。这篇文章是他从教条主义束缚中走出来的标志，也是其学术主体性得以彰显并确立的标志。这篇文章与戴逸、王戎笙先生的文章成为 20 世纪 70 年代末、80 年代初史学界和理论界关于"历史动力问题"大讨论的由头文章。

　　总的来看，刘泽华先生的学术主体性贯穿着深刻的反思精神，坚持站在当下看传统。在研究对象面前，没有前提，没有定论，也不存在任何不可逾越的权威。他要求自己也教导后学要在前人画句号的地方画上一个问号。他的自由思维是学理认知的自由和学理逻辑的自由，内含着深刻的怀疑和批判精神，确认在学术研究的场域，研究者必须持有独立人格。他用自己数十年的学术生涯践行了这样的治学理念，形成其作为历史学家的学术人格，展现了学者的良知和现代知识分子的天职：质疑、颠覆和构建。

　　其三，笃实学风。刘泽华先生秉承了南开史学的学风——"平实"。他的创新性论断和首创性学术判断，无不具有翔实的理论依据和史料依据。这种治学理念的基础是"一万张卡片理论"。

　　在南开大学做青年助教时，南开大学历史系泰斗郑天挺先生的一句话他牢记在心——没有两万张卡片的积累，不能写书。嗣后先生自称为"文抄工"。

---

① ② 王申等：《独立思考，突出学术个性——刘泽华先生访谈》，《中国研究生》，2011 年第 4 期。

他说:"我属于平庸之才,脑子也不好,所以我就拼命抄。""我这个人不聪明,底子又差,记忆力也不好,所以首先做的是文抄工(不是'公'),每读书必抄,算下来总共抄了几万张卡片。批评者没有人从资料上把我推翻。我的一些考证文章到现在仍经得起考验。"[①] 这里说的"文抄工"指的是从历史典籍、文献或研究著述中抄录资料,在没有电脑等现代录入手段的时代,这是文史研究的基本功,也是学术积累的重要方式。所谓"读书破万卷",由此方能锻铸扎实、厚重的学术功底。

刘泽华先生的勤奋给他带来巨大收获。1978年湖北云梦睡虎地出土的"秦简"公开发表,他根据秦简考证出战国时期各国普遍实行"授田制"这一事实。这项发现印证了"权力地产化"是实际存在的,从而为"王权主义"理论的建构提供了史实支持。[②]这是他学术生涯中感到最得意也是津津乐道的一件事。

刘泽华先生倡导"让史料说话"的治学理念,对他的研究结论充满自信,因为所有的结论都是从史料中得来的。他曾说过三卷本一百二十万字的《中国政治思想史集》"不是每一个字都恰当准确,却没有一个字是空洞的、轻飘的"。

笃实学风体现的是治学理念,展现的是其学术人格。作为历史学家必须构筑坚实的史学功底和理论功底,先生的"王权主义"理论就是在长期的研究和思考中形成的,结构严谨,逻辑通透,从而感召学界同人与弟子,形成了被李振宏誉为"使人真切地感受到了学术的进步"的王权主义学派。

五、全集编序

编辑出版全集是刘泽华先生的遗愿,感谢天津人民出版社和南开大学历史学院为此做了详细规划,多次召开研讨会议,最终确定了全集编序。

全集共计十二卷,我们将《先秦政治思想史(上下)》作为第一卷和第二

---

① 刘泽华述,陈菁霞访:《反思我们这代人的政治思想尤为重要》,《中华读书报》,2015年3月4日第7版。

② 参见刘泽华:《论战国时期"授田"制下的"公民"》,《南开学报》,1978年第2期。

卷。之所以做这样的安排,主要是考虑到这部专著在泽华师的学术生涯中具有重大意义。如前所述,中国政治思想史研究开端于 20 世纪初叶。1923 年,谢无量著《古代政治思想研究》由商务印书馆出版。翌年,梁启超著《先秦政治思想史》由中华书局出版。时隔半个多世纪,刘泽华先生的《先秦政治思想史》于 1984 年问世。这部著述多有创新,在研究对象、研究方法和理论深度方面超越了前贤,奠定了刘泽华先生的学术地位。

全集以《中国传统政治思想反思》作为第三卷。这部力作于 1987 年出版,汇集了这一阶段刘泽华先生关于中国古代政治思想的深刻反思,突破了传统的教条主义思维,明确提出了王权主义理念,用于概括传统中国的政治与思想。事实上,正是《先秦政治思想史》与《中国传统政治思想反思》这两部著作在研究视域上和认识深度上走出了前人研究的窠臼,独辟蹊径,初步形成了王权主义理论的核心内涵体系,将发展了半个多世纪的中国政治思想史研究提升到了一个新高度,同时也形成了独具特色的学术风格。

第四卷收录的《中国的王权主义》是 2000 年由上海人民出版社出版的专著,这是刘泽华先生关于王权主义理论的一部专论。"王权主义"是先生对中国古代社会、政治与文化的总体概括。从最初思路的提出到理论体系的凝聚成形,历经十多年。其间先生有诸多论文问世,观点一经提出,便遭遇太多视儒学为圭臬为神圣为信仰者的攻讦。刘泽华先生秉承先贤"直书"理念,辅之以历史学家的独立人格与学术个性,在不断的反思与深思中将这一理论体系构建完成。这部著作是先生关于中国传统政治思想创新之论的集大成,为 21 世纪的中国学术增添了最为浓重的一笔。

第五卷和第六卷收录的是先生关于中国政治思想史研究的论著。其中,第五卷主要是对先秦、秦汉政治思想的论著,曾经结集作为《中国政治思想史集(第二卷)》出版(人民出版社,2007 年)。第六卷则是未曾结集的学术论文,包括先生对于中国传统政治文化的一些研究成果。

第七卷收录的是刘泽华先生关于中国社会政治史研究的论著。如前所述,先生的学术视域比较宽阔,除了政治思想史研究,还涉猎先秦史、秦汉史、社会史、政治史,等等。本卷即收录了这一方面的研究,包括《士人与社会(先秦卷)》和学术论文。刘先生的王权主义理论不仅仅是对于中国古代政治思想的概括，而是将君主政治时代的中国视为一个制度与思想相互作用的社会政治整体，因而先生并不是孤零零地只谈思想，而是十分关注思想与社会的互动。认为从思想与社会相互作用的视角才能更深入地剖析传统政治思想的真谛，把握其真质，从而对于中国传统社会政治本身才会形成更为贴近历史真实的解读。本卷收录的正是刘泽华先生践行这一治学理念的学术成果。

刘泽华先生的历史研究主要放在战国秦汉史和历史认识论及方法论方面。前者编为第八卷，即关于战国秦汉史及中国古代史的有关著述。后者即历史认识论与方法论，编为第九卷，内容相对比较丰富。包括先生的治学心得、历史认识论与方法论的研究成果等。诚如前述，其中《除对象，争鸣不应有前提》（《书林》，1986 年第 8 期）、《史家面前无定论》（《书林》，1989 年第 2 期）两篇文章集中展现了先生的治学理念和学术自由精神，对于冲破教条主义束缚，培育科学精神和独立人格极具催动性，在学术界影响巨大。今天读来，依然感受到其中浓烈的启蒙意蕴。

全集最后三卷分别是第十卷《随笔与评论》、第十一卷《序跋与回忆》、第十二卷《八十自述》。这三卷的文字相对轻松些，主要是发表在报刊上的学术短文、采访、笔谈，以及为南开大学师长、学界同人、好友及后学晚辈撰写的序跋等。其中最后一卷收录的《八十自述》是刘泽华先生对自己一生治学与思考的总结，从中可以深切感受到先生"走在思考的路上"之心路历程。

全集最后附有刘泽华先生的著述目录，以方便读者检索。

全集是刘泽华先生毕生治学精粹的汇聚，展现了先生这一代学人的认知与境界。经南开大学历史学院与天津人民出版社着力促成，对于当代学界及后世学术，意义匪浅。

"哲人其萎"，薪火永续。

是为序。

葛荃于巢社

2019 年 7 月 21 日

目　录

究天人之际，通古今之变，成一家之言。

——司马迁《报任安书》

战国秦汉史

第一章　地主阶级夺取政权和改革封建制度的确立——战国（公元前481—前221）

战国前期,各国地主阶级先后夺取了政权,中国历史进入了封建社会。

战国是封建社会的初期,随着地主阶级的胜利,农民与地主之间的矛盾上升为社会的主要矛盾。但开始,在社会生活的某些方面和某种程度上也还存在着新旧两种制度的矛盾。另外,从战国中期以后,封建割据与历史要求统一的矛盾也很尖锐。这些矛盾交错,在政治、经济、思想等各个领域出现了错综复杂的斗争场面。

第一节　地主阶级夺取政权的斗争和变法运动　封建社会的开端

从公元前481年齐国地主阶级代表田氏夺取政权到秦国的商鞅变法,在这一百五十年左右的时间里,各国地主阶级通过不同形式先后把政权夺到自己手中,建立了封建地方性政权。由于地主阶级上升为社会的统治阶级,中国历史进入了封建社会。

一、齐田氏武装夺取政权和改革

田氏武装夺取政权

公元前489年,齐国新兴地主阶级的代表田乞,利用齐景公死后君位继承问题,发动政变,赶跑了新立的国君荼,迎立景公的另一个儿子阳生为齐君主,是为齐悼公。田乞做了相,控制了齐的政权。田乞死,子常(即田恒)代立,是为田成子。继齐悼公的是齐简公(公元前484—前481在位),田常与简公的宠信监止分别担任左、右相。当时,有一个名叫鞅的人向简公献策,认为田常与监止不可并存,意思是要除掉田常。田常处境很危险,意识到一场斗争已是不可避免。他为了增强自己的实力,首先着手争取民众,继续实行他先辈的政策:以大斗出贷,以小斗收还。当时的民谣唱道:"妪乎采芑,归乎田成子!"①
有了民众的支持,就有了力量。另外,田常还努力加强田氏宗族内部的和睦与
团结。在田常加紧戒备的同时,监止也在行动,他企图收买田氏远房族人田
豹,杀死田常宗亲,让田豹代田氏宗。田豹向田常揭发了这个阴谋。田常遂在
公元前481年(齐简公四年)五月,发动了武装夺取政权的斗争。简公是监止
的支持者,准备亲自镇压田常,但被左右劝阻。当时,田常也有些犹疑不决,甚
至还打算出亡。族人田子行对他说:在紧要关头,优柔寡断是败事的根源。②田
常接受了这一建议,和监止调来的武装进行战斗。结果监止失败逃走,后来在
丰丘被人捉住杀死。简公逃到舒州(今山东滕州市南),被田常的武装捉住,不
久被杀。田常又立简公弟骜为齐平公,自为相,掌握实权,齐君已名存实亡。田
常为了巩固和发展已取得的胜利,相继实行了如下的措施:

(一)对在夺取政权斗争中的有功者进行"修功行赏",来培植地主阶级的
势力;又用"亲于百姓"的手段来争取民众的支持。

(二)对其他诸侯国根据不同情况采取不同对策。同晋国新兴地主阶级代
表魏、赵、韩三家结约,互相支持。归还原先占领的鲁、卫等国的土地,以免他
们出兵干涉。对南方的吴、越则派使修好。这些结交活动的目的是为使自己的
政治地位得到各国的承认。

(三)亲自控制刑罚大权,陆续消灭了鲍氏、晏氏、监止及公族中较有势力
的家族。

(四)把自安平(今山东淄博市临淄区东)以东至琅邪(今山东诸城市南)
的地区作为自己的封地,大大超过了齐平公所占的地盘,扩大了自己的实力。

这样,齐国的政权就完全掌握在田氏手中了。

田常死,子襄子盘代立。田襄子为了进一步扩张势力,"使其兄弟宗人尽
为齐都邑大夫",夺取了大部分地方政权。田氏取代姜齐的君位,只是一个时
间问题了。

到了襄子的孙子田和时,就把名义上的齐侯康公迁往海边。最后,在公元
前386年,田和废掉了齐康公,自立为齐侯。

---

① 《史记·田敬仲完世家》。

② 《左传》哀公十四年:"需,事之贼也。"

6

齐威王的改革

公元前 356 年,田和的孙子因齐继位,是为齐威王。威王即位之初,政事由卿大夫掌管,韩、赵、魏、鲁、卫等国又先后侵占齐地,齐国出现"诸侯并伐,国人不治"①的局面。齐威王遂在公元前 348 年(齐威王九年)开始进行改革。齐威王赏罚分明,善于用人。当时齐的两个地方官,一个是即墨(今山东平度市东南)大夫;一个是阿(今山东阳谷县东北)大夫。很多人都称赞阿大夫而诋毁即墨大夫。齐威王没有轻信这些说法,他派人进行实地调查后,发现即墨大夫善于治理地方,开垦了荒地,获得了好收成,办事效率也高,只不过因为他不阿谀奉承,才有人说他的坏话;相反,阿大夫管理的地方,田园荒芜,民生困苦,对于邻国的进攻也不闻不问,由于他花了很多钱行贿,换取了一些人为他说好话。齐威王进行了果断的处理:重赏即墨大夫,严惩阿大夫和受贿的人。赏罚分明的施政方针,使臣下"人人不敢饰非,务尽其诚"②。齐威王为了进一步增强国势,很注重选拔人才。有一次,他同梁惠王会谈。梁惠王问他,你有明珠吗?齐威王说,没有。梁惠王很诧异地说,我的国家小,还有十颗光照几十丈的寸珠,你怎么没有呢?齐威王说,我的明珠同你的不一样,我以人才为明珠。齐威王选用了一批有才干的人,罢黜了"奸吏",又鼓励臣下勇于提意见,因此,内部稳定,"齐国大治",又派兵击败赵、卫、魏等国,收复了被侵占的土地。终齐威王之世,各国不敢对齐用兵,齐国成为当时强国之一。

二、魏、赵、韩武装夺取政权与三国的改革

魏、赵、韩封建政权的建立

晋国到了晋定公时(公元前 512—前 475),大部分的贵族渐被消灭。地主阶级的代表赵、魏、韩、智氏、范氏、中行氏六家,分别占据一块地盘,实行武装割据,基本上已把晋公室分割肢解了。六家在向晋公室夺权的同时,也展开了封建兼并。六家虽都属地主阶级,但实行的办法和政策不同。范昭子(范吉射)和中行文子(荀寅)保留了较多的奴隶制的痕迹,对依附农民的剥削非常重,搞得民怨沸腾。③赵简子(赵鞅)注重争取民众。有一次,他派尹铎去做晋阳(今

---

① ②《史记·田敬仲完世家》。

③ 刘向:《新序·杂事》记载范氏、中行氏"赋敛厚则民怨谤诅矣"。《国语·晋语九》:"范、中行氏不恤庶难。"

山西太原市西南)的地方官。尹铎问：我去之后是像抽丝那样榨取民脂民膏呢？还是建立一个可靠的根据地呢？赵简子说：当然是要建立根据地。尹铎到任后，立即调整和减少了农民的负担。①后来晋阳果然成为赵的可靠据点。赵简子还采取了奖励军功和以功释放奴隶的措施。公元前493年，赵简子曾率士卒对增援范氏、中行氏的郑国交战，前线誓师时发布命令说："克敌者，上大夫受县，下大夫受郡，士田十万，庶人工商遂，人臣隶圉免"。②誓词一宣布，人人争先奋战，终于大获全胜。他善于选拔贤能，表彰敢于指出他过错的臣下。他曾说：如果遇事都唯唯诺诺，那就离亡国不远了。③他任用了不少具有革新精神的人，如任用董安于为上地(今山西中南部)守令，治理得很有成绩。④赵简子懂得争取人心，范氏、中行氏失人心，这是赵取得胜利的重要因素。赵联合韩、魏与范氏、中行氏屡次交战，赵屡次获胜。公元前490年，范氏、中行氏终于失败逃离晋国。中行文子(荀寅)临逃跑前还没有省悟到失败的原因，他指责太祝祭神时用的牺牲不够肥美，才招致灭亡。祝师说："一人祝之，一国诅之；一祝不胜万诅，国亡不亦宜乎！"⑤

范氏、中行氏败逃后，赵简子据有邯郸，其他地方为晋公室所有。公元前458年，智、赵、韩、魏四家联合起来要分占原先属于范氏、中行氏的地方，晋出公不肯，四家就赶跑了晋出公。智伯立晋哀公，控制了朝政，又占领范氏、中行氏的故地，成为四家中最强的势力。公元前454年，智伯联合韩、魏攻赵。当时，赵简子已死，由他的儿子赵襄子(赵无恤)继位。赵襄子为了选择一个可靠的固守点，向部下征求意见。有人说，长子(今山西长子县西南)城墙坚固，可以固守。襄子说，修城墙已经耗尽了民力，谁还肯豁出性命来守它呢！又有人说，邯郸的仓库充实，可以固守。襄子说，仓库里的东西都是从老百姓身上榨取来的，在这儿固守，老百姓还会在战争中丧命，谁又能和我们同心协力呢？⑥最后选择了谋臣张孟谈的建议到晋阳去，因为晋阳既是赵国原有的领地，又经过董安于、尹铎等人的治理经营，民心归附。但到晋阳一看，却是"城郭不

---

① 参见《国语·晋语九》。

② 《左传》哀公二年。按："士田十万"，数字太大，可能有讹误。

③ 参见《新序·杂说》。

④ 参见《韩非子·内储说上》《战国策·赵策一》。

⑤ 《新序·杂说》。

⑥ 参见《国语·晋语九》。

治,仓无积粟,府无储钱,库无甲兵,邑无守具",大为恐惧。张孟谈说,圣人治理国家不是靠府库,而是靠民众的支持。只要民众手里有东西,又肯于支持,就是最好的条件。①在民众的支持下,晋阳被智伯和韩、魏联合围攻了一年多,直到公元前453年,仍然固守着。赵襄子派张孟谈潜出围城,对韩宣子、魏献子说,唇亡齿寒,赵亡以后,灭亡的命运就轮到你们了。韩、魏考虑到自身的利益,就同赵联合,一举灭掉了智氏而三分其地。②过了几年,三家又把晋君所剩不多的土地分去大半,晋君反而要去朝见三家。公元前403年,三家通过周天子册命,成为诸侯,建立起三个封建政权。公元前376年,魏、赵、韩联合灭掉晋君。由于魏、赵、韩都出自晋,所以又统称三国为"三晋"。

魏文侯、李悝等的变法

魏、韩、赵三家虽然夺取了政权,但奴隶制的旧传统在各方面仍有很深的影响。为了进一步革除残存的奴隶制,巩固新兴地主阶级的统治,魏国的文侯(公元前446年当政,前403年称侯,前397年死)在政治和经济上进行了改革。

魏文侯在当政的近五十年中间,先后任用了当时法家著名人物如李悝、吴起(卫人,?—公元前381)、西门豹(魏人,生卒年月不详,大体与李悝同时)等,进行了一系列重大改革。主要内容有:

第一,废除奴隶制时代遗留下来的世卿世禄制。按照"食有劳而禄有功"③的原则,把禄位授予有功的人。惩治那些无功而富有、奢侈浪费和伤害农功的旧贵族。

第二,"尽地力之教""重农抑末"。从《汉书·食货志》和《吕氏春秋·乐成》篇记载的情况看,主要内容大致是:

1. 把国家占有的土地分配给农民。李悝估算了魏国的可耕地面积和人口,根据土地的好坏分给每个农民一百亩(约合今三十一亩多)或二百亩。④受田的农民要向国家交纳赋税和承担各种劳役。

2.规定每亩土地的标准产量。李悝根据当时的生产水平,规定每亩的标准

---

① 参见《韩非子·十过》。

② 参见《战国策·赵策一》《韩非子·十过》。

③ 《说苑·政理》。

④ 《吕氏春秋·乐成》:"魏氏之行田也以百亩,邺独二百亩,是田恶也。"按:"行田"即分与土地。《汉书》卷一下《高帝纪下》:"法以有功劳行田宅。"苏林注:"行言行酒之行,犹付与也。""行田"也就是云梦秦简和一些文献中所说的"授田"。

产量为一石五斗(一石约合今三十公斤①),并以此作为平籴的依据。

3.实行"平籴法"。李悝认为"籴甚贵伤民,甚贱伤农;民伤则离散,农伤则国贫"。为解决这一矛盾,他提出"善平籴"的对策。丰年时由国家平价征购余粮作为储备,保证粮价不致暴跌;荒年时由国家平价出售粮食,供应民食,保证粮价不致暴涨。这样,既可以保持粮价稳定,防止囤积居奇,国家又有足够的粮食储备。不过在当时的条件下,是不可能按计划实行的。部分的推行,也还会有各式各样的敲诈勒索相伴行。

在贯彻"尽地力之教"方面,西门豹的功绩很卓著。在魏国的邺(今河北临漳县西南),地方官吏和巫祝相勾结,历年利用漳河水患,大搞迷信活动。他们借河神娶妻为名,滥行搜刮,把民女投入河中,残害民命,致使许多人流离失所,严重影响了生产。西门豹被任命为邺令后,果断地惩治了罪魁祸首,揭穿了迷信骗人的把戏,表现了可贵的朴素唯物论思想。随后组织民众,开凿了十二条水渠,引漳水灌溉农田,化水患为水利,有力地促进了漳河一带农业生产的发展。②

魏国实行"尽地力之教",有利于封建生产关系的发展。同时"平籴法"也打击了投机商人,有利于农业生产,为魏的强盛提供了物质条件。

第三,制定刑法。李悝研究和总结了当时各国的法律,并集其大成,制定了一部新法典。这部法典被后世称为《法经》,是我国第一部比较完整的新兴地主阶级的成文法典。《法经》共有六篇。头两篇是《盗法》和《贼法》。由此可以看出,地主阶级从掌握政权开始,便把镇压和防范农民的反抗作为首要的任务。其余四篇是《囚法》《捕法》《杂法》《具法》。《囚法》和《捕法》是惩治"盗贼"的具体规定,《杂法》是关于盗取兵符、官印及贪污等项违法行为的惩治规定,《具法》是量刑轻重的诸项规定。由于这部法典充分反映和代表了地主阶级的意志,从而成为后来历代封建法典的蓝本。

第四,改革军制。魏国在军制上的改革,主要是建立了经过考选的常备兵。考选的条件十分严格,须身穿三甲(上身甲、股甲、胫甲),肩负十二石之弓

---

① 这个折合数是根据战国时期的量器与衡器实测出来的。如果同文献中的记载结合起来计算,每亩的标准产量为四十五公斤。大熟之年为标准产量的四倍,每亩产量则达一百八十公斤。当时的一亩约合今天三分之一亩,如再折合成今天的亩产量则为五百四十公斤。在当时的生产条件下,有这么高的产量,显然是不可信的。本书所引文献中有关度、量、衡的资料,如与各时代度、量、衡实物实测数量结合起来计算,常有数字过大或过小而难以令人相信的问题,所以有关的折算仅供参考。

② 参见《汉书·食货志》。

(指弓的拉力。一石约合今三十公斤),带五十支箭,扛上长矛,头戴盔甲,腰带剑,备三日的粮食,半天能行一百里(约今四十多公里)。中选的待遇也是优厚的,只要选中就免除全家的徭役,并奖给田宅。①这种考选和奖励制度客观上培植了一大批的军功地主,加强了封建统治的基础,同时对调动军士的战斗积极性也起了重大作用。

吴起在改革军制、改善官兵关系和战略战术等方面曾做出了显著的成绩。他同下层士卒同衣共食,卧不设席,行不骑乘,亲自携带粮食,关心士卒疾苦。所以,士卒作战,奋勇争先,屡败秦军。②

魏文侯支持李悝等推行变法,并比较注意争取民心。有一年,一个地方官上缴的财政收入比往年多三倍,主管官吏为这个地方官请赏。魏文侯说:地没有增加,民没有增多,而税收却增长了三倍,民众肯定是财竭力尽了,他们不会再听从使唤了,这同皮坏了毛就无法存在是一样的道理啊!③魏文侯善于用人,他曾对西门豹说:对于喜欢抹杀别人成绩、好说别人坏话的人,你不要偏听偏信,要调查一下是否属实。事物常常有看起来相似,而实际上并不一样的,如刚出芽的杂草很像禾苗,刚生下来的骊牛很像虎,白骨同象牙也不好分,要善于辨别似是而非的东西。④魏文侯还鼓励臣下多提建议,指出国君的过错。这样,便在他的周围聚集了一批有才干的人物。

魏文侯任用了一些法家,但他又尊孔丘的门徒卜子夏、田子方和杂糅儒道的段干木为师,用儒家教育儿子。魏文侯兼用法儒,一方面说明了地主阶级改革的不彻底性和妥协性,另一方面也说明了地主阶级在夺取政权之后需要借助儒家来维护自己的统治。

赵 的 改 革

与魏国李悝变法的同时,赵国的赵烈侯(公元前409—前387)也实行了改革。他和魏文侯大体相仿,兼用法儒。在政治、军事、经济上"选练举贤,任官使能","节财俭用,察度功德";在思想上却又提倡儒家的"王道"和"仁义"。⑤

---

① 参见《荀子·议兵》。

② 参见《史记·孙子吴起列传》。

③ 参见《新序·杂事一》。

④ 参见《战国策·魏策一》。

⑤ 《史记·赵世家》。

韩申不害的改革

韩在立国以后也进行了一些改革,但不如魏、赵。当时,韩国存在着"晋之故法未息,而韩之新法又生;先君之令未收,而后君之令又下"①的混乱现象。这容易使守旧势力和权贵利用新旧法相反、前后命令矛盾的空子进行政治投机。韩昭侯(公元前362—前333)为了改变这种局面,任用专门研究君主驾驭臣下之"术"的申不害(郑国人,约公元前385—前337)为相。申不害的思想"本于黄老而主刑名"②,但他侧重于"术"。"术"的主要内容有如下几点:

(一)君主在决策之前,要不露声色,不让臣下揣摸到意图,决策时要"独断"。这样,臣下就只能按君主的决定行事,各尽其能,君主则"静观"地考课臣下,这叫作"无为"之术。③

(二)对臣下,要依据功劳大小行赏,要根据能力大小授官,要听其言察其实。臣下只能在职权范围内活动,不能超越职权范围行事。④

(三)君主要操生杀大权。⑤

(四)君主要采取出其不意的办法,使臣下慑服。有一次,韩昭侯问地方上私察的使者看到些什么。使者说:南门外道旁有小黄牛吃禾苗。韩昭侯立刻下令检查和汇报牛马践踏禾苗情况,否则严重治罪。于是官吏纷纷检举,但没有说到使者所提的那件事。韩昭侯说,还没有把情况全部报上来。官吏们重新调查,才发现了南门外小黄牛吃过禾苗一事。臣下都以为韩昭侯能明察一切,战战兢兢地不敢为非了。⑥

韩昭侯、申不害以实行"术"治为主,同时也注重法治,所以叫作"修术行道"⑦,"内修政教"⑧。在申不害任相期间,韩国加强了君权和封建集权制,使韩国的统治稳定一时,国势也比较强。但是,韩昭侯、申不害用"术"有余,定法不足。所谓"不擅其法,不一其宪令"⑨,就是不统一法律和宪令。由于韩昭侯、申不害没有抓住韩国的主要问题,多是用"术"来处理政事,而行"术",这在很大

①⑨《韩非子·定法》。

②⑧《史记·老子韩非列传》。

③ 参见《韩非子·外储说右上》。

④⑤ 参见《韩非子·定法》。

⑥ 参见《韩非子·内储说上》。

⑦《史记·韩世家》。

程度上又取决于个人的能力,因此,当韩昭侯一死,国内又陷入了混乱。

魏、赵、韩三国的改革从总的方面看进一步巩固了封建制度,加强了地主阶级专政。

三、吴起在楚的变法

春秋以来,楚国的封建关系也有了发展。新兴地主阶级的代表白公胜①也采用齐国田氏的"大斗斛以出,轻斤两以内(同纳)"②的办法来争取民众,并在公元前479年武装夺取了楚的政权。但是,白公胜满足于既得的胜利,又没有进一步争取民众,结果被盘踞在叶(今河南叶县西南)地方的叶公子高所打败,楚惠王又得以复位。之后,楚国内部矛盾仍然很尖锐。公元前402年,民众起义杀死了楚声王,子楚悼王(公元前401—前381)继位,内外矛盾更加突出,接连被三晋和秦打败。楚悼王迫切希望改变这种状况,立志改革,下求贤令,招揽人才。正当这个时候,吴起在魏国被大夫王错排挤,投奔楚国。楚悼王听说吴起有才能,先让他担任一段时间的地方官,一年以后即公元前382年,任命吴起为令尹(相当其他国家的相),主持变法。③

吴起认为楚有地数千里,兵百余万,应该成为强盛之国,但现在如此贫弱,其主要原因是"大臣太重,封君太众"。吴起针对这种情况,实行"损不急之枝官"的政策,将无能的官吏和冗员一律裁减,把分封已传三代以上的旧贵族的爵禄收回来,把一些旧贵族迁到旷墟之地,将节省下来的钱用于训练士卒,选用贤能。④

吴起的变法顺应了历史发展的潮流,沉重地打击了旧贵族。因此,楚国显示了生气,出现了"南收扬越,北并陈蔡"⑤,"郤三晋,西伐秦"⑥的强盛局面。但是,以屈宜白为代表的旧贵族势力顽固的反对吴起的变法。正在这时,楚悼王于公元前381年死去。旧贵族势力联合起来准备杀害吴起,吴起就跑去伏在

---

① 白公胜是楚平王的孙子,为楚太子建逃亡在外时所生。他回楚后,积极准备夺取政权。

② 《淮南子·人间训》。

③ 《韩非子·和氏》篇说吴起到楚和实行变法只有一年,但《说苑·指武》篇说吴起到楚后,先"为苑守","居一年,王以为令尹"。

④ 参见《韩非子·和氏》《吕氏春秋·贵卒》。

⑤ 《战国策·秦策三》。

⑥ 《史记·孙子吴起列传》。

悼王尸体上,想利用楚法中"丽(加)兵于王尸者,尽加重罪,逮三族"①的规定来免祸。但吴起仍被射杀。

楚国贵族虽然扼杀了吴起的变法,但新旧之间的斗争并没有停止。随着封建关系的不断发展,楚国的政治以蠕动的方式逐步转到封建的轨道。

四、秦商鞅变法　秦封建制度的确立

商鞅变法的背景和关于变法的一场争论

秦在公元前 408 年实行"初租禾",公元前 384 年秦献公废除殉人制度,公元前 378 年又"初行为市",这些表明秦国的封建关系和商品交换已有了相当的发展。但与山东②新起诸国相比,政治、经济和文化还是比较落后的。旧贵族的势力很大,严重地妨碍封建因素的发展。他们把持政权,还屡次阴谋废立国君,以致国势贫弱,政局动荡。阶级矛盾也相当尖锐,许多奴隶和农民逃亡山林进行反抗。由于内部政治落后,因此被山东新起诸国歧视,一直被摒于诸侯集会之外。秦孝公(公元前 361—前 338)继位后,力图使秦国强盛起来。公元前 359 年,任用商鞅,实行变法。

商鞅(约公元前 390—前 338),卫国人,姓公孙,名鞅,又称卫鞅。因在秦变法有功,封于商(今河南内乡县东),号商君,历史上多称他为商鞅。他是战国时期法家的突出代表。他年轻时曾在魏国学习,总结了李悝、吴起等人的法家理论和变法经验。公元前 361 年,携带李悝的《法经》到秦国,不久,得到秦孝公的信任,被任命为左庶长,主持秦国的变法。

变法一开始,就发生激烈的斗争。以杜挚为代表的奴隶主旧贵族势力竭力反对变法,他们叫嚷:"利不百,不变法;功不十,不易器","法古无过,循礼无邪"。商鞅驳斥了这种复古的谬论,指出历史是进化的,"前世不同教,何古之法?帝王不相复,何礼之循?"他认为历史上有作为的君主都是"当时而立法,因事而制礼",所以,"治世不一道,便国不法古"。他以无畏的精神疾呼:"反古者未必可非,循礼者未足多也。"③商鞅从思想上以磅礴的气势压倒了复古守旧派。

---

① 《吕氏春秋·贵卒》。

② 战国时期的"山东"指崤山以东。崤山在今河南西部。函谷关在崤山北端,是秦与山东交通要道。战国七雄,除秦在崤山以西外,其他六国都在崤山以东,所以泛称为"山东诸国"或"关东诸国"。

③ 《商君书·更法》。原文"多也"作"多是",据高亨《商君书注释》改,此处"多"作称赞讲。

商鞅变法的主要内容

商鞅在公元前 359 年和公元前 350 年先后实行了两次变法,进行了二十余年的改革。变法的主要内容是:

(一)开阡陌(纵横道路)封疆(田界),把土地授与农民。根据土质情况,每年可以连续种植的,每户百亩;种一年轮休一年的,每户二百亩;种一年轮休两年的,每户三百亩。土地可以买卖。国家征收土地税。

(二)废除"世卿世禄",奖励军功。制二十等军功爵,不论出身,依军功受爵赏,"能得甲首一者,赏爵一级,益田一顷,益宅九亩"[①]"斩五甲首而隶五家"[②]。将领立功除赏赐大量田宅外,还给予封邑。

(三)建立君主集权的行政制度。在全境设三十一县。县下设乡、邑,全面实行秦献公开始的编户制;五家为伍,十家为什,互相连坐"告奸"(指揭发检举不法活动和人民的反抗行为),加强了地主阶级专政。

(四)实行"重农抑商"、奖励农业生产的政策。禁止弃农从商,凡从事末业(商业)和不事生产而贫者,罚作奴隶。凡是努力本业(农业)而生产粟帛多的,免除徭役。

(五)一户有两个以上成年男子不分家者,加倍征户赋。禁除父子兄弟同住一室的落后风俗。

(六)焚毁儒家经典《诗》《书》。彰明法令,禁止游说。[③]

(七)在秦国境内统一度、量、衡。

变法过程中的斗争

商鞅变法是一场深刻的社会变革,它必然会遇到奴隶主贵族的顽抗,所谓"宗室贵戚多怨望者"。以公子虔为首,有一千多家旧贵族纠集在一起闹事。商鞅毫不犹豫地采用暴力手段,打击了这些反对者。商鞅对公子虔施以割鼻的重刑,在渭水边一次就镇压了七百多个破坏变法的旧贵族,又把一批旧贵族流放到边远地区,从而维护和巩固了变法的成果。[④]新法"行之十年,

---

① 《商君书·境内》。

② 《荀子·议兵》。意思是,杀死五个甲士的可以役使五家。

③ 参见《韩非子·和氏》。

④ 参见《史记·商君列传》及《集解》。

秦民大悦"，"乡邑大治"。可是，旧贵族不甘心失败，有个叫赵良的，用《尚书》"恃德者昌，恃力者亡"来威胁商鞅放弃变法，商鞅严词拒绝，毫不动摇，继续推行变法。①

商鞅变法不仅在深度和广度上都超过山东各国的变法，而且在意识形态领域中打击儒家，同时又广泛地宣传了法家的思想和主张，连妇女和儿童都能"言商君之法"②。对变法的执行和贯彻起了重要作用。

商鞅变法的成功使秦国地主阶级，尤其是军功地主迅速发展起来。地主阶级一跃而成为秦国居于统治地位的阶级。秦国也因变法而成为"兵革强大，诸侯畏惧"③的强国。

公元前338年，秦孝公死，秦惠公即位，公子虔等捏造罪名，诬告商鞅谋反。秦惠公车裂了商鞅，但商鞅的变法行之既久，深入人心，正如韩非所说："及孝公、商君死，惠王即位，秦法未败也。"④商鞅虽然落了个悲剧的结局，但他变法的各项措施仍在继续实行。

五、燕和其他诸国情况

燕是北方的大国，拥地数千里，士卒数十万，但国势并不强。到燕王哙(公元前320—前314)时，为了博取让贤之名，竟把君位禅让给相国子之。子之这个人，韩非曾称他"贵而主断"⑤。有一次，子之和左右在一起，突然无中生有的说有一匹白马跑出门去了，左右都说没有看见，只有一人跑出去追看，回来后报告说是有一匹白马跑出门去了。子之借此了解到左右谁诚信，谁虚假⑥这个使用驾驭之术的故事反映出子之有点像申不害一类行术的人物。不过，子之的术近于"诈术"和"权术"。子之得到君位后，把燕国的重要官位一律代之以"子之之人"⑦。子之统治了三年，"国大乱，百姓恫恐"⑧。公元前314年，太子平聚集力量攻子之，在这种混乱时刻，早已虎视眈眈的齐宣王乘机出兵，攻破燕国，子之被杀。燕国经历了这次儿戏性的改革和动乱，国势更衰落，成为"战

---

① 参见《史记·商君列传》及《集解》。

②③《战国策·秦策一》。

④《韩非子·定法》。

⑤⑦《韩非子·外储说右下》。

⑥ 参见《韩非子·内储说上》。

⑧《史记·燕召公世家》。

16

国七雄"中最弱的一个。后来,燕公子职在赵国的帮助下入燕,立为昭王。燕国经过昭王的多年经营,国势才逐渐恢复起来。

越在春秋战国之际还是一个强国,疆域很广,从山东琅邪起沿海而南,南抵百越,西邻楚国。越王朱勾三十四年(公元前414年)灭滕国,次年又灭郯。公元前379年,越王翳把都城从山东琅邪迁回到吴(今江苏苏州市)。约在公元前376年到375年因为争夺君位连续发生残杀。公元前363年又发生内讧,国势受到影响。到越王无疆时(约公元前354—前329年之间),国势又渐强,无疆还准备出兵攻齐,到中原地区争强,但被齐国的使臣说服,未攻齐,转而攻楚。楚对越也一直虎视眈眈,通过派人在越做官进行渗透,刺取内情,为并吞越国作准备。越无疆攻楚时,楚威王当即兴兵应战,大获全胜,杀死无疆,乘胜出兵灭越,吞并了江东地区,初步完成了长江中下游的统一。①

郑国在春秋时本已不强,进入战国以后更加衰微,而且内部斗争很激烈。在郑缪公时,子阳为相,在政治上有所改革。但是政权内部有贵族公孙申从中作梗,据韩非说,这些人"思小利而忘法义,进则掩蔽贤良,以阴暗其主,退则挠乱百官,而为祸难"②。公元前398年,他利用"子阳严猛,刑无所赦"③的严峻作法,煽动闹事,郑缪公杀了子阳,"子阳之党"起来反抗,造成了连续三年的分裂战争。公元前396年,缪公被杀,"子阳之党"取得胜利。韩非说:"郑子阳身杀,国分为三"④,可能就是指子阳被杀后,郑国一度出现了分裂局面。

宋国也是小国。约在公元前356年前后,宋国的桓侯奢侈荒唐,曾大兴土木,兴建宫室,被戴氏司城子罕所逐杀。韩非曾多次把戴氏夺宋和田氏代齐归为一种类型。宋由于司城子罕某些改革而得以维持下来。

鲁国的内部斗争也很激烈。鲁哀公(公元前494—前467)时妄图借助外力除掉三桓,但在三桓联合进攻下,哀公被赶出鲁国。哀公子悼公立,三桓势力进一步壮大,鲁公像一个小侯那样依附于三家;但是到鲁元公、鲁穆公时,情况发生了重大变化,三桓中的孟孙氏被赶出鲁,逃到邾国,季孙氏则据费为小国君。鲁穆公尊贤纳士,儒生曾申、子思、公仪休等孔丘的门徒纷纷聚集到鲁国,但也未能使鲁国有什么转机。

---

① 参见《史记·越王勾践世家》。
②④《韩非子·说疑》。
③《吕氏春秋·观世》高诱注。

17

卫国内部也发生了激烈的斗争，几个君主相继被杀或被赶跑，国势衰败，受韩、赵、魏三国的控制。

除此之外，夹处在大国之间的还有莒、邹、杞、蔡、任等小国，只不过是惶惶不可终日地在苟延岁月罢了。

这时的周仅仅挂着天子的旗号，哪国也不把它放在眼里。周赧王时(公元前314—前256)，又分裂为"东周"和"西周"两个弹丸小国，更微不足道了。①

从公元前481年田氏代齐到秦商鞅变法，齐、魏、赵、韩、秦的政权均已转到地主阶级之手。其他几国政治上的反复虽然较大，但社会生活基本上都在向封建制转化。中国历史进入了封建社会。

第二节　战国时期的社会各阶级

随着地主阶级夺取政权，上升为社会的统治者，社会各阶级关系也发生了巨大变化。下面简要分析一下各阶级的状况。

一、地主阶级

封建地主土地私有制的发展是从奴隶社会向封建社会转变的一个重要经济标志。但是，中国历史上第一代地主，大部分是从奴隶主转化过来的。他们的政治代表在夺取政权之后就变成了封建国君。这样，他们的私有土地及在夺权过程中从奴隶主君主那里接受过来的土地，又具有了封建国有的性质，被称为"国地"②。这些"国地"进行再分配，一大部分落入了私人地主手中。由于土地再分配和土地私有化的进一步发展，特别是战国中期以后土地买卖的盛行，在地主阶级内部又形成了不同的阶层。

封建土地国有与封建国家地主

封建国君是地主阶级政治上的最高代表，也是最大的土地占有者。这种占有属于封建国家土地所有制。从当时国君赏赐臣下土地，动辄几万亩、几十万亩，甚至上百万亩的情况看，各封建国家占有的土地是相当多的。同时，山林泽薮也是封建国家所有。封建国君把这些封建国家所有的土地通过授田和

---

① 这里的"东周"和"西周"，是后来史学家所称的迁都洛邑之后的"东周"分裂而成的两个实际国名。

② 《韩非子·孤愤》。

赏赐的方式,分配给农民和臣下。

君主赏赐给臣下亲幸的土地,受政治因素影响较大。它有各种不同的情况:有的因政治上的原因去职或身死后,就收回来。[①]赏赐给士卒的土地,有时也"身死田夺"[②]。但也有相当部分土地的所有权完全给予了受封赏者,如秦将王翦在出征前向秦王政请赏时说:大王如此器重我,我也趁此机会请求给我一些土地园池,为儿孙留些产业。[③]

封建国家虽然拥有众多的土地,但通过赏赐、授田等,有很大一部分逐渐转为个人私有。商鞅变法规定土地可以买卖,说明秦从法律上承认了土地自由买卖的合法性,而土地的自由买卖正是土地个人私有制的一个重要标志。

战国时期,封建国家的土地虽然大量转化为私人占有的土地,但封建国家,以君主为首,仍是最大的地主,同时又是整个地主阶级的政治代表。它凭借国家机器,残酷地剥削和压迫农民。

食封贵族地主

地主阶级在进行土地、权力再分配中,一方面受到西周以来分封制的影响,另一方面也由于封建宗法的关系,宗亲分封制还在起着相当大的作用。只要是封建君主的宗亲、外戚和嬖幸都可以受封。正如公孙龙说赵国的宗亲赵胜被封为平原君,既不是靠"智能",又不是靠"有功",完全靠的是"亲戚故也"。[④]除了亲亲分封外,也还有一部分是因立功而受封的。受封者一般称作某某君或某某侯。封赏给他们的土地叫"封邑",封邑内的土地和人民归受封者领有。战国时期封君人数,见于记载的近百人。他们有共同的特征,在地主阶级中形成一个阶层,可称为"食封贵族地主"。

食封贵族地主突出的特点之一是同旧的上层建筑有广泛的联系。由于食封贵族地主多是沿袭西周分封制的产物,因此要求保存以分封制为中心的周礼。他们以知礼、尊礼相标榜。魏国的信陵君被称为"仁而下士,士无贤不肖,皆谦而礼交之"[⑤]的仁人君子。他们把礼作为反对社会改革的大棒。赵国的武

---

① 《孟子·离娄章句下》记载齐国的官僚"去之日,遂收其田里"。

② 《韩非子·诡使》。

③ 参见《史记·白起王翦列传》。

④ 《史记·平原君虞卿列传》。

⑤ 《史记·魏公子列传》。

灵王推行"胡服骑射",改革军制,以公子成为首的一帮宗亲就叫嚷"衣服有常,礼之制也",胡服"非所以教民而成礼者也",而横加阻挠,他们反对改革的口号是"修礼无邪"。①

其次,这些食封贵族地主既是封地的土地和人民的领有者,又是政治上的统治者,有的还兼有工商业主的身份,楚国的鄂君就是一个足迹遍楚国的大行商。②因此,他们对于封邑内农民的剥削具有高度超经济和垄断性的特点。齐国的大食封贵族地主靖郭君田婴和孟尝君田文父子,对其封邑薛地农民的盘剥就极端残酷,致使大批农民丧失了再生产的条件。田氏父子乘机向农民施放高利贷,还美其名曰:"为民之无者以为本业。"高利贷的利息,一次就要收十万钱。农民负债与日俱增,"贷钱者多不能与其息"③,这些负债农民的生活,是十分艰苦的。

食封贵族地主极端贪婪和腐朽。他们一朝受封,权力在手,便利用各种机会大捞一把。真是得志便猖狂,贪婪如豺狼。秦国的穰侯魏冉专权嗜利,政治上"威震秦国",经济上"富于王室"。④这些食封贵族地主过着腐朽奢靡的生活。赵国的平原君"后宫以百数,婢妾被绮縠"⑤。楚国春申君家的食客,连鞋上都镶缀着珠宝。⑥魏国信陵君的晚年,整天沉浸在醇酒妇人的纵欲享乐之中。⑦他们的绮縠珠履,浸染着劳动人民的斑斑血泪;长夜歌饮,蕴埋着劳动人民的怨愤之声。

食封贵族地主在思想上多半倾向于儒。儒家宣扬的"亲亲""仁义"和"礼"等,对他们是很有用的。冯谖为孟尝君设计的"狡兔三窟"策略便是个标本。其中第一窟是用"仁义"收买人心;第二窟是私通他国;第三窟是请求在薛立宗庙,以敬宗亲亲为名来保护他的封地。冯谖说有了这三窟,不仅可以"高枕而卧",而且可以"高枕为乐"。⑧孟尝君在齐执政时所推行的"存亡继绝"⑨,正是

① 《战国策·赵策二》。
② 参见郭沫若:《关于〈鄂君启节〉的研究》,《文物参考资料》,1958 年第 4 期。
③ 《史记·孟尝君列传》。
④ 《史记·穰侯列传》。
⑤ 《史记·平原君虞卿列传》。
⑥ 参见《史记·春申君列传》。
⑦ 参见《史记·魏公子列传》。
⑧ 《战国策·齐策四》。
⑨ 《战国策·齐策三》。

为维护和扩大食封贵族地主既得利益服务的。

这些食封贵族在势力高度膨胀时，就不听从政令，拒不纳税。赵国的田部吏赵奢向平原君收租税，平原君不肯出租，就是一例。[①]他们又以养食客为名，招纳成百上千的文武打手，扩大自己的势力。有的俨然如独立王国，如魏的安陵君作为国中之国，几世相袭，自称为"小国"。[②]孟尝君在齐襄王时也公开打出独立的旗号。魏公子劲、韩公子长及秦魏冉也都自比为诸侯。[③]

总之，食封贵族地主大都是"位尊而无功，奉厚而无劳"[④]的寄生虫，他们是地主阶级中守旧派的主要社会基础。

军功官僚地主和豪民地主

在地主阶级内部进行财产和权力的再分配时，与"亲亲分封"不同的另一原则是"计功行赏"[⑤]，即按照对地主阶级革命与改革的贡献大小，给予不等的政治地位和财产。赵简子在前线誓师时发布的论功行赏令，开创了大规模奖励军功的先例。其后的法家都主张计功行赏。魏国李悝变法、楚国吴起变法、秦国商鞅变法等，都是把奖励耕战、计功行赏同废除世卿世禄制，作为一个政策的两方面同时提出来加以推行的。由于"计功行赏"政策的实施，在地主阶级内部又产生了另一阶层，它可称为"军功官僚地主"。

军功官僚地主大部分产生于士。士有文士和武士。武士依靠武功，文士依靠智谋或特殊技艺。他们常常凭借一技之长，受封建君主的重赏，一跃而成为拥有田宅、地位的地主。魏将公孙痤立了军功，魏王赏他土地百万亩。公孙痤说，我打胜仗因有吴起的"余教"，在观察地形上爨襄和巴宁出力最多，于是魏王找到吴起的后人，赐给他二十万亩田产，同时赐给巴宁、爨襄各十万亩。魏王又念公孙痤"不遗贤者之后，不掩能士之迹"，又加赐田四十万。[⑥]公孙痤一次就有田一百四十万亩，当然是个大地主了。

奖励耕战是秦商鞅变法的一项重要措施，因此，秦的军功官僚地主发展得最快。按规定：士卒能斩得敌国一个甲士，就赏给他爵位一级，增加田地一

① 参见《史记·廉颇蔺相如列传》。

② 参见《战国策·魏策四》。

③ 参见《史记·秦本纪》。

④⑤《战国策·赵策四》。

⑥ 参见《战国策·魏策一》。

顷,住宅九亩,还给他一名"庶子"(一般的农户,每月为主人服役六天)。如果功大,爵位到了第九级的五大夫便享有食邑。前者虽然还不能肯定是地主,后者则可以肯定已是十足的地主了!

计功行赏在当时封建制代替奴隶制的社会大变革中,曾经起过重要的革命作用:第一,它促进了所有制的改变,破坏了西周以来的世卿世禄制。第二,它促进了阶级关系的变动,对原来奴隶社会的阶级关系和森严的等级结构起了破坏作用。第三,它使一部分奴隶或农民可以因功而改善其社会地位,是地主阶级争取群众支持的一种重要手段。

"豪民",不是官吏,但广占土地。这种豪民地主,一部分是失职的官僚或失去了政治地位的官僚后裔,手中仍握有大量的土地与财产。如魏文侯时的名将乐羊被封于灵寿。乐羊死后,子孙没有世袭乐羊的官爵而承继了家产,成为当地的有名的大地主。①另一部分是通过土地兼并而来的。

随着土地买卖的发展,土地兼并现象越来越普遍。各式各样人物都把钱财用来争买土地,如赵国的将领赵括,把赵王赏给他的金帛积存起来,"日视便利田宅可买者买之"②。有的工商业者也走上"以末致财,以本守之"③的道路,进行土地兼并。由于土地兼并的盛行,到战国的晚期出现了"富者田连阡陌,贫者无立锥之地"的现象。

以功行赏和土地买卖愈盛行,对奴隶制的传统破坏得就愈多。所以军功官僚地主是当时地主阶级中具有进步倾向政治流派的主要社会基础。

二、农民阶级

地主阶级是靠剥削农民阶级而存在的,而农民阶级的发展又是同封建生产方式的发展相伴行。农民阶级由于本身地位和生产条件的关系,形成不同的部分。

封建国家"授田"制下的农民

封建国家"授田"制下的农民称之为"公民"④,是当时农民阶级中的主要

---

① 参见《史记·乐毅列传》。

②《史记·廉颇蔺相如列传》。

③《汉书·食货志》。

④《韩非子·五蠹》。

组成部分。封建国家拥有大量的土地,它通过"授田"的形式把土地分给农民耕种。授田给农民,不是剥削者的恩赐,而是劳动人民长期反抗斗争的结果。不过,地主阶级中的一些改革家对农民要求分得一块土地是有所觉察的,即所谓"意民之情,其所欲者,田宅也"①。只有给农民以土地,才能调动生产的积极性。授田的规定是根据土地好坏大体上每户授田一百亩(约合今三十一亩)至三百亩。②这基本上同一个壮劳力及其家小的生产能力相适应。农民对所受土地有相对稳定的使用权和占有权,随着时间的推移,这些农民对土地的支配权越来越大,到后来,甚至可以出卖,所谓"分地若一,强者能守。……愚者有不赓(续)本之事"③。这些农民一般有家室妻小和一部分生产资料如工具、牲畜等。每一家就是一个生产单位。他们除了种地之外,还从事纺织等家庭手工业。这些农民被详细地登记在户籍里(又称为"正籍""定籍""符籍"等)。对男女老少、健康状况、生老病死、财产多少、谁能当甲士、谁能充徒役等项均有详细的记录,"生者著,死者削"④。地方官吏的一项重要职责就是检核户口、监督生产、对耕作不力者施以惩罚。⑤管制农民的什伍编户法十分严紧,农民被严格地束缚在土地上,不准私自迁移。一邑之中还专门设有里门监守门,检查出入,按时开闭。一伍之中不准藏外人,一里之中不准容外家,使逃亡者无处藏身,迁徙者无地容纳。⑥农民如果逃亡被捉住要给以严厉惩罚。⑦魏就专门制定了《奔命律》《户律》以控制农民逃亡。⑧这些农民要向国家交纳名目繁多的赋税,承担各式各样的差役,还要服兵役等,甚至有时还会被统治者当作赏品赐予臣下,原来对封建国家承担的各种义务就转归受封赏者所享有。上述这些被称为"公民"的受田农民,实际上是国家控制下的农奴。

---

① 《商君书·徕民》。

② 参见《孟子·梁惠王上》《荀子·王霸》《吕氏春秋·乐成·上农》《周礼·地官·大司徒》《汉书·食货志》等有关记载。

③ 《管子·国蓄》。

④ 《商君书·去强·境内》,另参见《管子·禁藏·度地》和《周礼·地官》等篇。

⑤ 《管子·大匡》:"耕者……用力不农(勉),……有罪无赦。"

⑥ 参见《管子·禁藏》。

⑦ 参见《管子·治国》。

⑧ 参见云梦秦简中的《为吏之道》。云梦秦墓竹简整理小组:《云梦秦简释文》(一),《文物》,1976年第6期。

豪强地主控制的佃农

"公民"之外，还有依附于豪强地主的农民，称为"私人"①。"私人"也就是佃农。他们租种地主的土地，将收成的一半以上作为地租交给地主，所谓"或耕豪民之田，见税什五"②，就是指的这种租佃关系。这种佃农的身份同样是不自由的，实际上是农奴。由于佃农托身于豪强地主，一般不再承担封建国家的义务。许多公民为抗拒国家的徭役赋税，便从"公家"逃到"私门"。韩国就有这种情况："悉租税，专民力，所以备难充仓府也，而士卒之逃事伏匿，附托有威之门以避徭赋，而上不得者万数。"③"公家"与"私门"争夺农民是当时地主阶级内部斗争的一个焦点。

自耕农

在农民中还有地位比"公民"略高的一部分人。他们占有少量的土地和农具，人身比较自由。其中一部分原来是士，因地位下降不得不从事劳动，当时叫"力耕"之士。还有一部分是冲破了国家的土地垄断，自己"开田而耕"④。另外一部分是立了小军功，赏赐给少量土地，自己耕种的军士之家。《韩非子》中曾记载赵襄子在一日之内赏了两个中牟"贤士"为中大夫，于是引起"中牟之人，弃其田耘，卖宅园而从文学者，邑之半"⑤。这些弃田卖宅园的中牟之人应属于这一类。这种农民的地位很不稳定，经常在分化，大部分趋于下降。

雇　农

雇农即当时所说的"庸客""庸夫"，是农民中最苦的一部分。他们除了两手之外，别无他物，以出卖自己的劳动力为生，被称为"持手而食者"。他们所得的报酬是很少的，一家有三个壮劳力做"佣"，连一个老人也养活不了。⑥地主为了从佣工身上榨取更多的血汗，还总结了一套剥削经，如施点小惠，改善一下伙食，骗取佣工出大力。⑦

---

① 《韩非子·五蠹》。
② 《汉书·食货志》。
③ 《韩非子·诡使》。
④ 《管子·问》。
⑤ 《韩非子·外储说左上》。
⑥ 参见《韩非子·外储说右下》。
⑦ 参见《韩非子·外储说左上》。

三、工商业中的阶级状况

封建官营手工业中的阶级关系

封建地主阶级夺取政权后,继续控制着与国计民生有重大关系和专为封建统治者服务的若干手工业部门。这就是封建国家的官营手工业。封建国家设立专门的官僚机构和官吏来经营和管理。官吏的名称繁多,各国也不一致,如"工师""令""铁官""铜官""工尹""工正""玉尹"等。这些都属于官营手工业中的官吏。他们役使着大批劳动者进行艰苦繁重的劳动。官营手工业中的劳动者主要有三种人:一是工匠,即所谓"工之子恒为工"。他们世代相传,身份近于奴隶。二是徒隶和罪徒。徒隶是奴隶,《管子·轻重乙》中有遣使徒隶到山里伐木烧炭、采矿的记载。罪徒是因犯罪而判刑的人。在服役期间从事手工业劳动。在秦的"上郡①戈"上都有制造者的题铭,如"城旦"(四年刑徒)、"鬼薪"(三年刑徒)和"隶匠"(五年刑徒,或是服第一和第二年刑的三年刑徒)等。②又如在三晋兵器题铭中的"司寇",本是司刑法之官,管辖刑徒的。由此推知,铸兵器的应是司寇管制下的刑徒。大量使用刑徒的无偿劳动,正表现出在官营手工业中还严重地存在着奴隶制残余。三是征派的役夫。《管子·轻重乙》中有关于征派"民"去采矿,遭到"民"反对的记述。

大工商业主

在官营手工业之外,还有一批大私人工商业主。按他们的身份地位和经营方式可分为两种:

一种是大手工业主,主要经营较大的手工业和开发自然资源。战国时期这部分人中很有些著名人物,如邯郸郭纵经营冶铁业而"与王者埒富";蜀"卓氏之先","用铁冶富";鲁的曹邴氏以铁冶起家,"富至巨万";猗顿、刁间逐鱼盐之利,"起富数千万";蜀寡妇清开发丹朱矿,"擅其利数世"。③这部分人所经营的各种事业,在增加社会产品、改进生产技术、开发地下资源等方面是起了积极作用的。

一种是大商人,主要靠囤积居奇、垄断投机起家,著名的代表人物有白

---

① 上郡是秦的重要的兵器制造中心,在今陕西榆林一带。

② 张政烺:《秦汉刑徒的考古资料》,《北京大学学报》,1958 年第 3 期。

③ 参见《史记·货殖列传》。

圭。他"乐观时变,故人弃我取,人取我与"。遇到熟年,大量收购粮食,出卖丝漆;蚕茧上市时,就大量收购帛絮,出售粮食。他还预测年成好坏搞囤积居奇,待价而沽。为了发财,用尽了心计。①这种人是"无把铫推耨之劳,而有积粟之实"②的利蠹和吸血鬼。

从上述大工商业主的产生来说,他们是由奴隶制向封建制过渡过程中的产物,是作为"工商食官"的对立物而出现的。就其社会经济意义看,它促进了奴隶主阶级占有制的解体,在封建地主阶级所有制的发展过程中,特别是土地私有化运动中曾起过酵母作用。但大工商业主的投机活动对封建的自然经济也起着分化瓦解作用。在争逐利益上和封建国家也存在着矛盾。他们富于王侯,成为封建国家的一种抗衡力量。《管子》曾说:"万乘之国,必有万金之贾;千乘之国,必有千金之贾;百乘之国,必有百金之贾。"而这些"贾",又都"非君之所赖也"③。说明了大工商业主和封建国家之间的矛盾。

个体手工业者与小商贩

战国时期还有不少的个体手工业者和小商人,两者往往混为一体而不可分。他们全家参加制作,再有个小门市或小货摊,自做自卖以维持生活。当时称之为"工肆之人"。如宋国开酒铺的小商人④,郑国市集上摆鞋摊的⑤,就属于自做自卖的个体手工业者兼小商人。

个体小手工业者和小商人的生活一般是很寒苦的,他们本小利薄,国家要向他们征各种税,大商人还要盘剥他们,余钱剩米为数不多,很难维持生活。像齐国有个以打草编织为业的人连自己的老母都养不起。⑥他们的社会地位也很低,信陵君结交了卖浆者薛公,平原君就斥责他为"妄人"⑦。可见小手工业者和小商人地位的低下了。他们制造和流通日常需要的产品,即所谓"贾分货而贩,百工分事而劝"⑧,是社会经济生活中不可缺少的。

---

① 参见《史记·货殖列传》。

② 《战国策·秦策四》。

③ 《管子·轻重甲》。

④ 参见《韩非子·外储说右上》。

⑤ 参见《韩非子·外储说左上》。

⑥ 参见《吕氏春秋·士节》。

⑦ 《史记·魏公子列传》。

⑧ 《荀子·王霸》。

四、奴隶制残余

封建制代替奴隶制是一种剥削方式代替另一种剥削方式。地主阶级在革命过程中，颁布过法令，禁止用奴隶殉葬和残杀奴隶；但是，地主阶级终究是剥削阶级，它不可能对旧的剥削制度进行认真的扫荡，奴隶的占有和买卖在法律和习惯上仍然是允许的。战国时期，使用奴隶的现象还相当普遍。在工商业中，使用奴隶的现象尤为盛行。见于史籍的名商大贾，都有成百上千的奴隶。在农业生产中也不乏使用奴隶的现象，"隶""虏""仆""臣""竖"等就是农耕或放牧奴隶。当时驱使十几个奴隶的现象是不少的，所以魏国的说客去赵和鲁仲连辩论时就举例说："先生独未见夫仆乎？十人而从一人者，宁力不胜智不若耶？畏之也。"①当时也还存在着所谓"公作"，就是驱使奴隶进行耕耘，但从整个社会来说已不占主要地位。至于家内奴隶的记载就更多了，卫国大夫公良桓子家中"妇人衣文绣者数百人"②，赵平原君的家中婢妾也是以百数。③用奴隶殉葬的现象依然存在。1969年在山西侯马乔村发掘的战国墓群中，一个贵族就杀害了十八个奴隶来殉葬，这些人殉或被肢解，或是杀害后埋入，或被活埋，在遗骨上都有反抗挣扎的迹象。这种人殉制度反映奴隶制残余确还严重存在。④

奴隶的来源除了未获解放的世世为奴隶的外，主要是破产农民。"天饥岁荒"而"嫁妻卖子"⑤，"民无襜者卖其子"⑥，是经常发生的悲惨现象。当时还流行一条买好奴隶的诀窍，"卖仆妾售乎闾巷者，良仆妾也"⑦。奴隶的另一个来源是抢掠。传说楚国司马子綦的儿子棚，在赴燕国途中被人抢掠，抢掠者怕他逃窜，就断他一足，然后把他卖给齐国富室为奴。⑧还有的是由于负债重利还不起而出卖人身成为奴隶的。商鞅变法规定"事末利及怠而贫者，举以为收孥"⑨。反过

---

① 《战国策·赵策三》。

② 《墨子·贵义》。

③ 参见《史记·平原君虞卿列传》。

④ 参见山西省文物工作委员会写作组：《侯马战国奴隶殉葬墓的发掘——奴隶制度的罪证》，《文物》，1972年第1期。

⑤ 《韩非子·六反》。

⑥ 《管子·揆度》。

⑦ 《战国策·秦策一》。

⑧ 参见《庄子·徐无鬼》。

⑨ 《史记·商君列传》。

来,奴隶有战功者,可以免除奴隶身份,还可以赎免自己的家属。①

奴隶制残余之所以顽强的存在,一方面是由于地主阶级革命不彻底,不可能全部废除奴隶制;另一方面,地主阶级从其本身利益出发,需要保存一部分奴隶制作为自己进行剥削的补充,尤其在奴隶制旧影响还很深的封建社会初期,更是这样。

五、阶级关系变动中的"士"

随着奴隶制的瓦解、封建制的兴起,"士"中的一大部分成为专门从事政治和文化活动的知识分子阶层。战国时期,"士"的数量大大增加,先秦典籍中到处可以见到他们活动的踪迹。这是由于当时社会的经济和政治关系发生了根本的变化。有一部分贵族及其子弟,在社会变革中破落,门庭衰败,被甩到"士"的行列中来;同时,有一些出身庶民的人"积文学,正身行"②,从而上升为"士"。淳于髡便是一个由赘婿而成为名冠"稷下学宫"的名士。虞卿原是穿草鞋挑担的贫苦人,后来竟成为赵的上卿。

战国时期的"士"是社会上一个十分活跃的阶层。他们名类繁杂,至少有五六十种名号。这些"士"不是一个独立的阶级,要以其为哪个阶级服务、代表哪个阶级的利益及其世界观来决定其阶级属性。从当时阶级斗争的形势看,他们主要分为两部分:一部分通过舞文弄墨,摇唇鼓舌,制造各式各样的反动舆论和奇谈怪论,千方百计地反对改革,为复古守旧势力充当吹鼓手、打手、刺客之类,起了极为恶劣的反动作用。另一部分则投身于地主阶级革命、变法革新和谋求统一的事业中,适应历史潮流成为地主阶级著名的政治家、军事家、思想家、科学家和文学家,对历史做出了一定的贡献。

还有一批所谓"隐士""处士"。他们表面上似乎游离于斗争之外,实际上是隐士而不隐,正如以隐士自居的庄周所自白的那样:"古之所谓隐士者,非伏其身而弗见也,非闭其言而不出也,非藏其智而不发也……"③庄周、鲁仲连、田光等是这些"士"的代表。庄周标榜清高厌世、独处不仕,但他对地主

---

① 云梦秦简《军爵律》中有这样的规定:"欲归爵二级,以免亲父母为隶臣妾者一人;及隶臣斩首为公士,谒归公士而免故妻隶妾一人者,许之,免以为庶人。工隶臣斩首及人为斩首以免者,皆令为工;其不完者,以为隐官工。"云梦秦墓竹简整理小组:《云梦秦简释文》(二),《文物》,1976年第7期。

② 《荀子·王制》。

③ 《庄子·缮性》。

阶级的封建制国家却抱着极端仇视的态度，把封建社会比为黑暗的九层深渊。他潜居"穷闾陋巷"，颂古非今。齐国的处士鲁仲连，不图齐强以争统一，而当秦国进围邯郸时，他立即跑到赵国，出谋划策抗秦，他甚至扬言秦要统一称帝，他就"蹈东海而死"以反对统一。燕国"处士"田光也是这样，为了抗拒秦的统一，不仅荐荆轲去刺秦王，而且以自杀为荆轲成行。这些隐士不仅在当时的社会变革现实斗争中起着极为反动的作用，而且，他们散布的复古倒退、阻止进步变革等消极悲观的反动思想，在社会上起了极坏的影响。

还有一些"士"主要从事科技研究，在劳动人民生产实践基础上，对科技的发展做出了贡献。

从以上社会各阶级、阶层的状况看，农民与地主阶级的矛盾逐渐上升为社会的主要矛盾。由于地主阶级中有保守派，社会上还有奴隶制残余，所以复古守旧与革新前进之间的矛盾有时还很尖锐。

第三节　封建社会初期的政治制度和赋税徭役制度

一、几项主要的政治制度

"每种生产形式都产生出它所特有的法权关系、统治形式等等。"[1]封建地主阶级在夺取政权的过程中和夺取政权以后，为了维护封建生产方式的发展，创立和健全了与封建生产方式相适应的法权关系、统治形式。

以郡县为基础的君主集权制和分封食邑制

郡和县作为地方行政单位，是在春秋出现的。县比郡出现的更早些。春秋初期，秦、楚两国往往在新兼并的地方设县[2]，直接隶属于君主。春秋中期以后，各国设县逐渐多起来，如晋襄公命以先茅之县赏胥臣。[3]楚国以陈为县[4]，又"夷于九县"[5]；楚遆启彊说晋国，"韩赋七邑，皆成县也"，又说"因其十家九

---

① 参见马克思：《〈政治经济学批判〉导言》。
② 秦在公元前688年初县邽、冀，次年又县杜、郑，均在春秋初期。（见《史记·秦本纪》）楚之实行县制，最早亦在公元前688年灭申，其后八年灭息，皆以为县。（见《左传》哀公十七年子谷语）
③ 参见《左传》僖公三十三年。
④ 参见《左传》宣公十一年。
⑤ 《左传》宣公十二年。

县""其余四十县"。①晋魏献子当政,"分祁氏之田,以为七县;分羊舌氏之田,以为三县"②。齐相庆封有罪奔吴,吴就给他"朱方之县,以为奉邑"③。从这些记载看,春秋后期,县的建制逐渐普遍起来。最初县都设在边地,带有军事设防的性质。县制不同于卿大夫的封邑,它归国君直接管辖,官吏由国君委派,可随时调换,这就有利于国君的集权和加强边防。

郡到春秋末年才有。最初是设在戎狄杂居的地方,郡和县的区别,最初不在地域之大小,而在于郡远而县近,郡荒陋而县富庶。所以这时郡的地位比县要低。晋国赵简子誓师时说"克敌者上大夫受县,下大夫受郡"④,就是明证。

郡县制产生于春秋,但它是随着地主阶级夺取政权和巩固政权的过程,才得到普遍推广。这是因为:一方面由于新兴地主阶级经历了由小到大,由弱变强的过程,他们在同奴隶主阶级的斗争中只有实行集权才能集中力量打击对方,而郡县制正是便于集权的一种政治形式;另一方面郡县制便于封建国家直接控制和剥削农民。此外,新兴地主阶级是在摧毁由分封制而形成的大大小小奴隶主集团之后夺得政权的。地主阶级在消灭这些奴隶主过程中,也打破了分封制,为确立和推广郡县制开辟了道路。

封建国家机构的名称各国不尽一致,同一国在不同时期亦有变化。

协助君主总理政务的叫"相"或"相国""丞相"。秦还分左右丞相。赵设有"假相国",为丞相的副职。楚设有与"相"相当的"令尹"。"相"是君主以下的"百官之长"⑤。

协助君主总理军务和领兵出战的叫"将"或"将军","上将军"和"大将军"等。楚国叫"柱国"或"上柱国",地位仅次于"令尹"。

负责监察和掌管秘书的,在秦、齐、赵、魏叫"御史",在楚国叫"御书"。另外还有各种史官,大都属于掌管秘书和机要事宜的人员。

负责司法的,秦叫"廷尉",楚叫"典令",齐叫"执法"。

负责宫廷守卫的,一般称为"郎中"。

负责教育太子的,叫"师""傅""太师""太傅"等,这些人常参与国家政事。

---

① 《左传》昭公五年。

② 《左传》昭公二十八年。

③ 《史记·吴太伯世家》。

④ 《左传》哀公二年。

⑤ 《荀子·王霸》《吕氏春秋·举难》。

负责宗教事务的叫"太祝""太卜"等,往往也干预军政事务。

管理财政经济的,秦、赵叫"内史"。赵有"田部吏",专管收取田税。此外主铁官、铜官、市官等都是经济部门的主管人员。

战国时期,封建诸侯国林立,又在新旧交替之际,所以官制很复杂。各国差不多都有"大夫""司马""卿"之类的官,但也有些独特名称的官,如秦的"大良造""庶长",楚的"莫敖"等。这些官的职权不固定,有的担任军、政要职,有的充任君主使臣。有时只表示爵位,并不负责实际职务。

总之,在君主周围设置了各种职能机构,有一批官僚分布在这些机构中协助君主实行集权。

除齐国外,各国的地方组织是郡和县。战国初,郡、县是平行的。秦在商鞅变法时只设县而无郡。战国中期以后,从三晋开始,随后楚和燕都在郡下设县,成为郡县两级制。秦只在新占领区设郡,郡下再设县。

郡有"太守"或"守",为一郡之长。负责军事的叫"都尉"。县设"县官"或"令"或"公"等。为一县之长。战国时只有齐未设郡。相当郡的称"都",一都之长称"大夫"或"令",都下设"城"或"县"。

县以下的基层组织是乡、里、邑等。乡有三老、廷掾。里有里正。以下有什伍编户组织,十家为什,五家为伍,伍有伍长。通过什伍组织征赋税徭役。[①]

这样,从中央到基层形成了金字塔式而又十分严密的统治网。农民、奴隶和其他劳动人民被压在最底层。

与郡县制并存的还有分封制。分封制是封建宗法和财产诸子继承制在政治上的一种反映。不过这时期的分封在形式上保留了一部分西周以来分封制的旧传统,但在内容上有了新的变化,这表现在:

第一,君主对封地具有行政支配权,封君要执行国家的统一法令。[②]国王有时还派官吏到封国去监督,如赵武灵王封公子章到代为安阳君,同时又派田不礼为代相,直接对赵王负责。

第二,封君主要食封地的租税,所以他们的封邑叫作食邑。有些封君的食邑面积很大,多到十数县,十几万户。但租税不能独吞,还必须向国君缴纳一部分。[③]

第三,与郡县相比,封君在封地内相对又有较多的独立的行政权,设有家

---

① 《管子·君臣下》:"上稽之以数,下十伍以征。"

② 参见《战国策·魏策四》。

③ 参见《史记·廉颇蔺相如列传》。

臣,还可以世袭。由于封君经常闹独立性,同君主集权有矛盾,所以当宠主一死或垮台,他们往往随着垮台,被收回封地,取消封号。战国时封君除极个别外,很少有传到三世以上的。①

根据上面几点看,战国时封君的性质是属于封建性的,但它是一种陈旧的政治形式。

官僚制度

随着奴隶制分封制、世卿世禄制的废除和郡县制的推广,出现了新的官僚制度。除了君主和一部分封君外,从朝廷到地方的官吏都不能世袭。国家机构是常设的,人员则可能随时变更。当时选用官吏主要有如下几条途径:

(一)立功仕进:如商鞅变法制定二十等军功爵,只要不断立功,就可以逐级晋升。韩非曾主张"宰相必起于州郡,猛将必起于卒伍"②。就是要从有实际政治、军事经验的人中逐级选拔官吏。

(二)对策或献策:楚悼王、秦孝公、燕昭王等的求贤令,便是发出策问征询对策的一种方式。吴起、商鞅等人就是由于对策适应了地主阶级的需要,一跃而居要职。另外有些人为博取功名,主动向君主献策。当时这种风气极为盛行,《战国策》一书中的绝大部分内容就是记述了这方面的情况。这些献策者,一旦被赏识,便立刻平步青云,扶摇直上。由于策问及对策和献策的盛行,各种政治主张层出不穷,十分活跃。

(三)亲亲:依靠亲属、裙带、宠幸等关系进入官僚队伍。这种情况相当普遍,齐、楚尤为突出。如齐的执政和将领大都出于田氏,楚的重要官位大都出于屈、景、昭三大家族。秦国由于改革比较彻底,这种情况较少些。

(四)推荐:魏文侯时像吴起、西门豹、乐年等人都是翟璜所推荐。另外像卜子夏、田子方、段干木等则是魏成子所推荐。③著名的军事家孙膑是通过齐将田忌的推荐而被齐威王用为军师的。④

(五)召聘:战国后期孔丘的七世孙子顺,就被魏王"遣使者奉黄金束帛"⑤聘以为相。

---

① 参见《战国策·赵策四》。

② 《韩非子·显学》。

③ 参见《史记·魏世家》。

④ 参见《史记·孙子吴起列传》。

⑤ 《孔丛子·陈士义》。

（六）买卖：在商品交换的影响下，官爵也被当作一种特殊商品，有钱人可以花钱买官做。①

从上面官吏的几种不同来源看，主要可分为两类，一类靠才能，一类靠各种关系。前一类是用人唯贤，后一类则是用人唯亲。

为了控制官吏和防止作弊，各国逐渐建立了玺封和合符的制度。这是整个官僚制度中的一个组成部分。玺是官印，任命时发给，免职时收回。玺封是把官印盖在方块泥上，称为"封泥"，公文简牍封合时即用"封泥"封口。玺封是彼此取信的凭证。"合符"是指分为两半的符节（有的作虎形，又称虎符），由君主和将领各执一半，君主调动军队时，传令的人必须持有君主的那一半与将领那一半相合无误，将领才受命行动。历史上"窃符救赵"的故事正反映了这种合符制度。②

为了监督和检查官吏，各国还制定了一套相应的考核制度和奖惩制度。"上计"便是最主要的考核方法之一。上计是指地方官在年终向国君报告工作和缴纳财政收入。战国时期的著作中，经常提到"上计"和有关"上计"的故事。③对于将领，依据胜败进行赏罚。立有战功者，一般按军功爵晋级；战败受罚，不仅罪及本身，还要连累家属。赵国的赵括被任为将军时，他的母亲因为知道他不能胜任，怕战败连累，当即向赵王声明同赵括脱离关系。④

封建的君臣关系，绝不是什么君义臣忠的结合。他们的共同目标是剥削和压迫农民，而在他们之间又存在着利害相较的关系。战国时已有人揭示君臣关系是"主卖官爵，臣卖智力"⑤，"臣尽死以与君市（做交易），君垂爵禄以与臣市"⑥。这种"交易"体现在俸禄制度上。各国计算俸禄的单位名称不一，卫用"盆"，齐、魏用"钟"，秦、燕用"石""斗"，楚用"担"。官位不同，获得的俸禄也不同，有"千钟""万担"的高官，也有"五十石"和"斗食"的小吏。

军　队

当时，各国普遍实行征兵制。具体制度不清楚，各国也不一样，由于战争

---

① 《韩非子·五蠹》："官爵可买则商贾不卑矣。"《管子·八观》："上卖官爵，十年而亡。"

② 参见《史记·魏公子列传》。

③ 参见《周礼·大宰·小宰·司书》《荀子·王霸》《淮南子·人间训》《韩非子·外储说左下》《韩非子·外储说右下》等。

④ 参见《史记·廉颇蔺相如列传》。

⑤ 《韩非子·外储说右下》。

⑥ 《韩非子·难一》。

频繁,征发甚滥。秦赵长平之战,秦国东郡凡年在十五岁以上的都在征召之列。①秦还把妇女组成壮女军,负责运输守卫,把老弱男女组织起来,担负后勤事宜。②楚齐对峙,楚东地凡够五尺高至六十岁的男子都要征发。③齐国临淄七万户可征二十一万兵,平均每户三人。④除了普遍征兵外,还出现了雇佣兵。⑤

在普遍征兵制基础上,各国都设有常备兵。常备兵需经过挑选和专门训练。⑥当时兵种有甲士、步卒、战车、骑兵、舟师等。随着武器和战法的改进,战车在战争中的地位开始下降,骑兵和步兵逐渐成为军队的主力。

法制与礼制

反映地主阶级利益的立法在春秋后期已经出现。在他们夺得政权以后,各国在变法改革中普遍制定了维护封建秩序的法律。魏国有李悝的《法经》六章,又有"大府之宪"⑦。赵国有"国律"⑧。韩国有"新法"⑨。齐国有"大禁"⑩。楚怀王命屈原新制"宪令"⑪。秦国有商鞅根据李悝《法经》而制定的秦律六篇。

各国法律条文的具体内容或有不同,但都是地主阶级意志的表现。这些法律大都公布于众,比奴隶制时代法律独掌在奴隶主贵族手中,秘而不宣,任意而为,是前进了一步。并在一定程度上打破了"刑不上大夫"的陈俗。这是封建法律有进步意义的一面。不过,这些法律条文的基本精神是维护地主阶级的利益,对于农民和其他劳动人民只是换了一副枷锁。惩罚极为残酷,死刑就有车裂、弃市、剖腹、腰斩、戮尸、肢解、枭首、大辟、凿颠、镬烹,更严重的有灭三族、灭九族等。对于统治阶级内部,往往用一个"文明"一点的饰词,叫作"赐死"。肉刑有宫、刖、劓、黥、髡、鞭、笞、梏、抽胁、贯耳。另外还有罚作奴隶、流放、罚劳役、徒刑和罚金等。这一切都是以农民为主要对象的。当然,也用来对付政敌。

---

① 参见《史记·白起列传》。

② 参见《商君书·兵守》。

③ 参见《战国策·楚策二》。

④ 参见《战国策·齐策一》。

⑤ 《荀子·议兵》篇批评齐兵弱时说:"是其去赁市佣而战之几矣。"说明有了雇佣兵。

⑥ 参见《荀子·议兵》。

⑦ 《战国策·魏策四》。

⑧ 《韩非子·饰邪》。

⑨ 《韩非子·定法》。

⑩ 《孟子·梁惠王下》。

⑪ 《史记·屈原贾生列传》。

奴隶主阶级的礼制被地主阶级的革命与改革打破了。但是,地主阶级为了自己的专政,也需要制礼作乐。如祭神、祭祖、君臣上下不同等级的习俗及婚丧嫁娶、送往迎来等,也都须有适合地主阶级需要的礼制。商鞅变法反对因循周礼,但又主张"因事而制礼"。变法中有一条:"明尊卑等级,各以差次;名(占有)田宅、臣妾、衣服以家次。有功者显荣,无功者虽富无所芬华。"①这是维护地主阶级等级差别的一种礼制。封建的礼对奴隶主的礼有否定和革除,如禁止杀殉、废除西周时期的班爵禄等,但在维护剥削和等级制等方面,也有许多因袭。

地主阶级的法与礼并没有什么严格的界限。礼是封建关系在道德上的规范,它要人安于封建秩序,遵守封建礼制,如果违犯了礼,那就是犯法;法是封建关系在政治上的规范,不准有丝毫的逾越,守法者是顺民,违法者要严惩。所以,礼和法是互为补充的一体,是地主阶级实行其专政缺一不可的两个方面。

等级制度

在封建社会的阶级关系上还覆盖着繁缛的等级制度。战国时期各国的等级规定有一个共同点:多是在军功爵的基础上逐渐完善起来的。但在具体规定上却不完全相同。

韩、赵、魏、齐、燕各国在统治者内部分为卿和大夫。卿有上卿、亚卿之分,另有客卿。如魏文侯召翟黄(璜)"复为上卿"②。廉颇在赵"拜为上卿"③。燕太子丹尊荆轲为上卿。④乐毅在燕为亚卿。⑤齐、赵、韩各国都设有客卿。⑥大夫分长大夫(国大夫)、上大夫、中大夫。如吴起在魏赏立功者以长大夫⑦,蔺相如在赵为上大夫⑧,须贾在魏为中大夫⑨,赵襄子赏中牟之士为中大夫⑩,等等。

楚和秦的等级比较特殊。楚国最高的爵位叫"执珪"⑪。秦的等级制是战国

————————

① 《史记·商君列传》。

② 《新序》。

③⑧ 《史记·廉颇蔺相如列传》。

④ 参见《史记·刺客列传》。

⑤ 参见《史记·乐毅列传》。

⑥ 参见《史记·苏秦列传》《战国策·韩策三》。

⑦ 参见《吕氏春秋·慎小》《韩非子·内储说上》。

⑨ 《史记·范雎蔡泽列传》。

⑩ 《韩非子·外储说左上》。

⑪ 《战国策·楚策一》《战国策·楚策四》。

时期最为典型的,商鞅变法在秦原有等级制度的基础上,定了二十个等级。最低一级即第一级称作"公士",最高一级即第二十级叫作"彻侯"。

严格而森严的等级制度不仅起着巩固阶级地位的作用,而且也起着分裂和掩盖阶级关系的作用。

二、赋税徭役制度

"赋税是官僚、军队、教士和宫廷生活的源泉,一句话,它是行使权力整个机构的生活源泉。"①

封建国君强迫农民交纳各种赋税和从事无偿的劳役。当时的赋税和徭役因国家、地域和时间先后的不同,而有"税""租""赋""征""敛""徭""役"等不同的名称。

田　税

又称"田租""田赋""租籍""租禾",这是以土地为征收对象的赋税。魏国李悝曾为农民计算过一年的收支账,其中一项说农民要交纳什一税。②在先秦典籍中谈到什一税的也很多,叫作"常征"③。这只是一种美化了的说法,实际上远远超过什一。税额完全由封建统治者任意确定,如赵简子派官吏去收税,官吏问赵简子收多少,赵简子说:"勿轻勿重,重则利入于上,若轻则利归于民。"④因而又有"什二""什三"的记录。⑤实际上比"什三"还要高得多,一般的都在百分之五十以上,甚至十分之九被搜刮而去。⑥

各国征税的方式不一,有的按年成好坏,有的按定额,秦按授田多少征税。⑦

户口税

除田税外,各国都有户口税。户口税又分按户和按人头征的两种。所谓的"正户籍"⑧,是指户税;所谓"正人籍""正籍""籍于人",是指征人头

---

① 见马克思:《路易·波拿巴的雾月十八日》。

② 参见《汉书·食货志》。

③《墨子·辞过》:"以其常正(征),收其租税。"《荀子·王制》:"田野什一。"《管子·治国》:"粟什一。"

④《韩非子·外储说右下》。

⑤《管子·大匡》记载,根据年成好坏收税:"下年什取一,中年什取二,上年什取三。"

⑥《管子·臣乘马》:"民食什五之谷,则君已藉九矣。"

⑦ 参见云梦秦简中的《田律》。

⑧《管子·国蓄》:"以正户籍,谓之养赢。"

税。①秦商鞅变法也规定收"口赋"。《孟子·公孙丑上》所说的"夫布",也是人头税。《文选》笺引尸子注说魏"民疫不赋口",即患病免除口赋。"口赋"即人头税。户税和人头税的税额不甚清楚。《管子》中有每月正丁收三十钱等不同的记载。总之,户口税的税额很重,是封建国家财政收入的一项主要来源。

山泽税

山林湖泊属封建国家所有。凡上山打柴,打猎,入水捕鱼等都要缴税。②国家设有专门官吏管理山林,禁放都有一定规定。

关市税

随着工商业的发展和城市的兴盛,向工商业征收关市税也成为封建国家财政收入的另一重要来源。各国在国界或交通要道处设立关卡,征收"关税"。这种"关税"起自春秋,到战国则更加发展。关卡林立,不仅对工商业收税,连来往过客的车骑也要交税。关卡成为封建国家的"外财之门户"③,税率为百分之一④。城市中的市场,国家设"市吏"⑤,专门管理和征收"市税"。这些税收虽然是对工商业者征收的,但归根结底,还是来自农民和手工业劳动者身上。

其他税收

除上述税收外,还有其他名目繁多的税收,如宅园税⑥、牲畜税⑦、农具税⑧,甚至死后葬在山上也要交税⑨,还有蚕桑税⑩,等等。

---

① 《管子·轻重乙》:"民之入正籍者","正籍者,君之所强求也"。《管子·国蓄》:"以正人籍,谓之离情。"《管子·海王》:"吾欲籍于人,如何?"管子对曰:"此隐情也。"

② 《吕氏春秋·孟冬纪》:"令水虞、渔师收水泉池泽之赋。"《墨子·尚贤中》:"收敛关市山林泽梁之利,以实官府。"

③ 《管子·问》。

④ 《管子·幼官》:"关赋百取一。"

⑤ 《韩非子·内储说上》。

⑥ 《管子·国蓄》:"以室庑籍,谓之毁成。"小曰室,大曰庑,"室庑籍"即房屋税。《山国轨》:"巨家美修其宫室者服重租,小家为室庐者服小租。"

⑦ 《管子·国蓄》:"以六畜籍,谓之止生。""六畜籍"即牲畜税。

⑧ 《管子·轻重乙》:"农事且作,请以什五该夫赋耙铁。""赋耙铁"即农具税。

⑨ 《管子·山国轨》:"巨家重葬其亲者服重租,小家菲葬其亲者服小租。"

⑩ 《吕氏春秋·孟冬纪》:"蚕事既毕,后妃献茧,乃收茧税,以桑为均。"

上述这些是巧立了名目的,还有一些如祭祀鬼神、节日纪念之类的费用,也要从农民身上刮取。总之,赋税是喂养封建国家及其全部官僚机构的母奶,是当时频繁战争的财政源泉。统治者不把农民挤干榨净是决不会罢休的。

封建国家征税以粟米谷物为主,还有货币、纺织品、柴火、蔬菜、土特产品、皮革牛筋等,均在征收之列。

徭　役

赋税征敛是对农民劳动成果的掠夺,征徭役则是直接榨取农民的劳动力。徭役很大一部分是为战争服务的。前线用一个士兵,就得征用十多个役徒。[①]各国为了进攻或防御,争在边界或境内修筑城堡、要塞、长城。这无疑需要征用大批役夫。当时兵役和徭役常常混杂在一起。齐、楚对峙,楚大司马昭常驻守楚国东部地区以防齐。有一次,他对齐国使臣说:我以生命来坚守楚国东部,已经把够五尺高到六十岁的人都征发来了,足有三十多万人,虽说武器不够精,士卒不够强,但还是要和你们周旋周旋的。[②]这三十多万人,显然兵徭都有。封建统治阶级追求享乐,大兴土木,修建豪华的宫殿台阁,也需要大量的役夫。如齐宣王造宫殿,占地百亩,有屋三百多间,动用全国民力,修建三年还未完工。[③]这该有多少农民要流尽血汗,废弃生业啊!

第四节　农民反抗斗争的兴起　楚国庄蹻起义

农民与地主之间阶级矛盾的发展

封建制代替奴隶制是一种私有制代替另一种私有制。"私有制在这里得到进一步的发展。剥削几乎同奴隶制度下的剥削一样残酷,不过是稍许减轻一些罢了。剥削者和被剥削者之间的阶级斗争,就是封建制度的基本特征。"[④]

战国时期农民的处境是极为艰难的,他们除了交纳赋税、地租和徭役外,

---

① 《墨子·非攻下》:"若使中兴师,君子(数百),庶人也必且数千,徒倍十万,然后足以师而动矣。"

② 参见《战国策·楚策二》。

③ 参见《吕氏春秋·骄恣》。

④ 参见斯大林:《论辩证唯物主义和历史唯物主义》。

还要遭受种种苛征勒索。①正常年成,糠菜半年粮,勉强维持生命。②如遇荒年饥岁,就连糟糠也不能吃饱。③因之卖儿鬻女、妻离子散,逃荒流离,饥寒冻饿而死者,不可胜数。④连某些剥削阶级人物也看到"农之用力最苦,而赢利少"⑤。《墨子》说农民有"三患":"饥者不得食,寒者不得衣,劳者不得息:三者民之巨患也。"⑥这种"巨患"迫使农民无法忍受,起而反抗。

当时的封建制刚从奴隶制中脱胎出来,在它的身上还保存着浓厚的奴隶制痕迹。主要表现在对农民的人身占有和严格控制,超经济剥削也十分残酷。像秦国实行的庶子奴役制以及斩敌五甲首而隶五家的"隶家",就很接近奴隶了。封建国家对农民的人身严格控制,除表明对农民人身一定的占有权外,还为了达到如下两个目的:一是经济目的,所谓"农不出御(指离开本乡到外地做赘婿)、女不外嫁"⑦,保证剥削对象的稳定;一是政治目的,防范农民反抗。地主阶级得出的一条统治经验:如果不采取各种严格控制的措施,危害地主阶级统治的各种行为就会层出不穷地发生。⑧当时的徭役就其性质来说是封建性的,但这种徭役极其残酷,农民劳累致死,尸骨不收,同奴隶的遭遇相差无几。繁重的征发徭役往往破坏和荒废了农业生产,一人服役,荒废百亩土地,大量的征发,造成了破坏农业的严重恶果。农民无法生活,反抗斗争也必随之而起。⑨至于因触犯封建法网而判徒刑的人,在服役期间与奴隶一样。这样的刑徒有成千上万。其中相当一部分罪犯被永久罚作奴隶。战争中的俘虏也常常被当作奴隶赏赐给立有军功的人,这种奴隶叫作"虏"。在封建地主夺得统治权的情况下,这些奴隶制残余还严重存在,它起着加深农民与地主之间阶级矛盾的作用。

---

① 《墨子·辞过》:"以其常正(征),收其租税,……民所苦者非此也,苦于厚作敛于百姓。"

② 《管子·禁藏》:"食民有率,率三十亩而足于卒岁。岁兼美恶,亩取一石,则人有三十石,果蓏素食当十石,糠秕六畜当十石,则人有五十石。"

③ 《史记》之《张议列传》《平原君列传》等篇都有"糟糠不厌"的记载。

④ 参见《墨子·节用》《墨子·兼爱》《墨子·非攻》《管子·八观》《管子·治国》等。

⑤ 《商君书·外内》。

⑥ 《墨子·非乐》。

⑦ 《吕氏春秋·上农》。

⑧ 《管子·八观》:"州里不鬲(隔),闾闬不设,出入毋时,早晏不禁,则攘夺窃盗,攻击残贼之民毋自胜矣。"

⑨ 《管子·臣乘马》:"起一人之繇(徭),百亩不举;起十人之繇,千亩不举;起百人之繇,万亩不举;起千人之繇,十万亩不举。……谷地数亡,谷失于时。……此盗暴之所以起。"

农民的反抗斗争

有压迫、有剥削就必然有反抗。农民反抗封建剥削的斗争是从封建生产方式产生的那一天起就开始的。春秋战国之际,农民的反抗已经不是偶然事件了。先秦诸子中所谓"正昼为盗,日中穴阫"[①]"天下百姓皆以水火、毒药相亏害"[②]"是以僻淫邪行之民,出则无衣也,入则无食也……并为淫暴而不可胜禁也;是故盗贼众而治者寡"[③]等,都反映了广大无衣无食的农民进行反抗的情况。统治阶级对于农民的反抗竭尽其镇压之能事。农民起来反抗,他们就"随之以暴",即用暴力镇压。统治阶级把这种镇压称之为"内战"[④]。"内战"之称既反映了统治者镇压的残暴,也反映出反抗的规模和程度,即统治者不得不用战争的手段了。

农民的反抗斗争,开始多以逃亡的方式出现。封建国家和私人地主所控制的农民数量的多少同他们租税收入的多少成正比。农民的逃亡对封建地主是一个直接的打击。齐国大食封贵族孟尝君让他的门客逼收高利贷利息,门客说,"息愈多,急即以逃亡"[⑤]。战国时期逃亡农民被称为"氓""浮萌"和"宾氓"等,逃亡的现象很普遍,数目也很大。齐宣王时,齐国平陆(今山东汶上县北)一地的农民"壮者散而之四方者几千人矣"[⑥]韩国由国家控制的农民,逃亡的以万数。由于战争,魏、韩的百姓无法生活,流亡各地给人当奴婢的,到处都是。[⑦]逃亡的趋势日甚一日,统治者发出惊叹说:"若决积水于千仞之谿,其谁能当之!"[⑧]有些农民因不堪无止境的剥削和压榨,逃亡到荒山野坡去谋生路。[⑨]有的逃亡者自发地聚集成村落进行农耕,逃脱封建国家的户籍控制,不向封建国家交税。[⑩]

逃亡是农民对地主剥削行为的反抗,但他们大部分人从东家逃到西家,

---

① 《庄子·庚桑楚》。

② 《墨子·尚同上》。

③ 《墨子·节葬下》。

④ 《管于·臣乘马》。

⑤ 《史记·孟尝君列传》。

⑥ 《孟子·公孙丑下》。

⑦ 《战国策·秦策四》:"(韩、魏)百姓不聊生,族类离散,流亡为臣妾,满海内矣。"

⑧ 《吕氏春秋·适威》。

⑨ 《管子·轻重甲》:"君求焉而无止,民无以待之,走亡而栖山阜。"

⑩ 《管子·轻重乙》:"强耕而自以为落,其民寡人不得藉升斗焉。"

从此地逃到彼地，最后仍逃不脱地主阶级的剥削，所以还是一种初级斗争形式。不过，它对封建国家和私人地主势力起了釜底抽薪的作用。所以，如何防止逃亡便成了地主阶级，特别是封建国家经常关心的一个重大问题。

比逃亡较为发展的斗争形式是小规模起义。这些起义者被统治阶级诬蔑为"盗""贼"。从几个人到数十人，乃至数百人，结合在一起，占据山头草莽，对豪门富室进行打家劫舍，聚众游击。这种情况已遍及各国。齐威王说他有一个名臣叫种首，专门镇压"盗贼"[1]，这说明齐国有不少起义者。楚国"多盗"和"盗贼公行"[2]，说明楚国到处有小规模的起义活动。《庄子·胠箧》篇说那些富人把珍宝藏在箱柜里，用绳索捆起来，备有关钮，以防"盗贼"，结果，"巨盗"来了，连箱柜一齐搬走。这里所谓"巨盗"是指很有名声和影响的起义者。有的斗争规模还相当大，人数众多，以深山湖泽森林为根据地，对地主、贵族、豪商大贾进行"扑击遏夺"[3]。"盗贼击夺以危上"[4]，说明被压迫者的反抗危及了他们的统治和压迫。

楚国的庄𫏋起义

楚国由于政治上落后腐败，对农民的剥削十分苛重，"大臣父兄好伤贤以为资，厚赋敛诸百姓"[5]，因此，严重地破坏了生产，竟达到了"食(粮食)贵于玉，薪(柴火)贵于桂(桂木)"[6]的地步。阶级矛盾十分尖锐，统治者已经走到"见疾于民"[7]的境地，终于引起了庄𫏋领导的农民起义。

庄𫏋[8]大约是楚怀王、楚顷襄王时期的一位穷苦农民，他领导起义的时间约在公元前306年(楚怀王二十三年)以前[9]。起义队伍多达数千人，转战于楚

---

① 《史记·田敬仲完世家》。

② 《战国策·韩策三》。

③ 《吕氏春秋·安死》。

④ 《荀子·正论》。

⑤ 《战国策·秦策三》。

⑥⑦ 《战国策·楚策三》。

⑧ "𫏋"在汉代以前的文献中作草鞋解释。庄𫏋是穿草鞋的农民。

⑨ 《韩非子·喻老》："楚庄王欲伐越，杜子谏曰：'……王之兵自败于秦、晋，丧地数百里，此兵之弱也。庄𫏋为盗于境内，而吏不能禁，此政之乱也。王之弱乱非越之下也，……'王乃止。"楚灭越约在楚怀王二十三年。此处庄王当为怀王之误。楚庄王是春秋时五霸之一，国势正强，且他书所记庄𫏋事均属战国，说庄𫏋起义在楚庄王时显然是不妥的；有人说庄王为顷襄王之误，但楚灭越在楚怀王时，《喻老》篇所说庄𫏋起义在楚灭越之前，因此说楚庄王是楚顷襄王之误亦不妥。

国境内。公元前 301 年(楚怀王二十八年)庄跻乘楚与秦、齐、韩、魏联军交战惨败之机,一举攻下郢都。起义军所到之处,没收统治者的财物,杀死那些残暴的贵族,掀起了"攻夺人物,断斩人身"①的革命风暴。由于庄跻代表了被压迫者的利益,所以起义军受到了农民和奴隶们的热烈欢迎和支持,起义群众和广大被压迫者纷纷歌颂这次起义的正义行动,并到处流传着他反抗斗争的事迹。②这支起义队伍一直到楚顷襄王时还在战斗。后来转战入滇。庄跻改用当地风俗衣饰,做了该地的首领,称滇王。③

庄跻起义是中国历史进入封建社会后一次规模较大的地方性起义。它沉重地打击了楚国的统治者,使其陷入分崩离析的境地,显示了农民革命的巨大威力。

庄跻遭到统治者的恶毒辱骂,而人民群众则把他们视为经天的日月,十分崇敬!

第五节　战国后期地主阶级内部革新与守旧的斗争

地主阶级夺取政权后,标志着地主阶级革命基本完成。但地主阶级并不是铁板一块。那些由奴隶主转化来的地主身上无疑保留了较浓厚的奴隶制残余,食封贵族地主同奴隶制的旧传统联系也较多。这些人同耕战而发迹的地主是有矛盾的。两者围绕着实行分封制还是实行中央集权制,以及如何进行财产、权力的再分配开展了斗争。这种斗争是地主阶级内部革新与守旧的斗争,但在封建社会初期在一定意义上又带有复辟和反复辟的性质。

下边简述一下各国斗争的概况。

魏国的斗争情况

魏国在魏文侯时兼用法、儒。著名的法家有李悝、吴起、翟璜等,著名的儒

---

①《论衡·命义》。

② 参见《史记·游侠列传》:"其徒诵义无穷。"

③ 关于庄跻问题,史料记载比较简单,又不完全一致,所以一直有分歧和争论。过去有"一人说"和"二人说"。"一人说"又有庄跻先"盗"后将和先将后"盗"的不同;"二人说"则认为为"盗"的庄跻和为将的庄跻是两个人。近年来,学术界又有争论。一种主张"一人说",认为庄跻是领导农民起义的英雄,失败后循沅江入滇开发西南,并没有为楚将;另一种主张"二人说",认为这是当时两个不同阶级的同姓名人,一个是善于用兵的楚将,一个是农民起义领袖,战斗一生,"乃以寿终",并没有失败入滇之事,入滇的是楚将庄跻。关于这个问题,云南大学的《思想战线》1975 年第 1 期、第 5 期有几篇讨论文章,可供参阅。

家有卜子夏、田子方等。法儒两派斗争很激烈。结交和推荐卜子夏、田子方、段干木的魏成排挤翟璜和李悝,一度代李悝为相。文侯死,武侯即位,李悝再度为相①,吴起为西河守,推行法家政治。不久,由于大夫王错的挑拨离间,陷害吴起,吴起被迫去楚。大约在此时,西门豹也被人害死。②武侯死,公子䓨和公子缓争立,发生内讧,韩、赵乘机攻魏,魏大败。韩国主张把魏分成两国以削弱魏,赵不同意,魏才免于亡国。子䓨立,是为惠王。魏惠王(因都于大梁,又称梁惠王)开始重用具有革新倾向的公叔痤,打了一些胜仗。但魏惠王是既无远见又无定识的人。公叔痤临死前推荐公孙鞅(商鞅),惠王因其年轻未加任用。后来,魏惠王恃强,四面出击,接连被秦、齐、赵所战败,国势转弱。于是下求贤令,孟轲、淳于髡等人前来游说。他们发表了一通大而无当的议论,没有提出切实可行的政策。惠王也不求实,而以"慈惠"来邀名。当时有个叫卜皮的对惠王说:所谓"慈"就是"不忍",即对有过错的不惩罚;所谓"惠"就是"好予",对无功的也加赏赐,这样搞下去是什么也不会成功的。③

魏国约在惠王二十八年至后元十三年之间(约公元前 343—前 323)曾用惠施为相。惠施具有革新精神,曾根据"去尊"④的原则,即限制那些保留奴隶制的残余较重的"巨室""大族",制定了一套新法,公布以后,得到民众拥护;可是惠王并未认真实行,国势仍未振兴。

魏惠王死后,襄王继位,屡败于秦。继襄王而立的昭王竟然任用在齐国搞专权分裂而无法立足的孟尝君田文为相,国势更衰。继昭王之后的是安釐王。安釐王虽在对秦、齐、韩各国的战事中数次取胜,国势略见起色,但内政大权却操于大食封贵族信陵君无忌之手。信陵君又大批招纳亡命之徒,搞国中之国。安釐王还一度聘用孔丘七世孙子顺为相,内政比较混乱。安釐王死后,魏国国势就更江河日下了。

从魏国的几次反复情况看,斗争是激烈的。在与邻国,特别与秦交战中又屡吃败仗。韩非在总结魏由强变弱的经验时说:"当魏之方明立辟(即法),从宪令行之时,有功者必赏,有罪者必诛,强匡天下,威行四邻;及法慢,妄予,而国日削矣。"⑤

---

① 参见《淮南子·道应训》。
② 参见《韩非子·难言》。
③ 参见《韩非子·内储说上》。
④ 《吕氏春秋·爱类》。
⑤ 《韩非子·饰邪》。

齐国田婴、田文父子的分裂倒退活动

齐国经过威王的改革，国势很强。继威王的是宣王（公元前320—前302）。宣王"喜文学游说之士"①。他把过去齐桓公田午在临淄西门外开设的稷下学宫加以扩充，招纳各种流派的"先生""学士"等数千人，交流学术，议论政治。其中既有像慎到等近于法家的势家，也有儒家孟轲。这种活动促进了思想活跃，加深人们对客观事物的认识。孟轲在齐曾受上大夫之禄，名声显赫。他曾先后三次会见齐宣王，想改变其"邪心"，把齐宣王拉到儒家轨道上来。宣王被后世称为"褒儒尊学"②的尊儒派。宣王长期任用庶弟、大食封贵族靖郭君田婴为相。田婴与人民所痛恨的申缚相勾结，把持朝政，损公肥私，挥霍无度，很不得人心。③但在宣王纵容之下，田婴等嚣张一时，当时有个叫成骦的人就批评宣王："王太仁于薛公(田婴封于薛)，而太不忍于诸田(指齐王宗室)"，以致"兵弱于外，政乱于内，此亡国之本也"。④

田婴死后，儿子田文继承封地，号孟尝君。田文倚仗遗留下来的封地、党羽和"家累万金"的资财，接连把持齐国朝政先后达三十年之久。他在政治上搞"存亡继绝"⑤，结党营私，招纳各式各样的士及鸡鸣狗盗等亡命之徒达数千人之多。他的权势达到"闻齐之有田文，不闻其有王也"⑥的地步。荀卿曾斥之为"篡臣"⑦。田文是一个贪得无厌的吸血鬼，除了挖空国库外，对封地的农民进行了敲骨吸髓的盘剥，把农民榨取得无衣无食。而他豢养的几百匹马却披绣衣、食菽粟⑧，其豪华奢侈可见一斑。田文为了获得邻国支持来巩固自己在齐的地位，采取了远攻近交的错误军事路线，徒耗国力而一无所获。齐湣王时，田文被罢免，齐国在军事上又南破楚、灭宋，北败燕，攻占一部分韩魏土地，并且还一度与秦昭王协议分别称东帝与西帝。但终因田婴田文父子长期把持朝政，挖空了国库，内部不稳定，再加上到处出击，不讲策略，招致秦、楚、燕、赵、韩、

---

① 《史记·田敬仲完世家》。

② 《盐铁论·论儒》。

③ 参见《战国策·齐策一》《史记·孟尝君列传》。

④ 《韩非子·内储说上》。

⑤ 《战国策·齐策三》。

⑥ 《史记·范雎蔡泽列传》。

⑦ 《荀子·君道》。

⑧ 参见《战国策·齐策四》。

魏的合兵进攻而一败涂地,齐湣王也被楚将淖齿杀死,几乎亡了国。

赵国围绕"胡服骑射"的斗争

赵国在烈侯之后,几次君位交替之际都发生过争夺君位的事情,在同邻国和少数民族中山、林胡等的战争中,又多次遭到失败,遂成为各国中国势较弱的一个。公元前325年赵武灵王即位,任用了具有法家倾向的政治家肥义、楼缓等。肥义建议赵武灵王"虑世事之变,权甲兵之用"[1],以继承赵简子、赵襄子的事业。武灵王很赞同,采取了两项重大措施:一是奖励耕战,二是改革军制。

当时中原各国之间的战争,战车的地位还比较突出,甲士穿的是宽袍大袖,再披上铠甲,比较笨重,很不利于山地作战。同赵接壤的少数民族中山、林胡、楼烦等都善于骑马射箭,衣服简便而可体,不论在山地还是平原,作战都很捷便。赵武灵王提出要实行"胡服射骑",当即遭到他的叔父公子成为首的一帮守旧人物的反对。他们的理由是:中原是文明人所住的地方,万物齐备,有圣贤的遗教,施行的是仁义,用的是诗书礼乐,技术也发达,是"蛮夷"学习的榜样,而且"衣服有常"又是"礼之制也"。现在丢掉这些而要搞"胡服",这是"变古之教,易古之道",是万万行不得的。赵武灵王和他们反复辩论,指出:"服者,所以便用也;礼者,所以信事也。"不同环境就应采取与之相适应的办法。他还指出,儒家虽出于一师,不也是不断衍变和分有不同流派吗?赵武灵王明确指出"法古之学,不足以制今",必须"观时而制法,因事而制礼",自己带头"胡服骑射"。[2]赵国由于武灵王坚持改革,国势渐强。公元前295年灭中山,占云中、九原,服林胡、楼烦。

可是,赵武灵王在取得一系列胜利后,公元前298年,错误地把君位传给自己十几岁的小儿子王子何(即惠文王),以肥义为相,辅佐朝政,自称"主父",为太上王,专致力于武功。但是,他的长子公子章,原封于代,号安阳君,有地盘,有势力,对此极为不满,与国相田不礼阴谋发动政变夺取王位。当时有一个说客叫李兑,威胁肥义说,公子章势力大,事情有变,性命难保,不如装病辞官,把相位让出来。肥义说:"吾欲全吾言,安得全吾身!"[3]表示宁肯身死

---

① 《战国策·赵策二》。

② 参见《战国策·赵策二》《史记·赵世家》。

③ 《史记·赵世家》。

也不能变更主张。公元前295年,公子章发动政变,公子成和李兑借平叛为名,调四邑之兵杀死公子章和田不礼,把"主父"围困在沙丘宫中,断水断粮,赵武灵王困饿而死,公子成封为安平君,李兑掌司寇大权,封奉阳君,造成了"入赵则独闻李兑而不闻赵主"[①]的局面。

继赵武灵王的赵惠文王年长之后,逐渐把政权夺回到自己手中,起用了廉颇、蔺相如和赵奢等辅佐朝政。蔺相如是一位豁达大度、顾全大局的名相。老将廉颇则自恃功高,处处冷对蔺相如。蔺相如以团结为重,对廉颇处处争强的举动不予计较,终于感动廉颇,使廉颇亲自到相府"负荆请罪",从此二人同心协力,共谋国事。这就是历史上有名的"将相和"的故事。赵奢也是一位执法很严,深入士卒的名将。所以,惠文王时的赵国又强盛一时。

惠文王死后,孝成王继立(公元前265—前245),大权被惠文王之弟、大食封贵族平原君赵胜所把持。赵胜招纳了一大批食客,势力很大。但内部政治混乱,对外战争屡败,赵国又走上了衰亡的道路。韩非总结赵国的盛衰历史说:当赵国实行正确的国策、法律严明时就人心齐,兵力强,打败了齐国和燕国;当执法涣散,懦弱守旧的人物当政,国势就日益衰败了。[②]

楚国屈原改革的失败

楚自吴起变法失败后,军政大权基本上被屈、景、昭三大家族所控制。楚怀王(公元前328—前299)即位后,一度任用屈原为左徒(仅次于令尹)。屈原名平(公元前340—前278),在政治上主张改革。他指出楚国虽大而积弱,是因"背法度"、无"绳墨",随心所欲,任人唯亲所造成,主张"明法度""举贤而使能"。但楚怀王在上官大夫靳尚等一伙谗臣的挑唆下,放逐了屈原,改革未得实行。楚国由于政治落后,虽有地大物博人众的优越条件,也不免在诸国争锋中常处于劣势。公元前278年秦将白起率领秦军攻入楚都郢(今湖北江陵),几乎把楚灭掉。白起在总结这次胜利的经验时指出,一方面是因秦国将士同心协力,另一方面则是由于楚国内政腐败。白起说:"楚王恃其国大,不恤其政,而群臣相妒以功,谄谀用事,良臣斥疏,百姓心离,城池不修。既无良臣,又无守备,故起所以得引兵深入。"[③]

---

① 《韩非子·外储说右下》。
② 参见《韩非子·饰邪》。
③ 《战国策·中山策》。

燕国——奉法而兴、亡法而衰

燕王哙之后继位的是昭王(公元前311—前279),是一位重用法家而图治的君主。他重用乐毅,改革政治和军事,"循法令,顺庶孽者,施及萌隶",用人唯贤而"不谋于父兄"。[①]燕国在不长时间内就兴旺起来,打败了齐、赵,占领了一度属于赵国的中山之地,几乎灭了齐国。昭王死,惠王即位,斥逐乐毅,攻齐反胜为败。惠王以后又连续被韩、魏、楚的联兵和齐国打败,燕国由盛转衰。韩非对燕的兴衰曾加以论述:"当燕之方明奉法,审官断之时,东县齐国,南尽中山之地;及奉法已亡,官断不用,左右交争,论从其下,则兵弱而地削,国制于邻敌矣。"[②]

秦"四贵"专权与范雎的进用

继秦孝公之后的惠王,继续奉行商鞅变法的各项政策,攻占巴、蜀,征服义渠(今甘肃东北部),扩地千里,对东方诸国用兵也多次取胜。在这种大好形势下,秦国内部以大食封贵族穰侯魏冉为首的"四贵"集团控制了朝政。魏冉是惠王妃子的异父同母弟。惠王之子武王因举鼎折臂而死,无子,诸弟争立。在赵武灵王的支持下,惠王妃之子稷继承了王位,是为秦昭襄王(公元前306—前251),惠王妃被尊为宣太后。魏冉开始做过一些有利于秦的事,但主要是凭借宣太后而飞黄腾达,封为将军,以后又攫取相位,封于穰(今河南邓州市),又称穰侯。宣太后的同父弟华戎被封为华阳君。宣太后的另外二子,公子显被封为高陵君,公子悝被封为泾阳君,形成了以宣太后、魏冉为首的所谓"四贵"集团。他们把持朝政,独断专行,从低级官吏到高级显宦,甚至王的左右都安插了他们的党羽,造成一种"四贵"显而王弱的局面。他们贪权如虎,嗜财如狼,榨取民膏,挖空国库以充私囊,以致魏冉的资财竟"多于王室"。宋的定陶是当时的商业名都,是搜刮财富的利薮,齐国早有觊觎之心,而魏冉也想夺来作为自己的封邑,于是采取近交韩、魏而远攻齐的策略,劳师远征。结果秦国国土没有增大,反而造成士民疲病,田畴荒芜,国库空虚。正在"四贵"专权之际,范雎通过秦驻魏使臣王稽的推荐到秦见昭襄王。范雎以"今日言之于前而明日伏诛于后"的极大勇气,向昭襄王历数"四贵"危害,告诫昭襄王如不

---

① 《战国策·燕策二》。

② 《韩非子·饰邪》。

早除"四贵"则"万世之后,有秦国者非王子孙也"。昭襄王听从了范雎的建议,废太后,罢"四贵",驱逐到关外,任范雎为相,整顿政治,对外采取远交近攻的策略,使秦国又强盛起来。①

战国后期,各国程度不同地都发生过具有复辟与反复辟性质的保守与改革的斗争。相比之下,山东六国尤为严重。因为山东诸国取得政权后,改革不彻底,食封贵族地主的势力盘根错节,势力很大,孔孟儒家思想的影响也较深,达到"举先王,言仁义者盈庭"②的程度。秦国由于改革比较彻底,基础比较坚实。韩非在总结秦变强、山东六国变弱的历史经验时说:"慕仁义而弱乱者,三晋也;不慕而治强者,秦也。"③虽不能说这是全部原因或唯一的原因,但韩非的概括还是抓住了问题的要点。

第六节　战国时期社会经济的发展

一、农业的发展

"革命就是解放生产力,革命就是促进生产力的发展。"④封建制取代奴隶制尽管是一种剥削制度代替另一种剥削制度,但农民能够支配一部分自己的劳动,占有少量的生产资料,因此,比奴隶表现了较多的劳动主动性。这种主动性是封建生产关系比奴隶制适应生产力发展的重要表现之一。战国时期的一些文献,都记载着农民早起晚归、披星戴月,全家老小一齐出动进行生产的情景。这是旧的生产关系改变后产生的新现象。有了这种情况,才使农业生产有了明显的发展。

铁工具的普遍使用

以一家一户为生产单位的个体农民,迫切需要有更多更好的铁器工具。到战国中期以后,铁器农具的使用更普遍了。根据考古发掘,北自辽东半岛,

① 参见《史记·范雎蔡泽列传》。

② 《韩非子·五蠹》。

③ 《韩非子·外储说左上》。

④ 毛主席语录,转引自 1967 年 8 月 3 日《解放军报》社论《坚守生产岗位》。

南至广东,东起海滨,西达川陕这一广大地区都发现了战国中晚期的铁农具。河南辉县的魏墓、湖南长沙的楚墓和河北兴隆的燕国遗址,发现铁农具或铸造农具的铁范,都在几十种以上。其中辉县的魏墓出土的有犁铧、镢、锄、䦆、镰、斧等。[①]各国农具的种类和形式也渐趋一致。河北石家庄市庄村赵国遗址出土的铁农具占这个遗址中全部出土的铁、石、蚌质工具的百分之六十五。[②]辽宁抚顺莲花堡燕国遗址出土的铁农具则占全部出土农具的百分之九十以上。这些实物资料说明铁制工具在农业生产中已占主导地位。铁制农具品种的增多和更普遍的使用,对当时社会经济的发展起了促进作用。农业中深耕细作、犁耕、中耕、整地保墒等操作技术的改进,都与铁器农具的普遍使用有关。

水利事业的发展

水利工程的兴建与灌溉的推广,提高了农作物产量,促进了农业的发展。在农民生产实践的基础上,当时的人们已认识到土与水是农业的基础和命脉,即所谓"食之所生,水与土也"[③]。而且,不仅看到水利的一面,也看到了水害的一面,很多著作里都提出要兼顾用和防两个方面。如《荀子·王制》篇说:"修堤梁,通沟浍,行水潦,安水臧,以时决塞,岁虽凶败水旱,使民有所耘艾。"各封建国家适应这个要求,都设有专门治理水利和兴建工程的官员,征调大批役夫从事水利建设。魏国在邺县令西门豹的主持下,"引漳水灌邺",把盐碱地改造为良田。秦国昭王时在蜀太守李冰的主持下,在今四川灌县一带,由劳动人民修筑了"都江堰"。他们用竹笼装上卵石,在岷江中间筑起分水堤埂,把岷江水分为两股:一股是外江,即岷江主流;一股是内江,又名都江。这样既可免除岷江泛滥,又便于交通和灌溉。当地人民在生产斗争实践中总结出"深淘滩,低作堰"的治水经验。"深淘滩"是利用河水的畅通,使内江能得到充足的水量;"低作堰"有利于控制内江水流,当内江水多时可以越过低堰流向外江,使内江地区避免水淹。都江堰灌田万顷以上,成都一带由此变为丰产地区。

另一著名的水利工程是秦王政时修建的"郑国渠"。郑国是韩国著名的水利工程家,他后来到秦,在他的主持下,关中数十万劳动人民,用了十几年的时间从中山(今陕西泾阳西北)开运河,引泾水直抵瓠口(即蕉获泽,在今陕西

---

① 参见中国科学院考古研究所编著:《辉县发掘报告》,科学出版社,1956 年。

② 参见孙德海、陈惠:《河北省石家庄市庄村战国遗址的发掘》,《考古学报》,1957 年第 1 期。

③ 《管子·禁藏》。

泾阳西北），再从瓠口引水经过现在的三原、富平、蒲城入洛水，长达三百余里，既利于交通，又能灌溉田地四万余顷，使关中成为膏腴之田。

除了引江河灌溉外，凿井汲水灌溉也相当发展。另外，还修了不少陂塘。

在兴修水利过程中，劳动人民对堤防的加固与保护，积累了丰富的经验。当时已经有"千里之堤，溃于蚁穴"的说法，表明人们的观察已极为细致，防护已十分严密。

耕作技术的改进

随着工具的改进和水利灌溉的发展，出现了精耕细作的园圃作物。[①]深耕的优越性已被人们所熟知，"深其耕而熟耰之，其禾繁以滋"[②]。深耕既可除草积肥，又可减少虫害。当时深耕一是靠人力用耒耜，一部分用畜力挽犁。

施肥也普遍推广，人们已经较多地知道各种肥源，如草木灰、动物的粪便、绿肥等，还知道用肥拌种的技术。[③]"多粪肥田"[④]"积力于田畴，必且粪灌"[⑤]等记载说明施肥已成为提高农业产量的重要措施之一。

人们对土壤的知识也比较丰富了，对土壤进行了细密的分类，如《管子·地员》篇把土地分成上、中、下三等，每等又分若干级。对什么土质宜于种什么作物，均有具体的记述。战国时期的作品《禹贡》和《周礼·草人》等著作列举了各地区土壤情况和根据土质不同而划分的田地等级，以及适宜生长什么植物等。

对栽培、时令等有关农业生产的知识也都有了深入的研究。在广大农民生产实践的基础上，农业科学已成为专门的学问，像《吕氏春秋》中《任地》《辨土》《审时》等篇就是记载农业科学知识的专著。

当时农作物的产量，由于作物、土质、水、肥、管理等条件的不同，收获量大约是种子的十倍到一百倍。[⑥]

---

① 参见《史记·商君列传》《史记·鲁仲连邹阳列传》，以及《庄子·天地》篇中都有"灌园"的记载。

②《庄子·则阳》。

③ 参见《周礼·草人》。

④《荀子·富国》。

⑤《韩非子·解老》。

⑥《战国策·秦策五》记载吕不韦与他父亲的对话："耕田之利几倍？曰：'十倍'。"《荀子·富国》："田肥以易（治理）则出实百倍。"

二、手工业和商业

手工业内部分工的发展

战国时期,封建国家经营了为数很多的手工业。官营手工业多半是冶铁、煮盐、粮食加工、制造兵器、铸钱和为封建统治者享用而服务的行业。官营手工业中分工很细,如木工分七种,金工分六种,皮工分五种,设色工分五种等[①],并且都具有相当的规模。从战国城市遗址的发掘中看到,齐国临淄城的宫殿附近,秦国咸阳城宫殿区内外,都有手工业作坊的遗址。燕国燕下都宫殿西半部和南侧围绕着密集的手工业作坊,包括制铁、制兵器、铸钱、制骨器、烧陶等行业。[②]这些反映出当时政府是直接掌握着大规模官营手工业的,也说明手工业内部分工较前更细,因有"百工"之称。

冶铁技术和钢的出现

在青铜冶铸和春秋炼铁的技术基础上,这时开始比较广泛地使用生铁铸件。洛阳战国早期灰坑出土的铁锛、空首铁镈,经鉴定属于公元前 5 世纪的器物。这是迄今为止发现的最早的生铁工具。这具空首铁镈与同时期邯郸齐村 24 号墓及稍晚的辉县固围村 5 号墓出土的铁镈很相似。铁镈经金相检验证明是白口铁经柔化处理得到的展性铸铁。长沙识字岭 314 号墓出土的春秋战国之际的小铁臿,它的器形与 1957 年出土并经鉴定为展性铸铁的战国臿完全相同。这些情况表明,在公元前 5 世纪,我国劳动人民已经认识热处理的某些作用,而且创造了铸铁可锻化退火这一极为重要的热处理工艺。

这种展性铸铁在战国中晚期已被广泛应用于制造农具、兵器,生活用具,见于文献记载的铁器名称不下四五十种。1957 年长沙出土的战国铁铲、大冶铜绿山出土的战国中晚期的六角锄、易县燕下都出土的战国晚期铁镬、六角锄、镈,都属于展性铸铁。经过考察,当时还利用控制退火的办法,创造了表面为低碳纯铁,中心为硬度高的复合铸铁器件,借以提高农具的性能,使农具有坚硬、锋利、耐磨的刃口而又具韧性。到战国后期,北起燕、赵,南至楚,已广泛

---

① 参见《周礼·考工记上》。

② 群力:《临淄齐国故城勘探纪要》,《文物》,1972 年第 5 期;吴梓林,郭长江:《秦都咸阳故城遗址的调查和试掘》,《文物》,1962 年第 6 期;李晓东:《河北易县燕下都故城勘察和试掘》,《考古学报》,1965 年第 1 期。

应用了这种办法。

在铸铁过程中,出现了白口铁与灰口铁混合的麻口铁。灰口铁硬度比白口铁低,脆性较小,具有良好的耐磨性和润滑性能,其耐腐性也高于一般的铁。

在铸造工艺方面,也达到了相当高的水平。从陶范到金属范,从单合范到双合范,从外范到内范,以及出土的大批锄范、镢范、斧范、双凿范和相应的铁器中,说明从战国初期到中晚期的不太长的时间内,冶铁工人已经创造和掌握了不同类型的铸铁的性能、铸造工艺和冶铁技术。估计当时已采用了鼓风的竖炉,它不仅能炼出液态生铁,而且可以达到浇铸的温度。

战国中后期,虽已广泛应用铸铁,但块炼铁仍然是锻件的重要原料。以块炼铁为原料的纯铁在反复锻打中吸收了碳,或者经过渗碳处理,也出现了含碳量不均匀的钢,用来制作兵器,如剑、戟等。河北易县燕下都出土的剑就是低碳钢。钢做的武器比纯铁要锋利得多。[1]当时文献资料记载铁兵器也很锋利,如楚的"宛钜铁釶,惨如蜂虿"[2],韩的铁兵器也是"陆断牛马,水击鹄雁,当敌即斩"[3]。秦昭王也说过:"吾闻楚之铁剑利。"[4]铁兵器如此锋利,估计应是钢铁。

铸铁和金属范以及淬火技术的发明,是我国古代劳动人民对世界冶金技术的伟大贡献。也是我国手工业史上划时代的标志。

青铜器

青铜器工艺也有突出的进步。这时普遍应用了器身和附件分别铸造的方法。接合时或将先铸好的附件嵌入器身和范中,然后灌注铜液,使之连成一体,或用合金焊接。另外,还出现了鎏金技术。错金技术出现于春秋,这时有了突出的发展。

开矿技术

1965年,特别是"文化大革命"以来,在湖北铜绿山不断发现春秋至战国中期的古矿井遗址。在当时没有任何机械动力机和金属机械的条件下,矿工

---

① 关于冶铁技术的论述参见李众:《中国封建社会前期钢铁冶炼技术发展的探讨》,《考古学报》,1975年第2期。

②《荀子·议兵》。宛是地名,今河南省南阳市。钜铁指钢铁,釶音施,是矛。虿,蝎子。全句意思是:用宛城炼出的钢铁做矛,厉害得像蜂、蝎。

③《战国策·韩策一》。

④《史记·范雎蔡泽列传》。

们把矿井开凿到深50米以下,不能不说是奇迹。矿井一般为110—130厘米见方。在开矿方面由于已积累了丰富的经验,有效地采取了竖井、斜井、斜巷、平巷相结合,多中段的开拓方式,初步解决了井下通风、排水、提升、照明和巷道支护等一系列复杂的技术问题。在通风方面,矿工们利用不同井口气压的高低差形成了自然风流,并采取密闭已废弃的巷道的办法控制风流沿着采掘方向前进,从而使风流达到最深处的工作面。在排水方面,利用水槽等工具构成的井下排水系统,把水引向井下积水坑,再用水桶提升上去。当时已创造了辘轳等提升工具,分层分级将矿石和积水提上来。在巷道支护方面,矿工们对井下压力分布情况有了初步认识,创造了"榫接"和"搭接"相结合的支架形式,有效地承受了巷道的顶压、侧压和底压。有的经过二千多年直到现在还相当牢固。矿工们还创造了分段充填的上行采矿法,从矿层的底部由下向上逐层开拓巷道,用贫矿和碎石、泥土就地充填废巷,以选运富矿并减低井下运输和提升的压力。矿工们发明了在井下利用船形木盘等器具进行重力选矿,以及测定矿石的品位,决定采掘方向。从矿井遗址清楚地看出:矿工们相当准确地选择了断层接触带中矿体富集、品位高的地方进行开采。当时的开采工具有铁斧、四棱铁钻、铁锤、铁耙、铁锄、木槌等,大铁锤重达六公斤。所有这一切显示了矿工们的才智。但矿工们的劳动却是十分艰难的,有的巷道只有60厘米见方,在这种狭窄的巷道内,只能伏地爬行,侧身曲臂,手持重锤进行开凿。矿工们正是在这种难以想象的艰苦条件下不断创造了历史的奇迹。[①]

纺织业的新技术

纺织业的发展更为突出。麻葛丝织遍及各地,织造技术已有很高的水平。生产出了罗、纨、绮、縠、锦、绣等五光十色的新产品。考古还发现了"提花丝帛"。1957年,在长沙左家塘发掘的战国中期楚墓中,有一叠丝织物。经过研究,仅其中的锦,就有深棕地黄色菱纹锦、褐地矩纹锦、褐地红黄矩纹锦、朱条暗花对龙对凤纹锦、褐地双色方格纹锦、褐地几何填花燕纹锦等不同颜色的织纹。这些织锦是目前能看到的最早实物。颜色系采用矿物颜料(所谓石染)

[①] 参见铜绿山考古发掘队:《湖北铜绿山春秋战国古矿井遗址发掘简报》;石文:《湖北铜绿山春秋战国古矿井遗址是奴隶创造历史的光辉见证》;冶军:《铜绿山古矿井遗址出土铁制及铜制工具的初步鉴定》。均见《文物》,1975年第2期。

和植物染料(所谓草染)。①这时也有了漂白技术,使纺织品更加鲜艳美观。②

当时的手工纺织品除官府手工业外,主要是个体农民的家庭手工业。养蚕、缫丝、治麻葛、织布帛是家庭妇女重要的经常的劳动项目。所谓"妇人夙兴夜寐,纺绩织纴,多治麻丝葛绪布缪,此其分事也"③。

这个时期,个体小手工业也很发达。它的行业很多,有铁工、木工、纺织、洗染、刺绣、制陶等。内部分工也很细,有专做鞋、帽、农具、炊具、车子,以及专做葬具的。可能还出现手工业作坊。在长沙出土的褐地矩纹锦上盖有朱印,锦的边缘镶的黄色绢上有墨书"女五氏"字样,这可能是丝织业作坊或织工姓氏的标记。

另外,陶器用于工程建筑是这个时期的一项重大发明。除了砖瓦之外,还出现了陶井等。④

商品交换的发展

农业和手工业的发展促进了商品交换。适应交换的需要,金属货币已广泛流行,称为"通货"或"通施"。由于地区的不同,货币的形状也不同,主要有如下几种:

(一)刀币,作刀形。流行于齐、燕、赵。

(二)布,作铲形,是最早产生的铸币。流行于魏、韩、赵。

(三)圜钱,是一种圆形币,作圆形方孔或圆孔。流行于秦、东周、西周及赵、魏的黄河两岸。燕、齐后来也多行用圜钱。

(四)铜贝,是模仿海贝样子做出来的铜质货币,后世因钱面上文字不可识,习称蚁鼻钱或鬼脸钱。流行于楚。

(五)郢爰,是楚国的金币。它是一种扁平钤印有"郢爰"两字的小方块,又称为"金饼""印子金"等。

战国前期,这几种不同形状的货币各有一定的流通范围。到战国的晚期,随着各地经济文化交流日益密切,各地钱币的形式、计量单位有趋于一致的倾向。标明币值的铸币的出现和铸币重量的减轻,表明铸币有了更明显的价

---

① 熊传新:《长沙新发现的战国丝织物》,《文物》,1975 年第 2 期。

② 夏鼐:《我国古代蚕、桑、丝绸的历史》,《考古》,1972 年第 2 期。

③《墨子·非乐上》。

④ 北京市文物管理处写作小组:《北京地区的古瓦井》,《文物》,1972 年第 2 期。

值符号的性质。

战国时期商品的种类繁多,商品交换的地域也相当广。如北方的走马、吠犬,南方的羽毛、象牙、皮革、丹青,东方的鱼、盐,西方的皮革、文旄,在中原市场都可以买到。[1]新疆于阗的昆山玉也行销中原。[2]各地区经济关系之密切,还可以从粮食交换上得到证明。在交通不方便的古代,远途运输粮食是比较困难的,但当时谷物已能行销五百里以外。[3]以上情况说明,各地区的经济来往日益频繁。所以要求打破关卡壁垒的局面,实行统一便成了时代的呼声。

城市经济的发展

由于商业、手工业的发达,城市也空前繁荣。齐国的临淄(今山东临淄)、韩国的宜阳(今河南宜阳西),都有几十万人口。战国时的说客苏秦对临淄的繁荣景象曾有过非常生动的描述:"临淄之中七万户。……临淄甚富而实,其民无不吹竽、鼓瑟、击筑、弹琴、斗鸡、走犬、六博、蹹踘者。临淄之途,车毂击,人肩摩,连衽成帷,举袂成幕,挥汗成雨。家敦而富,志高而扬。"[4]这个舌辩之士的话不免有些夸张,但也不完全是虚构。考古发掘证实,当时临淄城的规模,的确相当大,大小城总周长约21,433米,合40多里。[5]

城市中店铺林立,商业兴盛,有些大一点的店铺还雇用一些称为"庸保"[6]的伙计。商人也很讲究生意经,如宋国庄姓小商人开了个酒铺,他薄利多销,态度和蔼,还把酒帘幌子挂得很高,用以招徕顾客。[7]另外,还有定期的市集,商贩顾客往来赶市走集。[8]

第七节 封建兼并战争 秦统一六国

封建诸侯割据和互相争战,是这个时期的一个显著特点。因为当时诸国

---

① 参见《荀子·王制》。

② 参见《史记·李斯列传》。

③ 参见《管子·八观》。

④《战国策·齐策一》。

⑤ 群力:《临淄齐国故城勘探纪要》,《文物》,1972年第5期。

⑥《史记·刺客列传》。

⑦ 参见《韩非子·外储说右上》。

⑧ 参见《韩非子·外储说左上》。

战争频繁,便被称为"战国"。

由于地主阶级掌握了政权,这就决定了战争的性质是封建兼并战争。

这个时期由于生产的发展和铁器的广泛使用,铁兵器已成为主要武器,青铜兵器已下降为次要地位。兵器的种类大大增加,近战的有锋利的剑、戟、矛、戈等,远射的有强力的弩,攻城用的云梯和水战用的钩拒等相继发明。随着战争规模的增大,兵源需要的增加,各国普遍实行了征兵制。战国初期,战争的规模一般不超过几万人,到中期则猛增至数十万,甚至百万以上。战争持续的时间已由春秋的一天或数天,增加到几个月甚至数年之久。战争的方式,春秋时期的车阵和正面冲击战在战争中的地位逐渐下降,代之而起的是大规模的车、步、骑兵混合的运动战、阵地战和攻坚战。包围、迂回、奇袭、伏击等各种战术得到广泛的运用。为了更好地防御,就又发明和建造了许多防御工事,如关塞、瞭望亭、城堡及长城等。

根据战国时期政治形势及各国之间力量对比的变化,战争的进程大体可分为三个阶段:

一、七雄并立和对小国的兼并

这个阶段从战国开始到商鞅变法,约一百多年的时间。

七雄并立的形势

在战国时期,除齐、魏、韩、赵、秦、楚、燕七个大国外,在大国之间及其周围还存在二十余个小国和少数民族建立的政权。

当时的形势是:

齐:居今山东大部和河北的西南部。国都在临淄(今山东临淄市)。

韩:居今山西的东南部与河南的西北部。国都初在平阳(今山西临汾西北),公元前416年迁宜阳(今河南宜阳县西),后又迁阳翟(今河南禹州市),公元前367年灭郑后,迁都于郑(今河南新郑市)。

魏:居今陕西沿黄河一部分、山西中部、西南部和东南部,河南中北部,河北南部及山东一部分。国都原在安邑(今山西夏县西北),公元前316年迁至大梁(今河南开封市)。

赵:从今山东的西陲与河南的北陲,经河北的中南部向西北到山西的中北部和陕西东北部。国都原在晋阳(今山西太原市西南),公元前425年迁中牟(今河南鹤壁市西),公元前386年迁邯郸(今河北邯郸市)。

燕:居今河北北部,辽宁西南,山东西北。国都在蓟(今北京市)。

秦:居今甘肃东南、陕西的中南部、四川北部及河南的西部等。国都初在雍(今陕西凤翔县),后迁泾阳(今陕西泾阳县北),再迁栎阳(今陕西西安市临潼区北),公元前350年迁咸阳(今陕西咸阳市)。

楚:占有今湖北全部,江西北部,安徽大部和江苏一部、河南南部、陕西的东南部,四川的东部,湖南的大部乃至广东的北部。国都在郢(今湖北江陵县西北),后迁都于陈(今河南淮阳县)。

大国对小国的兼并与蚕食

战国前期,各国主要忙于内部的改革,各国之间的战争规模比较小。大国之间的交兵还不是以摧毁对方作为直接的战略目标,而是为了吞并夹在七个大国中间的十几个小国,占领中间地带。诸小国大部分是在这个时期被吞并的。秦在公元前461年攻大荔,随后把大荔灭掉。楚在公元前447年灭蔡,前445年灭杞。魏在公元前406年灭中山。韩、赵、魏在公元前376年共同灭晋(公元前403年,三家列为诸侯,瓜分了晋的绝大部分土地。但晋公室尚存,居绛和曲沃)。韩在公元前375年灭郑。鲁、宋、卫等小国虽然还没有被灭,但他们的土地很大部分被接壤的齐、楚等大国蚕食了。

七雄初争,魏处首强

七大国在兼并小国的同时,也开始了相互争夺。战国初年,魏因李悝变法奠定了国势强盛的基础。由于魏地处各大国中间,它要扩充地盘,势必危及另一大国的利益;而四面出击,就会陷入四面受夹攻的困境。魏文侯和魏武侯为避免陷于孤立,一般采取了联合赵、韩,一面出击的方针。

秦未改革之前比较弱,成为魏经常出击的目标。公元前431年魏攻秦,在河西筑临晋(即王城,今陕西大荔东)、元里(今陕西澄城县南),接着又攻到郑(今陕西华县),回军途中在黄河西建立雒阴(今陕西大荔县)、合阳(今陕西合阳县东南临黄河)等军事据点。西门豹是率兵攻秦的主将,并任西河守多年。到公元前384年,魏全部占领了秦的河西之地(黄河与北洛水之间的地区)。

魏向东发展目标是齐。公元前404年三晋联合攻齐,一直打到齐长城(今山东汶水一带)。公元前388年吴起率军攻齐,深入到灵丘(今山东高唐县南)。

郑在魏、韩与楚之间,成了三国都想吃的一块肥肉。为争占郑的土地,公元前400年三晋联军打败楚军。公元前391年三晋联军再败楚于大梁(今河南开封市)、榆关(今河南中牟县南),大梁从此落入魏手。公元前381年魏又攻占楚的鲁阳(今河南鲁山县)。在这些战争中魏占领了黄河以南的大块土地。

这时,魏势力最强。但魏也并不是每战必胜。它的失败常常同赵、韩反目分不开。公元前370年(魏惠王元年),因诸公子争立,赵、韩乘机大败魏军,魏几乎亡国。公元前364年秦攻魏于石门(今陕西三原县),魏军大败,六万人被歼。公元前362年,秦乘魏与韩连年争战,攻魏少梁(今陕西韩城市),魏国再一次被秦打败。魏尽管吃了一些败仗,实力仍比较雄厚。

二、大规模的兼并战争　六国的衰败和秦的强盛

从商鞅变法到公元前260年的秦赵长平之战是各国争胜时期。起初各国都雄心勃勃,企图打败别国。经过几十年的角逐,山东六国由于内部保守势力较大,不图改革,一个个败下阵来;唯独秦越战越强。

齐魏的桂陵之战与马陵之战　魏国势的下降和齐的兴起

魏惠王即位之后,承魏之强,十分骄傲。他自恃强大,四面出击,结果受到四面夹攻,屡吃败仗。影响魏国最大的是桂陵之战与马陵之战。

公元前354年,赵进攻卫,迫使卫从属于赵。而卫原是魏的从属国,魏这时国势正盛,不容赵染指,便派将军庞涓率甲士八万进攻赵都邯郸。赵求救于齐。当时齐正经历齐威王的改革,国势变强。齐答应救赵。但齐也有自己的打算,决定待魏赵俱伤之后再猛击魏。所以开始只派了少数兵攻魏的襄陵(今河南睢县),使魏陷于两面作战,以此坚定赵抗魏决心。此时,秦也乘机攻魏的少梁,并过河占领安邑,从西线给魏以压力。

魏经过一年多的苦攻,付出极大代价,元前353年十月,攻下邯郸。这时齐认为猛击魏的时机已到,齐威王派将军田忌为帅、孙膑为军师率甲士八万救赵。孙膑根据兵法上"攻其必救"的原则,建议田忌乘魏都大梁(今河南开封市)空虚之际,率军直捣大梁,迫使庞涓回兵,而在庞涓回兵时,预先选择有利地形做好准备,乘庞涓轻敌求功追击时,猝然出击以取胜。田忌接受这一建议,使魏军在桂陵(今山东鲁山堌堆)遭到齐军出其不意的攻击,吃了大败仗,

庞涓被活捉,齐国获得胜利。这次战争就是历史上有名的"批亢捣虚""围魏救赵"之战。①

公元前342年,魏攻韩,韩向齐求救。齐威王又派田忌、孙膑领兵向魏进击。魏惠王是个自恃强大而又无能的人物。他撤回攻韩的军队,派太子申率兵十万迎战。孙膑针对魏军勇悍而骄傲轻敌的弱点,避开正面作战,佯为败退,诱敌深入,在马陵(今山东濮县北)与魏军相持一年,公元前341年,孙膑在马陵一险要山隘埋伏精兵射手,引诱魏军进入包围圈。魏军大败,太子申也被俘。②

魏在桂陵和马陵两大战役中,遭到惨败,国势大伤,从战国初年的首强地位跌了下来。齐上升为东方强国。

魏东败于齐,秦经商鞅变法也强盛起来,魏在西边也受到强大压力。魏再也无力四面出击了。

公元前334年魏惠王接受惠施的建议,通过齐相田婴的关系,亲自到齐国的徐州(今山东滕州市东南)与齐威王约和,互尊为王。这就是所谓"会徐州相王"③。魏的目的是取得与齐的妥协,减轻东方的压力,以便集中力量应付秦的进攻。

秦接连败魏

秦经商鞅变法之后,国势蒸蒸日上,不断东进,魏首当其冲。公元前340年,商鞅率军击魏,大败魏军,俘魏公子卬。公元前330年秦军在雕阴(今陕西富县北)又大败魏军,斩首八万,俘魏将龙贾,围困魏邑焦(今河南陕县境内)和曲沃(今山西闻喜县东),魏被迫把河西(今陕西澄县以东一带)之地割给秦。次年,秦又攻取魏河东的汾阴(今山西荣河县北)、皮氏(今山西河津市西)、曲沃。公元前328年,魏又被迫把上郡十五县(今山西东南一带)献给秦。黄河天险落入秦国手中。秦的声威震动了山东诸国。

---

① "桂陵之战"是根据1972年山东临沂银雀山出土的《孙膑兵法·擒庞涓》篇写的。《史记》中《魏世家》《田敬仲完世家》《孙子吴起列传》等记述孙膑败庞涓是在公元前341年的马陵之战,与出土简文不同。

②《史记》记载庞涓是在马陵之战中兵败自杀的。根据新出土的《孙膑兵法》,庞涓早在桂陵之战已被俘,似不可能再指挥马陵之战,故这里不再提及庞涓。

③《史记·魏世家》记"会徐州相王",是魏襄王元年之事,误。此事应是魏惠王后元二年之事。

"合纵"与"连横"

魏国在败于东方的齐和西方的秦之后,形势发生了很大变化。齐、秦两强遥相对立,他们扩充地盘都要危及邻国。当一强攻势凌厉时,受攻国便常常乞求另一强国出来支援和保护,或几个较弱的国联合起来共同抵抗。除了秦、齐两强不断发动攻势外,其他各国之间也是连绵不断发生争战。随着形势的变化,各国之间相互结约联盟,犹如风车一样不断转动,既没有稳固的朋友,也没有世敌。这种错综复杂、变化多端的结约活动被称为"合纵"和"连横"。所谓"合纵""连横",就是"纵者,合众弱以攻一强也;而横者,事一强以攻众弱也"①。在一个较长的时期,秦、齐二强并争,"纵""横"一般是针对或围绕它们展开的。当齐衰落之后,秦便成了连横的中心、合纵对抗的对象。因此,对某一国来说,"纵""横"并不是一成不变的,今日参加"合纵",明天又可能加入"连横"。当时有一批士,专门研究各国的形势和相互关系,朝秦暮楚,跑东走西,纵横捭阖,一策得用,便平步青云。"合纵"最先由公孙衍发起,"连横"由张仪倡导。

公元前 324 年,"合纵"运动发起者之一的魏相公孙衍(即犀首)鼓动魏、赵、韩、燕、中山(被魏灭后又复国)五国搞了一次"五国相王"(互尊为王)②。其用意是联合抗秦,但实际上并没有什么具体行动和成就。与此同时,秦派相国张仪联合齐、楚,同五国对抗,但也未采取具体行动。公元前 322 年,张仪跑到魏国,鼓动魏、韩与秦"连横",攻打齐、楚。魏开始采纳了张仪的主张,并任张仪为相。后来发现张仪是为秦活动,被驱逐,张仪又回到秦。张仪的"连横"也就告吹了。

公元 318 年,由山东各国支持而任魏相的公孙衍又发起一次联合魏、赵、韩、燕、楚五国合纵抗秦的举动,以楚为纵长,向秦发动进攻;但是,楚并未出兵,出兵的主要是韩、赵、魏。另外,燕、齐及匈奴派了少数兵参战。次年,秦派庶长樗里疾率军与韩、赵、魏联军在修鱼(今河南原阳县西)决战,结果三晋大败,八万多人被消灭。第一次五国抗秦的"合纵"便以失败而告终。

秦并巴蜀

五国合纵虽然失败,但作为胜利者的秦却面临着一个比较复杂而难于决

---

① 《韩非子·五蠹》。
② 《战国策·中山策》。

60

策的局面。山东各国,主要是魏、韩、赵,虽挫败,但实力还较强,秦向东发展阻力很大;后方有义渠国(今甘肃、宁夏一带,少数民族建立的政权),在秦与三晋交战时,曾乘机攻秦,大败秦军于李帛,成了秦的后顾之忧;南侧的巴、蜀富饶丰沃,当时他们正在交争,有可乘之机。在这种形势面前,秦国内展开了一场战略进攻方向的争论。张仪主张联魏、楚而伐韩,直下三川(河南洛阳市西南一带),取新城(今河南邓州市西北)、宜阳(今河南宜阳县西),兵临周室,挟天子以令天下;司马错认为秦地狭民多,而巴、蜀地广人稀,物产丰富,是富庶的后方,主张乘巴、蜀交争而南攻。秦昭王采纳了司马错的建议,于公元前316年由司马错率兵攻占了巴、蜀。接着,公元前314年攻义渠,占领二十五城。公元前310年再攻义渠和丹、犁等国。这样,秦国就有了一个地域辽阔而富饶的后方,为向东进攻提供了物质保证。

齐大败燕

秦在西方迅速扩充了势力,齐在东方也伺机下手。公元前314年,齐宣王乘燕王哙禅让内讧之机,派匡章率齐五都之兵攻燕。齐军势如破竹,仅用了五十天时间就攻占了燕的都城。齐兵到处烧杀抢掠,使燕国人民处于水深火热之中,引起了燕国人民强烈的反抗,再加上各国对齐的干涉,齐被迫撤兵,但燕国经过这一次浩劫,也大伤了元气。

以秦、齐为首的两大集团的对阵 秦、楚丹阳之战和楚的衰落

公元前314年,秦乘齐用兵于燕之机,进攻魏、韩,再次攻占魏国的焦和曲沃(原为秦所攻占,后又归还魏),又在岸门(今河南许昌市西北)大败韩军。秦并迫使韩、魏和自己结盟,与当时已结盟的齐、楚形成两大对立集团。公元前312年,楚攻韩的雍氏(今河南禹州市东),秦根据盟约,以救韩为名攻楚;齐也以履行盟约为名出兵攻秦的盟国韩与魏。两大集团交错用兵,胜负难分。秦国君臣认识到必须拆散齐、楚联盟,才能各个击破。于是,秦派张仪到楚,鼓动楚国背齐联秦,并许以商、于之地六百里给楚作为诱饵。楚怀王利欲熏心,以为可以不战而得地,便满口答应。齐、楚联盟被破坏。随后,楚向秦索地,秦食言变卦,说只给商、于之地六里。楚怀王大怒,遂发兵攻秦。两军战于丹阳(河南丹水北岸),楚军大败。秦杀死楚甲士八万,占领楚的汉中郡,秦与巴、蜀连成一片,免除了楚对秦本土的威胁。楚在失去汉中后,又倾全国兵力攻秦,

开始打到蓝田(今陕西蓝田县),但最后还是战败,又丧失了大片土地。韩、魏乘楚之败向南袭击,一直打到邓(今河南邓州市)。楚一败再败,国势大衰。

由于楚地大人众,在南方势力仍然是最大的。约在公元前306年(楚怀王二十三年)前后,出兵灭越,在江东设郡。楚西失地于秦,而东得偿于越,仍维持住了大国的架子。

楚背齐,被秦连败之后,与谁结约一直犹豫不定,一会儿投向秦,一会儿投向齐。公元前301年齐湣王即位后,联合韩、魏向与秦结约的楚发起进攻。三国联军向楚方城(今河南叶县西南)进军,在沘水垂沙(今河南唐河县西南)大败楚军,杀楚将唐眜,给楚以沉重打击,楚失去大片土地,陷入分崩离析状态。

秦败韩、魏的伊阙之战　韩、魏的进一步衰落

齐、魏、韩攻楚取得便宜,遂于公元前298年又一鼓作气转而攻秦。这次战争打得十分激烈,前后达三年之久。三国联军最后攻入函谷关,秦被迫求和,把前占领的魏、韩的河外之地(沿黄河拐弯南岸的地区)归还魏、韩,三国才撤兵。这次战争显示了东方诸国联合抗秦的力量。秦也深感山东诸国合纵,对自己是个极大的威胁,"偲偲然,常恐天下之一合而轧己"[①]。

秦吃了齐、魏、韩三国联军的大亏,于是改用远交近攻的策略,与齐修好,想方设法拆散合纵;这时,齐为了灭宋,也乐于与秦结好。于是秦向魏、韩展开了大规模进攻。公元前294年,秦攻韩,占领韩的武始(今河北武安市南)、新城(今河南密州市东南)。第二年韩、魏联军抗秦,在伊阙(今河南洛阳市南)交战,秦军由左更白起指挥。白起抓住韩、魏貌合神离,互相推诿,都不愿打先锋,都想居后捡便宜这一弱点,攻其不意,消灭了韩、魏联军达二十四万多人,俘魏将公孙喜,攻占五城,韩、魏两国遭到惨重损失。白起因功升为大良造。公元前292年,白起又攻占魏的垣(今山西垣曲县)和韩的宛(今河南南阳市)。公元前290年,秦将司马错率军又攻占魏的轵(今河南济源市东南)和韩的邓(今河南孟州市西)。秦取得了宛、邓两个冶铁手工业地区,更增强了力量。结果,魏被迫割河东之地四百里(今山西西南部一带)给秦;韩被迫割武遂之地二百里(今山西垣曲县附近)予秦。从此,韩、魏已无单独抗秦之力了。东方能与秦抗衡的只有齐国。公元前288年秦与齐并称帝:齐为东帝、秦为西帝。但

----

①《荀子·强国》。

62

不久又都去掉帝号。

秦、燕等五国联合攻齐

秦、齐两个强国把其他各国夹在中间。秦的攻势比齐更强,因而李兑和苏秦先后发动山东各国合纵攻秦。李兑是赵惠文王时的权臣。为了抵抗秦的东进,约在公元前288年略后,发动赵、魏、楚、韩、齐合纵攻秦。由于齐意不在秦,无结果而散。在这之后苏秦又串通各国合纵攻秦。可是各国怀有不同的目的,心不齐,秦又及时采取妥协措施,把所占魏的温(今河南温县西)、轵(今河南济源市南)、高平(又称"向",今河南济源市南)等归还魏,把所占赵的茝分、先俞(今山西代县西北)还赵。这样合纵也便告终。

公元前286年齐灭宋,各国对齐大为恐惧。秦便乘机联合韩、赵、魏、燕攻齐,以燕为主力。这时燕昭王在位,国势复振。燕国军队由乐毅率领,于公元前284年趁势攻入齐国,占领七十余城,连齐国的都城临淄也占领了。齐只剩下即墨和莒,田单领导齐军坚守即墨。正在两军对峙之时,燕昭王于前279年死去,子惠王立。惠王素与乐毅不和,又中了田单的反间计,将乐毅免职,改用骑劫。骑劫改变了乐毅围困瓦解齐军的方针,对齐降卒施以劓刑,又挖齐人的祖坟。结果激起了齐军的愤恨。田单抓住时机,利用火牛阵,夜袭燕军,燕军大败。燕军虽然被赶出了齐境,然而齐国也因这次战火而弄得残破不堪,失去了强国的地位。

秦攻占楚国郢都

秦乘齐败落之机,就集中力量攻楚。事先又同赵惠文王结好,以防赵在秦出兵攻楚时从背后袭击。公元前278年,秦派大良造白起率大军攻楚,直捣楚都郢(今湖北江陵县),楚军溃不成军,无力还击。楚迁都于陈(今河南淮阳县)。秦以郢地为南郡。次年,白起又攻占巫(今重庆巫山县东)、黔中(今湖南沅陵县西),设立了黔中郡。从此,楚国更加衰落了。

秦、赵长平之战和赵的衰落

山东诸国一个个地衰败,唯独赵还有相当的力量,成为秦的唯一大敌,于是秦把进攻的重点指向了赵。公元前270年,秦联合韩,通过韩的上党,向赵的军事要地阏与(今山西和顺县西)进攻。赵派将军赵奢率兵救援。赵奢是位善于带兵的将领，他率军打败了秦军，秦军遭到了前所未有的损失。赵奢因功被封为马服君。公元前266年，秦昭王罢免穰侯魏冉，任范雎为相。范雎实行远交近攻的方针。韩与秦最近，首先即向韩发动进攻，接连几年，相继攻占了韩的少曲、高平(今河南孟州市西)、陉城(今山西新绛县东北)及太行山南的南阳(今山西王房二山以南一带)，切断了韩本土同上党郡之间的联系。韩打算把上党献给秦求和，但先后任上党郡守的官员都不同意，并请求赵出兵。于是赵派著名老将廉颇驻守长平(今山西高平市)，秦派白起率大军向长平袭来。战国时期规模最大的一次战争——长平之战爆发了。

公元前262年战争开始，赵将廉颇采取坚守战略，以逸待劳，消耗秦的力量，两军相持三年，秦军不得进。后来赵孝成王中了秦的反间计，用夸夸其谈的书生赵括代替老将廉颇为将。赵括一到任便大举进攻。白起运用了迂回战术，正面佯败，另派两支军队从两翼包抄赵军，切断其后路。赵军被秦军团团围困，达四十六天。赵军粮尽箭绝，赵括少智无谋，孤注一掷，亲自搏战，被秦军射死。赵军失去主将，四十万人被俘，白起竟把他们全部坑死。赵国从此一蹶不振。

经过长时间的反复较量，山东六国一个个败落下去，唯独秦越战越强，秦统一的条件逐渐成熟了。

三、秦统一六国

山东六国经过接二连三的重创之后，失败之势已无可挽回。长平之战后，当时的名儒子顺曾绝望地描述了这种形势，说："当今山东六国敝而不振，三晋割地以求安，二周折而入秦，燕、齐、楚已屈服矣。以此观之，不出二十年，天下其尽为秦乎！"[1]子顺的话，一方面说明，统一的重任历史地落在了秦的肩上；另一方面，山东六国已变成"求安"自守。所以此后秦同山东诸国的斗争已不再是争统一之战，而是秦争统一与六国割据"求安"的斗争。但是秦要把统一的可能变为现实，还要进行艰苦的奋战。

秦围攻邯郸，试图灭赵

秦在长平取得胜利后，曾一鼓作气，兵分两支，取上党和太原二郡。白起主张一举灭赵。灭赵思想的提出，标志着秦统一六国的战略行动开始了。但范

---

①《孔丛子》。

64

睢忌功,接受了赵说客苏代的劝说,以赵割给秦六座城为条件,建议秦王罢兵。秦王同意,于公元前 259 年宣布罢兵。

赵君臣经过反复谋议,认为割城不能阻止秦的下一步进攻。遂改变方针,割地给齐,换取齐的支持,并联结楚、韩、魏,共同抗秦。

赵撕毁与秦的协议,在秦内部也引起了争议。以秦昭王为首主张直攻邯郸。这时白起却放弃旧议,认为赵外结诸侯,内励士卒,秦在长平之役所付出的牺牲也还未得到恢复。在条件发生变化的情况下,急忙出兵是不适宜的,应休养待机。秦王灭赵心切,执意出兵,白起不应命,秦王便先后派王陵、郑安平为主将围攻邯郸。事情果不出白起所料,秦兵受到赵军的顽强抵抗,成胶着状态。公元前 257 年,魏、楚派兵援赵。魏安釐王派晋鄙领十万军队驻在汤阴(今河南汤阴),但心中又惧秦强大,迟不下令接战。后来魏公子信陵君无忌,设法窃取了魏王的半边兵符,假造命令打死晋鄙,才发兵攻秦。这时楚军也赶来参战,秦军在联军夹攻下大败,失去了已占领的魏的河东和赵的太原郡。

秦的受挫虽未改变他们之间的力量对比,但山东诸国联合起来抗秦,仍然可以造成一时的优势。秦接受这次失败的教训,在以后进行统一的过程中更加注重推行分化瓦解,各个击破的方针。

秦设三川郡、太原郡和东郡

公元前 256 年,秦发兵攻西周。西周国小势单,经不住一击,宣布投降,这年周赧王也死去,西周亡。公元 249 年,又灭掉东周。西周和东周地盘虽不大,人口也不多,但处在秦东进的进军线上,具有战略意义。秦把原西周、东周和攻占韩的成皋、荥阳等合在一起,建立了三川郡。

公元前 248 年,秦乘赵、魏与燕大战之际,攻占了魏、赵、韩所在今山西中南部大部分地区,建立了太原郡。从公元前 244 年开始连续攻占了韩、魏在今河南的大部分地区,并在濮阳(今河南濮阳西南)建立东郡,与齐接连起来。

三川郡、太原郡和东郡的建立,具有十分重要的战略意义,黄河的中游与汾河流域都落入秦之手。无论向北、向东、向南进攻,都有了广大的腹地为后应。

秦王政统一六国的战略决策

秦王政是秦庄襄王(公元前 249—前 247)之子,十三岁即王位。由于秦王政年幼,朝政由太后和相国吕不韦掌管。

吕不韦是阳翟(今河南禹州市)的大商人,他在邯郸经商时,结识了在赵国做人质的秦公子异人,便把异人当作进行政治投机的"奇货"。当时秦国在位的是孝文王,他的宠妻华阳夫人无子,吕不韦通过华阳夫人的弟弟阳泉君,买通华阳夫人,立异人为太子。秦孝文王死,异人得立,是为庄襄王。吕不韦由于政治投机奏效,登上政治舞台,当上了秦相国。吕不韦被封为文信侯,食洛邑十万户,有"家僮万人"。

在庄襄王时期和秦王政的前几年,吕不韦在秦统一客观形势推动下,一度"欲以并天下"①,做了一些有利于秦统一的事,太原郡、东郡的设立,都是吕不韦任相国时做的。秦王政年岁增长,即将亲政,吕不韦意识到自己的权势太重会与王权发生矛盾;另一方面,又害怕秦王政知道他与太后私通而被治罪。他为了从罪网中脱身,便把他的舍人嫪毐推荐给太后,充当宠幸。嫪毐得幸之后,便伙同太后掌握了朝政大权,"事皆决于嫪毐"②。嫪毐被封为长信侯,整个太原郡成了嫪毐的封地,并改称为"毐国",家有门客千余人充当谋士打手,还拥有奴隶数千人。嫪毐胡作非为,把秦国的政治搞得很混乱,秦统一事业处于停滞状态。

公元前238年(秦王政九年),秦王政二十二岁。按照秦制,他该亲政了。秦王政亲政,无疑对嫪毐是不利的。嫪毐想先发制人,乘秦王政离开咸阳到旧都雍(今陕西凤翔县)举行加冠礼之机,假造王和太后玺书,征调县卒、卫卒发动武装叛乱,企图杀害秦王政。秦王政及时发现了嫪毐的阴谋,当即组织力量,镇压了嫪毐的叛乱。在追查嫪毐案件中,发现吕不韦同嫪毐有牵连,第二年罢免了吕不韦相国的职务。吕不韦回到他的封地后,山东诸侯不断派人来进行串通。秦王政防他生变,下令把他迁到蜀。吕不韦眼看大势已去,自杀而死。

在铲除吕、嫪的同时,秦王政对统一六国的问题,也做了周密的谋划和部署。李斯和尉缭是佐助秦王政制定统一六国战略和策略的两位主要人物。

李斯(公元前280—前208),楚国上蔡(今河南上蔡)人,出身于"闾巷布衣",曾做过"郡小吏",后来曾跟荀卿学习过。李斯看到山东六国均已衰败,只

---

①《史记·秦始皇本纪》。

②《史记·吕不韦列传》。

有秦雄心勃勃,奋力统一天下。于是离开楚,投效秦国。开始在吕不韦门下当舍人,不久晋升为郎,从而有机会接近秦王政。李斯在第一次与秦王政谈话中就讨论了秦统一六国的问题。李斯说:秦自孝公以来乘胜控制诸侯已六世了,今天诸侯服从秦,如同郡县一样。凭借秦的强大、大王的英明,灭掉诸侯,就像扫除灶上的灰尘那样容易。现在是成就帝业,统一天下的最好时机,万世难得,千万不可错过。①李斯的分析同秦王政的想法不谋而合。秦王政下定决心统一六国,当即提拔李斯为长史。

恰在此时,韩怕被秦灭掉,派水工郑国到秦鼓动修建水渠。修渠动用了大批民力财力,牵制了秦的东进。这件事后被发觉。秦国宗室权贵和一部分大臣认为诸侯来事秦者,大抵为其主游间于秦,都不可信。建议秦王政下逐客令。李斯针对这一建议,写了有名的《谏逐客书》。在信中,李斯列举了秦国历史上著名的外来的商鞅、范雎等人对秦国的贡献,指出:现在统一是大势所趋,天下有志之士都寄希望于秦,才不远万里而来。统一天下的君主应该不分地区最广泛地争取人才,才能无敌于天下。现在逐客的议论正与此相背,它把非秦出生的人赶到敌国,壮大了对方的力量,孤立了自己,势必导向危亡。②李斯的上述议论说明:围绕逐客展开的一场斗争,不仅仅是对待“士”和用人的问题,而是涉及要不要广泛争取人才,实行统一的问题。秦王政明辨是非,果断地采纳了李斯的建议,当即取消了逐客的议论。对秦统一事业做出贡献的尉缭就是在废除逐客令后来到秦国的。

尉缭是魏大梁(今河南开封市)人。公元前237年来到秦国向秦王政进献了著名的离间诸侯策,被任为国尉。尉缭说:同秦的强大相比,诸侯如同郡县之臣;但是,如果他们实行“合纵”,出其不意地对付秦,秦就很可能招致危亡。望大王不要吝惜财物,肯于出重金贿赂各国“豪臣”,阻止六国“合纵”,就可以灭掉六国。③秦王政听了尉缭的建议十分高兴,和尉缭行平等礼节,穿同样衣服,吃同样饭食,以示敬重。

秦王政下定决心进行统一。一场轰轰烈烈的统一战争展开了。

秦统一六国

秦王政在统一六国过程中,军事上采取了集中力量、各个击破的方针。进

---

① ② 参见《史记·李斯列传》。

③ 参见《史记·秦始皇本纪》。

军路线基本上采纳了李斯的建议,选择弱点,正面突破,先灭掉韩,再消灭两翼,最后灭齐,从而统一六国。[1]

韩、赵、魏处在秦进攻的正面。这三国中,赵的实力较强,韩最弱。最初决定先攻韩。但公元前236年,赵、燕发生战争,赵派庞煖攻燕。秦乘赵国内空虚之机派王翦、桓齮、杨端和三将率军攻赵的邺(今河北临漳县)、安阳、阏与(今山西和顺县)、撩阳(今山西左权县)等九城。漳河和上党一带完全为秦占领。公元前234年,桓齮率军又向赵大举进攻,与赵军战于平阳(今河北临漳县西),消灭了十万赵军,杀赵将扈辄,给赵以沉重打击。这年,秦王政亲自到离前线不远的河南视察。这次战役之后,赵把在北地防御匈奴的李牧部队调回来与秦交锋。李牧是著名的将领,善于带兵,在肥(今河北藁城市西南)地打败秦军。第二年,桓齮又率军攻赵,占领宣安、平阳、武城。公元232年,秦又派两支军队攻赵,被李牧打败。秦、赵双方暂时处于僵局。不过,经过几次战争,赵的生力军差不多被消耗光了,而秦的攻势正旺。

公元前231年,秦暂时把赵放在一边,转攻韩、魏。韩、魏各把一大块土地割给秦,暂时苟安了一年。公元前230年,秦采取中间突破,派内史腾带兵集中力量攻韩。在秦军重重一击下,韩亡。秦在韩地设置颍川郡。

秦灭韩这一年,赵发生旱灾,经济陷入崩溃状态。第二年,即公元前229年,秦转向攻赵,派王翦率上党郡兵直下井陉(今河北井陉县),派杨端和率河内兵进攻邯郸,把赵截为三段。赵将李牧与司马尚率军做了顽强的抵抗,相持一年之久。秦军在军事上进行猛攻的同时,又施以反间计,收买了赵王迁的亲信郭开。郭开在赵王迁面前诬告李牧勾结秦国,阴谋反叛。赵王轻信谗言,杀死李牧,撤掉司马尚,改任赵葱和颜聚为将。二人指挥无方,被秦军打败。公元前228年秦军攻破邯郸,赵王迁被俘,赵公子嘉带着一帮人逃到代郡(今河北蔚县),自立为代王。赵基本上灭亡了。这一年秦王政亲临邯郸巡视。

在灭赵的过程中,秦大军已兵临燕境。燕在军事上防止秦的进攻已不可能。燕太子丹想用刺杀秦王政的办法来挽救自己的灭亡。他招雇了一个亡命之徒荆轲,让荆轲带着燕督亢(今河北固城县、高碑店市、涿州市一带)的地图,以"献礼"为名,去见秦王。荆轲事先在地图中间暗藏了一把浸过毒药的匕

---

① 参见《韩非子·存韩》篇中李斯对灭韩的议论。

首。当荆轲向秦王展观地图时,"图穷匕首见",荆轲拿起匕首刺秦王政,秦王政机智迎战,终于杀死了荆轲。①接着,秦王政派王翦、辛胜攻燕,在易水以西打败燕军。公元前226年,秦攻破燕都蓟,燕王喜逃到辽东郡,燕基本上灭亡了。

秦的正面只剩下魏。公元前225年,秦将王贲率军攻魏,不久,攻破魏都大梁,魏王投降,魏亡。

秦在灭燕之后,攻魏之前,曾组织过一次对楚的进军。这一年楚发生内讧,秦想乘机灭楚。在讨论攻楚方案时,老将王翦认为尽管楚政治腐败,但楚地广兵众,不可轻敌,要集中优势兵力方可取胜。秦王政问王翦需多少兵。王翦说:非六十万兵不可。另一个将领李信认为有二十万人就足够了。秦王政听信了李信的意见,派李信率二十万人攻楚。结果不出王翦所料,李信被楚将项燕打得大败而还,攻楚暂时受挫,只好缓兵。②当灭魏之后,灭楚的问题又提到议事日程上来。此时,王翦已告老居家,秦王政骑马兼程到王翦家乡,亲自请王翦出马。公元前224年,秦王政动员了全秦的力量,集中了六十万兵力,亲自送王翦出征。在战争期间,秦王政亲临郢、陈前线,进行指挥。经过二年激战,终于灭楚。公元前222年,又降服了越君,设置会稽郡,统一了长江流域。

公元前222年,秦派王贲攻燕辽东余部,俘虏燕王喜。接着,回兵攻打代郡,俘赵代王嘉,又统一了北方。

公元前221年,王贲率军由燕南下攻齐。齐相国后胜早为秦收买,根本没做任何抵抗。秦很快灭掉齐国。

从公元前230年灭韩开始,秦王政用了十年工夫,灭掉六国,结束了长期的分裂割据局面,在中国历史上第一次建立了统一的中央集权制的封建国家。

从西周灭亡到秦王政统一,中间经过了大约五百年的动乱、分化和改组。新兴地主阶级的武装割据,是在夺取政权过程中出现的,起过革命的作用。但是这种封建的割据,随着历史的前进,到战国中后期就失去了它的历史合理性,成为落后的东西。历史发展要求实现封建的统一。

---

① 参见《史记·刺客列传》。

② 参见《史记·白起王翦列传》。

封建割据同社会经济的发展,各国间水陆交通的发达,商业的兴盛,各地区经济联系的加强极不适应。各国之间利用水害,以邻为壑,破坏对方生产,如"东周欲为稻,西周不下水"①。各国之间关卡林立,强征勒索,严重阻碍了各地区经济的交往。一次大的兼并战争造成的损失,往往是"十年之田而不偿"②。人民对封建割据和兼并战争造成的灾祸深恶痛绝,强烈要求结束这种局面。

　　在长期的经济、政治、文化交往过程中,居住在黄河、长江流域的各民族逐渐融合为具有共同文字、共同经济及相近的生活习俗的华夏族(汉族的前身)。"四海之内若为一家"③,正是这种情况的反映。华夏族的形成及它同其他少数民族联系的加强,也是要求政治统一的一个重要因素。

　　地主阶级为了巩固封建主义革命成果和加强地主阶级对农民的专政,也急切要求建立一个统一的封建中央集权制国家。

　　在推进统一的诸因素中,诸侯的相互兼并是最主要的原因。统一是兼并的结果。

　　统一是大势所趋。秦从孝公、商鞅变法后,经济比其他各国发展得快,关中、汉中、巴蜀,沃野千里,农产丰富,冶铁等手工业也较发展。在军事上,秦一直奉行奖励军功的政策,军队的战斗力较强。荀况认为秦的"功赏相长"④政策是保证秦国军队有较强战斗力的重要原因。秦国所处的地理条件也较为有利,对东方诸国,有凭山倚水的天然屏障,进可以攻,退可以守。秦自孝公以来的六世有胜和山东诸国节节败退,也为统一决战打下了坚实的基础。

　　秦王政就是在这种历史条件下进行统一事业的。秦王政的杰出之处,就在于他适应了历史发展的需要,充分施展了他的政治、军事才能,在他强有力的领导与组织下,不失时机地统一了六国。

　　秦始皇的统一六国,在中国历史的发展上有着重大的意义。对以后封建经济、政治、文化的发展有着深远的影响。

　　秦王政统一六国的过程,同时也是地主阶级中的激进派同已转为割据自保的六国守旧势力进行斗争的过程。秦的大军所到之处,伴随着一顶顶王冠

---

① 《战国策·西周策》。
② 《战国策·秦策五》。
③ 《荀子·王制》。
④ 《荀子·议兵》。

落地的,还有一大批簪缨袍笏之族的败落。如灭魏后,废魏宁陵君为"家人"①,就不是个别的例子。又如通缉出身五世相韩的张良和许多这类隐姓埋名的人,以及《南郡守腾文书》中所宣布要严惩的"淫佚之民"等行动②,都说明了秦在统一过程中,对山东六国贵族的打击相当沉重,从而切除了一大堆社会赘瘤。

秦的统一封建中央集权制的建立,从根本上说是为了适应地主阶级对农民进行剥削与压迫的需要,它大大强化与巩固了地主阶级专政。

鲁迅在评论法国的拿破仑时说过这样一段话:"有一回拿破仑过 Alps 山,说:'我比 Alps 山还要高。'这何等英伟,然而不要忘记他后面跟着许多兵;倘没有兵,那只有被山那面的敌人捉住或者赶回,他的举动、言语,都离了英雄的界线,要归入疯子一类了。"③鲁迅的话同样适用于评价秦始皇的统一事业。

第八节 思想领域的百家争鸣 文史与科技

一、"百家争鸣"与各学派的分化

从奴隶制向封建制的过渡时期,是社会阶级关系大变动的时期,形成了错综复杂的阶级关系。

地主阶级夺取政权之后,奴隶主在经济、政治上失去了优势,但奴隶制残余还存在,奴隶主的思想和传统还有广泛影响。这些旧思想旧传统与地主阶级有矛盾的一面,但由于两者都是剥削阶级,因此,又有同一性。地主阶级在批判奴隶主阶级思想的同时,又需要从中吸取对自己有用的东西,作为进行统治的精神武器。这种又矛盾又互相吸取的状况在每个思想家身上表现得很不一样。

地主阶级如何统治农民,实行什么样的方针、政策和策略对巩固其统治更为有利,这又是地主阶级所面临的迫切需要解决的问题。地主阶级思想家们提出了各式各样的方案。

战国中后期,封建割据与社会发展要求统一这一矛盾也很突出。如何解决这一矛盾,地主阶级不同集团和不同阶层也各有不同的主张。

---

① 《史记·魏豹彭越列传》。

② 参见《光明日报》,1976 年 4 月 6 日。

③ 参见鲁迅:《未有天才之前》。

上述这些思想主张五花八门,形成许多流派,又相互驳难,从而出现了百家争鸣的局面。其中最主要的是儒与法两派的争论。

随着时代、阶级关系和各阶级历史地位的变化,各流派都在不断地发生分化或转化。由于地主阶级统治地位越来越巩固,总的趋势是各派都向地主阶级靠拢。

下边将几个主要流派的政治思想做一简介。

以"变法"为主要内容的前期法家思想

战国前期,著名的法家代表人物是李悝、吴起和商鞅。他们既是政治家,又是思想家。李悝、吴起的著作已经佚失,商鞅的思想和言论保存在后人编辑的《商君书》中。另外,《管子》一书中也保存了一部分这一时期法家一派的思想资料。

这个时期法家思想的主旨是"变法"。"变法"就是用地主阶级的"法"代替西周以来奴隶主阶级的"礼",用地主阶级专政取代奴隶主阶级专政,用封建制度取代奴隶制度。他们的口号是"不法古,不循今"①,即是说,不仅反对复古,而且要改变现状。这表现了新兴地主阶级要进行变革的决心和气魄。

"变法"是以历史进化论为基础的。法家认为:人类历史是不断发展、不断进化的。历史上没有永恒不变的制度,时代变了,制度也应改变。西周的"礼"已经过时了,而应该代之以法。正如商鞅所说:"世事变而行道异。"②他们认为,只有顺应历史发展、认识历史的"必然之理"和"必为之时势"③进行改革的人,才能称为"圣人"。这种进化论的历史观,有力地批判了以儒家为代表的复古理论,是社会变革的重要理论根据。

法家"变法"的基本内容是:

在政治上主张废除奴隶主阶级世卿世禄分封制,剥夺那些"不作而食,不战而荣,无爵而尊,无禄而富,无官而长"④的奴隶主的政治经济特权,建立君主集权制的地主阶级的专政。

在经济上十分重视"耕",认为农业生产是政治、文化生活的基础,"国多财则远者来,地辟举则民留处,仓廪实则知礼节,衣食足则知荣辱"⑤。他们认为要提高农业生产,就必须通过立法宣布废除奴隶主贵族对土地的占有,保

---

① 《商君书·开塞》。
②③《商君书·更法》。
④ 《商君书·画策》。
⑤ 《管子·牧民》。

护和促进封建土地所有制的发展。在剥削方式上推行"与民分货"的地租制，以调动劳动者的生产积极性，对于努力从事生产的要给予奖励。

在处理社会矛盾上，法家十分强调"力"，强调人的主动作用，反对儒家的天命论。法家把"战"和"刑"看作是"力"的最强表现。认为只有用战争、暴力才能摧毁旧势力，并使劳动人民慑服。他们认为谁有"力"，谁就占上风。于是提出"以战去战，虽战可也；以杀去杀，虽杀可也；以刑去刑，虽重刑可也"[1]。这种理论在反对奴隶主的变革中，确曾起过革命的作用。但它并不只针对奴隶主，更主要是针对农民的。战争、攻杀、刑罚是私有制的产物，封建地主阶级的革命与改革并不是消灭私有制，而是用封建地主阶级的私有制取代奴隶主阶级的私有制。所以从这种理论中导出来的就必然是对农民实行高压政策。

法家鄙弃儒家的仁义说教。他们认为人与人之间的关系就是一个"利"字、君主要把"利"作为中轴，处理各种事情。如以"利"推动耕战，其正面是奖励，其反面便是刑罚。法家认为，人的本性是趋利避害，而害又莫过于伤命。由此他们主张要慎赏重罚，赏一而罚九。[2]赏罚要轮番使用，今天违犯法令或没有尽到职责要惩罚，明天立了功便可赦免。赏罚规定要简明，执法要严，当赏者一定要赏，当罚者一定要罚。赏罚要"断于民心"[3]。这里所说的"断于民心"，不可能是依农民的意志来判断赏罚，只能是依地主阶级意志为准。

前期法家的思想在地主阶级夺权和变法中起过重要的指导作用。

墨翟对儒家的批判及其革新思想

墨翟(约公元前 478—前 392)，鲁国人。墨翟和他的弟子组成了一个有比较严格的纪律和组织的政治团体。首领称为"钜子"，所有墨者都要服从"钜子"的指挥。弟子出任官吏，要经过"钜子"的准许，俸禄要抽出一部分交给"钜子"，由墨者团体使用。他们还有"墨者之法"相约束，其基本精神是"杀人者死，伤人者刑"[4]。墨翟死后，墨家分化为三派。[5]《墨子》一书是墨翟及其后学的言论思想的总汇。

墨翟学过儒学，却是儒学的叛逆者。他戳破了孔丘和儒家的虚伪，揭穿了

---

① 《商君书·画策》。

② 《商君书·去强》："王者刑九赏一。"指赏要少，罚要多。

③ 《商君书·说民》。

④ 《吕氏春秋·去私》。

⑤ 《韩非子·显学》："自墨子之死也，有相里氏之墨，有相夫氏之墨，有邓陵氏之墨。"

礼义面纱后面的残忍与贪暴。墨子比较多地代表了士的要求。士在当时多为知识分子,在经济上多属地主阶级的下层。

孔丘十分卑薄言"利",墨子却用"利"衡裁一切。墨子所说"利"的内容很广泛,上至国家、社会,下至个人,但其立足点是"衣食者,人之生利也"①。他大声疾呼民有三患:"饥者不得食,寒者不得衣,劳者不得息。"②墨子在《节用》《节葬》《非乐》等篇中揭露和批判了传统礼乐制度的繁缛、浪费和给社会带来的灾难。他主张革除害民的陈俗旧礼,提倡树立节用的风尚。

在处理人与人的关系上要相互照顾"利",其原则便是"兼爱"和"非攻"。"兼爱"是提倡"交相利",互相尊重私有权;"非攻"是反对"交相害",批判对私有权的破坏与侵犯,而战争则被说成是社会的最大的害。但是,在阶级社会里,剥削阶级和被剥削阶级是不可能"兼爱"和"交相利"的,只能是"交相害"。墨翟的"兼爱"说是一种混淆阶级界限的人性论;不过,在当时历史条件下,它是对阶级森严的奴隶制度的一种批判和谴责,他认为礼所造成的"别"是"天下之大害毒",主张用"兼"代替"别"。③所以,在针对孔丘"复礼"和"上下有别"这点上是有进步意义的。可是,墨翟把奴隶制的一切罪恶只归结为是因不相爱所引起,只要人们你爱我,我爱你,就会进入极乐世界,就会消除矛盾对立,这就落到了阶级调和论的泥坑中。

墨子认为造成当时社会动乱的另一个原因是因为大家没有相同的"义",一人一义,十人十义,所以引起互相攻打,为此他提出了"尚同",主张天下要"同"于作为统治阶级的王公大人,而王公大人要为百姓谋利。王公大人先"发宪布令",然后被统治者就根据"上之所是,必亦是之;上之所非,必亦非之"的原则去行事。为了保证"尚同",必须赏善罚恶。赏善,不仅行善者要赏,扬善者也要赏;罚恶,不仅作恶者要罚,同谋及见恶不报者也要罚。墨子的"尚同"理论是建立在"英雄""圣人"决定历史这一点上的。由此得出的结论是期待圣人的恩赐,而不准民众起来造反。所以,"尚同"论又起了束缚民众手脚的作用。

"尚贤"是墨翟的用人主张。他反对任人唯亲,主张用人唯贤,提出"官无常贵,民无终贱",包括农工商,只要是贤才就应举用。墨子的"尚贤"并不是"选举",而是由王公大人提挈。

---

① 《墨子·节葬下》。

② 《墨子·非乐上》。

③ 参见《墨子·兼爱下》。

墨翟在《非命》中批判了孔丘的天命论,十分强调人的能动作用。强有力者可以富贵,这种对"力"的称赞反映了地主阶级的实际地位和发展状况。

墨翟在认识论上提出了判断是非的三项标准,叫作"三表"。第一,要根据古代"圣王"的行事,即接受前人的历史经验;第二,要了解当前百姓的需要;第三,以上二条为依据,制定政策措施,看对国家和百姓是否有利。[1]三表法把人们的目光从天国引到人世,用人的经验和需要作为真理的标准,这是具有进步意义的思想,是唯物主义认识论发展过程中的一个阶梯,是对唯心主义天命思想的批判。不过经验主义不可能完全摆脱有神论,墨子也还讲"天志""明鬼"。并认为鬼神是对人民进行统治不可缺少的工具。

墨子的思想在当时影响很大,孟轲惊呼:"墨翟之言盈天下。"[2]墨子提出了许多新思想,但又言必称古道圣,祖述尧、舜、商汤、周文周武,这正是士在政治经济上软弱性的反映。

反对社会改革的儒家思孟学派

孔丘死后儒学日趋衰落,孟轲曾气急地说:"孔子之道不著,是邪说诬民,充塞仁义也。"[3]此时,儒家四分五裂了,有子张之儒、子夏之儒、子游之儒、颜回之儒、子思之儒等。[4]

在儒家各派中对后世影响最大的是曾参、子思与孟轲。

曾参以鼓吹忠孝著称。主张要事事孝顺父母,不可有一点违抗之心。对上要"忠",决不造反抗上;对人要"恕",彼此原谅,相安无事。实际上是要劳动人民对统治者逆来顺受。如何做到"忠恕"?他提倡闭门修养,每日"三省吾身"。毒素极深的《孝经》一书就是曾参这一派的代表作。

子思是孔丘的孙子,相传是曾参的学生。《中庸》一书是子思一派的人所作。有人说专讲神秘主义五行的《洪范》篇也出自他的手。子思把孔丘的中庸之道详加发挥,形成了一套主观唯心主义的思想体系。子思说,不折不扣地执行礼就叫"中";"庸"就是"用","中庸"即"用中"。[5]春秋以来,奴隶制的"礼"由

① 参见《墨子·非命上》。

②③《孟子·滕文公下》。

④ 参见《荀子·非十二子》《韩非子·显学》。

⑤《中庸》一书中所谓的中庸之道即"王道",它不是什么调和,而是奴隶主阶级的政治规范。《礼记·仲尼燕居》中记述孔子的话说:"夫礼所以制中也。"子贡问:"敢问将何以为此中者也?"孔子说:"礼乎礼!"无偏差地执行礼就叫"中"。把"中庸"说成为"折中""中间",这是以后儒家的解释。

于社会大变革而被逐渐破坏。于是孔丘提出要搞中庸之道,要把已被破坏的"礼"恢复起来,这是"克己复礼"的另一种说法。但是到了子思生活的年代,礼制更是每况愈下。那些被儒家诬称为"小人""愚而好自用,贱而好自专"的劳动人民是不理睬礼这一套的。就是那些顽固派也有些顽而不固,"择乎中庸"的也坚持不了多长时间。以致子思哀叹"中庸不可能也"。可是,子思很不甘心,他大声疾呼要实行中庸,实行中庸就要有诚心。有了"诚心",从"修身"做起,就能"齐家""治国""平天下",从而进入"王道"世界。他提出了"不诚无物"的论点,把儒家天命论同主观唯心主义糅合在一起。[①]子思的主观唯心主义的出现反映了没落的奴隶主阶级已失去了物质力量的优势,只得把复旧的希望寄托于腐朽的说教上。在鲁缪(同穆)公的支持下,子思曾在鲁国当过一段时间的大臣,他虽受到礼遇,但在政治上并无建树。

孟轲,邹人(今山东邹县),生卒年约为公元前371至前289年。自称是子思的私淑弟子。孟轲的青年时代正赶上社会变革的高潮。他反对变革,认为"辟土地"的人是"民贼",讲"利"的是"祸首",对那些"善战者"应处以重刑。

孟轲认为春秋五霸是先王(夏、商、周奴隶主头子)的罪人,战国时的诸侯又是五霸的罪人。总之,后一代不如前一代。他认为当时的社会已坏到了极点。他声言要"正人心、息邪说、距诐行、放淫辞"[②]。对一切不符合他那一套理论的,统统要消灭掉。孟轲曾大言不惭地说:"如欲平治天下,当今之世,舍我其谁也?"[③]他"平治天下"的纲领便是"法先王"。"法先王",便须遵从"先王之道"。"先王之道"的主旨体现在他的"仁政"说中。他说:"不以仁政,不能平治天下。"[④]何谓"仁政"?归纳起来主要有如下几项:一、实行所谓的"井田制"。他说"夫仁政必自经界始"[⑤],由君主统管土地,按"百亩"分给耕者,八家共井,中间百亩由八家共耕,收获缴公。他认为应该如同西周那样,由君主"经界"土地,民不准自行开垦,也不准迁移。很明显,这同当时封建土地所有制,特别是地主个人私有制的发展是唱反调,是倒退。二、恢复和保存西周时期的世卿世禄和宗亲分封制,他说"经界既正,分田制禄,可坐而定也"[⑥]。三、在用人上,他

---

① 以上所引子思的话均见《中庸》。

②《孟子·滕文公下》。

③《孟子·公孙丑下》。

④《孟子·离娄上》。

⑤⑥《孟子·滕文公上》。

虽然也讲"尊贤使能",而实际是要从"亲亲"圈子中选。他说:"亲亲,仁也"①,"未有仁而遗其亲者也"②。又讲"国君进贤,如不得已",才能"使卑踰尊,疏踰戚",而且要格外慎重。③四、不分战争性质,攻击当时的一切战争和暴力,实际是反对当时争统一的战争和改革。五、"省刑罚,薄税敛",借以收揽人心。六、在政治思想上只讲"仁义",不得讲"利"。

为了推行他这一套主张,孟轲把国君作为主要游说对象。他认为国君像风,民众像草,风往哪里吹,草就往哪里倒,"一正君而国定矣"④。孟轲到齐国,三次见齐宣王,都不谈具体问题,他的门徒不知老师葫芦里装的什么药,便问他。孟轲说"我先攻其邪心"⑤,即改变他的政治思想。通过改变掌权人的思想,进而实行他的复古倒退主张,这是孟轲总结出来的一条反对变革的经验。

孟轲认为要搞好政治,必须依靠那些"巨室"。他说:"为政不难,不得罪于巨室。"⑥所谓"巨室"主要是那些食封贵族地主。所以他一再鼓吹要实行宗亲分封:"亲之欲其贵也,爱之欲其富也。""身为天子,弟为匹夫,可谓亲爱之乎?"⑦

孟轲的哲学思想是唯心主义的,他认为人"性本善",生来就有"仁义"之心。不过,孟轲所说的"性本善",只有那些"君子"才有;庶民和主张革新的人都把这"善"性失掉了。失掉了善性,也就失掉了"仁义",就接近于禽兽了。孟轲在认识论上宣扬"先知"和"先觉"。他说有一种人是"天降之才",不学自通,无所不能。这种人不会多,五百年才会出现一个。其目的是让受压迫的人们不要反抗,等待那些"王者"和"圣人"们的拯救。这种英雄史观是一副要劳动人民任人宰割而不要反抗的毒药。

孟轲的唯心主义归根结底是要证明一点:"劳心者治人,劳力者治于人,治于人者食人,治人者食于人。"⑧

孟轲也讲过"民为贵,社稷次之,君为轻"这样的话,猛烈地抨击过苛政,

---

①《孟子·告子下》。

②《孟子·梁惠王上》。

③ 参见《孟子·梁惠王下》。

④⑥《孟子·离娄上》。

⑤《荀子·大略》。

⑦《孟子·万章章句上》。

⑧《孟子·滕文公上》。

但未能提出切实可行的办法，不免流于迂阔之论。从总的方面看，孟轲的思想适应了当时守旧势力、特别是那些食封贵族地主的需要。

《孙子兵法》与《孙膑兵法》

由于当时诸侯国林立和地主阶级夺取政权的斗争，战争十分频繁。各式各样的军事理论和军事人物便应运而生，诸子百家都或多或少地有所论及。而有代表性的专门军事著作是《孙子兵法》和《孙膑兵法》。

《孙子兵法》十三篇是孙武及其后学的作品，成书于战国前期。孙武，生卒年不详，是春秋末期齐人，是我国古代著名军事家，曾任吴国的将领。《孙子兵法》把战争提到了"国之大事，死生之地，存亡之道"的高度。作者认为战争的胜负，在很大程度上取决于对敌我双方情况的了解。书中提出的"知己知彼，百战不殆"，闪烁着朴素唯物主义和辩证法的火花，为后世所传诵，至今在军事科学中仍占有重要的地位。《孙子兵法》主张在战争中要争取主动，"善战者致人而不致于人"，要"攻其无备，出其不意"。它提出了一系列军事上对立的矛盾，如敌我、主客、众寡、强弱、攻守、进退、弯正、虚实、动静、勇怯等，并说这些对立面是互相依存和在一定条件下是可以互相转化的。《孙子兵法》中很强调赏罚分明，如果"爱而不能令，厚而不能使"，那么，这个军队也就"不可用"了。书中在战术、指挥艺术、军队纪律和教育各方面，也都按照赏罚分明的观点提出了一些重要的原则。[1]

孙膑是战国中期齐国人，生卒年约在公元前 380 至前 325 年之间。他曾与庞涓一起学过兵法。后来，庞涓在魏国当了将军，忌孙膑之才，把孙膑召到魏国，强加罪名，处以膑刑（去掉膝盖骨），因而得名孙膑。后在齐使者协助下，回到齐国，在齐威王时任军师，屡立战功，也是个著名的军事家。《孙膑兵法》是孙膑及其后学的重要著作，成书在孙膑逝世之后。1972 年，这部早已失传的名著从山东临沂银雀山汉墓中发掘出来，共三十篇。由于竹简严重残缺，难于看出原书全貌。从已整理出的内容看，这是一部杰出的兵书，对当时的战争经验，作了理论上的总结。[2]

对待当时各国的矛盾，《孙膑兵法》主张"战胜而强立"，"举兵绳之"，用战

---

[1] 参见《孙子兵法》。
[2] 银雀山汉墓竹简整理小组编：《孙膑兵法》，文物出版社，1975 年。以下引文均见本书。

争解决问题。战争关系生死存亡,必须谨慎从事,要"事备而后动"。战前要仔细考虑到可能出现的各种情况,做好必要的精神和物质准备。《孙膑兵法》特别强调将领要研究作为战争规律的"道"。这个"道"的内容包括民心向背、敌情、天时、地形和不同情况的不同作战方法,等等。《孙膑兵法》对策略和战术也提出了许多很有见地的论述,他认为在一定条件下,可以以寡胜众,以弱胜强,其办法是:"让威",意思是避开敌人锋芒,不硬拼;"严正辑众",就是严明法令,团结士卒;"以骄其意,以惰其志""营而离之,我并卒而击之",意思是用假象麻痹敌人,使他们犯骄傲的错误,集中兵力实行突破,等等。书中还提出,进攻时要"必攻不守",即攻击薄弱环节;选择有利形势,灵活地运用战法,不能千篇一律,这就是"胜不可一"。当时各国都有坚固的城堡、要塞、长城等,因此,《孙膑兵法》对攻坚战和阵地战也有所论述。书中特别强调人的作用,提出了"天地之间,莫贵于人"。这正是"人定胜天"的唯物论观点在军事学上的运用。

《孙膑兵法》是我国历史上可贵的军事思想遗产。但书中无限夸大了将领的作用,认为只有"明王""王者之将"才能安国,保全民命,士卒只不过是将领的工具。这反映了作者的地主阶级立场和历史局限性。

庄周的虚无主义

庄周约生于公元前 369 年,卒于公元前 286 年。宋国蒙(今河南商丘市东北)人。

庄周继承了《老子》的思想,但比《老子》更加虚无和消沉。庄周到处吹冷风,散布消极情绪,阴阳怪气,对当时的社会变革进行了十分歹毒的攻击。他说"窃钩(腰带钩)者诛,窃国者为诸侯"[1],攻击地主阶级为窃国大盗。

庄周否认事物有质的不同,认为万物为"一"。他所说的"一",不是指世界统一于物质,而是统一于神秘主义的"道"。庄周的"道"与老子有所不同。庄周的"道"同时又是主观的精神。他认为通过修养,人是可以得到"道"的,得到了"道"就可以与"道"同体,"我"即"道","道"即"我","天地与我并生,万物与我为一"。所以在宇宙观上庄周是客观唯心主义与主观唯心主义的大杂烩。

庄周说:认识必须有客观对象为依据才能判断是非。然而庄周又认为客

---

① 《庄子·胠箧》。

观对象的万物是没有质的区别,是早已"复通为一"了。这样,人类的认识,自然也就失去了客观的依据,所以也就无从分是非。尤为荒唐的是,他为了证明无是非,胡说什么人睡在潮湿的地方会得腰痛病,甚至病死,泥鳅是否也这样?人爬到树梢上感到胆怯,猿猴是否也这样?这三者(人、泥鳅、猿猴)究竟谁知道什么地方住着最舒服?①庄周由此得出结论,不管什么高谈阔论,微言细语、礼法之辩、利害之争,统统都是自找烦恼,而唯一的办法是不分是非。庄周曾讲了这样一个寓言:有一个神,没有耳目口鼻等七窍,叫作"浑沌",生活得很好。后来有另外两个神,很怜悯他,设法为他开窍,凿了七天,开了七窍,窍开完了,"浑沌"也死了。②在庄周看来,任何进步、耳聪目明等都是通向死亡的道路。只有保持浑沌状态,才能长久。而不分是非,便是"浑沌"之术。

庄周把一切都齐一化了,现实一切统统是不存在的。有的只是一片混沌。在这样混沌世界中只有鬼混。庄子讲了一个故事:有个残缺不全的人叫"支离疏",这个人的头长得挨住了肚脐,两肩高于头顶,后胸朝天,腰背在上,两条大腿并在一起。这个人靠缝洗衣服糊口,用簸箕捡米可供十个人吃。统治者征兵,壮者逃征,他却背着手游出游入,悠闲无恐;统治者征徭役,他因有病,可不服役;发救济品,他可以得到三钟粮食,十捆柴。庄周说,这个人形体不全,还能养身尽天年。如果在精神上也做到"支离"的话,岂不更好吗?③庄周在这里宣传的是无用于社会,有利于自己的寄生虫哲学。庄周企图让寄生虫蚀掉整个社会。然而,适得其反,人类正是在不断消灭寄生虫的斗争中成长发展起来的。庄周的虚无主义只不过是用来反对社会变革和进步的一种手段而已。

慎到用势行法加强封建政权的思想

慎到,赵人。生卒年约在公元前 350 至前 280 年之间,是齐国"稷下学宫"的著名人物之一。

慎到在哲学上受《老子》的影响,也讲"道",但他冲决了《老子》神秘主义的桎梏,认为"道"的本质和万物相等。④因此,慎到在哲学上具有唯物主义的色彩。

---

① 参见《庄子·齐物论》。

② 参见《庄子·应帝王》。

③ 参见《庄子·人间世》。

④ 参见《庄子·天下》。

慎到"学黄老道德之术"而入于法,是法家中主势的一派。慎到所说的"势"就是政权或权位。他提出了集权的主张,认为对国家有害的是权力分散。权轻位卑什么都不行,权重位尊就能治天下。他说:如果尧只是一个普通人,连邻人也治不了;桀所以能乱天下,就是因为他是天子,有权有位。因此,他得出的结论是:"吾以此知势位之足恃,而贤智之不足慕也。"①慎到在政治上把权势放到了第一位,在当时对巩固地主阶级专政,有一定积极作用。但否定贤智在政治上的作用是片面的。

慎到认为有了权位,还要有"法"。"法"是治国的标准;人民要按照"法"的要求出力("以力役法");官吏要按"法"行事("以死守法");人君则应按情况变动"法"("以道变法"②)。君主是"法"的制定者,臣是推行者,而百姓则不过是"法"的奴仆。他认为"法"纵然不完善,也比没有法好,因为有了法就可以统一人心。没有法,只凭主观的是非标准处理问题,就会产生怨恨。慎到主张定法时要"取从于俗"③,要"发于人间,合乎人心"④。就是要从社会的现实情况出发,合乎地主阶级的需要。有了具体法律条文,一切东西都有了归属,就不会生乱子了,这就叫"定分"。慎到为了说明"定分"的重要性曾举例说,成百人追一只兔子,不是因为一只兔子够一百人分,而是这只兔子属谁还没有定;市场上有很多兔子,行人连看也不看,不是行人不想要兔子,而是这些兔子都有主。可见,慎到的法主要是为了保护地主阶级的私有制。有了新法,就必须严格执行,做到"官不私亲,法不遗爱,上下无事,惟法所在"⑤。表现了慎到的法治思想。

慎到的用势行法,就是希望有一个集大权于一身而有权威的人君,凭借其权位,维护地主阶级专政。慎到所追求的是"臣下闭口,左右结舌","民一于君"⑥。到了这种程度就"上下无事"了。然而在以对抗为基础的封建社会里,是不可能达到这种状况的。一定要追求这种境界,就只有高压。而高压的结果决不会"上下无事",只能导致民怨沸腾。

---

①《韩非子·难势》。

②④⑥《慎子》逸文。

③《荀子·非十二子》。

⑤《慎子·君臣》。

《十大经》《经法》等篇的黄老思想

《老子》一书的思想体系是唯心主义的,但它却包蕴着丰富的辩证法思想因素。《老子》后学对《老子》的思想沿着两条不同路线进行了改造:一条是前面介绍的庄周,把它衍变成流毒后世的老庄思想;另一条则出于老而入于法,它们在讲"道"之外,还推崇黄帝,所以称为黄老思想。其中又分不同的流派。曾"学黄老道德之术"①的慎到主"势";"本于黄老而主刑名"②的申不害偏重于"术"。1973年底新在长沙马王堆三号墓中发现一批帛书,在《老子》乙本卷前有《十大经》《经法》《称》《道原》等著作,这为我们研究黄老思想提供了丰富的、有代表性的新资料,是黄老中主"法"的一派。它的成书年代不晚于战国后期。③

《十大经》的体裁别具一格,主要是通过黄帝与其臣下力黑、果童等对话,阐述作者的思想。文章一开始就提出,治理国家首先必须了解国情。黄帝给自己立了一个四张脸各向一方、附属一心的木偶,以示眼观四面,耳听八方。作者认为,由于黄帝能了解国情,"是以能为天下宗"。

《十大经》的第二篇题目是"观",记述了黄帝派大臣力黑"周流四国",考察自然、社会、人事各种现象的故事。作者认为治理国家必须掌握天、地、人三方面的情况,要做到"上知天时,下知地利,中知人事"。

《十大经》在政治上主张法治。作者认为,治理国家的根本,是要有一套"成法"。尽管事情千头万绪,都可以通过法这一孔道去处理。这反映了地主阶级要用立法形式固定封建秩序的要求。作者认为,要推行法治,必须刚柔并用,刑德兼施,这两手要交替使用,互为补充,缺一不可。处理事情要根据情况当机立断,否则,"当断不断,反受其乱"。贯穿《十大经》的另一个思想是,通过战争来实现统一。作者认为战争有三种不同情况:"有为利者,有为义者,有为忿者。"为私利和泄私忿的战争得不到民众支持,只有"伐乱禁暴,起贤废不宵(肖)"的"义"战,才能得到民众的支持,才能取胜。作者认为战争固然有凶险,但"不争亦毋(无)以成功",就是说不通过战争是不能成就事业、不能实现统一的。

---

① 《史记·孟子荀卿列传》。

② 《史记·老子韩非列传》。

③ 《十大经》中有"今天下大争"语,当指战国;有"黔首"一词,是战国后期才开始使用的。在《经法》中有关于"关市之征""王霸"和"强国""中国""小国""亡国"等论述,显然都是战国后期诸子讨论的问题。

《经法》是由《道法》《国次》等九篇相互联系的文章所组成。作者说："道生法。法者，引得失以绳，而明曲直者也。"作者把"道"看作是宇宙万物发展的最高法则，而"法"则是这一法则在政治领域中的具体体现。要实行法，首要的是实行者本身不能违法，要"精公无私而赏罚信"，一切是非好坏，都要"以法断之"，这样才能治理好。作者尊王而贵霸，认为"王"和"霸"并不对立，只是程度上的不同。一国的王、霸、强、弱、亡的根本关键就在于"法度"贯彻实行得如何。《经法》中还表现了明显的贵农思想，它认为农业生产是"人之本"，主张"毋夺民时"，并认为只有"节民力"和"赋敛有度"，才能"尽民之力"，也才能使民不违法和遵行号令。《经法》的作者还主张建立统一的中央集权的封建国家，而要完成统一事业又必须以实行法治为前提。

其他两篇，《称》主要讲事物的名实关系和度量界限，要人们在政治上善于抓住时机；《道原》专讲什么是"道"，从它的内容看，较多的受了《老子》的影响。

名家——惠施与公孙龙

在社会由奴隶制向封建制转变的时代，出现了许多新事物，很多旧事物灭亡了或走向衰败。旧的思想形式和概念或者失去了存在的依据，或者同新生事物相矛盾；新事物的出现和发展，相应地须有新的思想形式和概念来反映。于是"名"与"实"的关系问题，遂成为一个重大的社会政治问题。代表奴隶主和守旧势力的人，主张用旧的观念形态作为标准，窒息新事物的发展，孔丘宣扬的"正名"就是想复古；代表地主阶级革新势力的人，主张依据变化了的客观事实，重新制定事物的名称，提出新的观念。惠施和公孙龙就是研究名实关系的两位突出的代表。由于他们专门研究名实关系，而被称为名家。

惠施生卒年约在公元前 370 至前 310 年前后。他着重研究了事物的相对关系和同异关系。他的特点是通过研究事物的相对性而强调事物的差异和变异。

惠施认为事物在空间上的差异是相对的。常识认为天高地低，山高湖低；而惠施则说："天与地卑（即比，接连的意思），山与泽平"，意思是说，从远处看天地接连在一起，高地的湖同低山相平。从时间和运动变化上看事物的差异也是相对的，"日方中方睨，物方生方死"。意思是，太阳刚刚正中，马上又偏斜了；生物刚刚出生，又开始走向死亡。这些论述都包含了深刻的辩证法思想。惠施认为，把具体事物互相比较只能是"小同""小异"，如马、牛相比，有相同的一面,都是走兽,但又有差别。把这种差别推广,于是万物又"毕异",即每个事物各有自己的特点,但因为都是物,所以又"毕同",就是惠施所说的"一体"。①

惠施认为事物是相对的,不是不可改变的,因此,社会制度也同样是可以改变的。所以惠施在政治上"不法先王,不是礼义"②,具有革新精神。

公孙龙比惠施晚些,生卒年约在公元前325年至前250年,赵人,现存《公孙龙子》一书。公孙龙在名实关系上提出"名"是用来称呼"实"的。他说每个事物都有特定的内容,名也就相应有所不同。③公孙龙强调事物的个性即特殊性,在他的"白马非马"论中包含了个别和一般的关系问题。他说"马"这个词是称呼形体的,"白"这个词是称呼颜色的。要一匹马,黄马、黑马都可以算数;要一匹白马,黑马、黄马就不算数了。这之中包含了个别与一般的关系。但公孙龙并未到此为止,引申下去,把马是白色的"白"当成独立的实体,认为"白马"也是称呼颜色的,而马是称呼形体的,从而得出"白马非马"这个错误结论。不过公孙龙在强调个性这一点上是有积极意义的。这种强调个性即特殊性的政治意义是为了强调社会变革后新制度有其特殊性, 以区别旧制度。

惠施与公孙龙的思想都存在着严重的弱点:惠施过分强调相对性而忽视了物质的差别和相对稳定性,得出了"合同异"的错误结论;公孙龙过分强调个性而忽视共性,把个性独立化,得出了"离坚白"的错误结论。④所以他们思想中虽有丰富的辩证法思想,但最后又导致了形而上学和诡辩论的唯心主义的结论。

荀况——地主阶级思想的集大成者

荀况,又称荀卿或孙卿,赵国人。约生于公元前313年,卒于公元前238年。他曾在齐国稷下学宫讲学,到燕国游历,并到秦国进行政治考察,晚年在楚国任兰陵令。一生著述甚富,现存《荀子》三十二篇。

---

① 参见《庄子·天下》。

②《荀子·非十二子》。

③ 参见《公孙龙子·名实论》。

④ "合同异"是把同和异的事物都统一在一个抽象概念中,否定了事物的矛盾和具体事实。"离坚白"认为事物是由抽象概念和各种属性构成,如坚白石是白色、坚性、石形三种独立存在(离)的观念构成。这样就否定了事物的客观性。

到战国后期,地主阶级掌权已有一百多年的历史,封建制度更趋于巩固和成熟。在这种情况下,儒家也发生了重大变化。儒家中有顽梗不化执意复古者,与荀卿同时代的孔丘七世孙、被称为当时儒宗的子顺便是代表之一。荀卿自称也宗孔丘,不过他对儒家中的其他流派如子思、孟轲等进行了猛烈的抨击,称之为"俗儒""贱儒"等。荀卿对当时的诸家差不多都进行过批评或评论,但有一点值得注意,他没有点名非议商鞅。荀卿对诸子有批判有继承,而对法家思想的继承尤其明显。实际上荀卿是创立了一个新学派,有儒,有法,还吸收了其他诸子的某些因素。正因为如此,荀卿的归属问题,宋代以后,众说不一:有人把他归入儒,有人把他列入法家,还有说他是儒法合流、外儒内法等。我们认为荀卿的思想的主流是儒与法的结合。把儒法结合起来的并非自荀卿始,《管子》中有些篇,如《牧民》《立政》《权修》等,有儒也有法,荀卿则进一步把儒法糅合在一起,构成了一套完整的思想体系。

荀卿对孟轲的"法先王"进行了严厉的驳斥,指出是"呼先王以欺愚者","足乱世"。[①]但荀卿也并不是不讲"法先王",他也讲过要效法尧舜[②],但总的来说,三代以前的不可考,所以他讲"道过三代谓之荡"。[③]孟轲把先王同当时之王看成是对立的不可调和的。荀卿则认为两者是一脉相承的,而且"百王之道,后王是也"[④]。荀卿所说的"后王",既指"三代"之王,也指当时之王。荀况对各国作了实地考察后,把秦和六国作了比较,给秦的政治以很高的评价。他说,虽然安逸却治理得很好,简要而事情办得很周详,不烦劳却很有成绩:这是治理国家的最理想的情况。秦国就有些像这种情况啊![⑤]荀况对秦的赞扬和复古之儒骂秦是虎狼之国形成了鲜明的对比。荀况认为秦从孝公开始经历了四代,国势一代比一代强,并不是偶然的,而是实行改革的必然结果。在荀况看来,百王之法不尽相同,但归结点是一个——"礼法"[⑥],礼与法是缺一不可的。

"法后王"是在封建制度已经建立并趋于稳定的情况下,地主阶级要求把现存的秩序固定下来的反映。这同商鞅提出的"不法古,不循今"有了明显的不同。"法后王"的中心内容是统一制度、制礼义。荀况的"礼"已不同于过去奴

①③ 参见《荀子·儒效》。

② 参见《荀子·非十二子》《荀子·大略》。

④《荀子·不苟》。

⑤《荀子·强国》:"佚而治,约而详,不烦有功,治之至也。秦类之矣!"

⑥《荀子·王霸》。

隶主阶级的"礼",而是地主阶级的"礼"。这个"礼"同"法"是大同而小异。荀况所说"礼"的范围极广,包括社会秩序和一切典章制度。它有三个特点:一是要"断长续短""损有余,益不足""养人之欲,给人之求"①,根据阶级利益,实行财产和权力的再分配。二是依据封建秩序把人们的社会地位固定下来,所谓"君君、臣臣、父父、子子、兄兄、弟弟""农农、士士、工工、商商"②,各有所分。三是维护封建制度的纲常伦理,如敬、孝、悌、慈、惠等。在荀况看来,有礼也不可无法,礼重在教化,法重在赏罚。法虽不及礼,但又近于礼,而礼则包括着法。他说:"礼者,法之大分(总纲),类之纲纪也。"③荀况的"礼""法"都是以"性恶论"为其理论基础的。人天生有欲望,欲多物少,少则争,争而乱,于是"礼""法"出,用强制办法维持秩序。这同法家的观点是一致的。

为了更有力地巩固地主阶级的专政,荀况积极宣传建立统一国家和加强中央集权。他认为:"臣使诸侯,一天下,是又人情之所同欲也。"④就是说,使诸侯臣服,统一天下,是诸侯的共同希望。在孟轲之流的儒家看来,以力制服诸侯的叫"霸",实行法治叫"霸道"。他们十分憎恶"霸道"而鼓吹"王道"。荀况则明显地肯定"霸道"。荀况也讲"王道",即行礼义,争人心,但他并不否认霸道。"霸道"虽不及"王道",但"霸业"是"王天下"、实现统一的必由之路。"霸道"是达到"王道"的阶梯。他认为秦更上一层楼就进入王道了。王霸的结合,说明儒法的合流。

荀况主张取消世卿世禄,实行"尚贤使能"。要依照德才功过进行赏罚,做到"无德不贵,无能不官,无功不赏,无罪不罚"⑤。对于有才干的要破格提拔,对于无德无才的要毫不犹豫地罢官。他特别谴责唯亲是举。他认为"唯便嬖亲比己者之用"⑥,必然会招致亡国。荀况还提出,用贤与用礼法不可偏废,法不能独立,要靠人去贯彻。法是治国之"端","君子"贤人是法之"原"。有"君子",法简略而能通行;无"君子",法尽管详备,也会使法失时,或者不能应变,或者乱立法,这都会招致混乱。⑦这同孟轲只讲人治不同,与法家只讲法也不同,而是两者兼用。

---

① 《荀子·礼论》。

②⑤ 《荀子·王制》。

③ 《荀子·劝学》。

④ 《荀子·王霸》。

⑥ 《荀子·君道》。

⑦ 参见《荀子·君道》。

在思想领域中,荀况主张统一思想。对于那些不实用,反而"使天下混然"的"邪说""奸言",应加取缔。①统一于谁呢?荀况认为应该统一于他的学说。

荀况注意到封建统治能否稳定,关键在于民心向背。他说:"君者,舟也;庶人者,水也。水则载舟,水则覆舟。"②他认为要避免翻船,不仅要在政治上加强统治,在思想上加紧控制,在生活上也要留出一条生路。他很注重政治对经济的作用。他认为自然界的财富是够用的,关键在于政治好坏。农业生产是国家财政的基础,农民生活有保障,生产才能搞好。"民富则田肥以易(治),田肥以易,则出实百倍。"生产搞好了,国家财政才能不成问题。如果不注重民众的生活,一味暴敛,那就是"伐其本,竭其原",结果"求富而丧其国","求利而危其身"。③就会走到反面。

荀况是先秦朴素唯物主义的杰出代表。他批判了对"天"的各种神秘主义谬论,认为"天"是自然现象,"天地合而万物生"。自然界是按照自身的规律运动着,不以人们的意志为转移,"天行有常,不为尧存,不为桀亡"④。但是,人们对自然规律又并不是无能为力的,只要按照自然规律办事,就可以"制天命而用之"。

荀况总结人民群众改造自然的经验,提出了"人定胜天"的光辉思想。尤为可贵的是他提出"群"是人类能够战胜自然的保证。荀况的唯物主义思想并不彻底,他主张崇信鬼神,作为统治人民的工具。

荀况主张人性恶,这在本质上虽然也是一种先验论,但它是对孟轲鼓吹的"人"天生具备仁义道德的性善论的批判,为法治提出理论根据,它表现了对神圣的、陈旧的、衰亡的东西的叛逆精神。

荀况把儒同法结合起来,还吸收了其他诸子中对巩固封建统治有用的东西,这是封建政治思想发展史中一个新现象。它说明地主阶级为了巩固其统治,凡属对其有利的,是要兼收并蓄的。

韩非的封建专制主义理论

韩非,韩国人,约生于公元前 280 年,卒于公元前 233 年。韩非是荀况的

---

① 参见《荀子·非十二子》。

②《荀子·王制》。

③《荀子·富国》。

④《荀子·天论》。

学生,但思想与荀况不尽相同。他继承和发展了法家的思想。

韩非是一位主张彻底实行封建君主专制主义、实现封建统一、加强地主阶级专政的思想家。他"观往者得失之变"①,认识到当时那些食封贵族是妨碍君主专制、妨碍统一的主要社会力量。贯穿韩非著作的一条重要线索,是鞭挞那些拥有"百乘""千乘"的私家及"奸邪之臣"和"重人"。韩非指出,这些人结党营私,损公肥私,为非作歹,上逼君,下残民,是羊圈中的狼,吃人的虎。不除掉他们,国家就会混乱不治。他主张,"散其党,收其余,闭其门,夺其辅"②。为了堵塞食封贵族再生的道路,韩非主张要废弃以亲亲为基础的分封制。韩非对当时思想领域的各流派一一作了批判,尤其集中力量批判了儒家学派。韩非指出历史是不断进步的,孔孟祖述尧舜和"法先王",是违反历史发展的。韩非说有巢氏发明在树上筑巢居住,燧人氏发明打石取火,是历史的巨大贡献;但到了更加进步的夏后之世,还固守老一套,就会为鲧、禹所笑;那么到了今天(指战国末年),如果还歌颂禹、汤、文、武之道,必为"新圣"所笑。他指斥孔孟言必"法古",宣扬今不如昔,是开倒车,"非愚则诬"③。韩非揭露了"儒以文乱法"的危害,认为儒家像巫祝一样,危国害民。他一针见血地指出:"仲尼之对,亡国之言也。"④因此提出要"废先王之教"。韩非针对孔孟的"法先王",提出了"不期修古,不法常可,论世之事,因为之备"⑤。就是根据实际的变化,制定措施。韩非同荀况一样,已不同于前期法家,不那么强调"变法",他的口号是"定法"⑥。这是因为时代已经进入到地主阶级要稳定和巩固统治的时候了。

在人与人的关系上,韩非归结为一个"利"字。不过韩非认为君主的"利"是中轴,君主要善于用"利"去调动臣民为自己服务;臣民讲利绝对不能损害君主。

韩非特别强调要集权于中央,他指出:"事在四方,要在中央,圣人执要,四方来效。"⑦他认为有作为的"新圣"应霸天下,实现统一。要实现统一,必须

---

① 《史记·老子韩非列传》。

② 《韩非子·主道》。

③ 《韩非子·显学》。

④ 《韩非子·难三》。

⑤ 《韩非子·五蠹》。

⑥ 《韩非子·解老》:"治大国而数变法,则民苦之,是以有道之君贵静,不重变法。"

⑦ 《韩非子·扬权》。

有强大的力量,"力多则人朝,力寡则朝于人,故明君务力"①。力在何处? 就是耕和战,就要调动臣民的力量。

如何把臣民的力量集中起来? 韩非认为要牢牢掌握住法、势、术。韩非总结了以前法家政治的得失,指出商鞅只有法而无术,不能防止奸臣窃权;申不害只有术而无法,不能摧毁"奸邪"势力;慎到只讲势也不全面。韩非对法、势、术三者作了详尽的阐述。

"法"是维护封建秩序的各种规章制度。立法要调动民众的耕战积极性——"利民萌,便众庶"②。臣民得利之多少,要严格依据在耕战上的功劳大小而定。执法要平,不阿贵,不曲贱,哪怕是奴隶,只要在耕战上立了功,也要奖赏。对那些无功的权贵,有碍于耕战的商人和文学之士要予以制裁。韩非的法是用强力推进封建的生产方式和建立地主阶级专政,把农民紧紧束缚在地主阶级的法网中。

"势"是进行统治的权力。"势者,胜众之资也。"③这种权力必须牢牢掌握,不可分人。权势一分,君主就不成其为君主了。韩非强调"势",反映了君主集权的要求。

"术"是专门研究和处理统治阶级内部上下左右关系的理论和方法。有君御臣之术,也有臣弄君之术。韩非主张的是前者。韩非的"术"中的积极一面是"因任而授官,循名而责实"④。但还有一部分是说如何争权夺利,施展阴谋诡计,直至如何暗杀对手,等等。

法、术、势是"帝王之具"。要使这三把工具发挥作用,还必须把握住"二柄",即赏(德)和罚(刑)。⑤赏在法之内,罚在法之外。罚不仅要"禁事","禁言",还要"禁其心"。

韩非是地主阶级的代言人,为地主的剥削兼并行为大唱赞歌。在他看来,地主之所以富,土地之所以多,是因为他们努力劳作和节俭造成的;穷人之所以穷和失掉土地,是好吃懒做的结果。他认为对这些穷人不应给以土地或救济,甚至连欺骗性的施舍也不要搞。⑥赤裸裸地暴露出他的地主阶级立场。

---

① 《韩非子·显学》。

② 《韩非子·问田》。

③ 《韩非子·八经》。

④ 《韩非子·定法》。

⑤ 参见《韩非子·二柄》。

⑥ 参见《韩非子·显学》。

韩非的思想指出了实现统一和建立封建中央集权的道路和方法,并认为当时的秦国是最有希望的。秦所以还没有实现统一,是因为执法还不够彻底,只要更进一步地彻底执法,就一定能够统一六国。韩非的著作传到秦国,秦王政看了极为佩服,感叹地说:我能见到此人,一块游谈,就死无遗憾了!秦王政的赞扬说明韩非确为秦始皇的统一事业提供了思想武器。

二、史学与文学艺术

史　学

战国时期出现的《左传》《国语》《世本》等书,是我国早期的史学专著。

《左传》是解释《春秋》的。传说是春秋末年鲁国史官左丘明所作。但从书中的预言常和以后发生的历史事实相吻合这一点看,成书时间不会早于战国时期。[①]《左传》按年月次序叙述了春秋二百四十多年的历史,是了解这个时期历史状况的主要史料之一。《左传》叙事简洁而生动,对于繁复错综的历史现象都能详其首尾,特别是描写战争的部分,往往是一篇很好的叙事散文。但由于以《春秋》为指导思想,以儒家是非为准则记述历史,因而全书的政治倾向是保守的。

《国语》据说也是左丘明所作。此书的体例,以国分类,每国以事为篇,以年代为先后,共八类(国)、二十一篇,其中《晋语》占九篇,记晋事特多,所以此书可能是战国时三晋之人所写。全书系统清楚,独创一格,对于后世编写国别史有一定的影响。《国语》的记事虽然有琐碎的地方,但仍以较多的篇幅记述了当时的重要事件。如《吴语》专记夫差伐越及吴的灭亡,《越语》则专记勾践灭吴,比较完整地反映了春秋后期吴越的情况。《国语》和《左传》相比,《左传》详于记事,而《国语》详于记言。《国语》以记言为主的写作方法对后世奏议、言行录等类书籍的编纂是有影响的。

和《国语》体裁相近的《战国策》,是由后人编辑成书的。各篇主要是战国后期纵横家的言论记录,可作研究这一时期的参考资料。不过,由于它是一种辩难文字,夸大、附会和荒诞之处甚多。

---

① 《左传》庄公二十二年记陈敬仲事说:"八世之后,莫之与京。"当时敬仲刚亡命到齐,就断言八世后代姜齐的事。《左传》襄公二十九年记季札到晋,对赵文子、韩宣子、魏献子说:"晋国其萃于三族乎?"当时范氏、中行氏正在全盛而预言晋将归韩、赵、魏三家。从这些情况看来,《左传》成书当在田氏代齐、三家分晋后的战国初年。

《世本》是战国末年赵人所作。原书到南宋时大部分散失,目前有一个辑本。从其篇目有《帝系篇》《氏姓篇》《作篇》《居篇》等看,乃是以后《志》书的先河。

《竹书纪年》是魏国的编年史,记载着从黄帝到魏襄王的史事。此书以魏为主,略涉其他各国,是魏的史记。这部书是晋朝时汲郡人发掘魏襄王墓时得到的,宋以后就亡失了。清末以来的学者从古书所引的竹书纪年一一辑出,最著名的有朱右曾的《汲冢纪年存真》和王国维的《古本竹书纪年辑校》两个辑本,保存了原书的梗概。

文　学

战国时期的文学有了很大的发展。《楚辞》和诸子散文是这一时期的突出代表。

《楚辞》的主要部分是楚国的文学作品,它吸收了楚国民间语言的精华,继承了民歌的优良传统,是我国古代现实主义和浪漫主义相结合的杰作,其中最奇伟、瑰丽,并对后世有重大影响的诗篇是屈原的《离骚》《天问》和《九歌》等篇。

屈原政治改革失败后,被放逐,经历了二十多年的流放生活。他坚持革新主张,用诗抒发自己的心怀,同时有机会了解和体验人民的疾苦,也为他的创作提供了丰富的原料。

《离骚》是屈原被放逐中的作品,是我国古代第一篇长诗。全篇共二百七十三句,二千四百多字。诗人运用香草、美人、神话塑造了各种各样的艺术形象,用深刻有力的诗句表达了自己的政治立场和思想感情。诗人以"惟草木之零落兮,恐美人之迟暮。抚壮而弃秽兮,何不改乎此度。乘骐骥以驰骋兮,来吾道夫先路","路漫漫其修远兮,吾将上下而求索"的诗句,表达了他劝导楚王要不失时机地改变因循守旧的状况,乘骏马驰骋,加快革新步伐的愿望,也表示了自己愿意做改革的先导和坚忍不拔、坚持到底的决心。整个诗篇还反映了屈原关于建立地主阶级的君主集权、反对贵族结党营私、主张奉法守纪和选贤任能等思想倾向。《离骚》把优美的艺术形式和进步的思想内容较好地结合在一起,不愧为我国文学遗产中的一篇杰作。

《天问》是屈原向鬼神挑战的哲理诗。在诗中,他一连串提出了一百七十多个问题。从开天辟地、天上地下的自然现象到人世间的活动,问得峰峦叠起,一问深过一问,层层进逼。这些问题对于神秘主义,对于许多旧的传统观念,既是穷追猛打,又是辛辣嘲讽;对于追求知识者则是一种启发和鞭策,促使他们在探索的道路上永不止步。这篇诗里所涉及的史事,有些已经被地下发掘的卜辞所证实。

《九歌》是屈原的早期作品。其中《国殇》一篇是赞颂阵亡将士的挽歌。《招魂》是屈原对楚国贵族奢侈淫靡生活的揭露,他淋漓尽致地描述了贵族们的住处、房舍、饮食的豪华与浪费,有助于了解当时楚国贵族的腐朽和阶级矛盾的尖锐程度。

鲁迅指出,屈原的诗"逸响伟辞,卓绝一世。后人惊其文采,相率仿效,以原楚产,故称《楚辞》。较之于《诗》,则其言甚长,其思甚幻,其文甚丽,其旨甚明,凭心而言,不遵矩度。故后儒之服膺诗教者,或訾而绌之,然其影响于后来之文章,乃甚或在三百篇以上"[①]。

当时由于诸子百家纷纷著书立说,使散文发展起来。诸子百家的著作大部分是议论文。他们为了进行论战,所以大多语言丰富,文字流畅,比喻生动。其中荀况和韩非的散文尤为杰出。荀况的文章气势磅礴,如山峦起伏,论点鲜明,说理透晰。《荀子》中的《成相》篇是一篇采用通俗的民间文艺形式,富于战斗性的文学作品。韩非的文章,峻峭尖锐,锋芒毕露,凌厉逼人,常以丰富的实例、犀利的笔锋压倒论敌。尤其韩非善于结合具体的历史和现实政治给各种空论以鞭挞。另外,庄周的文章也甚有特色。鲁迅先生说他的文章"汪洋辟阖,仪态万方,晚周诸子之作,莫能先也"[②]。但其思想颓废消沉,对后世影响很坏。孟轲善辩,其文如滔滔江水,滚滚而下。然其内容意在复古,诡辩多于说理。

艺　术

这个时期的艺术也有了划时代的发展。青铜器的造型从商周神秘主义中解脱出来,现实主义同浪漫主义相结合,创造出了崭新的作品。1935年河南汲县山彪镇战国墓葬中出土的"水陆攻战纹铜鉴",全器用红色金属嵌成图像,其中有二百九十二人,表现战斗、划船、击鼓、犒赏、送行等战时的动态。武士有立而引弓待发的,有且奔且射的,有执盾持戈趋而迎敌的,都刻画得异常有力逼真。1965年在成都出土的战国中期以前的"嵌错赏功宴乐铜壶",是一件更精细的艺术佳品。以壶肩两环耳为标志分为两面,两面的图像对称。每面

---

①② 参见鲁迅:《汉文学史纲要》。

92

有三层图画,每层又分左右两个图景。第一层左图是一幅竞射图:两个竞射者一个引弓待发,一个箭刚离弦。侯(靶)旁有一个佩剑举旗的"获者"(裁判),竞射的身后有一个坐着的"释获者"(记录员)。图下方还有五人执弓挟矢,准备竞射。第一层右图共有七男八女"采桑"(另一说是拣选弓材)。第二层左图是一幅宴乐舞武图像:在一宏阔建筑物中,主人凭几而坐,后有执长柄扇的侍者,前有两人持觯进酒,另有两人侍立。阶下有四人执戈作舞,还有钟、磬、鼓、笙、箫伴奏。左图为弋射和习射图,其中有四人仰射飞鸟,天上飞鸟成群,有七只应弦而下。旁有帐篷,帐内六人,皆佩短剑,主人在晏饮。图中帐篷上方处还有数人习射。第三层左为攻防图,右为水陆交战图,图像同"水陆攻战纹铜鉴"相似。在这只高只有四十厘米、口径十三点四厘米、腹径二十六点五厘米的壶面上,刻画了二百多人的形象,人人各有特色,另外还有其他景物,表现了制造者高超、精湛的技巧。

这时铜器上的铭文多为韵文,有些铭文的写法形象优美工巧,成为器物上的一种艺术装饰。

这个时期铜器的特点是形制精巧,花纹细致,铭文讲究,有些已经渐由实用品而变成专供玩赏的工艺品了。

漆器工艺也很发达,新中国成立以来,在湖南、安徽、河南和山西的战国墓中发现了很多制作精美的漆奁、漆杯、漆尊与漆棺等,彩绘花纹和铜器上的相似,色泽仍很新鲜,并且还有透雕。其中如长沙出土的针刻漆奁,十一个女子或坐或立或舞,各具神态,栩栩如生;信阳出土的大批彩绘漆木器,颜色、绘画都已有较高水平,很引人喜爱。

建筑技术也有发展,不仅能建筑华丽的宫殿,还能构造二、三层的楼房,诸国建筑又各具风格。秦国在战胜各国之余,曾在咸阳仿照各国风格兴修了大片建筑物,大大地推动了建筑技术的交流。这些都是劳动人民血汗和智慧的结晶。

战国时期绘画艺术的发展也很引人注目。壁画、帛画都很发展。《韩非子》中已有关于画技、画理的记载①,反映了绘画艺术的进步。1949 年长沙陈家大山楚墓出土"龙凤人物帛画",画上有一个侧面身姿优美的妇女,两手前伸,合掌敬礼。头上左前面有一只飞翔的凤,追逐象征死亡的夔龙,笔调刚劲、粗犷,

---

① 参见《韩非子·外储说左上》所记周君及齐王的故事。

画得十分生动。

音乐、舞蹈的艺术也有了相当的发展。文献记载"吹竽击筑""弹筝叩缶"反映了当时音乐已经相当发展了。从地下发掘出来的编磬、编钟看,乐理和乐器都已有很高的水平。如河南信阳楚墓出土的一整套编钟,就是由十三个大小不同的铜质钟组成的,经有关单位测定是按一种接近新音阶(音阶中第四级音与第三级音为半音关系)的六声音阶排列,音域较宽,达三个八度。另外,作为这个时期的音乐实践和科学技术一个重大成果,已发现"三分损益律"[1],即用三分损益计算方法,推算出来的十二律的弦上音位。这是战国时期音乐有较高发展的具体表现。舞蹈方面也有了称为"优"的专业乐舞人员,有名的优孟、优旃就是这一类人。

三、自然科学知识的发展

在劳动人民生产斗争的基础上,自然科学知识又有了新的进展。

农　学

在农业发展的基础上出现了农业科学,并且形成了农家学派。农业专著《后稷农书》已经问世,可惜这部书后来失传了。论述当时农学理论和实践的,在《管子》《荀子》《吕氏春秋》等书中,还保存了一部分。从这些零散的文献中可以看出,当时农学家们已经研究和涉及了农业生产的一些根本问题,如土、水、肥、种、管理、时令,等等。《禹贡》一书还记载了各地土壤特征等。

《考工记》

在手工业发展的基础上,出现了手工业专著——《考工记》。其中著录了的"六齐"(配制青铜的六种方剂),是世界上最早的关于铜锡合金成分规律的记录,是我国劳动人民生产实践的结晶。

天　文

天文学比过去精确了。当时有这样的说法:"天之高也,星辰之远也,苟求其故,千岁之日至可坐而致也。"[2]当时人们称"夏至""冬至"为"日至",这里是

---

① 《管子·员地》《吕氏春秋·季夏纪》。

② 《孟子·离娄下》。

说千年以后的"日至"在哪一天也可以推算出来。我们的祖先对天象的观测十分精勤,出现了专门研究天文的著述。战国时楚人甘德作《天文星占》,魏人石申作《天文》。后又有人把两部书合起来,叫《甘石星经》。书中记载有一百二十个恒星的黄经度数和距北极的度数,是世界上最古的星表。石申还认识到日月食是天体之间的相互遮掩现象,这是十分可贵的。

医　学

医学方面也取得了很大的成就。诊断学在实践的基础上已经取得了理论上的成就,有"切脉""望色""听声""写形",初步奠定了中医诊断学的基础。医学器材有"镵"(针)、"石""熨",药品分"汤药""酒醪(药酒)"。《山海经》中记载的药物有百种以上。治病已有较多的分科,如内科、外科、小儿科、妇科、针灸科等。这时出现了很多名医,如秦的医缓,齐的秦越人(号扁鹊)等。医学的专门著作有《黄帝内经》。据晋人皇甫谧说,《内经》中有《镵经》和《素问》。这几种书虽不一定都成于战国时代,但其中关于病理学和针灸学的理论当在这时开始建立。

除上述之外,战国时已知道利用磁石指极性原理,发明了正方向的"司南"①。《墨经》中有对力学、光学、数学较系统的阐述。尤其对光学有很精辟的分析。如讲到光源和影的关系,光的直线进行,光的反射,并通过对平面镜、凹面镜和凸面镜的实验研究, 发现物像位置如大小与镜面曲率之间的经验关系。《墨经》中还记载了杠杆平衡现象。

在物质结构理论上,惠施提出了"一尺之棰,日取其半,万世不竭"②的物质无限可分的观点。《墨经》中还提出了物质最小的单位是"端"的理论。

科学技术的成就是我国古代劳动人民的光辉创造,而那些深入或接近劳动人民生产实践的知识分子,在总结和记述劳动人民的创造上,也做出了积极贡献。

本章小结

封建制代替奴隶制是一场社会革命。奴隶主阶级是革命的对象,地主阶

---

① 《韩非子·有度》:"先王立司南以端朝夕"。

② 《庄子·天下》。

级是革命的领导者,奴隶和农民是革命的主力军。

封建制取代奴隶制是历史上的一大进步。它结束了极端残酷的奴隶制,地主阶级成为社会的统治阶级。被当作财产的奴隶变成了多少占有点生产资料的农民,这种农民,实际上还是农奴。农民用自己的工具去租种地主的土地,将收获的一部分作为地租交给地主,其余归自己。农民比奴隶有较大的劳动积极性,这是当时生产发展的主要因素之一。由于封建的生产关系适应了当时生产力的发展,社会经济获得了迅速的发展,铁器普遍推广,农业产量明显提高,手工业也有了长足的进步。各地的经济发展和交往得到了进一步加强。

封建制代替奴隶制并不是一帆风顺的。奴隶主势力不愿意自动退出历史舞台。地主阶级自身在斗争中,也发生分化,其中一部分人满足于已得的成就而停止不前,成为历史前进的绊脚石。因此在封建主义革命发展过程中,在地主阶级内部又有激进派和保守派的斗争。然而,由于封建地主阶级同奴隶主阶级,都是剥削阶级,因此,地主阶级所进行的带有反复辟性质的反保守的斗争是极为有限的,是浅薄的。奴隶制残余只是在农民、奴隶的反抗下才逐渐削弱。而地主阶级所进行的改革其最终目的旨在加强地主阶级统治。

从奴隶社会的灭亡中产生出来的封建社会并没有消灭阶级对立,它只是用封建的剥削代替了奴隶制的剥削。封建社会是建立在地主对农民剥削和压迫的基础之上的。地主与农民之间的矛盾从它产生之日就是对抗性的,是不可调和的。因此,封建生产方式每向前发展一步,农民与地主之间的阶级矛盾也就更深一步。当封建生产方式在社会经济中占据主导地位和地主阶级夺取与巩固了政权后,农民与地主之间的矛盾便上升为社会的主要矛盾。由于奴隶制残余已变成封建制的必要补充,因此,农民反奴隶制残余同反封建斗争是紧密结合在一起的。

随着封建经济的发展,华夏族的形成及与少数民族联系的加强,各国发展趋于平衡等原因,封建割据的地方政权失去了历史存在的正当性,统一成为历史发展的要求。而封建兼并的结果,也必然导向封建统一。由于秦改革较彻底,实现统一的重担落在了秦国的肩上。

由奴隶制向封建制过渡中,奴隶主阶级及其不同阶层、地主阶级及其不同阶层,各有自己的主张,从而形成了代表各阶级、阶层的百家争鸣的局面。百家争鸣的主流是地主阶级文化取代奴隶主阶级文化和总结巩固地主阶级统治的经验教训。

[附]战国时期秦世系表

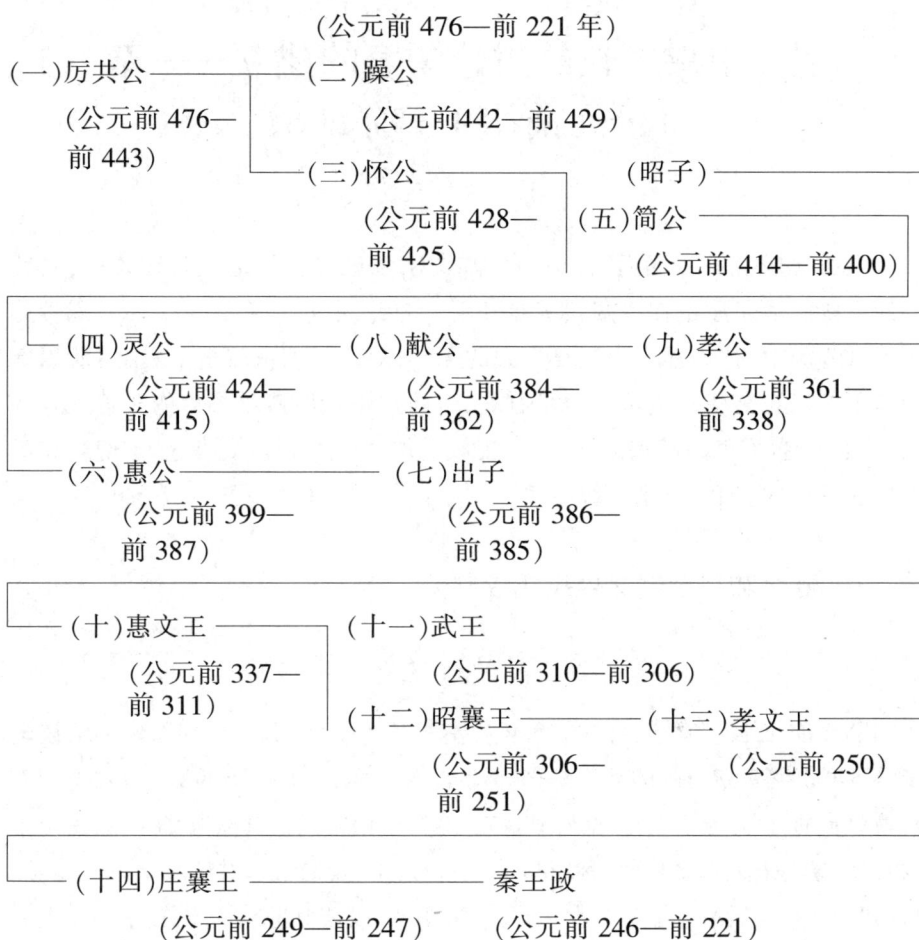

（公元前 476—前 221 年）

（一）厉共公 ——————— （二）躁公
（公元前 476— 　　　　　（公元前442—前429）
前 443）
　　　　　　　　　　（三）怀公 ——————— （昭子）
　　　　　　　　　　（公元前 428— 　　（五）简公 ———————
　　　　　　　　　　前 425） 　　　　　　（公元前 414—前 400）

——（四）灵公 ——————— （八）献公 ——————— （九）孝公 ———
　　（公元前 424— 　　　　（公元前 384— 　　　　（公元前 361—
　　前 415） 　　　　　　前 362） 　　　　　　前 338）
——（六）惠公 ——————— （七）出子
　　（公元前 399— 　　　　（公元前 386—
　　前 387） 　　　　　　前 385）

——（十）惠文王 ——————— （十一）武王
　　（公元前 337— 　　　　（公元前 310—前 306）
　　前 311）
　　　　　　　　　（十二）昭襄王 ——————— （十三）孝文王 ———
　　　　　　　　　（公元前 306— 　　　　　　（公元前 250）
　　　　　　　　　前 251）

——（十四）庄襄王 ——————— 秦王政
　　（公元前 249—前 247） 　　　（公元前 246—前 221）

第二章　统一多民族专制
主义中央集权的封建国家的建立——秦
（公元前 221—前 206）

秦王嬴政统一六国后,在空前广阔的领域里建立了地主阶级政权,农民与地主阶级的矛盾也在广阔领域展开了。与此同时,被秦灭亡了的六国贵族并不甘心失败,他们还妄想恢复失去的天堂,对秦王朝依然是个威胁。所以秦朝除了农民与封建地主阶级的矛盾外,秦同六国贵族残余势力的斗争也是相当激烈的。为了巩固国家的统一,秦王政采取了一系列重大措施,来健全和巩固新建的政权,加强地主阶级专政。

一、健全和巩固封建中央集权制

以郡县为基础的封建中央集权制

公元前 221 年(秦王政二十六年),秦王政统一六国后,立即召集朝臣议定帝号。群臣盛赞秦王政的功业是自"上古以来未尝有,五帝所不及",建议选用古代最尊贵的称号"泰皇",称"命"曰"制","令"曰"诏",天子自称为"朕"。秦王政去"泰"著"皇",采上古帝位号,称"皇帝"外,采纳了全部建议,并废除帝王的谥号。自称"始皇帝",后继者沿称二世皇帝,三世皇帝,以至万世。①从此,在中国历史上有了"皇帝"的称号。

秦始皇又召集群臣讨论制定政治制度。丞相王绾主张在齐、楚、燕故地,实行分封制,立诸子为王,得到多数大臣的支持。延尉李斯力排众议。他总结了西周以来政治斗争的历史经验,驳斥了王绾的主张,指出,实行分封制必然破坏统一,导致分裂。他建议在全国实行郡县制,以巩固中央集权。秦始皇完全赞同李斯的意见,并指出:"天下共苦战斗不休,以有侯王。……又复立国,是树兵也,而求其宁息,岂不难哉!"②秦

---

① 参见《史记·秦始皇本纪》。

②《史记·秦始皇本纪》。

始皇决定在全国范围内推行以郡县制为基础的中央集权制,是符合历史发展需要的。

秦国家机构的设置是:皇帝是最高的统治者,下面设有"三公""九卿"等职官,辅佐皇帝。

"三公"是丞相、太尉、御史大夫。丞相又分左、右,是中央政权机构的最高行政长官,协助皇帝处理全国政务。太尉是中央的最高军事长官,协助皇帝处理全国军务,但不能私自调兵遣将,军权仍掌握在皇帝手里。御史大夫掌监察,协助丞相处理政事。三者起着相互制约的作用,而集大权于皇帝一身。

"三公"之下设有"九卿",即:(1)奉常:负责宗庙礼仪;(2)郎中令:统辖侍卫皇帝的诸郎;(3)卫尉:负责宫廷守卫;(4)太仆:负责皇帝使用的车马;(5)宗正:管理皇族事务;(6)典客:负责招待少数民族首领来朝的事务;(7)少府:负责山林池泽的税收和宫廷手工业;(8)治粟内史:负责租税赋役和财政开支;(9)廷尉:负责刑罚。此外还有负责京师治安的中尉,负责营造的将作少府等等所谓列卿。

在地方行政方面,秦始皇把全国分成三十六郡(以后又有增加),每郡分若干县。每郡设郡守,为一郡之长,设郡尉管郡内军务,设监御史管监察。县设县令(不满万户的称县长),为一县之长。设县尉管全县军务、治安,设县丞管司法和税收。县下为乡,乡有三老管教化,啬夫管司法和税收,游徼管治安。乡下设亭,十里为一亭,亭设亭长,管理一亭事务。亭下有里,里有里正。里中设置严密的什伍户籍组织,以便支派差役,收纳赋税,进行统治,并规定互相监督告奸,一人犯罪,邻里连坐。这样从上到下组成了一套严密的统治网,以加强地主阶级专政。

与郡县制相适应,秦始皇废除了世卿世禄制,实行封建官僚制。大多数官吏都是靠军功而得到爵位和官职的,也有从皇帝侍卫人员中选拔或由官吏推荐而被任用的。还有一部分是从下级官吏中选拔的,如刘邦的"试为吏"[①]和夏侯婴的"试补县吏"[②]等。秦由于废除了世卿世禄制,地主阶级各阶层参政的道路比较宽了,从而扩大了封建专制主义中央集权的阶级基础。

秦朝官吏的俸禄,按官爵等级不同而不等,以石计算,如郡守二千石,县

---

① 《史记·高祖本纪》。

② 《史记·夏侯婴列传》。

令六百石至一千石,县长三百石至五百石。彻侯还享有食县,关内侯有食邑。

中央和地方的主要官吏的任免,都要经皇帝批准。对地方官吏实行年终考核,称之为"上计"。

秦始皇就是这样,通过郡县组织将地方的权力集中到中央,通过三公九卿,再把中央的权力集中到自己手里,建立起专制主义的中央集权的封建国家,实现了韩非"要在中央"①的主张。在中国二千多年的封建社会里,历代都基本上沿袭了这种中央集权制。

统一法律

秦始皇为了维护封建秩序,令大臣在秦国原有刑法的基础上,加以修订、扩充,吸取其他各国有关条文,制定了一套更严密的刑法制度,发布于全国。秦的法律条文已佚失。1976 年在湖北云梦县睡虎地出土竹简一千余支,其中一半以上是关于法律的。墓主死于秦始皇三十年,即统一六国后的第五年,所以这些法律当是秦时通行的。睡虎地出土的秦律不是全文,主要有如下三部分:一是各种单行条例和检核规定;二是案例与疑案问答;三是有关判决程序的规定与说明。

单行条例有《田律》《厩苑律》《仓律》《金布律》《工律》《徭律》《军爵律》《置吏律》《除吏律》《效》等近三十种,包括政治、经济、军事各个方面。这些单行条例多属地方官及有关官吏职责范围与失职惩罚等各项规定。但这些单行条例字里行间都反映了地主阶级及其国家对农民与奴隶的残酷奴役。例如《田律》,其中有关于基层官吏要按时向县令报告垦田种植,以及水、旱、风、虫情况的规定;有关于山林水泽时禁、交纳刍、稾的规定;还有关于禁止"百姓"在"田舍"里买酒吃,违者要治罪等,可见对农民统治之严了。《仓律》中除关于粮食的分类储存、保管、加工等项规定外,还有专门规定牛马与奴隶(分别男女、大小工种)口粮供应标准,如"隶臣月禾二石""隶妾一石半",等等。《金布律》是关于国家财会,物资管理、借贷等规定。其中有关于发给奴隶衣服的规定;"百姓"借国家器物和欠债的,要按时偿还;奴隶丢失了国家的器物和牲畜,则要从衣食中扣除。

在案例及疑案问答中,有六十余条是有关治"盗"的。其中规定,五人共同为"盗",被"盗"的东西在一钱以上的,就要斩左趾、黥面、罚作城旦。秦律就是用这样严酷的刑罚来保障地主阶级私有制的。

---

① 《韩非子·扬权》。

秦律的本质是维护地主阶级对农民的政治压迫与经济剥削,强迫农民交纳田税、人头税、服各种徭役,服从封建国家的各种规定。同时也反映了地主阶级不仅允许奴隶制残余的存在,而且用法律形式加以保护。但杀害奴隶,则要向官府报告[①],这同奴隶社会是有所不同的。

云梦出土的秦律,有许多项是针对各级官吏制订的。它严格要求各级官吏必须依法行事,要把职权范围内的法律条文书写下来,县级官吏每年要到中央御史那里校正法律。[②]严格奉法的称之为"良吏",违犯者称之为"恶吏",对违犯者要给以不同的惩罚。

秦代执法很严,刑罚也很严酷,除籍没,罚作刑徒、奴隶和各式各样的肉刑外,还实行连坐、灭族等。秦法集中反映了地主阶级的意志。

兵役制度

秦朝实行普遍的征兵制。秦的兵役又兼有徭役的性质。凡年满十七岁到六十岁的男子都要服兵役:守边一年称为"戍卒";守京都一年称为"正卒";到县听差,称为"更卒"。另外,中央还有常备的禁卫军,称作"卫卒";郡的常备兵称为"材官"。除步兵外还有水军、骑兵及经过特种训练的武士。

1974 年,在陕西临潼秦始皇陵墓区发现了同真人真马一样大小的兵马俑,为我们展现了秦朝军队编组,武器配备的生动图景。这些兵马俑数千件,是一个行伍整齐,组织严密的庞大军阵。有锋、有后、有侧翼,步兵、马车混合编组,相间一字排列,作战时可以根据地形以及敌阵情况,或先出战车,或先出步兵,相互配合。军士的武器有远射程的武器——弩机和各种长武器,能攻能守。[③]

迁豪和收缴兵器

秦始皇在统一过程中消灭了一大批六国权贵,统一之后,在各地还散居着相当数量的原六国权贵。这些人手中还掌握着相当多的兵器,他们对于亡国失权是不甘心的。秦始皇为了防止他们在一方称霸,把他们和各地豪富十二万户迁居到京城咸阳附近,置于中央政权的直接监视和控制之下。在迁豪的

---

① 《厩苑律》中规定:"其小隶臣疾死者,告其□□之;非其疾死者,以其诊书告官论之。"

② 云梦秦简有"县各告都官在其县者,写其官之用律","岁雠辟律于御史"等具体规定。

③ 始皇陵秦俑坑考古发掘队:《临潼县秦俑坑试掘第一号简报》,《文物》,1975 年第 11 期;秦鸣:《秦俑坑兵马俑军阵内容及兵器试探》,《文物》,1975 年第 11 期。

同时,又下令收缴民间所藏的武器,运到咸阳加以销毁。当时持有武器最多的是六国权贵和豪富之家,收缴他们的兵器有利于国家的巩固和统一。但农民手中也有一些武器,收缴农民的武器,这就暴露了秦始皇害怕农民的本质。

战国时期,中原各国边境的堡垒及长城等军事设施是割据势力的遗迹。秦统一之后,这些设施成了各地交通往来的障碍,秦始皇也命令拆除。

出　巡

秦始皇为了提高皇帝的声威,打击六国旧贵族势力,加强对农民的控制,于统一后,进行了五次大规模的出巡。巡视的地区达今甘肃、陕西、河北、山东、湖北、湖南、江苏、浙江、安徽等地。

秦始皇在巡视中搞了许多刻石。刻词中揭露和批判了诸侯割据给社会造成的灾难,宣传了统一的优越性。如在峄山刻石中说:"乃今皇帝,一家天下,兵不复起;灾害灭除,黔首康定,利泽长久。"[1]在碣石刻石中说:"皇帝奋威,德并诸侯,初一泰平。堕坏城郭,决通川防,夷去险阻。地势既定,黎庶无繇,天下咸抚。男乐其畴,女修其业,事各有序。"[2]在刻石中宣布了秦的各项政策,如"上农除末""器械一量,同书文字""匡饬异俗,陵水经地"[3],等等。还宣布严格实行法治,如在《琅邪台刻石》中说:"除疑定法,咸知所辟。"[4]在泰山刻石中说:"治道运行,诸产得宜,皆有法式。大义休明,垂于后世,顺承勿革。"[5]此外,反复宣传今胜于昔的进化论思想、批判复古倒退的谬论。由此可见,秦始皇搞刻石是宣传封建主义理论、巩固新建的专制主义中央集权制度的重要手段,并代表地主阶级向农民宣布封建秩序是不可侵犯的、以巩固地主阶级专政。刻石的内容虽对秦始皇及其功业有许多过分美化阿谀之处,但也反映了秦始皇对历史的贡献。是研究这一时期历史的重要资料。

二、秦朝的经济文化政策

令黔首自实田及赋徭制度

秦始皇统一六国以前,秦国就有专门管理田地的"田令"[6]。统一以后,于

---

①《金石萃编》卷四一。

②③④⑤《史记·秦始皇本纪》。

⑥《南郡守腾文书》所引,《光明日报》,1974 年 4 月 6 日。

公元前216年下令"使黔首自实田"①,意思是命令占有土地的人向政府自报占有土地的数额,国家以法律的形式承认土地私有,更主要的是为征收赋税提供根据。这项命令对封建土地私有制的发展起了推动作用。

秦朝的赋徭制度基本上沿袭了战国以来的一套办法。田赋按土地多少收税。田赋收禾稼(粮食)、刍(饲料)、稾(禾秆)等。秦律《田律》中规定,每顷收刍三石、稾二石。另外还有"户赋""口赋"等。徭役同兵役一样,从十七岁开始服役到六十岁免役。服役者要从事各种繁重劳动。

上农除末与徙民开荒

秦始皇把先前"重农抑末"政策改为"上农除末",对商人进行了残酷打击。例如始皇三十三年迁往岭南的五十万罪人中,有很大一部分就是"贾人"和商人的后代。②在当时对工商业进行抑制和惩治投机商是应该的,但实行"除末",显然过了头。

秦始皇为了发展农业生产,还推行奖励农垦的政策。他用免除徭役等方法,先后把几十万人迁到边疆和劳动力不足的地区去开垦荒地,从事农业生产。如公元前219年(始皇二十八年)迁三万户到琅邪台(今山东诸城市),免除十二年的徭役;公元前212年(始皇三十五年)迁三万户去丽邑(今陕西西安市临潼区东北),五万户去云阳(今陕西淳化县北),都免除十年徭役。公元前211年(始皇三十六年)又迁三万户去北河、榆中(今内蒙古伊金霍洛旗)一带,给爵一级。③这些措施促进了这些地区经济的发展。

统一货币和度量衡

战国时期,各国的度量衡制度和货币制度很不一致。秦统一后,创造了统一度量衡和货币的条件。秦始皇下令沿用商鞅所制的量器和尺子,衡器略有变更。秦始皇还进行了货币改革,规定货币分金和铜二种:黄金称上币,以镒(秦制二十两为镒)为单位;铜钱为下币,统一为圆形方孔半两钱。统一度量衡和货币克服了过去因标准不同而换算困难的混乱状况,这便利了经济交往,也便利了封建国家赋税的征收。

---

① 《史记·秦始皇本纪》《集解》所引徐广说。
②③ 参见《史记·秦始皇本纪》。

统一和简化文字

战国时期,各国"言语异声,文字异形"①,同一个字往往有几种写法。全国统一了,文字不同,对于政策法令的推行和文化的传播,是很大的障碍。秦始皇于是令李斯负责整理出一种笔画较战国时期简便、写法一致的文字,在全国通行,称为小篆,废除了其他异体字,并令李斯编写了《仓颉篇》、赵高编《爰历篇》、胡毋敬编《博学篇》等作为儿童识字课本,推行全国。后来程邈又根据民间流行的简化字体整理出一种新字体,称为隶书。它和我们现在所用的字体已很相近了。

秦始皇下令统一和简化文字,是对我国古代文字的发展、演变作了一次总结,也是一次大的文字改革。特别是隶书,突破了古籀文形繁异写的束缚。秦始皇的统一、简化文字对汉族文化的发展起了重大作用。

修驰道,车同轨

秦始皇为了加强对全国的控制,从统一后的第二年起,以京师咸阳为中心陆续修筑了三条驰道。一条往东通到现在的河北、山东的海边;一条往南,通到现在的湖北、湖南、江苏等地;一条往北通到内蒙古一带。驰道宽五十步,路面经过夯实,路旁每隔三丈种一棵树。与此同时,还统一了全国车轨轨距。大大便利了从京城到各地的交通,当时主要是用于军事,为了加强中央对地方的控制。

三、师古与师今的斗争与秦始皇的"焚书坑儒"

师古与师今的斗争

秦始皇统一六国和所进行的一系列改革,是在激烈的斗争中进行的。李斯形容当时的情况时说:现在皇帝统一了天下,分清了是非,独尊法治;然而,标榜私学的人却互相勾结,反对国家的法律、教令。这帮人一听到皇帝下令,便以自己的私学为根据,妄加评论。入朝时口是心非,出朝后便在街头巷尾议论。他们以诬蔑君主来提高自己的声望,以立异来显示自己的高明,煽动一些人对国家政令进行攻击和诽谤。②政治思想领域中不同主张的争论影响了秦

---

① 《说文解字》叙。

② 参见《史记·秦始皇本纪》。

始皇各项改革政令的推行。这场斗争到公元前213年(始皇三十四年)公开爆发了。以儒家博士淳于越为首的复古派，在一次会上，再一次对秦始皇实行的郡县制横加攻击。他说，不行分封，难免有一天要被大臣篡位，以此来挑拨秦始皇与大臣的关系。他要求废除郡县制，恢复分封制，并在政治上提出一切都要"师古"，并以周为复古的样板。秦始皇把他的意见交由群臣讨论。丞相李斯当即对这种谬论给以有力的驳斥。李斯指出：历史是发展的，上古三代有什么可以效法的呢？时代不同，治理的方法也应该不同。李斯还一针见血地揭发儒生"不师今而学古"，"道古以害今"，是扰乱民心，开历史倒车的反动行为。如不禁止，势必造成君主的权势下降，而臣下结党活动蔓延，统一可能被破坏。

焚 书

李斯针对儒生及诸子在政治思想上制造的混乱局面而建议：(一)除《秦纪》、医药、卜筮、种树(农林)之书外，其他诗书百家语等限三十天内交官府烧毁(博士官所藏者除外)，逾期不交，罚四年筑城劳役；(二)有敢继续谈论《诗》《书》的处死，有敢以古非今者灭族；(三)严禁私学，欲学法令的要"以吏为师"①。李斯的建议，是一个实行封建文化专制的主张。秦始皇采纳李斯的建议，付诸实行。这就是历史上的"焚书"事件。

"坑 儒"

复古派儒生等对秦始皇"焚书"极其不满。"焚书"的第二年(公元前211年，秦始皇三十五年)，卢生、侯生等方士(宣传鬼神求仙药的人)和一些复古的儒生，串通一气，议论朝政。卢生、侯生原来应命给秦始皇搞长生不死药。秦法规定，说到必须做到，否则要治罪。他们上哪里搞长生药呢？他们怕治罪，便以攻为守，到处宣传，说秦始皇"刚戾自用""专任狱吏""以刑杀为威""贪于权势"不应当为他求仙药。秦始皇听后十分恼火，下令逮捕，诸生传相引告，牵涉了四百六十余人，秦始皇将他们皆坑杀于咸阳。这便是历史上所谓的"坑儒"。

焚书坑儒的意义

秦始皇的"焚书坑儒"，在当时历史条件下，打击了复古思潮，维护了中央

---

① 《史记·秦始皇本纪》。

集权的国家制度,是有一定积极意义的。"焚书",并没有把所有的书都烧光了,国家图书馆之书、医药、卜筮、种树之书,均未烧;"坑儒"也并未坑杀所有的儒生,朝中仍有著名的儒生伏生、叔孙通仍受重用。但是,"以吏为师",专学法律,窒息了文化的发展;不许民间议论朝政,堵塞了言路,本来就"丞相诸大臣皆受成事,倚辨于上",这样以来,情况就更加严重,秦始皇完全陷于闭目塞听、专横跋扈的境地。其结果并未达到其维护中央集权的目的。

四、统一多民族国家的发展

我国自古以来,就是一个多民族的国家。秦始皇灭六国后,继续对西南、东南和两广地区的诸少数民族进行统一,并在北方有效地制止了匈奴族奴隶主贵族的骚扰,使多民族国家的统一得到进一步发展。

统一西南

古代分布于今云南、贵州和四川西南部的少数民族,总称为"西南夷"。当时西南夷的部族很多,有的一个部族内又分为数支。其经济发展也不平衡。分布在今贵州西部的夜郎、且兰,云南东北部的滇、靡莫,四川南部的邛是其中的大部族。他们过着定居生活,耕种田地,并从事畜牧业,还设有"君长",已经进入阶级社会。分布在云南中部和西部的嶲及昆明(主要分布于云南大理一带)等少数部落,他们还没有定居,只从事畜牧业,尚处在原始社会氏族公社阶段。分布在今四川西南部的徙、筰、都、邛、牦等部族有的定居,有的不定居。

这些"西南夷"中的大部在战国时期已成为楚国和秦国的一部分。楚怀王时,庄蹻起义军失利后,沿着沅江向西南进发,经过且兰、夜郎到达滇池一带,做了该地的首领,称滇王。公元前285年,秦昭襄王派蜀郡太守攻下笮都及金沙江以南地区。秦始皇统一六国后,又统一了西南夷,在那里"置吏",设立了行政机构。又派常頞修筑了"五尺道"(宽五尺的道路),以便利交通。[1]

统一百越

秦统一前,分布在今浙江、福建、江西、广东、广西一带的许多部族,总称为"百越(粤)",其中著名的分支有于越、闽越、南越、西瓯、骆越等。于越分布在今浙江绍兴一带,很早就建立了越国,战国时期为楚所灭。秦灭楚后,成为秦

---

[1] 参见《史记·西南夷列传》。

的一部分。瓯越也叫东瓯,分布在今浙江南部瓯江流域;闽越在今福建福州一带。公元前223年秦灭楚后,接着就统一了瓯越和闽越,并在那里设置了会稽郡和闽中郡。南越分布在今广东、广西的岭南广大地区。这一地区很早就与中原有密切的交往,从近年来考古发掘的新石器时代以"印纹陶"为特征的遗址中,有许多石戈、石矛、石剑是仿效中原青铜兵器的形式,陶器的花纹有云雷纹、夔纹、乳钉纹,形制与纹饰既有浓厚的地方色彩,又与中原的有密切的关系。楚国的势力早就深入到岭南地区,楚悼王时曾派吴起发兵"南平百越"①。秦始皇统一六国后,随即开始了统一岭南的事业。公元前217年,秦派屠睢分五路向岭南进兵。由于五岭山高路险,交通不便,军粮运输困难,为了解决军粮运输,秦始皇于公元前214年"使监禄凿渠运粮"②,从今广西兴安县北开凿了灵渠(又名兴安运河),沟通了湘江和漓江,使长江和珠江两大水系连接起来。此外,又修了"新道"。保证了军队及粮草的运输。经过几年的经营,统一了岭南广大地区,设置了南海、桂林等郡。接着秦始皇又把中原几十万人迁徙到这些地方去"成五岭,与越杂处",从此,两广地区和祖国其他部分紧紧地结合在一起了。内地人民大量迁徙到岭南,带去了进步的生产工具和生产技术,和百越人民劳动生活在一起,加速了民族融合和这一地区经济、文化的发展。

北击匈奴,修筑长城

分布在蒙古高原的匈奴是我国北方的一个古老的民族,他们主要从事游牧,以强悍和骑射著称。匈奴和华夏族很早就有了密切联系,在内蒙古发掘的战国时期数百座墓葬,在出土文物中有大量铁器,如马嚼、镞、刀、剑,还有炼铁炉及铁镰、铁铧等,说明有了专门的冶铁手工业。除冶铁外,冶铜也相当发展,制品种类繁多。有不少铁、铜器型的造型和中原地区的形状相仿,显然是受了中原地区文化的影响。最晚到战国后期,匈奴已进入奴隶社会。奴隶和牲畜是主要私有财产,并且用奴隶殉葬。③随着阶级矛盾的发展,匈奴也出现了国家机构,其统治首领叫"单于"。下面有左右屠耆王(即左右贤王。屠耆是匈奴语"贤"的意思)、左右谷蠡王、左右大将、左右大都尉等各级官职。匈奴族奴隶主贵族利用骑兵行动迅速的优点,经常深入中原进行抢掠,威胁内地人民的生

---

① 《史记·孙子吴起列传》。

② 《史记·平津侯主父列传》。

③ 参见《史记·匈奴列传》。

命财产。赵武灵王时(公元前325—前299),曾在河套一带设九原郡加以防御。战国末年,赵国与秦国忙于战争,匈奴乘机占领了河套及河套以南地区。秦始皇统一六国后,于公元前215年派将军蒙恬率三十万军队"北伐匈奴",打败了匈奴奴隶主贵族,收复了河套以南地区,并沿黄河一带设置了四十四个县①,统属九原郡。公元前211年又迁犯罪者三万户到北河、榆中一带垦殖。又修筑一条直道,从咸阳达九原。从而加强了两族人民经济、文化的融合和交流。战国时,各国为了割据称雄,在本国周围建筑了护卫性的长城。秦统一后,把中原地区的长城拆毁,为了防御匈奴奴隶主贵族的南进,将原来秦、赵、燕北边的长城连接起来,成了一条长达五千多里的举世闻名的万里长城。这条长城,西起临洮(今甘肃岷县),北到九原(今内蒙古包头市西北孟家湾),东沿今河北北部围场、辽宁西部赤峰、阜新一线到今辽宁东部。这条长城是我国古代劳动人民在极其艰苦的条件下建筑的伟大工程之一,是劳动人民血汗和高度智慧的结晶。

本章小结

秦始皇顺应历史发展要求,在中国历史上建立了第一个专制主义的中央集权的封建国家,对中国历史的发展有着深远的影响。这是他在历史上做出的最重要的贡献。继统一之后,又在政治、经济、文化诸方面,采取了一系列重大措施以巩固统一。秦始皇不愧为一位"厚今薄古的专家"。但是他无限制地滥用民力,横征暴敛,严酷的刑罚,使社会经济濒于崩溃,从而使这些本来可能有利于社会经济、文化发展的政策,在实际上并未起应有的作用。

"如果说,秦以前的一个时代是诸侯割据称雄的封建国家,那么,自秦始皇统一中国以后,就建立了专制主义的中央集权的封建国家;同时,在某种程度上仍旧保留着封建割据的状态。"②所以秦王朝的建立是封建社会政治发展史中的一个重要阶段。秦所实行的各项制度,是战国以来各国封建政治、经济制度的继续和发展,给予秦以后的历代王朝很大影响。

---

① 参见《史记·匈奴列传》记载为四十四县,《史记·秦始皇本纪》记载为三十四县。
② 毛泽东:《中国革命与中国共产党》。

第三章　陈胜、吴广领导的
第一次全国性农民革命战争
（公元前 209—前 206）

一、农民与地主阶级矛盾的发展、革命形势的成熟

农民阶级与地主阶级矛盾的发展

随着封建生产方式的确立和发展,这时的农民与地主两大阶级之间的矛盾就成了社会主要矛盾。战国后期,这一矛盾日益发展和尖锐。

秦王朝建立后,为了巩固统一和维持庞大的官僚机构和军队,加在农民头上的赋税和徭役是十分繁重的。秦始皇时期抗击匈奴奴隶主贵族的战争、修筑万里长城和驰道、经营岭南等,有着重要的历史意义;但它也给农民带来沉重的负担。此外,秦始皇还修建了许多劳民伤财的土木工程,以满足自己的享用。他在咸阳北阪、渭水南岸和全国各地修建了几百处宫殿。其中最奢华的是在渭水南岸兴修了一所规模宏大的朝宫,单是它的前殿阿房宫,东西宽五百步,南北长五十丈,宫中可以立五丈高的旗子,能容纳一万多人。其豪华侈奢更是空前。秦始皇幻想长生不死,不惜花费巨资求仙药,但在不可抗拒的自然规律面前,他又不得不准备着死。于是在骊山北麓(今陕西西安市临潼区境内)修建一座巨大的陵墓,高达五十余丈,墓身有内外两城,内城周长五里多,外城周长十二里多,保留到目前的土堆还有四十米高。墓内建筑各式宫殿,设置百官朝位,充列各种珍宝,并用明珠做成日月星辰以象征天体,用水银造成江河大海以象征地形。秦始皇仅建造阿房宫和骊山墓这两项工程,就动用了不下七十万的役夫和刑徒。据统计,秦朝全国人口约二千万左右,各项兵役和徭役征调的人数不下二三百万,这远远超过了农民所能承受的程度。

另外,刑罚也极其严酷,违法犯禁受刑者以万数,史载"赭衣塞路"。在罪犯中有数十万被罚作奴隶。

凡此种种,使农民与地主之间的矛盾迅速激化。农民被逼得走投无路,

"自经于道树,死者相望"①。出现了"人与之为怨,家与之为仇"②的局面。所以在秦始皇未死以前,农民暴动已经开始,许多被征发服役而逃亡的农民聚结山泽,反抗秦封建政权。其中比较著名的有:刘邦聚众于丰西泽(今河南永城市以北)造反;英布聚骊山囚徒于江中(今长江鄱阳湖一带)进行武装斗争;彭越率领一些青少年在巨野泽(今山东巨野县一带)起义。这些反抗势力虽然还没有提出鲜明的战斗口号,但却显示着一场全国性农民战争的革命风暴就要来临了。

胡亥、赵高篡权,阶级矛盾的激化

赵高(?—前207),祖籍赵国。他的父母因犯罪被没为官奴。赵高后来成为秦宫廷中的宦官,得到了接近秦始皇的机会。他善于钻营,利用通晓"狱律令法"得到秦始皇的信任,担任了秦始皇宠子胡亥的师傅和掌管车马的中车府令,并且兼管皇帝的符玺和起草命令。公元前210年,秦始皇出巡,胡亥、李斯、赵高等随行。秦始皇行至沙丘(今河北广宗境内)病危,曾写信给在北边任蒙恬军监军的长子扶苏,让扶苏回咸阳办理丧事。这封信落在赵高手中,除了李斯外没有人知道信的内容。秦始皇一死,赵高就策划让胡亥继位。他对胡亥说:"臣人与见臣于人,制人与见制于人,岂可同日道哉!"③鼓动胡亥夺权。

李斯当时处于胡亥能否实现继位的举足轻重的地位。所以,赵高又对李斯施展了挑拨离间的伎俩。他对李斯说:扶苏最重蒙恬,如果扶苏做了皇帝,势必用蒙恬为相,那时你回乡里当老百姓去恐怕都不可能了。现在决定谁为太子全凭你我二人。我任胡亥师傅有年,胡亥是一个"慈仁笃厚,轻财重士,辩于心而讷于口,尽礼敬士",可以做皇帝的人。你听我的,就可以长保富贵,否则,就要"祸及子孙"④李斯同意了赵高的谋划。他们合谋篡改了秦始皇给扶苏的玺书内容,捏造罪名,指斥扶苏在边疆十几年,无尺寸之功,反而上书诽谤秦始皇,对未被立为太子有怨气,这是"不孝";蒙恬知道扶苏的言行而不加纠正,这是"不忠",要他们自杀。同时,他们又假造了立胡亥为太子以继承皇位的诏书。由于秦始皇晚年极少会见公卿,所以除赵高等亲信外,都不知道他的行踪。因此,使赵高等得以封锁秦始皇的死讯。扶苏接到伪诏后,便要自尽。

---

① 《汉书·严安传》。
② 《汉书·贾山传》。
③④《史记·李斯列传》。

110

蒙恬怀疑有诈,建议扶苏核实诏书是否属实。但扶苏在"父而赐子死,尚安复请"的封建孝道思想支配下,自杀而死。蒙恬不肯死,被捕入狱。胡亥遂继位,称二世皇帝。这次阴谋夺权的活动被称为"沙丘之变"。

胡亥、赵高的篡权阴谋引起了诸公子和大臣们的疑虑。奸诈的赵高感到局势隐伏着危机,便对胡亥说:沙丘之谋,诸公子和大臣们都有所怀疑,愤愤不平,很可能发生事变。为今之计,要用"严法刻刑",把秦始皇时的旧臣和诸公子消灭干净,然后"收举余民,贱者贵之,贫者富之,远者近之",建立自己的班底。胡亥听从了赵高的建议,伪造罪名诛杀了蒙恬、蒙毅兄弟及一批大臣和诸公子,中央郎官以上、地方郡县守尉也被杀掉和撤换了一大批,从而使他们的人窃夺了各种权位。与此同时,又"更为法律",对人民进行了更加残酷的镇压。这种种倒行逆施造成了"黔首振恐"的恐怖局面。那些高级官吏也都"持禄取容",表面上唯唯诺诺,看胡亥、赵高的脸色行事,实际上貌合神离。统治集团更加不稳定了。①

秦二世非常残虐,在埋葬秦始皇时,他令后宫无子的妃嫔全部殉葬。为了防止泄露墓中的秘密,竟将全部工匠封闭在墓中致死。②胡亥、赵高更变本加厉地继续大修阿房宫。胡亥即位之后比秦始皇时期,"法令诛罚,日益刻深",赋敛愈重,戍徭无已"③,"收太半之赋"④,"头会箕赋"(按人头征税,像用簸箕收东西一样)⑤,农民处于水深火热之中。胡亥为了自己的游猎享乐,以防卫京城为名,征调五万步兵,豢养大量狗马禽兽,终日练习射猎。甚至公然下令,一般人不得食用咸阳周围三百里内的粮食,以供给射猎士兵和禽兽的需要。同时,又向各郡县征发粮草,输送人员要自备干粮。由于路途艰难,饥饿劳累,使役夫伤亡不可胜数。在胡亥看来,"肆意极欲"才是最尊贵的标志,而人生在世就是吃喝玩乐。⑥这种极端腐朽的世界观同他手中的权力结合在一起,给人民造成了无穷无尽的灾难。农民再也无法忍受了,一场埋葬秦王朝的农民革命风暴,已是山雨欲来,乌云滚滚了。

---

①② 参见《史记·秦始皇本纪》《史记·李斯列传》。

③《史记·李斯列传》。

④《淮南子·兵略训》。

⑤《淮南子·氾论训》。《汉书·陈余传》作"头会箕敛"。

⑥《史记·李斯列传》载秦二世说:"夫人生居世间也,譬犹骋六骥过决隙也。吾既已临天下矣,欲悉耳目之所好,穷心志之所乐,以安宗庙而乐百姓,长有天下,终吾年寿……"

二、陈胜、吴广领导的秦末农民大起义的爆发

大泽乡起义

陈胜字涉,阳城(今河南方城县东)人。吴广字叔,阳夏(今河南太康县)人,两人都是贫苦农民。公元前209年(秦二世元年)七月,他们和九百名被征召的农民被派往渔阳(今北京密云西南)屯戍。他们二人被指派为屯长。当这批人走到蕲县大泽乡(今安徽宿州市西南西车坡公社刘村集一带)时,因遇大雨,道路泥泞难行,不能在规定期限内到达渔阳防地。按秦法规定,误了戍期是要杀头的。陈胜便和吴广商量,误期要杀头,逃亡也是死,横竖是无路可走,不如起来反抗。陈涉说:天下苦秦久矣",若起来反抗,必定会得到很多人的响应。①吴广完全赞同陈胜的意见。他们用"鱼腹丹书"和"篝火狐鸣"为发动起义制造舆论。②然后,杀掉了押送的两个将尉,把九百名戍卒,召集在一起,对他们说:"公等遇雨,皆已失期,失期当斩;藉第令毋斩,而戍死者固十六七。"他们激昂慷慨地说:"壮士不死即已,死即举大名耳,王侯将相宁有种乎!"③他们的号召反映了被压迫人民的心愿,得到了全体戍卒的赞成,决定起义,并推举陈胜为将军,吴广为都尉。他们以木棒作武器;在竹竿上绑上布作旗帜,"揭竿而起",大泽乡顿时沸腾起来,中国历史上第一次大规模农民大起义的革命烈火燃烧起来了。

"张楚"农民政权的建立

大泽乡起义以后不久,起义军即攻占了蕲县。为了扩大战果,陈胜将队伍分为东西两路,乘胜进军。一支由符离(今安徽宿县符离集一带)人葛婴带领攻打蕲县以东的地方;另一支由陈胜亲自率领向西推进,这是起义军的主力。两路义军进展迅速,势如破竹。陈胜很快解放了铚(今安徽宿州市西南)、酂(今河南永城市西南)、苦(今河南鹿邑县东)、柘(今河南柘城县北)、谯(今安

---

① 参见《史记·陈涉世家》。

② "鱼腹丹书":陈胜、吴广在一块帛上写上"陈胜王"三个红字,暗地里把它塞进渔夫打来的鱼肚子里。

"篝火狐鸣":一天晚上,吴广钻进住处附近丛林的荒庙里,燃起篝火,装作神火;又学狐狸叫,大喊"大楚兴,陈胜王",为起义做舆论。

③《史记·陈涉世家》。

徽亳县)等地,并拿下了重镇陈县(今河南淮阳)。各地贫苦农民纷纷响应,踊跃参加起义军,使起义队伍很快壮大起来。在攻克陈县时,这支队伍已是拥有战车六七百辆、骑兵上千人、步兵数万人的浩浩荡荡大军了。

迅猛涌起的革命潮流,卷进了各式各样的人物。原来隐姓埋名、窥测时机以"报父兄之怨,而成割地有土之业"①的六国旧贵族,乘机而起。有的独树旗帜,如田儋;有的加入了陈胜的队伍,如张耳、陈余。孔丘的八世子孙孔鲋也投奔了起义军。于是在反秦阵线与农民起义军内部出现了复杂的局面。

起义军攻克陈县后,陈胜召集"豪杰"会议,代表广大农民利益的革命将领和"豪杰"建议陈胜称王,以便统率各地起义军,并明确提出"伐无道,诛暴秦"的口号。张耳、陈余,虽赞成反秦,但极力反对陈胜称王。他们对陈胜说:"你现在称王是向天下显示了你的自私,希望你不要称王,而要立六国后。"②孔鲋身为陈胜的博士,建议陈胜戒骄,以备不予,这是对的;但他又说:从前周朝所以取代殷商,是因为把兴灭继绝当作头等大事。如今认真效法他们,六国就可以重建起来,恢复原样,这才是根本的长久大计。陈胜当场给予驳斥,表示不能封六国贵族的后代,先王与起义毫不相干,不能按周的一套办事。③陈胜果断地决定建立自己的政权,遂被推为楚王,国号"张楚",封吴广为假王,正式建立了中国历史上第一个农民革命政权。

张楚政权的建立扩大了农民起义的政治影响。"诸郡县苦秦吏者,皆刑其长吏,杀之以应陈涉。"④各地农民风起云涌,纷纷响应,刘邦起义于沛(今江苏沛县),郦商起义于陈留(今河南开封东南陈留)、英布响应于番(今江西鄱阳东)、彭越响应于巨野泽、陈婴起义于东阳(今江苏盱眙县东之东阳)、项羽响应于会稽(今江苏苏州市)……其他"数千人为聚者不可胜数"⑤。革命的烈火很快燃遍了全国的广大地区。

胜利进军

陈胜建立了张楚农民政权后,乘全国高涨的革命形势,以陈县为中心,兵分三路,向全国进军。

---

① 《史记·张耳陈馀列传》。
② 参见《史记·张耳陈馀列传》。
③ 参见《孔丛子》。
④⑤ 《史记·陈涉世家》。

北路军分成两支,分别由武臣和周市率领。武臣所率领的一支以召骚做护军,张耳和陈余做左右校尉,共有战士三千人,北攻旧赵地(今河北南部、山西北部)。他们从白马(今河南滑县北)渡黄河北进,连续攻下十座县城,迅速发展到数万人。并很快占领了原赵国的都城邯郸。周市率领的一支进攻旧魏地(今河南东北到山西西南)。他们很快占领了魏地,转军向东一直攻到齐地的狄县(今山东高青县高苑城西北)。这时原齐国的旧贵族田儋趁机杀掉了狄县县令,自立为齐王,拼凑起一支割据势力,进攻起义军,周市军退回魏地,齐地被田儋所占。

向南方派出的起义军,主要有汝阴(今安徽阜阳市)人邓宗、广陵(今江苏扬州)人召平等率领的两支起义军。邓宗率军沿着颍水流域一直攻到九江郡(郡城在今安徽寿县),召平率军长驱直入,攻到广陵。

西路军是起义军的主力,由吴广亲自率领。这路大军预定的进攻路线是:先进攻具有战略意义的荥阳(今河南荥阳市东北),进一步攻取洛阳,然后取道函谷关,进攻咸阳。起义军很快打到了荥阳。荥阳是东方的战略重镇,附近有著名的粮食贮藏地敖仓,秦朝派有重兵驻守,守将是李斯的儿子三川郡守李由。起义军围困荥阳,久攻不下,形成胶着状态。陈胜闻讯后,决定另派周文和宋留率军分别由函谷关和武关攻关中。由于三川郡的秦军被吴广部包围在荥阳,所以周文这路军进展非常顺利。沿途农民纷纷参加,起义队伍迅速扩大。当起义军到达函谷关时,已有战车千辆、战士数十万人。函谷关处于峻峭的崤山(今河南灵宝市西)山口,易守难攻,历来被称为天然屏障,一夫守关,万夫莫开。然而它阻挡不住波澜壮阔的农民革命洪流,起义大军漫山遍野,一拥而入。神速进军到距咸阳仅一百来里的戏(今陕西西安市临潼区)地。由宋留率领的一支进展也很顺利。从陈县向西南,先攻下南阳郡(郡治为宛县,今河南南阳市),进逼武关。

当周文率军到戏时,革命形势空前大好,从关中到东海之滨,从黄河两岸到长江南北,广大地区处在起义军的控制之下,秦朝的统治已处于风雨飘摇之中。

武臣、张耳、陈余的叛卖活动张楚政权的失败

当农民起义军攻占陈县时,秦二世得知消息,即向一些"博士诸儒生"征询意见,有很多人对秦二世说,这是造反,应当派兵镇压。踌躇满志的秦二世自以为政权稳定,很不爱听,怒形于色。叔孙通见势不妙,便迎合说:他们说得

不对,现在全国统一,兵器也都销除不用了,上有英明的君主,下有官吏尽职,人心归向,哪里会有造反的呢?这只不过是些"鼠窃狗盗"之流,不足挂齿!只要命令地方官搜捕一下,不必担心。①秦二世很高兴,于是惩罚了那些主张派兵的官员,奖赏了叔孙通。不久,周文率领的起义军便打到他的都城——咸阳的门口。至此,秦二世再也无法自我欺骗了,只好慌忙召集群臣会议。少府章邯认为从各地调兵已来不及,建议赦免修造骊山墓的几十万刑徒和奴产子,把这些人编成军队来抗拒农民军。秦二世采纳了这一建议,下令大赦天下。在秦统治者的强迫与欺骗下,很快组成了一支几十万人的反动武装,由章邯带领,向周文率领的农民起义军反扑过来。与此同时,秦二世又把王离率领守边的军队调回,全力以赴镇压农民革命。周文军虽然战斗力很强,所到之处受到人民的拥护,但对数量众多的秦军的突然袭击缺乏准备,虽然几经奋战,终因孤军深入,而且连续作战,不得休整,后援不继,因而被迫退出关中,屯军于曹阳(今河南灵宝市东)等待援军。

当革命形势迅速发展的时候,由于怀有野心的六国贵族的混入,在起义军内部从开始就埋下了闹分裂割据的种子。最为恶劣的是武臣、张耳和陈余一伙。他们奉陈胜的命令北攻旧赵、魏地,在攻下邯郸后,武臣在张耳、陈余的鼓动下,不仅不去支援周文,反而据地称雄,自立为赵王,另立山头。同时,田儋也自立为齐王,周市也拥立魏国旧贵族魏咎为魏王。这些人割地称王,大搞分裂割据活动,严重地破坏和削弱了农民起义军的力量。

这时,周文的队伍正与秦浴血奋战,处于困难境地,陈胜从大局出发,承认武臣称王,命他迅速西进支援周文。可是武臣等想利用张楚与秦相争的机会,坐收渔人之利。所以不仅拒绝出援周文,反而派韩广北攻燕地(今河北、辽宁属境)、派李良攻常山郡(今河北中部)、派张黡攻上党郡(今山西东南部),极力扩大自己的地盘。这时周文所率起义军虽然退守曹阳,如能得到及时后援,是有可能扭转不利形势的;但是由于武臣的分裂叛卖,以致陷于孤立无援的困境。周文起义军在曹阳坚持战斗达三月之久,不得已又退至渑池(今河南渑池县),和秦军进行了一次殊死的决战,终因力量悬殊,孤军奋战而失败,周文壮烈牺牲,为农民革命贡献了自己的生命。

周文起义军的失败,使农民军转入了守势。吴广一支起义军,久攻荥阳不

---

① 参见《史记·刘敬叔孙通列传》。

下,本应根据形势的变化,更改战略。但吴广拒不接受部将的建议。副将田臧乘机假称陈胜的命令,擅自杀害了吴广,使革命力量受到严重的削弱。

田臧夺取军权后,留少数人围困荥阳,自率主力迎战章邯,在荥阳以北的敖仓兵败被杀。章邯乘胜率军向农民起义军的中心——陈县,发起了猖狂的进攻。这时,陈县一带只有很少的兵力,陈胜再次命令赵、魏等地各路军前来支援,但他们仍然拒不出兵。陈胜陷入了孤立无援的困境。在占绝对优势的强敌面前,他亲自指挥军队与秦军展开了激烈的搏斗。最后,因为力量悬殊而失利。这年十二月,陈胜率余部退至下城父(今安徽涡阳县东南)准备整军再战,不幸被无耻的叛徒庄贾所杀害。陈胜直接率领的起义军至此失败了。

陈胜领导的起义军被秦朝统治者残酷镇压下去了。武臣、张耳和陈余闹分裂,是起义军失败的一个重要原因。陈胜是杰出的农民革命领袖,但他对分裂分子的破坏缺乏足够的估计。在革命形势迅速发展的情况下,犯了骄傲自满的错误,只注重了进攻,忽略了防御。在坏人的挑唆下,还杀掉了说了自己几句闲话的穷伙伴,脱离了群众。在用人上,赏罚不当,妨碍了领导核心的团结。这些也是失败的原因。

陈胜直接领导的农民队伍虽然失败了,但是它沉重地打击了秦朝的黑暗统治,第一次显示了农民革命的巨大威力,为后来起义军的推翻秦朝奠定了基础。

三、项羽、刘邦领导起义军继续战斗

革命高潮的再起

陈胜直接领导的起义军失败后,还有许多支起义军仍在坚持战斗。这时摆在各起义军面前的一个重大问题是:沿着陈胜起义的方向,联合起来,继续战斗,推翻秦王朝;还是向秦投降或割地称王呢?围绕这个问题,在起义军内部又发生了新的斗争。

陈胜生前所派遣的以宋留为首的那支西征军,从陈县出发后不久便攻取了南阳。接着又向武关进军。途中,陈胜牺牲的消息传来,随后,南阳又被秦军占领,后路被切断。宋留于是带领部队调过头来,绕过南阳,向东撤到新蔡(今河南新蔡县)。这时,他们遇到了秦军的袭击,形势更加困难。在这种情况下,宋留完全丧失了斗志,投降了敌人,做了可耻的叛徒,结果被秦二世在咸阳处

以"车裂"之刑。企图跪着生,反被肢解死,这就是叛徒的可耻下场。

与宋留形成鲜明对照的是吕臣率领的一支义军,他们不畏失败,坚贞不屈,在新阳(今安徽界首市北)组成了"苍头军"(头裹黑巾),重整旗鼓,克服艰险,继续向陈县挺进。他们作战英勇、顽强,很快就击败秦军,重新占领陈县,陈县城上再次飘扬起"张楚"的起义大旗。他们处死了杀害陈胜、投降秦军的可耻叛徒庄贾。大灭了叛徒、反动派的威风。吕臣部收复陈县后不久,由于秦军的疯狂反扑,陈县再度失陷。吕臣便与英布起义队伍汇合起来,并肩战斗,经过青波(今河南新蔡县西南)一战,大败秦军,又一次收复了陈县。

原来奉陈胜之命进攻广陵(今江苏扬州市北蜀山)的召平得知陈胜失利的消息后,就渡过长江,以陈胜的名义,任命在吴县(今江苏苏州市)响应陈胜起义的项梁为"张楚"政权的上柱国。项梁北渡,迎战秦军。项梁和他的侄子项羽领导起义军过江后,屡战屡捷。在北上途中,陈婴率领的东阳(今江苏盱眙县东之东阳)起义军两万人来汇合,进入淮河流域,又有英布和蒲将军领导的起义军加入,队伍迅速扩大到六七万人。当进军到彭城(今江苏徐州市)时,项梁、项羽和分裂主义分子秦嘉进行了坚决的斗争。

秦嘉早就闹独立、闹分裂。当陈胜失败后,他的分裂主义思想有了进一步的发展。他立楚国旧贵族景驹为楚王,占据彭城以东地区割地称霸。项梁进军到下邳(今江苏睢宁市西北古邳东),景驹、秦嘉陈兵于彭城东抵拒。项梁对军吏们说:陈王首创义举,现在战斗不利,不知下落,而秦嘉背叛陈王,另立景驹,这是大逆不道。①这一号召得到军吏们的支持,便发起对秦嘉的进攻,追击到胡陵(今山东鱼台县东南湖陵城),杀死了秦嘉。随后,刘邦、吕臣率众投奔项梁,起义队伍汇合起来,掀起了反秦斗争的新高潮。

公元前 208 年六月,项梁得知陈胜牺牲的消息后,就召集诸将在薛县(今山东滕州市南)开会,决定各起义军联合反秦。这次会议对推翻秦王朝起了重大的推动作用,但却接受了范增的建议,立楚怀王孙熊心为王。这表明了项梁身上还深深地打着楚国贵族的烙印。会后,各路军协同作战,向秦军展开了凌厉的攻势。七月,项梁率起义军主力在东阿(今山东阳谷县东北阿城)大破章邯率领的秦军,并向西追击。同时,项羽、刘邦率别部由南面迂回到秦军后方,切断其归路。他们攻克了城阳(今山东菏泽市东北),又在濮阳之东打败秦军。

----

① 参见《史记·项羽本纪》。

八月,转攻雍丘(今河南杞县),杀死了在此督战的秦三川郡守李由。项梁率领的主力部队也在进攻定陶(今山东菏泽市定陶区北)的战役中大破秦军。

钜鹿之战

薛县会议后的一连串胜利,使项梁骄傲起来,放松了警惕。九月,章邯收集残部乘虚夜袭定陶,项梁牺牲,义军再次受到挫折。项羽、刘邦为了避免被秦军各个击破,主动东撤,集结于彭城。吕臣驻军于彭城之东,项羽驻军于彭城之西,刘邦驻军于砀县,结成犄角之势,互为呼应,继续战斗。

章邯在偷袭定陶得胜后,以为"楚地兵不足忧"①,便引兵渡河北上击赵。闰九月,章邯大破赵军,乘胜攻占邯郸。赵王歇(原赵王武臣被部将李应杀死后,陈余又立歇为王)和张耳退守钜鹿(今河北平乡县西南),陈余驻兵城北。章邯即以重兵包围钜鹿。赵王歇危急,几次向彭城求援。彭城各起义军分析了形势,决定分两路进兵:一路由宋义、项羽率领北上救赵、击章邯;一路由刘邦率领西攻咸阳。

宋义率军到达安阳(今山东曹县东)后,怯战不前,按兵不动达四十余天,并派其子宋襄为齐王田市(田儋之子)之相。项羽在这个紧急关头,杀掉了怯敌图霸的宋义,自立为上将军,同英布、蒲将军等率二万多义军毅然北上。他在渡漳河时命令全军"皆沉船,破釜甑,持三日粮,以示士卒必死无还心"②。农民军经过九次血战,"无不以一当十","呼声动天"③。项羽并切断秦军粮道。起义军遂大破秦军,杀死秦将苏角,俘虏秦将王离,另一秦将涉间兵败自杀,章邯被迫投降。在这次战役中,共消灭秦军二三十万。秦军主力全部丧失净尽。起义军的这次胜利在最后推翻秦王朝的战斗中具有决定性的意义。

在另一战场上,刘邦率领起义军从砀县出发,进入今河南境内,采取了避实就虚的灵活战术,也取得了一连串的胜利。公元前207年二月,这支起义军攻占了粮仓陈留(今河南开封市东南陈留)。四月,攻占颍川。六月,攻占宛城(今河南南阳市),随即直指武关。这时关中秦军力量空虚,秦朝面临着覆亡的命运。

秦统治集团内部斗争进一步加剧

秦朝统治阶级内部的斗争这时也空前激化起来。秦朝统治集团在镇压农民起义这一点上是一致的,但在如何镇压上却存在着分歧。

①②③《史记·项羽本纪》。

118

右丞相冯去疾、左丞相李斯、将军冯劫等是负责镇压农民起义的主要人物,他们认为扑灭农民起义要软硬兼施。他们联合向秦二世上书说:关东群"盗"纷纷而起,政府发兵镇压,已经杀死了很多人,可是仍然反抗不止。这样多的反抗,都是因为兵役和水陆运输、建筑工程等各种劳役负担过重,赋税又大量增加的缘故。应停止修建阿房宫,减免四边的戍边兵役和陆路运输的劳役。①残暴的秦二世顽固坚持残酷镇压的办法,责备李斯等人镇压不力。李斯为了保住自己的地位,投秦二世之所好,就又上书建议行"督责之术"。秦二世深以为然,随即付诸实行,结果使"刑者相半(伴)于道,而死人日成积于市。杀人众者为忠臣"②。这就激起了农民更加激烈的反抗。

赵高在策划镇压农民起义的同时,又进一步施展篡权的阴谋活动,他对秦二世说:你年轻,在朝廷中和大臣们议事,若有不恰当时,便会被大臣们看不起,不如在宫廷中和我们这些明习法令的人商量处理问题,这样大臣们就不敢来出难题,你就是圣明的皇帝了。③秦二世听了他的话,便深居宫中,不出朝和大臣们见面,政事多取决于赵高。赵高进一步掌握了实权。

赵高认为李斯等人是他篡权的障碍,因而设计谋杀李斯。他诡诈地对李斯说:关东"盗"多难禁,皇帝又屡屡征发人力修建阿房宫,聚敛玩好之物,我想进谏,只因地位卑下,你为什么不进谏呢?李斯说:我早想进谏,可是皇帝不上朝,得不到进言的机会。赵高说:你要真想进谏的话,我给你寻找机会通知你。④两人约定后,赵高便每于秦二世荒淫作乐时,派人通知李斯来求见。几次都是这样,惹得秦二世大怒。赵高乘机对二世诬陷李斯说:丞相参与了沙丘之谋,现在陛下做了皇帝,李斯的地位并没有提高,他是想裂土封王啊!陛下不问,我不敢说。李斯长子李由为三川守,陈胜等是李斯邻县的人,这就是"楚盗"之所以"公行"的缘由。陈胜的军队过三川,李由不肯出击。听说他们之间还有文书往来,我因为还没有拿到实证,所以一直没敢奏闻。再说,丞相在外边的权力比陛下还要大啊!⑤秦二世立即派人去调查李由与起义军的关系。李斯意识到大祸将临,立即上书秦二世,揭发赵高有"邪佚之志,危反之行"和"私家之富"等罪行,建议除掉赵高。⑥秦二世对赵高深信不疑,把李斯上书的

---

① 参见《史记·秦始皇本纪》。

②《史记·李斯列传》。

③④⑤⑥ 参见《史记·李斯列传》。

119

内容告诉了赵高。赵高即先发制人,诬告李斯要除掉自己是为了篡位。二世于是下令逮捕李斯等人。冯去疾、冯劫为免辱自杀,李斯则被捕入狱。李斯在狱中向二世上书,表面上是表示悔罪,实际上是述说自己的功劳,希望二世赦免自己。赵高扣压了这封上书。最后,李斯于公元前208年底终遭夷三族之刑。

李斯等死后,赵高被任命为中丞相,事无大小都由他决定。赵高又派其亲信控制中央重要权位,任命女婿阎乐为咸阳令,弟弟赵成为郎中令,掌握了京师和皇帝的卫队。赵高为了取代二世,试探群臣的倾向,有一天,他当着群臣的面,献给秦二世一只鹿,却"指鹿为马"。二世笑着说:丞相错了,怎么把鹿说成是马呢? 又问左右的大臣,有的回答是马,有的回答是鹿,有的则沉默不语。事后,赵高对言鹿者一一加以陷害。从此,群臣都缄口结舌,赵高进一步把持了秦朝的中央大权。[1]项羽在钜鹿消灭了秦军主力、刘邦部打到武关之后,赵高怕秦二世怪罪,便先发制人,逼杀二世。赵高本想取而代之,但又怕群臣不服,只好立了二世的侄子子婴继位,并去其帝号,改称为王。

子婴即位后,不满赵高的专权,不甘居于傀偏地位。不久就计杀赵高及其集团成员。

刘邦率领起义军攻占咸阳,秦王朝的灭亡

子婴面对农民军的强大攻势,已毫无抵抗能力。他称王仅仅四十六天,刘邦便突破武关,攻下峣关(今陕西蓝田县东南)兵临咸阳,屯军灞上,子婴眼看大势已去,不得已而投降。公元前206年十月,刘邦率领威武雄壮的起义军,浩浩荡荡地进入了咸阳。秦王朝在农民军的打击下彻底垮台了。

本章小结

秦王朝对农民残酷的经济剥削与政治压迫,是农民起义的直接原因。秦的统一和封建专制主义中央集权制的建立加强了地主阶级专政,同时也使农民与地主之间的矛盾斗争在全国范围内集中和展开了。秦的政令推行于全国,把农民置于大体相同的地位,从反面为全国性的农民起义提供了客观条件。

陈胜、吴广领导的农民大起义,从一开始就把斗争锋芒指向封建政权,指

---

① 参见《史记·秦始皇本纪》。

向地主阶级的总代表——秦朝皇帝。革命农民在战争中消灭了大批秦朝官吏和大批地主分子,打击封建生产关系,从而使许多农民在一个时期内摆脱或减轻了封建束缚,占有了土地,改善了生产条件,为生产力的发展开辟了道路。在农民反封建的过程中,对奴隶制残余的冲击尤为猛烈。秦王朝各级官府拥有数以万计的奴隶,官宦之家也占有为数不少的奴隶,把它们打垮,大部分奴隶也就获得了解放。表现了农民革命战争推动历史前进的伟大作用。

秦末农民起义在倾注全力摧毁封建上层建筑的同时,力图按照自己的意向创造新的革命权力机关。尽管这种政权还处于萌芽状态,是自发的,职能还不明确;但它绝对不受任何旧法律的约束,完全凭借暴力实现着农民的意志。这是一项伟大的历史创造,为以后的农民起义树立了光辉的榜样。

剥削阶级鼓吹帝王将相是天生的,生来就是统治人民的。但陈胜戳穿了这种谬说。他提出的"王侯将相宁有种乎"就是说,王侯将相可以取而代之。这是对地主阶级鼓吹的天赋君权的有力批判,并揭开了农民用革命方式对封建文化批判的序幕。

伟大的秦末农民革命战争,推翻了反动的秦王朝,充分显示了农民阶级是封建社会中推动历史前进的真正动力。

〔附〕

秦世系表
(公元前 221—前 206)

(一)始皇帝政————(二)二世胡亥————(三)秦王子婴
(公元前 221—前 210)　　(公元前 209—前 207)　　(公元前 206)

第四章　统一多民族封建国家的进一步发展 农民与地主阶级矛盾的加深——西汉 （公元前206—公元8）

第一节　楚汉之争

秦末农民阶级推翻秦王朝以后，由于它的历史地位和阶级的局限，不可能建立什么新制度。刘邦、项羽等农民领袖，取得胜利后，逐渐蜕变为封建地主阶级的政治的代表。他们之间展开了争夺农民起义胜利果实的战争，这就是"楚汉之争"。经过四年多的争战，刘邦战败项羽，建立了西汉王朝。

刘邦进入咸阳后的政策

公元前206年十月①，刘邦率领军队进入咸阳后，他的重要谋臣萧何把秦朝丞相、御史等重要官署的律令图籍接收过来，从而掌握了全国的战略要地、户口和经济状况，为后来重建封建国家，恢复封建秩序，做了准备。刘邦进入秦宫后，看到富丽堂皇的宫室、珍奇宝藏和成千的美女，很想留居宫内享乐。一部分将士也争先恐后地去抢夺金帛财物。樊哙直率地进谏说："公欲有天下邪，将欲为富家翁邪？"并说，秦宫的这些珍宝美女导致了秦朝的灭亡，希望你赶快还军灞上，不要留居宫中。②张良也进谏说：秦不得人心，才使你能有今天。你为天下除残暴，就应该倡导朴素节俭。现在刚刚进入咸阳，就安于享乐，这是"助桀为虐"。"忠言逆耳利于行，毒药苦口利于病。"樊哙的话是忠言良药，希望你能听从。③刘邦这才接受了劝告，封闭了秦朝的府库，把军队撤到灞上。这一举动使刘邦在政治上获得了明显的好处：一则避免了上层集团的迅速腐化；二则表明了自己不追求财货，赢得了民心；三则在各路军中赢得了声誉。接着，刘邦召集地方上的地主阶级代表人物（"父老豪杰"）举行会议，宣布

---

① 秦历以十月为岁首。

②③ 参见《史记·留侯世家》。

废除秦朝的一些严刑苛法,约法三章:"杀人者死,伤人及盗抵罪。"他要求秦朝原有的各级官吏和人民照常供职生活,并派人会同秦的旧吏到各县、乡、邑去公布这些决定。①刘邦的这些措施说明,他开始向地主阶级转化。他维持和恢复秦朝原来的封建秩序,实质上是对农民起义成果的否定和向农民阶级的反攻,从而获得了关中地主阶级的支持。他们"争执牛羊酒食,献飨军士",并且"唯恐沛公不为秦王"。②另一方面,对人民所痛恨的秦朝的严刑苛法又有所革损,所以又起了收揽人心的作用。

项羽分封

项羽在钜鹿之战后,力量大于所有其他各支反秦势力,然而刘邦先他攻下咸阳,占据关中,项羽对此是不甘心的。他依恃军事上的优势,攻破函谷关,于公元前206年十二月至戏(今陕西西安市临潼区东北),屯军鸿门(亭名,在今陕西西安市临潼区东北)与刘邦军直接对阵。当时刘邦在军事力量上处于劣势,为了避免与项羽军交锋,听取了张良的意见,亲自到鸿门与项羽言和求好。③项羽的谋士范增劝项羽在鸿门宴上刺杀刘邦,项羽迟疑不决,刘邦得以脱险逃回灞上。项羽率军进占咸阳。

项羽在农民起义的过程中,由于斗争目标集中反秦,又受农民革命潮流的推动,打过不少胜仗。但是,当时的反秦队伍中有一部分六国贵族加入,他本人也保存着浓厚的贵族意识。因此,当农民革命高潮一过,主要敌人已消灭,那些夹在反秦队伍中的六国贵族便想割地封王。这种思潮腐蚀了一些起义领袖,也想裂土称王。在这种情况下,项羽便充当了这股势力的代表人物。他为了给六国贵族复仇,挖了秦始皇的坟,放火焚烧咸阳,大火三月不熄,金钱财物一掠而空。公元前206年四月,他在戏召集会议,大搞分封,自立为西楚霸王,把梁、楚九郡之地作为自己的直属领地,都于彭城(今江苏徐州市),号令天下。同时又分封了十八个王。最初各路军约定,先攻进咸阳者应王关中。但项羽这时却撕毁协议,不让刘邦占据这片富饶险要之地,改封刘邦为汉中王,使居汉中、巴蜀一带。把关中地区分封给秦降将章邯、董翳、司马欣,分别为雍王、翟王和塞王,号称"三秦",用以牵制刘邦。其他的王多是六国旧贵族和项羽的部将。项羽搞完分封后扬扬自得,认为:"富贵不归故乡,如衣绣夜

① ② 参见《史记·高祖本纪》。

③ 参见《史记·留侯世家》。

123

行,谁知之者!"①于是他便回彭城显示尊荣去了!

从当时形势看,诸路军的争斗是不可避免的。项羽的分封把诸路军头目的地位合法化,造成了公开的割据。割据者之间是不可能相安无事的,兼之项羽分封又很不公,他的分封更加剧了相互间的矛盾。所以,在项羽分封以后不久,便又出现了诸侯王之间的争战,人民又陷入了水深火热之中。

诸侯王战事重起,刘邦出击"三秦"和彭城

刘邦对项羽毁约,将他改封汉中,十分恼怒,想和项羽决战。部将周勃等纷纷劝阻,萧何更从根本利害上分析劝说,希望刘邦正确估计自己的力量,忍耐一时,先到汉中就王位,然后,在汉中争取民众,招纳贤才,运用巴、蜀的有利条件,待机还攻"三秦",这样,统一天下是完全有可能的。②刘邦采纳了萧何的建议,去汉中就王,并听从张良的计谋,军过之后,烧了去汉中的栈道,以表示不再东还的决心,来麻痹项羽。③

项羽分封不久,割据战争就爆发了。首先起兵的是田荣和陈余。田荣、陈余因同项羽有矛盾,项羽未分封他们为王。田荣是原齐国贵族之后,在反秦斗争中拥立田市为齐王,项羽分封时,未封田荣,而封田市为胶东王,都即墨;封田都为齐王,都临淄;封田安为济北王,都博阳。田荣闻项羽徙田市为胶东王,不服。公元前206年五月,田荣策动陈余在故赵地起兵,自己也发兵拒田都。六月田荣杀田市。彭越是最早起义反秦的,在钜野(今山东巨野)一带拥有一支万余人的队伍,分封时也没有受封。田荣许彭越做将军,合兵击杀了济北王田安。田荣占据"三齐"之地,自立为齐王。田荣又派彭越攻项羽,为项羽所败。战争的帷幕就这样拉开了。

正当项羽、田荣激战之际,刘邦也在积极准备出兵东向。韩信本是项羽的部下,因不得志而投奔刘邦,经过萧何的一再推荐,得到重用。韩信向刘邦陈述了项羽的"匹夫之勇""妇人之仁"、分封不公和所过残破等弱点,分析了刘邦可以取胜的有利条件,提出了还定"三秦"的建议。④刘邦听从了这一建议,于公元前206年八月,从汉中进兵关中,雍王章邯失败困守废丘(今陕西兴平

---

① 《史记·项羽本纪》。

② 参见《汉书·萧何曹参传》。

③ 参见《史记·留侯世家》。

④ 参见《史记·淮阴侯列传》。

县南),塞王司马欣和翟王董翳投降,刘邦再次占有关中。

刘邦在关中稳定以后,又继续东进。公元前205年初河南王申阳投降,刘邦将此地置为河南郡。又派韩襄王孙信攻韩王昌,昌降。刘邦立信为韩王,归刘邦指挥。接着又攻占陇西、北地。三月,刘邦自临晋(今陕西大荔东朝邑)渡河,西魏王魏豹降,又攻占河内,虏殷王司马卬,置河内郡。彭越也以梁地归附刘邦。在短短几个月内,刘邦不失时机地占领了关中及关东的河南、河内等战略要地,连同巴、蜀,拥有一个辽阔富庶的根据地,进可以攻,退可以守。刘邦这次到关中又施行了大赦罪人和允许人民耕种秦原有的苑、囿、园、池等措施①,进一步取得了群众的支持。

当刘邦接连取得胜利迅速向东进军时,项羽同田荣、田横弟兄正打得不可开交。项羽想灭掉田氏弟兄后再回兵迎战刘邦。刘邦则抓住战机,一鼓作气,于四月间亲率五十多万大军,以迅雷不及掩耳之势东进,当年夏季占领了项羽的都城彭城。

刘邦在取得重大胜利之时,犯了骄傲的错误,贪图安逸,未加戒备。而项羽闻讯,即率精兵三万回救彭城。刘邦连遭大败,几十万部队溃不成军。五月,刘邦退至荥阳(今河南荥阳),收集诸路败军。这时萧何及时从关中派来增援部队,使刘邦重振军威,在荥阳、成皋(今河南荥阳西北虎牢关)一带与楚军形成了对峙局面。

汉、楚在荥阳成皋一线的对峙

楚汉对峙使刘邦面临着极其复杂的形势:项羽以彭城为中心,居于刘邦的正面。原来降汉的董翳、司马欣又反汉降楚,魏王魏豹也据河东反汉投楚,从左侧威胁着刘邦。关中有章邯困守废丘,从后方威胁着刘邦。田荣被项羽打败后被人杀死,但田横乘楚、汉之战又全部占领了齐地,与项羽一直处于交战状态。彭越在项羽的心腹地带活动。田横、彭越是刘邦可能利用的两股力量。九江王英布处在项羽南侧,保持中立,是刘、项争取的对象。根据这种形势,刘邦与张良等人画谋定策:争取联合英布、彭越等以扩大反项力量;对魏豹先礼后兵以消除左侧的威胁;消灭困守废丘的章邯以巩固后方。

公元前205年六月,刘邦派兵引水灌废丘,章邯自杀。刘邦在雍地设中

---

① 参见《史记·高祖本纪》。

地、北地、陇西三郡,解除了后顾之忧。

公元前205年八月,刘邦派郦食其劝魏豹降汉不成,就派韩信、曹参等率兵击魏。大败魏军,俘魏豹,在魏地置河东、上党、太原三郡。随后又破代,解除了左侧的威胁。

公元前204年,刘邦又派韩信等乘胜攻陈余拥立的赵王歇。韩信采取了"背水"战术和奇兵袭击,大败赵军,杀陈余,擒赵王歇。燕王臧荼在汉军胜利声势震慑下,表示臣服。①汉增强了从左侧对项羽的压力。

同时,刘邦又派谋士随何往九江劝说英布归汉,随何向英布分析了楚必败、汉必胜的形势,英布决定归服,刘邦解除了右侧的顾虑,使项羽进一步陷入孤立。

刘邦虽在两翼取得了进展,但正面作战仍然十分艰苦。刘邦深沟壁垒,困守荥阳、成皋,项羽几次切断粮道,使刘邦陷于危急之中。正在刘邦忧思对策的时候,谋士郦食其套用商封桀后,周封纣后的故事,向刘邦提出到各地立六国后为楚树敌的献策,刘邦急求改变局势,同意了这一建议,立即刻印,准备实行。当郦食其正待出发时,张良来见刘邦。张良听到这一拙劣的计谋,就从历史和现实各种情况出发,向刘邦历数了八条不可行的理由。刘邦当时正在吃饭,听了张良的分析,立刻醒悟,急把含在嘴里的饭都吐出来,大骂郦食其是"竖儒",你几乎毁灭了我的事业!当即销毁印信,撤销原议。②但是战局仍处于严重不利的形势。六月间,荥阳、成皋相继被项羽攻占。刘邦只得退至巩(今河南巩义市)洛一线筑防,暂时阻止了项羽的西进。

刘邦为了扭转战局,派郦食其往齐说服田横拥立的齐王田广(田荣的儿子)与汉联合,夹攻项羽;又派兵帮助彭越在梁地一带活动,袭击项羽后方,断绝项羽的粮道。齐王田广和齐相田横接受了汉的联合建议。但这时韩信由于在赵、燕获得胜利正准备攻齐。当他听到郦食其不费一兵一卒说齐归汉时,十分嫉妒。于是听从说客蒯通的计谋,乘齐防御松弛的机会,出兵攻齐,田广以为是汉预设的圈套,便烹死了郦食其。③不久,韩信攻占了齐地,给项羽以极大的压力。

公元前203年初,双方力量的对比开始发生变化。刘邦夺回了成皋,并获

---

① 参见《史记·淮阴侯列传》。

② 参见《史记·留侯世家》。

③ 参见《史记·淮阴侯列传》《史记·郦生陆贾列传》。

取了楚的物资、财富,屯军于广武(今河南荥阳市北)。项羽粮食供应日见匮乏,求战心切。项羽约刘邦决战,刘邦笑着说:"我宁斗智不能斗力。"①刘邦一面坚守不出,一面加强了政治攻势,历数项羽残暴行为的十大罪状,使项羽在政治上更加孤立。在双方相持期间,项羽的后方形势也发生了重大变化,韩信攻齐后,项羽曾派大将龙且率二十万军往救,结果被韩信、灌婴、曹参打败,龙且被杀,齐地全部为汉军占领。这时,韩信自以为功高权重,欲望也随之增长,他派使者到刘邦处,要求封为"假王",刘邦大怒。张良、陈平暗暗踩了刘邦的脚一下,并附耳说:现在汉处在不利地位,无力制止韩信称王,不如立他为王,使他在项羽后方攻打项羽,不然,他可能倒戈变乱,于汉不利。刘邦当即随机应变地骂道:"大丈夫定诸侯,即为真王耳,何以假为!"②立即派张良去齐封韩信为齐王,命他出兵攻楚。刘邦封韩信的目的是为了稳住韩信,免其生变,以便集中矛头攻打项羽。

项羽两面受攻,加以彭越在梁地往来游击,粮食断绝,处于十分困乏的境地,就与刘邦相约,以鸿沟(今河南荥阳市境内)为界,中分天下,东属楚,西属汉。缔约后,项羽送还了押在楚营中的刘邦的父亲和妻子吕雉。九月,项羽引兵东归。这时刘邦也想西归。张良、陈平献策说:汉已有了大半个天下,诸侯归服,百姓所向,而楚兵疲粮绝,这正是灭楚的大好时机。如果失去这一战机,那正像平日说的"养虎自遗患"啊!③刘邦听从了他们的献策,决定乘胜追击项羽。

垓下之役,项羽失败

公元前202年初,刘邦约韩信、彭越合击项羽。刘邦追击项羽到固陵(今河南淮阳县西北),但韩、彭违约,刘邦反被项羽打败。刘邦向张良征询韩、彭违约的原因。张良说:眼看楚军要失败,但对韩信、彭越等还没有明确划分封地,所以他们不肯从约。你能把自陈(今河南淮阳县)以东一直到海的地方分封给韩信,把睢阳(今河南商丘市南)以北到谷城(今山东平阴县西南)的地区分封给彭越,让他们分别从那些地区来合击项羽,那就很容易把楚打败。④刘邦采纳了这一建议,派使者前往分封,韩、彭立即表示马上出兵。十二月,项羽被刘邦等率领的军队围困在垓下(今安徽泗县西南),兵少、粮尽,一筹莫展。

---

① 《史记·项羽本纪》。

② 《史记·淮阴侯列传》。

③④ 参见《史记·项羽本纪》。

夜深人静,汉军中高唱楚歌,项羽以为汉军尽占楚地,自己已陷入覆灭的境地,遂发出绝望的哀鸣:"力拔山兮气盖世,时不利兮骓不逝,骓不逝兮可奈何!虞兮虞兮奈若何!"[①]歌罢,项羽率残部八百余骑向南突围。刘邦发觉后派灌婴率五千余骑追赶。项羽过淮河后,只剩下一百多人,行至阴陵(今安徽定远县西北),迷失方向,向一农夫问路,农夫知道他是项羽,故意错指方向,使项羽陷入沼泽地带,而刘邦大军又接踵追来。项羽逃到东城(今安徽定远县东南)时,部下仅剩二十八骑,又被汉军重重包围。项羽觉得大势已去,便自刎于乌江(今安徽和县东北)。项羽临死前还没有省察到自己的过错,而大叫:"天之亡我!"[②]把失败归之于天命,执迷不悟到了极点!

刘邦取得胜利的原因

刘邦得天下后,曾与臣下总结经验,大臣王陵等认为刘邦对立功者不吝赏赐,而项羽则妒贤嫉能,所以一胜一败。刘邦认为自己的成功是由于善于用人。的确,刘邦很善于用人。他不拘一格,招纳了各式各样的人物。对文武之士和有才能的人则善用其长,尤其能接近一些下层人物,使他们"见之如旧"[③]。此外,刘邦比较成功地联合了各种反项力量,有效地对项羽内部进行了分化瓦解工作。刘邦还经常博采众议,择善而从,不苛求其短,因此在重大事变来临时,能够比较准确地作出判断。刘邦在战略和战术上的运用也比较得当,能抓住战机赢取胜利。

不过,这些只是刘邦取得胜利的因素,最根本的原因还是民心向背的问题。项羽走到那里抢掠到那里,如火烧咸阳、攻齐之后把齐烧杀的残破不堪,结果大失人心。刘邦与项羽不同,他在与项羽争夺农民胜利果实、恢复封建秩序过程中,注意总结和吸取秦亡的教训,根据具体情况,适当地调整了封建政策,如废除一部分秦苛法,实行约法三章等,起到了收揽人心的效果。特别是在关中、巴蜀一带效果尤为明显。这样使他有一个足以战胜项羽的牢固的强大后方。刘邦比项羽得人心,是刘邦取胜的最主要的原因。

----

① 《史记·项羽本纪》。"骓"是项羽骑的马的名字,"虞"是他的爱妾。

② 《史记·项羽本纪》。

③ 《汉书·高帝纪下》。

第二节　西汉的政治

一、刘邦恢复和重建封建秩序的各项政策与措施

刘邦灭项羽后,于公元前202年十月,在定陶即皇帝位,是为汉高祖,国号"汉",史称"西汉"或"前汉"。先定都洛阳,不久迁长安(今陕西西安市)。

刘邦称帝后,西汉王朝面临着一系列重大课题:最为紧要的是恢复封建秩序,收拾楚汉战争带来的散乱局面;一些封王拥兵据地,威胁着西汉王朝;战乱之后社会经济凋敝,西汉政府财源不足;北方匈奴不断骚扰等。所有这些问题又互相影响,错综交织,严重威胁着西汉政府的统治。因此,怎样才能"长治久安",便成为朝廷议论的重大课题。刘邦博采众议,并吸取秦代的经验教训,采取了如下一些政策和措施。

(一)恢复和健全封建国家机器,加强地主阶级专政

恢复封建秩序,这是刘邦在位期间的首要事情。刘邦所实行的各项制度,基本上承秦制,略有变通。

恢复和健全封建国家机器

西汉的最高统治者,当然是皇帝。皇帝下设三公、九卿,是中央最高政务机构。三公是丞相、太尉和御史大夫,分别掌握政治、军事、监察大权;九卿是奉常、郎中令、卫尉、太仆、廷尉、典客、宗正、治粟内史和少府,分别掌管国家的各种事务。刘邦之后三公九卿的名称和权限虽常有变化,但一直发挥着国家机器的中枢作用。

地方上,郡有郡守(景帝时更名太守)、郡尉等职分掌政、军、监察之权。县分大小,万户以上设县令,万户以下设县长,下设丞和尉,分管文书、治安。基层组织是十里为亭,有亭长;十亭为乡,有三老(掌教化)、啬夫(掌诉讼和收税)、游徼(掌管治安)等。

这样,就在全国从上到下建立了严密的统治网,恢复了地主阶级的各级政权,加强了对农民阶级的专政。

在军制方面也基本上沿袭秦制,成年男子一生要服兵役二年。按照地区

特点分配兵种,如巴蜀等地出材官(步兵),陇西等地出骑士,会稽等地出楼船。这些统称为郡国之兵,每有征伐可由国家征调。另外又选一部分精锐军队编为"南军"和"北军",驻守京师。南军负责守卫皇宫,北军负责守卫长安。这些称为京师之兵。

在法律和刑罚方面,刘邦入关后所宣布的"约法三章"虽然比较简要,但刑罚仍很残酷,如死刑中还有"夷三族"的规定,凡犯"夷三族"罪的人,要先受刺面、割鼻、斩左右脚趾等刑,然后用竹杖打死,砍头悬挂示众,并把骨肉剁成肉酱,对"诽谤詈诅者"还要先断舌,把几种酷刑施于一身,当时称为"具五刑"①。不久,由于"三章之法"已不能适应地主阶级国家施行暴力镇压的需要,就由萧何以秦律《六律》为蓝本,增加《户律》《擅律》《厩律》,合为九章,人民如果侵犯了地主阶级的利益,封建国家便依照这些残酷的刑法来屠杀人民。

重建赋税徭役制度

赋税制度从刘邦据关中时就开始实行。萧何按照秦的图书户籍征赋课税,把壮丁和军需源源不绝地送往刘邦军队驻地。西汉政权建立后,进而把这一措施推广到全国,下令逃散在外的农民一律返回本乡,进行了全国的人口登记,建立了周密的户籍制度。依据户籍向人民摊派各种赋税和徭役,从刘邦开始,汉朝的赋税主要有三种:

(1)田赋:这是按土地征收的赋税。汉初以来,先后实行过十五税一、十税一、三十税一和临时免收等办法。这种减免田赋的政策对于奖励垦荒、发展农业生产、恢复社会经济等有一定意义;但是,绝大部分土地掌握在地主手中,所以减免田赋实际上对地主阶级有利。

(2)口赋:人头税。按照年龄不同又分两种。一是算赋:凡十五岁到五十六岁,不论男女,每人每年向国家缴纳一百二十钱,称为一算。商人和奴婢加倍。惠帝时又规定女子年十五以上到三十岁尚未出嫁的要分五等加征,每等加一算,到三十岁未嫁就要交五算。实际上算赋并不是以一百二十钱为定制,有增,有减。算赋规定用来治库兵车马,是军费开支的来源。二是口钱:凡七岁到十四岁,不论男女,每口每年缴二十钱。这是"敬奉"皇帝的。

(3)献费:名义上是诸侯王、通侯及地方官吏献给皇帝的。最初无定数,这

---

① 《汉书·刑法志》。

些官吏为了讨好，竞相搜刮，民不堪命。后来刘邦规定按照所辖地区的人口数，平均每人每年出六十三钱贡献给皇帝。

徭役的负担有兵役和力役。汉朝规定成年男子都要应役。开始应役的年龄，景帝前无明文记载，景帝时定为二十岁，武帝以后改为二十三岁，到五十六岁免役。徭役主要有三种：

（1）正卒：这是正式兵役，役期一年。役期满后，遇有军事需要，还得随时应征。

（2）戍卒：这是到边境担任戍守或到京师做卫士的一种徭役，役期有变化，后来也定为一年。如果不去可交钱由政府雇人代戍。但由于交钱数量很大，负担不了的只好自去服役。这种徭役很苦，遇边情紧急，还要延长。

（3）更卒：到各级政府服劳役。最初规定隔几年一次，一次五个月，文帝时改为一年一次，为期一月，称为"更"。修城、筑垒、修堤、修路、造桥、运粮和地方警卫等，都是更卒的任务。亲身服役的叫"践更"，出钱雇人代役的叫"过更"。雇人代役所交的钱数目不一，前后有变化。居延汉简记载每人每月交一百钱。①

在西汉建国初年，由于多年的战争，使社会经济遭到严重破坏，人口大量死亡和流散。加之，在公元前205年，关中曾发生饥荒，人相食，死者过半，造成了大片土地荒芜。由于经济凋敝，甚至连皇帝的一辆车都不能套同一种毛色的四匹马，将相有的还坐牛车。②许多城邑由于长期战乱也遭到破坏，人口锐减。曲逆（今河北顺平县东南）在秦时原有三万户，汉初仅剩五千户，而刘邦路过却惊奇地说："壮哉县！吾行天下，独见洛阳与是耳！"③其他城邑残破情况由此可想而知。在这样困难的条件下，统治阶级加给人民这么多负担，就显得非常沉重了。

上面列举的赋役负担只是一些主要项目，实际上农民所遭受的剥削远不止此。统治者往往是"急政暴虐，赋敛不时，朝令而暮改"④。税收的项目和数量远远超过规定。随着西汉政权的巩固，赋税和徭役越来越重。在湖北江陵，从汉代前期墓葬中出土了一批田租算赋竹简，其中的记载比上述规定要超出许多。田租中所加的杂税有祭祀用谷、酿酒谷，还有折耗等，其数竟达田租的四分之一以上。算赋也不是按年，而是按月敛取，每月从八钱到三十六钱不等，

---

① 参见《居延汉简甲编》第611号。

② 参见《汉书·食货志上》。

③ 《史记·陈丞相世家》。

④ 《汉书·食货志上》。

一年的总数大大超过了一百二十钱。这些算赋中还夹杂着给地方官吏的吏奉以及差费等。算赋不仅限于人,也包括财产。徭役也很重,平均每二户就有一人服役。竹简中还有一种刍藁税(即交纳草料),刍藁税分户刍和田刍,以石计算。①徭役和赋税由地方官征调、收敛。走私中饱、凌弱阿强是势所必然的。另外,西汉赋役制度的特点是人头税比田赋重,这样一来,地主阶级的负担减轻了,大量的赋税都通过人头税而直接摊派到农民的身上。广大农民日益走向了"常衣牛马之衣,而食犬彘之食"②的困境。

收集地主阶级人才,充实各级封建政权

西汉王朝建立后,中央和地方机构的主要官吏,大部分是由刘邦的部下充任,地方上的小官吏相当一部分由秦的旧官吏继任。但是,在社会上还有不少所谓有才能名望的"贤士大夫",刘邦一方面为了充实西汉政权的官僚机构;另一方面也为了防止这些人失意作乱,于是,在公元前196年发布求贤令,凡"贤士大夫"肯于为西汉政权效劳的,将分派各种不同的官职。对于品德才能突出的人,官吏要亲自登门聘请,派人专门送到京师,并把各人行、义、年③的材料汇送到相国府,以备差派。如果地方官隐瞒不报,发现以后要受到罢官的处分。刘邦的这一措施,把地主阶级中一些有才能和有号召力的人物吸取到自己这方面来,既扩大了西汉政权的社会基础,又有利于加强地主阶级专政。

此外,汉初还实行一种任子制度,把功臣官僚子弟用为郎官④,让他们在政府机构中,练习政事,作为地主阶级所需人才的后备力量。一些有才能的选拔到皇帝左近,居亲贵之任,大部分担任中级官吏。⑤

恢复地主的爵位和田宅

刘邦称帝后,立即下"复故爵田宅"⑥令,号召流亡的人回原籍,恢复他们

---

① 参见裘锡圭:《湖北江陵凤凰山十号汉墓出土简牍考释》,《文物》,1974年第4期;黄盛璋:《江陵凤凰山汉墓简牍及其在历史地理研究上的价值》,《文物》,1974年第6期。

②《汉书·食货志上》。

③ 这是汉代户籍登记的重要内容之一。行义是形仪的假借字。形指身材尺寸、仪指身材外表、年指年龄。这三项内容在居延、敦煌木简的户籍上,都有明确的记载。

④ 郎官有郎中、侍郎、中郎之分。

⑤《汉书·董仲舒传》:"长吏多出于郎中、中郎。"

⑥《汉书·高帝纪》。

的爵位和田宅。这中无疑有一部分是低级爵位(民爵)的农民。但肯定也会有高等爵位、广占田宅的地主。所以"复故爵田宅"令,一方面是把农民固着于土地上进行生产,另一方面是把地主重新扶植起来,骑在农民头上。这项命令对地主阶级有利,是刘邦争取地主阶级支持的一项重要措施。

(二)铲除异姓王,分封同姓王、功臣侯和迁豪

铲除异姓诸侯王

在楚汉战争时期,刘邦为了战胜项羽,争取力量,不得不把一些强有力的将领分封为王。刘邦先后分封的异姓诸侯王有楚王韩信(先封齐王)、淮南王英布、梁王彭越、赵王张敖、韩王信、燕王臧荼、燕王卢绾、衡山王吴芮(ruì)等。他们领地很广,握有重兵,刘邦意识到这对西汉中央政权是一个很大的威胁。韩信在楚汉战争最紧要关头时就曾逼刘邦封他为齐王,楚汉战争一结束,刘邦夺了韩信的兵权,并把他移封为楚王,都于下邳(今江苏宿迁西北)。韩信到楚,巡行所辖县邑,出入陈列兵仗,有人据此告发韩信想谋反。刘邦采用陈平的调虎离山之计,以出游云梦(今湖北江陵至蕲春间之大湖区域),会诸侯王于陈(今河南淮阳)为名,乘韩信前来朝会之际,加以逮捕。刘邦念他立过功,赦免了他,改封为淮阴侯,使居长安。韩信从此"常称病不朝从","日怨望,居常鞅鞅"。公元前200年,他勾结握有重兵的边将陈豨,再次阴谋叛乱。公元前197年,陈豨在代地叛乱,刘邦率兵亲征。韩信托病不随征,并乘机派人与陈豨约定里应外合,他则在长安城策划政变,准备假造诏书,释放罪犯,驱使这些罪犯去袭杀太子等。当韩信部署已定,等待陈豨回音举事的时候,他的阴谋再一次被人告发。萧何与吕后设计捕杀了韩信,清除了这个闹分裂、谋叛乱的分子。[1]

刘邦在讨伐陈豨时,曾命梁王彭越出兵,彭越装病不出,受到刘邦的指责。彭越部将扈辄策动彭越叛乱,彭越未听从。此事被人告发。刘邦防其生变,出其不意,逮捕了彭越,免为庶人,发配蜀地,后被吕后谋杀。[2]

刘邦消灭了韩信、彭越后,淮南王英布恐惧不安,遂令部下集结军队。当他知道被人告发后,就在公元前196年七月公然发动叛乱。当时刘邦患病,但由于形势紧迫,只得带病亲征。公元前195年初,刘邦与英布战于蕲西,英布

---

① 参见《史记·淮阴侯列传》。

② 参见《史记·魏豹彭越列传》。

一战而溃,逃到番阳被乡民所杀。①

刘邦战胜英布回军时路过家乡沛,约请故人、父老、子弟一同饮酒,纵情欢乐。刘邦在宴会上抚今忆昔,不禁踌躇满志,手舞足蹈,敲打乐器,引吭高歌:"大风起兮云飞扬,威加海内兮归故乡,安得猛士兮守四方!"②这首歌词反映出这个封建皇帝统一全国后衣锦还乡的喜悦,也流露出他急切希望有更多的勇猛之士来维护和保卫这个封建统一国家的心情。

在这先后,又各个击灭赵王张敖、韩王信、燕王臧荼及臧荼被灭后另封的燕王卢绾。剩下的异姓王只有衡山王吴芮和原在南越仅接受汉封号的南越王赵佗。刘邦铲除异姓王的措施,沉重打击了分裂割据势力,对进一步加强国家的统一和集权起了重要的作用。

分封同姓王与功臣侯

刘邦在削除异姓王的同时,又分封一批刘姓子弟为王。刘邦总结秦亡的原因时,认为秦朝没有封同姓子弟是速亡的重要原因之一。因此,他边镇压异姓王,边分封同姓王,先后封了九个同姓诸侯王,并作了"非刘氏而王,天下共击之"③的规定。

刘邦分封同姓王的目的,是想依靠刘氏宗族的力量,作为皇权的羽翼。为了防止出现尾大不掉的现象,他规定王国的相、太傅、内史、中尉等重要军政官吏都由中央委派,以限制诸侯王的权力。当刘邦在世时,由于诸侯王都是刘邦的子弟,而且多半年轻,有的甚至还是儿童,所以还易于控制,其弊病还没有立刻暴露。但随着诸侯王的成长,地方势力坐大,这对国家的统一和中央集权的威胁便逐渐显露出来了。

刘姓子弟封了王,功臣部将也要求分肥。刘邦本意不想再分封,但由于功臣部将的强烈要求,刘邦也不得不权宜处理,封他们为侯。萧何评列首位,封为酂侯。一些武将大为不满,发牢骚说,我们披坚执锐,出生入死,萧何只不过办点文墨,发发议论,为什么功列第一呢?刘邦说,你们知道打猎吗?追走兽的是狗,指挥猎狗的是人。你们打仗胜敌有功,而萧何却是出谋划策、运筹帷幄,

---

③ 参见《史记·黥布列传》。

① 《史记·高祖本纪》。

② 《史记·吕太后本纪》。

指挥你们的人。他的功劳是不可泯灭的啊！①又封曹参为平阳侯，张良为留侯，陈平为户牖侯等。但是，分封的人数很少，进度也很慢，到刘邦即帝位的第二年，受封的功臣只有十余人，而且大都是故人亲信。本来诸功臣部将对此就很不满，刘邦又在这时开始削除异姓王，这些未受封的功臣部将就更怨愤、惶恐。于是许多部将私下串联，寻机"相聚谋反"，形势十分紧张。为了缓和局势，刘邦听取了张良的建议，先封了刘邦素常最不满的雍齿为侯。接着又让丞相赶快"定功行封"，群臣看到这种情况才放了心，高兴地说："雍齿且侯，吾属亡(无)患矣。"②到刘邦去世时(公元前195年)，先后封侯的达一百四十三人，大侯食邑万家，小侯五六百户。另外，列侯以下，第七等爵公大夫以上的，也封给食邑，户数稍为少些。为了限制这些列侯的权力，遂决定受封的侯对其封邑(又称侯国)不能领土治民，行政权归郡县，他们只是衣食租税，作为俸禄。刘邦分封功臣，既对他们列土封侯的要求采取了必要的妥协，稳定了局势，又从政治上给其名位不予实权，维护了中央集权，这在当时是必要的措施。

迁　豪

秦末农民起义打击的主要是秦朝的官僚地主，至于那些没有参加秦政权、在秦末农民起义时又没有直接同秦朝站在一起的先秦以来的豪族，并未受到太大触动。他们盘踞在各地，势力很大。刘邦为了争取这部分人的支持，采纳了娄敬的建议。娄敬对刘邦说：长安一带，经过战乱，地旷人稀，北有匈奴，轻骑一日夜可至京师，东方原六国之后，仍有相当实力。一旦闹乱子，就会两面受敌，是很危险的。不如把齐诸田，楚的屈、景、昭三大家族，燕、赵、韩、魏后裔及豪杰名家，迁到关中。无事可以北防匈奴，万一东方有变，这些人可以作为借助力量。这种"强本弱末"③的办法，就是刘邦及其后继者所实行的"迁豪"政策。从公元前198年(高祖九年)开始，迁齐、楚大族昭氏、屈氏、景氏、怀氏、田氏等十余万口于关中，给他们良田美宅。④其后又陆续把诸功臣家、官吏世家、高赀富人和豪杰并兼之家也迁到关中皇帝的陵地周围，分给他们优厚的田宅。这样，既便于西汉政权的控制，又可获得他们的支持以加强统治基础。

---

① 参见《史记·萧相国世家》。

② 《汉书·高帝纪下》。

③ 《史记·娄敬叔孙通列传》。

④ 参见《史记·高祖本纪》《史记·娄敬叔孙通列传》。

刘邦采取的这些政治措施,对巩固初建的西汉王朝的统一,起了重要作用。

(三)恢复农业生产的各项措施

社会经济凋敝、民不安生,封建秩序就不会稳定,封建国家财政就缺乏来源。刘邦注重农业生产便是以解决这个问题为出发点的。

分给复员军吏士卒田宅和免除其徭役

刘邦队伍的成员主要来自农民。在战争中有些人立功成为军官,但大部分仍为士卒。刘邦做皇帝后颁布了"以有功劳行田宅"和免除从军士卒徭役的命令。[①]

"行田宅",就是分配给复员军吏士卒土地和宅园。第七等爵公大夫以上的封给食邑,变成了地主;以下的依军爵等级也分给了一定数量的土地和园宅。

刘邦还曾先后下过几次命令,免除复员士卒徭役。公元前 202 年下令第六等爵官大夫以下的,免除本身及全家的徭役。公元前 196 年下令,凡跟从入蜀、汉、关中的士卒,终身免除徭役,第二年又规定世世代代免除徭役。实行这些措施的结果是一部分军官变成了地主,而一般士卒也得到了好处,扩大了西汉政权的社会基础;另一方面对恢复农业生产也有一定作用。不过这些人不服役,势必加重另外农民的负担,所以刘邦的这些政策,又是以牺牲其他农民的利益来做补偿的。

重农抑末政策

如何处理农商关系也是一个重要问题。战国以来弃农从商的现象一直很严重。它对农业起着瓦解和破坏的作用。特别是大工商业主拥有众多的资财,投机倒把、囤积居奇,严重地破坏农业生产。为了抑制大工商业主,特别是投机商人的破坏作用,刘邦采取了一些重要措施。他仿效秦朝的办法,但不像秦那样严峻。刘邦从政治上和社会地位上对商贾加以抑制,为他们另立户籍,称为"市籍",并规定各种限制:凡有"市籍"的人一律不准穿丝织品和细葛制的衣服,不得携带兵器,不得乘车骑马,不得做官,要交加倍的人口税。这些措施对限制大工商业主的破坏活动起了一定作用,有利于农业生产的恢复。

[①] 参见《汉书·高帝纪下》。

释放奴隶

刘邦重农的另一项措施是释免奴婢。在秦末农民起义中,奴隶是起义军的重要力量。有相当一部分奴隶在起义中挣脱了奴隶地位。但汉初占有奴隶的现象仍很普遍。刘邦即帝位不久就下令凡庶民因饥贫而卖身为奴婢者,一律释免为平民。这一方面是争取民心;一方面,也为农业生产提供了劳动力,调动了农民生产的积极性,同时又增加了国家征派赋税和徭役的对象。这对封建国家经济的充实和农业的发展都是有利的。

鼓励增殖人口

经过连年的战争,汉初人口锐减,刘邦采取了鼓励增殖人口的政策。公元前200年(汉高帝七年)下令,凡"民产子",可以免除二年徭役。人口的增殖也就是劳动人手的增加,同时也增加了国家征收人头税的数量。

刘邦在征收赋税和徭役上多少有所节制, 这对恢复农业生产也有一定作用。

以刘邦为首的西汉统治者,采取一些有利于恢复农业生产的措施,这对经济的恢复和发展,是有成效的,在一定的时期内,封建经济有了较快的发展。但生产的成果又被统治者通过各种手段捞到自己手中。封建国家注重生产,最终目的还是为了征收赋税。

(四)刘邦对待儒学和儒生的态度

刘邦任用的人主要是武将功臣。对儒家持轻蔑的态度,常常骂他们为"竖儒"。战败项羽之后还说:"为天下安用腐儒。"[1]不过他手下还是有一帮儒生的。陆贾、叔孙通等就是当时著名的儒生,这两个人对刘邦的思想曾起过相当的影响。

刘邦称帝后,陆贾常常在刘邦面前称道《诗》《书》,刘邦骂他说:"乃公居马上而得之,安事《诗》《书》!"陆贾回答道:"居马上得之,宁可以马上治之乎?且汤武逆取而以顺守之。文武并用长久之术也。"[2]刘邦认为讲得有理,就让陆贾总结秦及历史上统治者成败得失的经验教训。陆贾认为:秦之所以很快的灭亡,是因为

---

① 《史记·黥布列传》。
② 《史记·郦生陆贾列传》。

"武"的一手用的太过分了,他说:"秦以刑罚为巢,故有覆巢破卵之患;以赵高、李斯为杖,故有倾仆跌伤之祸。"①又说:"事逾烦天下逾乱;法逾滋而奸逾炽;兵马益设,而敌人逾多。"②他主张应把"文"和"武"、"教化"和"法令"结合起来,以"教化""劝善",以"法令""诛恶",软硬兼施。为了给人们造成与秦不同的形象,适应长期战争之后的新形势,他还建议刘邦实行"无为"政治,要做到:稳定得像没有什么事那样,安静得像没有什么喧闹之声那样,有官府而不扰民像没有设官吏那样,各村各户过着恬静生活像没有什么人那样。③这样就可以换取人们对西汉政权的好感。陆贾连续写了十二篇总结历史上进行统治经验的文章,后人汇集为《新语》一书。刘邦每看一篇都很称意④,陆贾这个儒生不同于死守旧章的腐儒,他自称:"善言古者,合之于今。能述远者,考之于近。"⑤

叔孙通是一个善于变通的儒生。开始他穿着儒生的宽袍大袖进见刘邦,刘邦很厌恶,他立即改穿便于行动的短装。他的弟子百余人没有得到起用,纷纷抱怨,偷偷骂他。他说现在还不是时候,要弟子耐心等待时机。那时,西汉王朝刚刚建立,君臣礼节不严,诸将又都和刘邦同起自民间,在大殿上饮酒争功,大喊大叫,拔剑击柱,使刘邦感到"威重不行"。叔孙通就对刘邦说:"儒者难与进取,可与守成。"他自荐为刘邦制定一套朝仪。他对刘邦说:"五帝异乐,三王不同礼",他要"采古礼与秦仪杂就之",制订出一套适合西汉封建王朝需要的朝仪,称"仪品"⑥,共十六篇,同汉律并行,互为补充。他曾从儒家老巢鲁地征选了儒生三十余人来参与这项工作。当时有两个固执复古不变的儒生,说他所做所为"不合古",叔孙通笑他们是"不知世变"的"鄙儒"。叔孙通定的朝仪实行后,刘邦威风凛凛,十分得意地说:"吾乃今日知为皇帝之贵也。"⑦这位起自下层的封建皇帝开始感到儒生也有些用了,于是改变了对儒生的态度,当他于公元前196年消灭英布后班师回朝途中,路过鲁时,便以太牢之礼祭祀孔丘,开创了封建帝王祭孔的先例。

---

① 《新语·辅政》。

② 《新语·无为》。

③ 参见《新语·至德》。

④ 参见《史记·郦生陆贾列传》。

⑤ 《新语·术事》。

⑥ 《论衡·谢短篇》。又《后汉书·张曹郑列传》:"叔孙通汉仪十二篇"。《晋书·刑法志》说叔孙通"益律所不及,《傍章》十八篇"。三书记述不同,实均指一事。

⑦ 《史记·娄敬叔孙通列传》。

二、惠、文、景时期的黄老政治

黄老"无为"政治的历史背景

刘邦死后,惠帝即位。不久丞相萧何也死去。按照刘邦的遗嘱,曹参继任丞相。曹参是最先提倡黄老无为政治的。起初曹参任齐国相,他召集"长老诸生"研究如何巩固统治,结果各种意见纷纭,曹参也拿不定主意。后来把一个信黄老之学的盖公请来,盖公说:"贵清静而民自定。"曹参同意盖公的主张,实行了九年,果然,"齐国安集"①。曹参入朝为相后,进一步推行清静无为政治。当时形势的特点是:第一,大规模的农民起义高潮已经过去,封建秩序已重建起来,阶级矛盾处在暂时缓和状态;第二,经过楚汉战争和剪除异姓诸侯王,分裂割据势力已被基本上打了下去,西汉政权已站稳了脚跟;第三,久战以后,社会经济十分凋敝,庐舍为墟,民间毫无积蓄,人民渴望有一个安定局面以恢复社会经济;第四,刘邦、萧何已大体上制定了维护地主阶级统治的各项基本制度和政策。"清静无为"政治,正适应了这种形势的需要。

"清静无为",基本上是遵照刘邦、萧何时制定的制度和政策,所以后世称"萧规曹随",正如当时民谣所唱的:"萧何为法,讲若划一;曹参代之,守而勿失。载其清靖,民以宁一。"②这种"清静无为"在战乱之后、封建秩序已恢复和重建起来的情况下,对巩固西汉政权是有一定作用的。

惠帝之后的文帝、景帝的政治基本上是沿袭前代的方针。文帝"好刑名之言"③,长期任丞相的陈平尚黄老之术。文帝的皇后窦姬好黄老之学,强令她的儿子景帝及窦氏子弟都读黄老的书。景帝和武帝初,窦太后参与朝政,儒家很少"登用"。

吕氏篡权及其覆灭

惠帝即位之初还亲理朝政,但其性懦弱无能,大权逐渐落入他母亲吕后之手。吕后野心很大。刘邦一死,她便同其亲信审食其合谋,秘不发丧,妄图把刘邦时期的文武大臣一网打尽,把权全揽到自己手中。郦商听说后,赶忙对审食其说:听说你们秘不发丧,想诛杀诸将,真要这样做,非引起大乱不可。现在陈平、灌婴、樊哙、周勃等大将都带领重兵在外,如果知道帝崩而诛诸将,必定

---

① ② 《汉书·萧何曹参传》。
③ 《汉书·儒林传》。

会联合起来,进攻关中,那时,"大臣内畔(同叛),诸将外反",国家就要处于危亡的境地了。①吕后迫不得已采纳了郦商的建议,打消了诛杀诸将的阴谋。

吕后诛杀文武大臣未成,便改变了策略。时隔不久,她用极其残忍的手段杀害了刘邦生前所喜欢的儿子赵王如意,将其母戚夫人的手足砍去,挖去眼珠,割掉耳朵,用哑药将她弄成哑巴,然后关入厕所,让惠帝去看。懦弱的惠帝吓得生了病,从此再也不理朝政,朝廷大权一切都归吕后。随后她又排挤刘邦托孤的大臣,使他们有职无权。

为了把权拿到手中,吕后又违背刘邦订下的"非刘氏而王,天下共击之"的规定,分封她侄子吕产、吕禄等为王,由吕氏及其亲信执掌了中央的军政大权。

惠帝做了七年名义皇帝,忧郁而死。惠帝死后,吕后先后立了两个小皇帝,又都被废掉。到吕后死时,并没有正式的皇帝。她这种安排:是要吕氏取而代之。但吕氏不得人心,很孤立。吕后一死,受刘邦信任的大臣周勃、陈平等,当机立断,将吕氏一网打尽,避免了可能发生的一场分裂事件。随后,由周勃、陈平等议定,迎立刘邦的儿子代王刘恒为帝,是为文帝。

削藩与平定七国之乱

黄老政治在稳定封建秩序上起了一定作用。但这种政治带来的一个很大弊病,就是诸侯坐大,成为威胁西汉中央政府的分裂势力。

刘邦分封的同姓诸侯王,本意是让他们辅翼皇室,想以血缘关系作为政治支柱;但分封早已成为一种落后的政治制度,结果适得其反。诸侯王拥有大块的地盘,又有征收赋税、铸造钱币和任免除了相、太傅、中尉等以下官吏的权力。他们与皇帝一样,同是刘邦的子孙,恃亲骄横,贪得无厌。他们在王国内极力收买人心,想方设法与中央政府争夺人口。刘邦的侄子吴王刘濞"招天下亡命"、冶铜铸钱,增加财富。他占城五十多个,并宣布吴国不收农民的赋税,引诱西汉政府直辖区的农民到吴国去。②文帝的同父异母弟,淮南王刘长也采取这种办法,招引、收聚了许多西汉政府直辖区的农民和逃亡罪犯,给予田宅爵位,让他们在淮南国落户为民。③诸侯王国本来就"跨郡连县",现在又招聚了许多人力,所以他们的势力便一天天增长起来。由中央委派的相、中尉等,

① 参见《汉书·高帝纪下》。

② 参见《汉书·荆燕吴传》。

③ 参见《汉书·淮南衡山济北王传》。

有碍他们的手脚,便采用驱逐、杀害、收买等种种手段,把相、中尉等控制在自己手中。他们违背军权归中央的规定,组织和发展自己的独立武装,不遵行统一法令,使"汉法令非行也"①,甚至在起居生活上也搞皇帝那样的排场。这些诸侯王既有政治特权,又有经济实力,如淮南厉王刘长"废先帝法,不听天子诏,居处无度,为黄屋盖乘舆,出入拟于天子,擅为法令,不用汉法"②,成为独立王国。他们还豢养了一大批游侠文士,充当谋士打手。河间献王刘德"修学好古",在国内自立儒家经典"毛诗、左氏春秋博士",山东诸儒多麇集在他周围。③衡山王赐,淮南厉王刘长也积极招揽文士,"山东儒墨,咸集聚于江淮之间"④,为他们搞分裂和夺取皇位制造舆论。公元前177年(文帝三年)济北王刘兴居举兵叛乱,事隔三年,淮南厉王刘长又反。其他诸侯王也积聚力量,相机而动。这些是从刘氏统治集团中滋生出来的分裂势力。

对这种情况最先发出警告的是贾谊(公元前200—前168)。贾谊"明申(不害)商(鞅)",又学儒,是融合法儒的著名政论家。他在向文帝上的《陈政事疏》(又称《治安策》)中,一针见血地指出了割据分裂问题的严重性。他说天下的形势,像个患了浮肿病的人,小腿肿得像腰一样,一个指头有腿那么粗,平坐着手脚不能屈伸,一两个指头疼痛起来,就不得了。朝廷已经处在"抱火厝之积薪之下而寝其上,火未及燃"的境地,如不及时采取有力措施,局面必将不可收拾。文帝听取了贾谊"众建诸侯而少其力"⑤的建议,把齐国一分为七,把淮南国一分为三,以削弱诸侯的力量。

文帝死后,景帝即位。在文帝时已崭露头角的晁错(公元前200—前154)也敏锐地看到诸侯王势力坐大对汉中央政权的严重威胁,即向景帝提出"削藩"的建议,即逐步"削其枝郡"⑥,归中央直接统辖。他明确地指出:"今削之亦反,不削之亦反。削之,其反亟,祸小;不削,反迟,祸大。"⑦此时,早就准备谋反的吴王刘濞便与楚、赵、胶东、胶西、济南、淄川等六国串通,于公元前154年(景帝三年)同时起兵,以"清君侧"诛晁错为名,发动叛乱。七国联军号称五十万,气势很汹。

---

① 《汉书·贾谊传》。
② 《史记·淮南衡山列传》。
③ 参见《汉书·景十三王传》。
④ 《盐铁论·晁错》。
⑤ 《汉书·贾谊传》。
⑥ 《汉书·爰盎晁错传》。
⑦ 《史记·吴王濞列传》。

如何对待吴楚之乱,朝廷内部开展了激烈的斗争。晁错力主武力镇压,建议景帝亲自领兵出征,并积极筹划军备供应。曾经接受吴王刘濞财货、成为分裂割据势力代表的袁盎坚决反对,他阴谋离间晁错与景帝的关系,说诸王无非因晁错主张削藩才反,应诛晁错,并主张"发使赦吴楚七国,复其故地"。在袁盎的蛊惑下,景帝错杀了晁错。但吴王濞等的叛乱,"其意不在错"①,而是要取而代之当皇帝,因此,杀了晁错,诸王不仅未罢兵,反而更疯狂地向中央进攻。事实教育了景帝,才又下决心平叛,派周亚夫为太尉率军迎击。周亚夫一面屯军坚守昌邑南(今山东定陶东)一带,一面出轻兵断吴军粮道。吴军远道而来,多是被强征的老弱残兵,战斗力很弱,又急于求战,但汉军却坚守不出。汉军等吴军粮草断绝,向吴军发动总攻,一战取胜,消灭了吴、楚等国的叛军。②刘濞等的叛乱是争权夺利,得不到人民的支持,所以很快就垮台了。景帝利用平叛胜利的有利时机,沿用贾谊"众建诸侯而少其力"的主张,把吴、赵等势力强大的诸侯王国分成若干个小王国。接着又颁布了诸侯王不能自治其国的新法令。这项法令规定:诸侯王只能衣食王国的租税,而无权过问王国的一切政治事务,王国的所有行政权,官吏任免权,全部归西汉政府,废除王国中的御史大夫、廷尉等官僚机构,降低其他官职的秩禄和权限。③这项法令推行后,诸侯王便成为只有爵位而没有实权的贵族,王国也基本上相当于郡县了。

提倡农业和广积贮

同消除割据相并存而急需解决的另一问题,就是农业生产和财政问题。贾谊在向文帝上书中疾呼:"汉之为汉,几四十年矣,公私之积,犹可哀痛。"④这是为什么呢? 贾谊,还有晁错,都认为是由于农业没有得到恢复和发展的缘故。妨碍农业发展的原因,一是徭赋太重;二是很多人"背本趋末",对工商业主的投机倒把打击不力。正如晁错所指出的:"今法律贱商人,商人已富贵矣;尊农夫,农夫已贫贱矣。"针对这种情况,贾谊建议"敺(同驱)民而归之农,皆著于本"和广"积贮";晁错建议:"务民于农桑、薄赋、广蓄积以实仓廪,备水旱。"⑤文帝采纳了他们的建议,定出如下几项措施:一、提倡农耕,抑制商人;二、免收天下农田租税十二

---

① 《汉书·爰盎晁错传》。

② 参见《史记·绛侯周勃世家》。

③ 参见《汉书·百官公卿表上》。

④⑤ 《汉书·食货志上》。

年,减少口赋,减少徭役;三、为了保证政府收入并蓄积粮食而广泛卖爵,如入粟六百石的可给上造(第二等爵)爵位,入粟四千石的可给五大夫(第九等爵),入粟一万二千石的可给大庶长(第十八等爵)。犯了罪也可以用入粟的办法赎免。另外,汉文帝也注意了简缩开支。景帝继位,实行三十税一,其他大体仍旧。

提倡农业,重农抑商,减免徭赋,对恢复和发展农业生产起了一定作用。由于生产出来的东西多了,西汉政府的财政来源也就更充足了。西汉政府通过税收和卖爵赎罪等途径,蓄积了巨量的钱粮,到景帝末年,"京师之钱累百巨万,贯朽而不可校。太仓之粟陈陈相因,充溢露积于外,腐败不可食"①。除封建国家获利外,地主也从这些措施中获得了很大的利益。因为土地大部分掌握在地主手中,农民租种地主土地要交纳一半以上的地租,可是国家却不收或收很少的土地税。地主积蓄了大量的财产,可以用来买爵、买官,享受各种特权;犯了罪可以用钱粟赎免;又可以用来经营商业,放高利贷,进一步兼并土地。所以东汉的史学家荀悦说这个时期的情况是:"官家之惠,优于三代;豪强之暴,酷于亡秦。……务除租税,适足以资豪强耳。"②

以轻刑为名密织法网

文、景时期在解决割据和恢复经济等问题上,取得了一定的成效,使西汉王朝得到巩固和发展。但它对人民的统治和压迫并不像地主阶级史学家所美化得那样:"惩恶亡秦之政,论议务在宽厚""刑罚大省""有刑错(放置)之风"。③而这常被看作是无为政治的一项重要内容。的确,表面上是反秦之弊、宽简刑政,实际上对人民群众却是一场骗局。

封建的刑法包括两个主要内容:一是"法令",一是"刑罚"。"法令"是关于封建秩序原则的规定;"刑罚"是为保证法令的实现而采取的手段。文、景时期在法令上从没有搞过什么宽简,而是不断地强化,由简而繁,由疏而密。到景帝初年,经晁错更订的律令从萧何的九章增加到三十章。这个时期所谓的宽简刑政主要表现在宣布废除秦朝某些酷刑和改变某些刑罚的方式上,如宣布废除族诛、肉刑等。其实,这些也是靠不住的或完全是骗人,文帝在宣布免除肉刑令中就明文规定"其除肉刑,有以易之"。紧接着丞相张苍、御史大夫冯敬

---

① 《汉书·食货志上》。

② 《汉纪·文帝纪》。

③ 《汉书·刑法志》。

就制定出了新办法："当黥者,髡钳为城旦舂;当劓者,笞三百;当斩左趾者,笞五百;当斩右趾者……弃市。"①黥面、割鼻、断足固然十分残酷,然而笞三百、五百恐怕也很难有幸存者,而且原当斩右趾者竟加重为杀头。所以废除肉刑,"外有轻刑之名,内实杀人"②,这是一点也不错的。

三、汉武帝尊崇儒术,封建中央集权制进一步强化

继景帝之后即位的是汉武帝刘彻。他在位五十多年 (公元前140—前87)。在他执政期间,政治思想上实行了尊崇儒术的封建文化专制政策;进一步强化了封建的中央集权制,沉重打击了地方割据势力,加强了地主阶级的专政机构;促进了多民族封建国家的进一步发展(这个问题将在本章第五节论述)。汉武帝的所作所为,在中国封建社会的历史上有过重大的影响。

(一)尊崇儒术

儒家思想影响的增长

炫赫一时的秦王朝很快被农民起义推翻了,它犹如噩梦一般压在西汉统治者的心头。用什么样的思想作为指导,实行什么样的政策,才能避免重蹈秦速亡的覆辙?这是一个极其严峻的问题。地主阶级的思想家们从不同的角度对历史上统治者得失成败的经验教训,特别是秦速亡的经验教训,进行了总结,向西汉统治者提出了各种献策。惠、文、景时期曾一度倡导黄老之术,但实践经验证明,黄老思想对加强中央集权不利。

汉初除黄老思想外,比较活跃的要属儒家了。儒家抓秦速亡这一口实,不停地打击法家,证明徒法不足为治。同时,他们对儒家思想进一步进行了改造,在儒家的旗号下,把法家以及其他各说有利于加强和巩固地主阶级专政的思想吸取进来,陆贾的《新语》就是这样一部著作,得到了刘邦的称许。贾谊也是"颇通诸家之书"③,融儒法为一体。他的名著《过秦论》肯定了法家政治的历史作用,但着重点是批评了法家只知走直线,而不懂攻守之势的变化与适

---

①《汉书·刑法志》。髡是将头发剪短,钳是用铁束颈,这是加给男性罪犯的刑罚。城旦是一清早就去修治城墙,是处罚男性罪犯的劳役。舂是舂米,是处罚女犯的劳役。

②《汉书·刑法志》。

③《汉书·贾谊传》。

应形势相应变更对策。他认为这点远不如儒。这篇文章在当时和以后影响很大，文章虽兼包法、儒，客观效果是扬儒抑法。文帝时的贾山以秦为例，多次上书论治乱之道。贾山的言论虽不能算"醇儒"①，但基本倾向是扬儒的，在当时颇有影响。汉王朝建立之后，中央博士官中，有很大一批是儒生。文、景时期著名的如韩婴、徐生、辕固生、胡毋生等，在社会上有名望，在思想上对皇帝也发生直接影响。汉初的大臣主要是刘邦时期的武力功臣。但也有一部分信奉儒说的升到了高位。如景帝时很有权势的大将军窦婴、中大夫田蚡、御史大夫赵绾等，都是好儒术的。

儒家思想地位所以逐渐上升，最主要的原因是这时的儒家囊括了剥削阶级进行统治的各种经验。董仲舒便是集大成的代表人物之一。

董仲舒维护封建秩序的理论

董仲舒(公元前179—前104)，广川(今河北景县)人。景帝时曾任博士，是当时著名的大儒。武帝即位后曾接连三次下诏，策问古今治乱之道和天人关系等问题。董仲舒三次上书应对，即所谓"天人三策"，受到武帝的称许。董仲舒的著作很多，留下来的有《春秋繁露》一书。

董仲舒的思想以儒为主，杂糅了阴阳五行及法家某些思想成分，构成了由天主宰一切的庞杂的客观唯心主义体系，用神学的观点论证了皇权和封建秩序是神圣不可侵犯的。

董仲舒把阴阳、五行、自然现象统统包摄在"天"的体系中，他说："天地之气合而为一，分为阴阳，判为四时，列为五行。"②这个天是有意志的，是天创造了人。因此人所具有的一切都是从天那里来的，这叫"人副天数"，即天人合一。是不是说人在天的面前一律平等呢？当然不行。董仲舒说，天创造出来的人的本性是不相同的，分为三品，即"圣人之性""斗筲之性"和"中民之性"。"圣人之性"是超乎寻常人的，可不包括在人性之中；"斗筲之性"是大逆不道，也可不在人性之中；只有"中民之性"才可以称作"性"。什么是"中民之性"？就是"有善质而未能善"③。这种"善质"只有经过"圣人"教化才能变善。不过同圣人相比还是有质的不同，因为"善过性，圣人过善"④。"圣人"的天职是行教化，他说："古之造文者，三画而连其中谓之王。三画者，天地与人也，而连其中者

①《汉书·贾邹枚路传》。
②《春秋繁露·五行相生》。
③④《春秋繁露·深察名号》。

通其道也。取天地与人之中以为贯而参通之，非王者孰能当是？"①由此可见，董仲舒的天人合一，只是天王合一。由于"天子受命于天"，尊天就必须尊王，天下要"受命于天子"②，"身以心为本，国以君为本"③。皇帝被置于神圣的地位。由皇帝实行"大一统"，是天经地义的。这一套维护封建统治的理论，当然受到了封建皇帝的欢迎。

董仲舒为了论证阶级差别和封建等级的合理性，他提出了"合""分"论。他说："凡物必有合"④，"合"有两方面的含义：其一，任何事物都有两个相对方面，"合"中有"分"，"合必有上，必有下，必有左，必有右，必有前，必有后，必有表，必有里"⑤。其二，相对的一方是另一方的从属，"地，天之合也"⑥，"妻者夫之合，子者父之合，臣者君之合"⑦。由此得出的结论就是"合而为一"⑧。在这个"一"中，地必须服从天，卑必须服从尊，下必须奉上，臣必须忠君。应用到现实生活中就构成了"礼"。礼的原则就是"以人随君，以君随天"，"屈民而伸君，屈君而伸天"。⑨表现在封建道德上具体的规范便是"三纲""五常"。君是天在人间的化身，所以君在人间是至高无上的，一切都要服从君。董仲舒看来，矛盾两方面的统一性是绝对的，在统一体中，一方永远从属另一方面不会转化，因此，被统治者要永远服从统治者。董仲舒否定了矛盾的斗争性和矛盾双方地位的转化，也就从根本上否定了事物的发展，所以他提出了"天不变，道亦不变"⑩的唯心主义形而上学的反动论点。从这个论点出发，他反对作重大变革，主张一切要"法古"⑪，要"以古准今"⑫。

然而历史毕竟在变，统治阶级采用的政策、制度也在变。于是他提出"经"和"权"两个概念。他认为"道"就是"经"，就是封建秩序，这是一万年也不会有一点毛病的。社会所以有治乱的不同，是因为执行"道"时出了毛病，为了再使之归于正"道"，就要"改制"，或实行"更化"，这就是"权"或"变"。董仲舒的所

---

① 《春秋繁露·王道通三》。

② 《春秋繁露·为人者天》。

③ 《春秋繁露·通国身》。

④⑤⑦《春秋繁露·基义》。

⑥ 《春秋繁露·阳尊阴卑》。

⑧ 《春秋繁露·五行相生》。

⑨ 《春秋繁露·玉杯》。

⑩⑫《汉书·董仲舒传》。

⑪ 《春秋繁露·楚庄王》。

146

谓"改制"只是在不变更封建制度的根本原则的范围内,在一些政治或经济的措施上作某些修修补补的变通。

在保持"经"和进行"权变"时,要掌握住"和"与"中"。董仲舒说:"中者天下之始终也;而和者天地之所生成也。夫德莫大于和,而道莫正(止)于中。中者天地之美达理也,圣人之所保守也。"①这就是说,在处理封建秩序的各种关系时,从精神上应宣传"和",而在处理实际问题时要注意"中",即适可而止。例如在贫富关系上,"使富者足以示贵而不至于骄,贫者足以养生而不至于忧",这样就可以"上下相安","易治"。②由此出发,针对土地兼并和大量拥有奴婢现象,提出限田和限奴婢的建议。董仲舒看到了阶级的对立,他企图用"中和"的阶级调和论来麻痹革命人民。

他主张德刑并用。他把德刑同阴阳、四时相比附,夏主生,冬主杀,生为德,杀为刑。冬不可废,刑也不可废;夏不能代冬,德也不能代刑。君主要牢牢把握住德刑"二柄","德不可共,威不可分。德共则失恩,威分则失权"③,君就不成为君了,权就可能被人夺走。所以他相应提出了削弱诸侯王和豪族权势的建议,加强皇权,以强干弱枝,大本小末。

董仲舒的一系列主张完全是为了适应巩固封建秩序和皇权的需要。董仲舒的思想因此为封建统治者推为正统是一点也不奇怪的了。

政治思想上尊崇儒术

公元前140年,董仲舒在上武帝"天人三策"中,建议以儒家作为封建国家的统治思想,凡"诸不在六艺之科、孔子之术者,皆绝其道"④,即所谓"罢黜百家,尊崇儒术"。与董仲舒同时,丞相卫绾也有类似上书。第二年,接替卫绾为丞相的窦婴及太尉田蚡也"俱好儒术"⑤,并起用了一大批儒者。当时由于倡导黄老之说的窦太后掌权,儒家主张未能实行,董仲舒的上书也未被采用。公元前135年(武帝建元六年)窦太后死后,才在长安设了太学,置"五经"博士,专门讲授儒家经典《诗》《书》《易》《礼》和《春秋》。"五经"博士有弟子五十人,成绩优良者可做

---

① 《春秋繁露·循天之道》。

② 参见《春秋繁露·度制》。

③ 《春秋繁露·保位权》。

④ 《汉书·董仲舒传》。

⑤ 《史记·魏其武安侯列传》。

官。公孙弘以治《春秋》为丞相封侯，"自此以来，公卿大夫士吏，彬彬多文学之士矣"[1]。汉武帝在思想领域把儒家作为统治思想。但在实际政治上，他是儒法并用，有利于巩固其统治者无不采纳。因而后世一些所谓的纯儒评论武帝"虽好儒，好其名而不知其实，慕其华而废其质"[2]，是"叶公之好"[3]。然而汉武帝采纳"罢黜百家，尊崇儒术"也不是偶然的，说明儒家思想最适于封建地主统治阶级的需要。

(二)加强中央集权的各项政治措施

对王、侯的"削""夺"政策

汉武帝为了进一步加强封建的中央集权，继续实行景帝的削藩政策。他再接再厉对余下的诸侯王采取了"削""夺"政策。公元前127年(元朔二年)，汉武帝采纳了主父偃的建议，颁布"推恩令"，规定诸侯王除嫡长子继承王位以外，其他子弟可在王国中封侯。这样就从王国中分出几个侯国，王国的直属领地进一步缩小，王国的实力日益削弱，对于稳定政局，消除祸萌起了重要的作用。[4]公元前112年(元鼎五年)汉武帝又以祭宗庙时王侯贡献的"酎金"少或成色不佳为理由，夺去了一百零六个贵族的爵位。又颁布"左官律"，"左官"即指诸侯王国的官吏，"左官律"规定这些官吏不得在朝内任职，防止诸侯王在中央插手。此后，又用法律手段废除了大批王国和侯国。王国和侯国数目大大减少，原来绝大部分诸侯王的领地大都归中央政府统治了。

加强中央集权和监察制

汉武帝为了加强皇权，选用了一批较低的官吏作为皇帝左右的办事人员，这些人直接对皇帝负责，并参与朝政，皇帝通过他们来裁决各项政事。这些人统称为"内朝官"，以与行政系统的"外朝官"相对。这样就削弱和取代了朝臣的一部分权力，而由皇帝来直接行使。汉武帝为了加强对地方官吏的考课，分全国为十三部(州)，每部由皇帝直接指派一名刺史，并给他们规定了

---

① 《汉书·儒林传》。

② 司马光：《司马温公集》卷十二。

③ 王应麟：《通鉴答问》卷四。

④ 参见《汉书·严朱吾丘主父徐严终王贾传》。

"六条问事"①的职权,对地方官吏进行监督。"六条问事"除第一条是裁抑豪强外,其他五条都以二千石官吏(中央九卿、中郎,地方郡守、尉等官吏,年俸约为二千石左右)为对象。这种考察的目的,一方面是限制地方官的权力,加强对他们的约束以便集权于中央;另一方面,也是要加强对豪强大族的控制。当时,各地出现了一批官僚豪强大族。他们肆意侵吞土地、刻剥农民、勾结权贵、结党营私、招纳游侠死士,在地方上横行霸道,使西汉政府的许多政令不能推行。武帝还任用了许多执法严厉的所谓"酷吏"担任地方长吏,如张汤、杜周、义纵、王温舒等,诛灭了一批豪强官僚大地主。汉武帝采取惩治二千石中某些人和一部分豪强的措施,既不会伤害封建统治,也不会改变地主阶级对农民的统治地位,还可以制造一种皇帝与这帮人确有不同的假象,以欺骗农民。在政治统治术中这是很巧妙的一着。

广开仕途　招揽人才

汉武帝要加强中央集权,亟须从地主阶级中起用有一定能力的人才来执行政令。有人建议由各地方官吏负责察求"贤材"、举为官吏。公元前 134 年(元光元年)武帝正式采纳这一建议,实行察举制度(以前也有察举,未形成正式制度),令郡国每年举孝、廉各一人。②公元前 130 年又下令郡国"征吏、民有明当世之务、习先圣之术者",每年遣送到京师,以备选用。但各郡国未能都实行举荐,所以公元前 128 年(元朔元年)又严令各郡国举荐,如"不举孝,不奉诏,当以不敬论;不察廉,不胜任也,当免"③。从此,察举便成为定制。公元前 124 年(元朔五年),武帝又采纳公孙弘的建议,为五经博士置弟子员,每年考试,能通一经以上的就可以补文学掌故的官缺,成绩优良的可以任郎中。公元前 117 年(元狩六年)又令丞相设四科④,来辟举"异德名士"。经过试用确有能

---

① 《汉书·百官公卿表》颜师古注,记载"六条问事"的内容是:"一条,强宗豪右,田宅逾制,以强凌弱,以众暴寡;二条,二千石不奉诏书遵承典制,倍(背)公向私,旁诏守利,侵渔百姓,聚敛为奸;三条,二千石不恤疑狱,风厉杀人,怒则任刑,喜则淫赏,烦扰刻暴,剥截黎元,为百姓所疾,山崩石裂,祅祥讹言;四条,二千石选署不平,苟阿所爱,蔽贤宠顽;五条,二千石子弟恃怙荣势,请托所监;六条,二千石违公下比,阿附豪强,通行货赂,割损正令也。"

② 孝,指孝顺父母者;廉,指所谓清廉品格高的人。

③ 《汉书·武帝纪》。

④ 四科是:一曰德行高妙,志节贞白;二曰学通行修,经中博士;三曰明晓法令足以决疑,能按章复问,文中御史;四曰刚毅多略,遭事不惑,明足以照奸,勇足以决断,才任三辅剧令。

力就授以各种官位。这些察举的办法是每年举行的。另外还有不定期举行的举贤良,由皇帝出题策问,应举者在对策中发表政见、提出建议,如果对策有方,符合需要就可得到不同的官职,由郎官直至卿相。

汉武帝采取了上述措施,出现了"汉之得人,于兹为盛"[④]的局面,从中央到地方各级机构增补了一批有才能的人。汉武帝依靠他们贯彻政令,大大地加强了地主阶级专政,有力地巩固和发展了封建中央集权的统一国家。

(三)加强中央集权的财经政策

汉武帝由于长年用兵,军费大增,加上浩繁的宫廷开支,财政极其困难。在张汤、桑弘羊的协助下,实行了国家垄断铸钱、盐铁官营、平准、均输、告缗等一系列措施,把地方控制的财权以及工商业者攫取的一部分利益又集于中央。

国家垄断铸钱

西汉建国后没有建立统一的币制,允许郡县诸侯王国和私人自由铸钱。因而,各种钱币杂行于市,大小不一,轻重不等。市场物价紊乱,国家的财政管理也不方便。为了解决这个问题,汉武帝从禁止私人铸钱入手,然后由国家统一铸造新钱币。公元前119年(元狩四年),以鹿皮造皮币,以银锡合金造白金币三种,改半两钱为三铢钱。次年,因三铢钱太轻,由郡国更铸五铢钱。但郡国铸钱往往给商人盗铸钱留下可乘之机,所以在公元前113年(元鼎四年)又解除了郡国铸钱的权力,由京师的上林三官(钟官、辨铜、均输官)专门负责铸钱等事宜,并在当年把所有的旧币全部销毁,铸造了新的五铢钱,从此钱币归于统一。

盐铁官营

商人把持盐、铁业,投机倒把,大发横财,但却"不佐国家之急",因此汉武帝下令把盐、铁业收归国家专营,由国家在各地设盐官、铁官管理盐、铁的生产和销售。又规定酒也由国家专卖。这样,增加了封建国家的财政收入。

控制工商和打击私商

汉武帝为了从商业上获利,于公元前110年(元封元年)在郡国设立了均

---

① 《汉书·公孙弘卜式兒宽传》。

输官,归大司农领导,专门负责管理调度征发郡国的各种货物。同时,在京师又置平准官,负责收购各地的货物,"贵则卖之,贱则买之",以调剂市场有无,平衡物价。使"官商大贾亡所牟大利",而把"大利"归诸政府,成为"安边足用之本"。①

为了增加财政收入,汉武帝还在公元前119年颁布了算缗、告令。算缗是向商人、高利贷者、手工业作坊主征收财产税和所得税,规定上述诸种人必须按期把自己的所有财产和收入呈报给国家。对商人、高利贷者凡二千抽一算(一百二十钱),对手工业作坊主凡四千抽一算。另外,车、船等物资也抽一定的税。如果隐瞒不报或呈报不实,则全部没收其财产,并强迫戍边一年。告缗是奖励告发呈报不实的人。规定告发者可以分取被告发者一半的财产。这项法令推行后,告缗之风骤起,"杨可告缗遍天下,中家以上大抵皆遇告"②。国家从商人、高利贷者手中得到大量土地、财产和奴婢,许多商人因此破产,有力地打击了大工商业主。

上述这些措施打击了一部分豪强和大商人,增加了国家的收入。但这并没有给农民带来什么好处。西汉王朝利用改变币制和币值以及垄断盐铁等市场之便,搜刮民膏。封建国家专卖的盐铁常常是质量低劣,价格昂贵。农民买不起铁器,只得"木耕手耨";吃不起盐,只得淡食。政府又不断征发农民去煮盐、冶铁和进行运输,反而更增加了农民的负担。

四、昭、宣时期儒家势力进一步增长,元帝全面尊儒

武帝统治时期的中后期,阶级矛盾日趋尖锐,不断爆发农民起义。富于统治经验的汉武帝,在晚年下了一个"罪己诏",宣布改变以往的政策,实行与民"休息"。继武帝之后的昭帝、宣帝大体遵照这一政策,社会一时趋于稳定。儒家借总结武帝时期统治经验为名,在政治思想上进一步扩大了自己的影响。

盐铁会议上儒法之争与儒家势力的增长

由于盐铁专卖引起了民怨,公元前81年(昭帝始元六年),经谏大夫杜延年提议召开了一次"盐铁会议"。参加会议的有丞相田千秋、御史大夫桑弘羊

---

① 参见《汉书·食货志下》。

② 《汉书·食货志上》,杨可是当时根据告缗令告发违令工商业者的一个突出人物。

等政府官员和从各地请来的所谓"贤良文学士"。会议由讨论盐铁专卖而涉及地主阶级政治史与统治经验诸方面的问题。"贤良文学士"打着"为民请命"旗号,主张取消盐铁专卖,鼓吹孔孟之道,猛烈抨击了商鞅、秦始皇、晁错等法家的主张和做法,说他们的作为都不能使地主阶级长治久安。桑弘羊与他们展开了针锋相对的斗争,力排众议,舌战群儒,肯定了商鞅等历史作用,维护了汉武帝时的各项措施和政策。由于汉昭帝是位"所用多文法吏,以刑名绳下"①的统治者,同时掌握实权的大司马大将军霍光也坚持"遵武帝法度"②,对儒生的"喜妄说狂言"十分讨厌③,而且盐铁专卖是国家财政来源的一条重要渠道,是不能轻易堵塞的。会议的结果只是取消了酒的专卖。"贤良文学士"要求取消盐铁专卖的目的未达到。

继昭帝之后的宣帝仍杂用儒法,但儒家势力更明显地增长了。公元前51年(甘露三年),召开石渠阁会议,讨论儒家五经异同,最后由宣帝裁决,向全国颁布了儒家经典标准本,进一步确立了儒家在思想领域中的统治地位。

汉元帝全面尊儒

公元前49年宣帝死,子刘奭即位,是为汉元帝。元帝从小好儒,在为太子时就提议重用儒生,宣帝曾斥责他说:我们汉朝有自己的制度,历来"王道""霸道"并用,你为什么偏要只用儒家呢?看来,变乱我朝家法的必定是你了。④元帝即位后,"颇改宣帝之政",全面尊儒,成为汉代第一个"好儒术文辞"⑤的封建皇帝。他大量"征用儒生,委之以政","贡、薛、韦、匡,迭为宰相"⑥。贡禹、薛广德、韦玄成和匡衡都是当时有名的大儒,或"以鲁诗教授",或以"明经絜行著闻",或"经学绝伦",分别担任丞相和御史大夫的中枢重任。他们事事"循古""仿古",对于政治争议,也往往"傅经以对",从儒家经典中去找根据。匡衡概括他们的政治是:"任温良之人,退刻薄之吏""览六艺之意,察上世之务"⑦。

元帝为了尊孔奖儒,在公元前48年(元帝初元元年)就征聘孔丘的十三

---

①《汉书·元帝纪》。

②《汉书·循吏传》。

③参见《汉书·霍光金日磾传》。

④参见《汉书·元帝纪》。

⑤⑦《汉书·匡张孔马传》。

⑥《汉书·元帝纪》。

世孙孔霸为师,赐爵关内侯,食邑八百户,给予"褒成君"的封号,列入内朝官,另赐黄金二百斤,住宅一处,并把户籍移到京师,甚至几次想用孔霸为相。孔霸死,元帝一再亲自"素服临吊",赐少府所制棺木,并用列侯葬礼。[1]元帝不仅对孔裔尊崇备至,对儒生也大加奖励,凡儒生只要通一经就可以免去徭役,并在中央扩充博士弟子员名额达一千人之多,在地方上特设五经百石卒史,倡导儒学。[2]公元前43年(永光元年),元帝提出以质朴、敦厚、逊让和有行四项儒家标准来选拔人才和考核郎官。他对被认为"孝"和"弟"的人,屡屡给以"赐帛"的优遇,以提倡儒家的伦理道德。他一方面推崇向他灌输儒家思想的"儒宗"萧望之是"道以经求,厥功茂焉"[3]。另一方面,选用博士郑宽中授太子《尚书》,又选精习经学的张禹授太子《论语》[4],用儒家这两门主要课程来培养儿子,使下一代也能继续崇儒。

自元帝之后,贯穿整个封建社会,不管封建统治者还使用过什么精神武器去统治人民,但儒家一直被作为正统思想,直到它的末日。

第三节 西汉时期农民与地主的对立和农民的反抗斗争

一、西汉时期的阶级状况

秦末农民起义对汉初阶级关系变化的影响

秦末农民起义是农民阶级反抗地主阶级的一场阶级大搏斗。从农民起义推翻秦朝统治看,农民起义是胜利了;从刘邦、项羽等蜕变为地主阶级的代表和刘邦建立了西汉封建政权看,农民起义又失败了。农民起义尽管失败了,但对地主阶级的打击却是十分明显的。经过农民起义的扫荡,秦朝的官僚地主大部分被消灭或一蹶不振了。西汉政权建立后虽然极力拉拢遗存下来的地主,但作为地主阶级主干的是刘邦集团这批新贵族,而这批新贵族则处于膨胀的起点。所以,在西汉初期,地主阶级的实力特别是经济力量还是比较脆弱

---

① 参见《汉书·匡张孔马传》。

② 参见《汉书·儒林传序》。

③《汉书·萧望之传》。

④ 参见《汉书·匡张孔马传》。

的。汉初统治者所谓的"省事""偃武",主要是由这种客观条件制约的。

西汉政权的建立,标志着地主阶级重建了他们的统治,但是农民斗争的成果并没有因此而完全消失。农民夺得了被消灭的秦官僚地主的土地和财产。这在西汉统治者是无力完全剥夺的。随着秦朝的垮台,成千上万的罪徒和罪奴获得了人身自由,西汉统治者也不可能把这些枷锁重新套在这些人身上。还有许多编户民挣脱了什伍制度的严密控制,转移到山泽和他乡,直到西汉建立很久,一直是不在户籍的人口。《汉书·高惠高后文功臣表》记载汉初的情况是"大城名都民人散亡,户口可得而数裁(才)什二三"。可见不在户籍的人是不少的。上述这些是农民依靠暴力直接取得的成果。除此之外,还有一些是间接获得的。在农民起义和楚汉之争时,有许多农民参加了刘邦的队伍。刘邦做了皇帝之后,规定立了军功的,按等级分给田宅。爵位在七大夫以上的由于受厚重的赏赐变成了地主,七大夫以下的也得到了一些田宅,并在一段时间内还减免了赋税。这些七大夫以下的仍属农民阶级,他们这样获得的田宅形式上是西汉政权分给的,实际上是他们自己斗争成果的一部分。

所以,经过秦末农民起义,地主阶级和农民阶级都发生了一些变化。西汉时期两大阶级的斗争和发展是从这里作为起点的。

地主阶级的构成及其势力的膨胀

西汉政权建立后为了加强和巩固自己的阶级基础,通过分封行赏、迁豪、减免租税、复除等各种办法培植地主阶级的势力。所以从汉初开始不到几十年的工夫,地主势力成倍地增长起来。按政治经济地位的不同,地主阶级中又分如下的不同阶层或集团:

(1)封建国家地主。封建国家和皇帝除了依仗政治权力向全国征收土地税、人头税和征派徭役外,还直接掌握着大量的土地,这种土地称之为"公田""官田"。这些"公田",有开垦的耕地,也有草田荒地。另外江海、陂湖、园池及各种自然资源也属于政府和皇帝所有。"公田"遍布各郡县,大县有数百顷,小县有百余顷①,而以三辅②为最多。"公田"的经营方式是:一部分租与贫民耕种,收取租税;一部分使用罪徒或奴隶耕种;还有一些租与豪民,由豪民再转租给农民。"屯田"是"公田"的一种形式,是经营西域时,为解决军粮供给问题而兴办的。"公田"分

---

① 参见《汉书·食货志下》。
② 汉把首都地区划分为京兆、左冯翊、右扶风三部分来治理,称为三辅,其辖区约当今陕西中部。

别归大司农和少府等机构管理。由大司农掌管的收入归国库,由少府掌管的收入归皇帝作为私奉养。国库同皇帝的私奉养名义上是分开的,实际上又相混通。"公田"没有一个固定的数目,常随政治上的变动而吞吐。统治者内部斗争中失败者及各种犯罪者的土地,常被籍没入官成为公田。皇帝又常常把公田作为赏赐品给臣下。在灾年荒岁时,西汉政权为了防止农民起义和流亡,有时也把一部分"公田"分给或租给农民,如汉元帝初元、永平时曾几次下诏把"公田"用来"振业贫民"或"假与贫民"。①所以,这些"公田",一方面是政府和皇帝财政收入的一个重要来源,另一方面,在一定意义上又是统治者手中的一种政治调节器。

(2)食封贵族地主。这是依靠政治特权以食封地租税为主要特征的封建贵族。它是刘邦做皇帝后,根据"其有功者,上致之王,次为列侯,下乃食邑"②的分配原则,瓜分农民起义胜利果实的产物。因政治、经济地位不同,分为诸侯王、王子侯、列侯和列侯以下七大夫以上有食邑者等四部分。

诸侯王:刘邦铲除异姓王后,又分封子侄九人为王。西汉一代封为诸侯王的累计有六十多人。他们不仅有政治特权,还有"夸州兼郡,连城数十"的封地。汉初全国有五十四郡,中央直辖的仅有十五郡,而诸侯王封地却占三十九郡,其中如齐王肥的封地就有六郡。由于这些诸侯王闹分裂割据,经过文、景、武三代"削藩""夺爵""推恩"、武力镇压等措施,才把他们的势力打下去。武帝以后的诸侯王只能享受封地的租税,政治上的权力差不多被剥夺净尽,已不能同中央抗衡了。

王子侯是分封诸侯王的子弟为侯。景帝以前分封的有二十余人。武帝为了削弱诸侯王的势力,用主父偃推恩分封的建议,大规模地分封诸侯王世子以外的诸子为侯,在王国内食封,王国被分割出许多小国,如城阳一国就有五十四侯,赵有三十五侯。王子侯越分越多,终汉之世有四百零八人。③他们只食租税,不能参与封地政事,封地由汉朝中央政权的郡管辖。这些王子侯,坐食租税,完全变成社会上一群游手好闲,不劳而获的寄生虫。④

列侯:汉初主要是异姓功臣,如封萧何、曹参等为侯。吕后时外戚也封侯,武帝以后某些大臣又有因恩泽而封侯的。功臣侯和外戚恩泽侯合在一起累计

① 参见《汉书·元帝纪》。
② 《汉书·高帝纪下》。
③ 参见《汉书·王子侯表》。
④ 参见《汉书·严朱吾丘主父徐严终王贾传》《汉书·景十三王传》。

有三百八十四人。①列侯的封地称侯国。他们主要食侯国农民的租税,无独立行政权。开始封赏食邑户数是有定额的,但流亡归来和新增殖的户口仍为其食户。刘邦时所封大侯不过万户,到文景时便增加到三四万户;小侯原来五六百户,文景时也增加一倍以上。②由于列侯对侯国土地没有所有权,所以他们在封地之外又多强买或霸占土地。如萧何封为酂侯,食邑一万余户,他还在长安附近强行贱买土地。③昭帝宣帝时,由于打破了官吏不得经商的限制,有的列侯兼营手工业和商业。如恩泽侯张安世为富平侯,食邑万户,还役使家奴去从事各种手工业生产,经营致富,积累的财富大大地超过了当时最有权势的大将军霍光。④这些侯或住长安,或在中央和地方做官。他们分布全国各地,构成西汉封建政权的重要支柱。

诸侯王、王子侯和列侯是食封贵族中的上层。

爵位在列侯(二十级爵)以下,七大夫(七级爵)以上的也按爵位高低得到多少不等的食邑,衣租食税。⑤他们构成了食封贵族的中下层。

食封贵族地主常因政治原因或升或削,但终汉之世,这个阶层一直存在着。

(3)豪族地主。这个阶层在西汉前后期社会地位有明显的变化。

西汉前期的豪族地主主要是指由战国、秦延续下来的,他们不属于刘邦集团,政治地位也不高。西汉王朝对它们采取有打有拉的政策,汉初的“迁豪”就是贯彻这一政策的具体措施之一。这些人虽未做官,但势力不小,往往勾结官府和贵族,大量吞并农民土地。他们依仗“豪党之徒”⑥,武断乡曲,横行霸道。如济南瞷氏,宗人三百余家,都是“豪猾”难制,根本不把地方守令放在眼里。⑦武帝时,为了加强中央集权和增加财政收入,曾打击和惩治过一部分豪强地主,但这种打击很有限;相反,武帝扩大实行入粟补官、卖官卖爵,又给豪强地主参政开了大门。如黄霸原是“迁豪”于云陵的“豪杰”,他第一次“入钱”,得任“侍郎谒者”,因罪免官;第二次又“入谷”任“左冯翊二百石卒史”,以后递

---

① 《汉书·功臣表》统计有二百七十二人,《汉书·外戚恩泽侯表》统计有一百一十二人。二者共三百八十四人。

② 参见《汉书·高惠高后孝文功臣表》序。

③ 参见《汉书·萧何曹参传》。

④ 参见《汉书·张汤传》附《张安世传》。

⑤ 《汉书·高祖纪下》:“(五年五月诏)其七大夫以上,皆令食邑。非七大夫以下,皆复其身及户勿事。”

⑥ 《史记·平准书》。

⑦ 参见《史记·酷吏列传》。

升至廷尉、太守、丞相等高官。①从武帝以后，豪族与官僚之间已是坦途相通了。豪族地主通过不同途径(如买官爵、考试等)进入政治舞台，成为官僚；官僚凭借权势大肆侵占土地，成为大地主。土地兼并越来越严重。成帝时大官僚张禹，其家原是"以田为业"的大地主，做官后依仗权势强买民田四百顷，全都是泾、渭流域的上等好田。②许多官僚为了发财致富也竞相置田产，利用商业、手工业取利。如曾位列九卿的杨恽，"家居治产业，起室宅，以财自娱"，并且贱买贵卖，"逐什一之利"③。这已完全是一个官僚大地主兼工商业主了。西汉后期官僚、地主和商人三位一体的结合有了明显的发展。有的官僚又食封邑，封为列侯，样样俱全。

豪族地主既有政治权势，又有庞大的宗族势力和经济地位，所以它一登上政治舞台，必然要形成宗族集团把持政治的所谓私门政治。公元前32年汉成帝即位后，重用外戚，成帝的舅舅王凤做了大司马大将军，兼领尚书事，控制了实权。接着，他把他的族弟王谭等五人同时封侯，王氏子弟"皆卿大夫、侍中、诸曹，分据势官满朝廷""郡国守相、刺史，皆出其门"④。从此，豪族地主把持政权的局面一直延续下去了。

(4)中小地主。当时的户籍对每家资产都有详细登记，家资十万钱左右的被称为"中民"之家。⑤这相当于中小地主。从居延汉简中所记"公乘"礼忠的家财看，他有五顷田、五匹马、二头牛、三辆车、大小奴婢三人，住宅一区，家产值十五万钱。⑥所以礼忠便属中小地主。这些中小地主同豪族地主有矛盾，他们在大鱼吃小鱼的兼并过程中可能被吃掉，但他们中的大多数又依附于豪族地主，为那些"大家"充当二地主和爪牙。许多富商大贾放高利贷时，"中家"子弟就为他们承保、奔走和运营。⑦

整个地主阶级，尤其是食封贵族和豪族地主阶级靠着对农民的残酷掠夺，过着骄奢淫逸的生活，连成帝也承认："方今世俗奢僭罔极，靡有厌足。公

---

① 参见《汉书·循吏传》。

② 参见《汉书·匡张孔马传》。

③ 《汉书·公孙刘田杨蔡陈郑传》附《杨恽传》。

④ 《汉书·元后传》。

⑤ 《史记·孝文本纪》载："百金，中民十家之产。"则十金当为中民一家之产，一金值一万钱，所以中民之家的家产在十万钱左右。

⑥ 参见劳干：《居延汉简考释释文》。

⑦ 参见《后汉书·桓谭传》，本书所引《后汉书》资料及所注卷数，均据中华书局1965年版。

卿列侯，亲属近臣，四方所则，未闻修身遵礼，同心忧国者也。或乃奢侈逸豫，务广第宅，治园池、多畜奴婢、被服绮縠、设钟鼓、备女乐，……"①如外戚王凤及王氏五侯"争为奢侈，赂遗珍宝，四面而至；后庭姬妾，各数十人，僮奴以千百数，罗钟磬、舞郑女、作倡优，狗马驰逐"②，糜烂到了极点。他们死后，还要实行厚葬，任意挥霍浪费劳动人民的血汗。从河北满城、咸阳杨家湾和长沙马王堆发掘的西汉墓葬资料看，墓室很宽敞，墓道很长，有大量的随葬品，其中包括马车或大型的偶马车多辆，成套的铜、漆礼器和用器、仿铜漆的陶礼器和用器、玉器，成百成千的木陶俑，王、侯还有精致的玉匣③等更高级的葬品。

工商业主势力的抬头和发展

汉初，刘邦实行"重农抑商"的政策，对商人从政治上、生活上加以种种限制，但没有剥夺他们所占有的生产资料，所以从战国以来那批大工商业主仍然十分活跃；加以汉初允许民间冶铁、煮盐、铸钱，更为他们开了发财致富的方便之门。其中如铁业的孔氏、邴氏，盐业的刁氏，商业的师史氏、田氏、栗氏、杜氏，高利贷的无盐氏，等等，都是"富至巨万"的大工商主，他们不但有丰厚的财产，并拥有大批奴隶。④

汉初的大工商主，虽然政治地位不高，但他们凭借经济实力交结权贵，活动能量很大。晁错对他们曾经有过这样的描述："衣必文采，食必粱肉，亡农夫之苦，有仟佰之得，因其富厚，交通王侯，力过吏势，以利相倾；千里游遨，冠盖相望，乘坚策肥，履丝曳缟。"⑤

汉武帝在经济领域中进行了重要改革，采取了把冶铁、煮盐、铸钱等收归国家专营等一系列措施，打击了一部分工商业主，特别是那些经营盐、铁、钱的大工商业主。但是，随着经济的发展，社会上供应和交换的需要，一大批新兴工商业主又应运而生。元帝成帝以后，仅京师一地就有樊嘉、挚网、如氏、直氏、王君房、樊少翁、王孙大卿等著名大工商业主。其中除樊嘉有钱五千万外，其余都是有万万钱的大富户。在各郡国也有一大批富商，人数之多"不可胜数"。这些

---

① 《汉书·成帝纪》。

② 《汉书·元后传》。

③ 玉匣即用金属丝玉片制成的葬服，其中按死者地位不同分金缕玉衣、银缕玉衣和铜缕玉衣。

④ 参见《史记·货殖列传》。

⑤ 《汉书·食货志上》。

人一大部分靠投机牟取暴利,对社会民生无利可言,是一批吸血鬼。此外,也还有一些"循守事业,积累赢利,渐有所起"的工商业主。他们都是以经营专门行业,获取利润,逐渐致富的。如油行的翁伯、酱行的张氏、刀剑修理行的质氏和熟肉行的浊氏。这些人在供应需求、发展社会经济上起了某些积极作用。①

封建社会,土地是最为稳定的财产,所以工商业主赢利之后,除享受挥霍外,常把积累的财富用来购买土地,这就是所谓"以末致财,用本守之"②。于是大工商业主同时又成了大地主。汉武帝扩大入粟补官、卖官卖爵的办法,也为大工商业主通达仕途开辟了道路,这些人可以通过输钱入粟做官得爵,大者封侯,做卿大夫,小者亦能为郎做吏。如武帝时大牲畜贩运商卜式因为输羊入财获得官爵和赐田,后来一直升到三公。孔仅和东郭咸阳等著名大商人也都成为管理国家财政的要员。这时完全突破汉初对大商人的禁令,工商业主不仅兼地主,有的同时又是个大官僚。

农民及其破产

西汉时期的农民主要分为封建国家控制下的自耕农和佃农两部分。西汉前期封建国家控制的自耕农较多,到了后期佃农增多。这些自耕农和佃农破产后大部分沦为奴婢。

封建国家控制下的自耕农拥有一定数量的土地和农具,以一家一户为单位进行个体生产。居延汉简记载的徐忠当属这类农民。他全家十口人,有一所住宅,五十亩地,二头牛,家财值一万三千钱。③但更多的人情况不如他。一般的自耕农民,土地都很少,在江陵十号汉墓发现的户口册上记载着二十五户的田数和人口,共有一百零五人,田六百一十七亩,每户平均田数是二十四亩七分,按劳动力平均每人九亩,而最少的只有二亩。④这还是西汉前期的情况,以后就越来越少了。

这些农民不仅财产很少,连他们的人身也是不自由的。他们被西汉政府通过户籍制度严格地控制着。那些在秦末农民起义中流散各处逃出户籍控制而在汉初仍"不书名数"的农民,到文景时几乎全部被追查编入了户籍。西汉政府在户籍上详细地登记着"编户"的情况,项目包括:户主、家庭成员、性别、

① 参见《汉书·货殖传》。

② 《史记·货殖列传》。

③ 参见《居延汉简甲编》释文。

④ 参见裘锡圭:《湖北江陵凤凰十号汉墓出土简牍考释》,《文物》,1974 年第 7 期。

年龄、土地、园宅、牧畜及其价值,相貌特征等。以上各项必须如实呈报,否则要治罪,如财产报不符实,被查出就要没收。封建国家的各级行政官吏,把清查核实户口作为一项主要职责,每年一次小清查,三年一次大清查,逐级上报,全国由丞相统管。皇帝和中央政府常用户口的虚实多少作为考课地方官吏的依据。封建国家根据户籍向"编户"(主要是农民)征赋税和派徭役。西汉政府为了确保收入,还实行"联伍",一家逃亡,其他家要承担逃亡者的各种义务,甚至还要受刑。这些农民在沉重的税役负担下,已处于濒临破产的困苦生活之中。晁错记述文帝时期农民的生活状况说:农夫一家五口,至少有二人服役,全家合力种田超不过百亩,这一百亩地的收入也超不过一百石。春耕、夏耘、秋获、冬藏,还要采伐薪柴,给官府服徭役。一年到头实在是勤苦极了。如果再遇上水旱灾荒,只好去借高利贷,最后就出卖田宅儿孙来还债。①号称文景盛世时的情况尚且如此,以后就更加困苦不堪了。到了西汉后期,他们被逼得无法生产,甚至出现了"耕者不能半"②的局面。

佃农有少量的土地,雇农根本没有土地,依靠租种地主的土地或做雇工过活。租种封建国家的土地是封建国家的佃农,租种私人地主的土地为私人地主的佃农。佃农租种土地,租率一般在收成的二分之一以上。③随着豪族地主的发展和土地的集中,私人地主的佃农在农民阶级中的比重越来越大。他们除向地主交纳地租外,还必须向西汉政府交纳人头税和服徭役。雇农的生活更无保证,他们靠出卖劳力换取微薄的工钱,有时官僚、地主还仗势欺人,克扣工钱,甚至不给。如周亚夫的儿子雇工搬运葬具回家就不给工钱。④这些佃农和雇农当时被称为"贫民"或"徒附",受主人的严格控制,同奴隶相差无几,实际是一种依附农民。他们地位低下,饱受地主阶级为所欲为的欺凌与迫害。

奴　婢

公元前 202 年(汉高祖五年)曾下令,凡由于饥饿而自卖为奴婢的,免为庶人。随着地主阶级势力的发展和农民的日益破产,奴婢的数量不断地增加。在封建国家的手工业作坊、矿场、牧场里,有数以千计的奴婢在劳动。景帝时

---

①③ 参见《汉书·食货志上》。

② 《汉书·王贡两龚鲍传》。

④ 《史记·绛侯周勃世家》。

在长安以北和以西设养马场,有官奴婢三万人,养马三十万匹。①武帝时,官奴婢更多,还下令凡是向国家交纳奴婢的可以终身免除徭役。②各级官府都有相当数量的奴婢,有的多达几千人。③把奴隶作为赏赐的记载也相当多,汉武帝赏给他同母异父姐修成君奴婢三百人④,赏给乐通侯栾大童(奴)千人⑤。宣帝一次赏给霍光奴婢一百七十人。⑥成帝时诸官府的奴婢不下十几万人。⑦这些奴婢主要是供官吏生活和享乐的役使,也有为官府做些杂事的。

封建国家的奴婢大部分来自罪犯及其家属。还有相当数量的"刑徒",他们虽不是终身奴隶,在服刑期间则与奴隶相当,许多重大工程,如建造城郭、筑长城、修路造桥、治水、采铜铁、冶炼、伐木、修造陵墓等都由刑徒参加劳作。

一些贵族、大官僚及大工商业主也役使着数以百计的奴婢,有一部分地主也使用一定数量的奴婢进行耕种,中小地主家往往也有几个奴婢。私家的奴婢主要来自破产的农民。

奴婢们忍受着惨无人道的压榨和欺凌。他们"与牛马同栏"⑧被拉到市场上去出卖。一个奴婢的价钱约为万钱。西汉政府虽然有过不准杀害奴婢的命令,实际上是一纸空文,杀殉的现象仍然存在。⑨

二、西汉时期的农民反抗斗争

贯穿整个西汉一代,农民的反抗斗争从来就没有停止过。由于各个时期政治、经济情况不尽相同,他们反抗斗争的形式和内容也有所不同。但是,总的趋势是:农民的反抗斗争由小到大,由弱到强;而封建统治阶级开始虽然貌似强大,多次残酷地镇压了农民起义,但在农民斗争的不断打击下,日趋衰弱,终于被赤眉绿林农民大起义所埋葬。

---

① 参见《汉书·景帝纪》注如淳引汉仪注。

② 参见《汉书·食货志下》。

③ 参见《太平御览》卷二二九引《汉旧仪》。

④ 参见《汉书·外戚传上》。

⑤ 参见《汉书·郊祀志上》。

⑥ 参见《汉书·霍光金日磾传》。

⑦ 参见《汉书·王贡两龚鲍传》。

⑧ 《汉书·王莽传中》。

⑨ 《汉书·景十三王传》"(赵缪王元)病,先令,令能为乐奴婢从死。追胁自杀者凡十六人。"

汉初农民的反抗斗争

汉初,刘邦在全国重建了被秦末农民起义打乱的封建秩序。农民又被套上汉王朝的封建枷锁。公元前202年,刘邦刚做了三个月皇帝,就发布了一道重建封建秩序的命令,其中很重要的一项就是要逃亡山林水泽没有户籍的农民重回原籍恢复生产,接受封建剥削。这项规定遭到了农民的抵制,直到文景时期,还有相当一部分人未入户籍。这个情况说明农民不服从西汉政权的命令,拒绝为汉统治者服徭役、纳赋税。此外,汉初大小官吏依势抢占土地,也引起了农民的反抗。如萧何霸占民田曾引起数千人聚众控告他的罪行。[①]文、景两代是为历来剥削阶级史家所称颂的"治世",但是,就在这个"治世",阶级斗争仍很激烈。这从一些政论家的言论中可以清楚地看出来。当时的农民反抗斗争,比刘邦时又有新发展。一种形式是由于受不了沉重的赋役负担,从土地上逃亡。流亡者的一部分逃到汉朝法令所不能及的诸侯王国去,挣脱了狼窝,又陷入了虎口;[②]一部分则被垄断盐铁的大工商业主吸收为劳动力,他们"远去乡里",结果也落入魔掌。[③]另一种形式就是进行公开的武装反抗。封建史籍诬称为"盗"的,就是指那些敢于反抗的人。淮南地区曾发生了武装起义。[④]汉统治中心长安地区也不断发生农民暴力反抗事件,成为统治者议事日程上的重要问题。[⑤]引起统治者不安和恐惧的是,反抗者甚至白天在城市里劫取官吏的不义之财。[⑥]贾谊曾惊呼面临着"有勇力者聚徒而衡(横)击"[⑦]的局面,建议文帝采取措施加以防止。晁错在向文帝上书中更直言不讳地说,自从文帝即位以来,"民不益富,盗贼不衰"[⑧]。

汉初农民的反抗斗争,虽有这些不同形式,但总的说来是处于低潮时期。

---

① 参见《史记·萧相国世家》。

② 参见《史记·吴王濞列传》《史记·淮南衡山列传》。

③ 参见《盐铁论·复古》。

④ 参见《史记·淮南衡山列传》。

⑤ 参见《史记·陈丞相世家》。

⑥ 《汉书·贾谊传》:"盗者剟寝户之帘,搴两庙之器,白昼大都之中剽吏而夺之金。"

⑦ 《汉书·食货志上》。

⑧ 《汉书·爰盎晁错传》。

武、昭、宣时期的农民起义

汉武帝时期由于长期用兵和宫廷开支浩繁,消耗了大量的人力和物力,如军事装备和赏金,就"以亿万计"[1],空前地加重了人民的负担。加以官吏残虐、地主剥削,使大量农民失去土地、破产流亡。公元前127年(元朔二年),汉武帝开始注意到安置流民的问题。这一年迁到朔方郡的就有十万口,公元前119年(元狩四年)又迁关东贫民七十二万五千口到陇西、北地、西河、上郡、会稽等地,希图以此来缓和阶级矛盾。但是,连年的灾荒又加速了矛盾的发展。农民因灾致死的记载,史不绝书。如公元前132年(元光三年)黄河在瓠(hù)子决口,经巨野泽东南流入淮阳,泛滥地区遍及十六郡。公元前115年(元鼎二年)、前114年(元鼎三年),山东连年歉收,又遭到水灾、雹灾,饿死者以千数。[2]逃亡的人越来越多。公元前107年(元封四年),仅关东地区的流亡人口就达二百余万,其中无户籍的四十万。[3]"穷民犯法"的情况到处皆是,整个社会动荡不安,封建统治危机四伏。

统治阶级中的某些人物察觉到这种严重情势,燕郡无终(今天津市蓟州区)人徐乐上书汉武帝说,危害一个政权存亡的,不在于"瓦解",而在于"土崩"。他所说的"瓦解",是指吴楚七国叛乱,所说的"土崩之势",是指陈胜起义那样的人民反抗斗争。现在汉朝的局势也面临着"土崩之势"的危险,若不及时采取对策,"虽有强国劲兵",亦不免"土崩"而亡。[4]西汉政府为了防范、镇压人民的反抗斗争,强化其暴力统治,采取加重刑法的恶毒手段,来对付手无寸铁的农民。据《汉书·刑法志》记载,汉武帝时的律令十分烦苛,"律令凡三百五十九章,大辟四百九条,千八百八十二事,死罪决事比[5],万三千四百七十二事"。这些极其残暴的刑法都是对着反抗的群众的。丞相公孙弘还建议禁止人民置持弓弩[6],汉武帝把他的建议交给朝臣讨论,以弓弩收不胜收,作罢。

西汉政府的法网再严密,统治再残酷,不仅阻止不了人民的反抗,相反

---

① 《盐铁论·轻重》。

② 参见《汉书·武帝纪》。

③ 参见《汉书·万石卫直周张传》。

④⑥ 参见《汉书·严朱吾丘主父徐严终王贾传》。

⑤ 比,以例相比。

地,这种镇压进一步激化了阶级矛盾。到汉武帝末年,各地农民从流亡的反抗形式发展为武装起义。起义较早的是东郡(郡治在今河南濮阳西南)农民。起义爆发后,汉武帝派遣"天下少双、海内寡二""知(智)略辐凑"的吾丘(复姓)寿王为东郡都尉,同时兼管太守的事务,以便集中地方军政大权镇压农民起义。但是农民起义军把这个"天下少双"的"能人"打得一筹莫展。起义军纵横郡内,声势更大了。汉武帝不得不把他调回,另派他人。①公元前99年(天汉二年),徐勃领导泰山(郡治在今山东泰安市东)、琅邪(郡治在今山东诸城市)等地农民起义,依据山险,驻扎营寨,进攻郡县城池,控制了一片地区,使西汉政府的政令不能越过这个地区通向其他地方。②与此同时,梅免、百政领导南阳(今河南南阳市)农民起义,段中、杜少领导楚(今湖北)地农民起义,坚卢、范主领导燕赵(今河北)农民起义。各地农民纷纷响应,魏郡(郡治在今河北临漳县西南)农民参加了坚卢领导的队伍。③这些农民起义军树立自己的名号,攻取城邑,没收兵器,释放被监押的犯人,逮捕和镇压西汉的太守、都尉等地方官吏,有的还勒令西汉地方政府向起义军供应粮食。小支的起义军也有数百人,多的可达数千人,甚至有的"不可称数",狠狠地严惩所在乡里的官吏地主。汉武帝派遣御史中丞、丞相长史等中央官员到郡县督察,镇压起义军。农民起义依然蓬勃发展。汉武帝又改派大官僚光禄大夫范昆、原任九卿的张德及暴胜之、王贺、江充等为"直指使者",领兵到各地方。他们穿绣衣,持斧钺(这是拥有尊宠权贵的象征),拥生杀大权。对那些镇压农民军不力的地方守令,他们都有权处置。对于起义农民更是穷凶极恶,被杀的成千上万,甚至向起义军提供饮食的人,也大批的遭到杀害。④但是,起义军没有被血腥的镇压所吓倒,他们英勇作战,坚持数年。许多重要首领被汉军俘获,可是,起义军的余部依然继续集聚在山川深险的地方,进行不屈不挠的斗争。为了督促地方官吏镇压农民的反抗,西汉政府制定了"沉命法",地方官吏不能及时发现农民起义或镇压不得力者,都要被处死。许多官吏为了避免受刑,常常把农民起义的情况隐瞒不报。农民的反抗斗争在统治阶级内部"上下相为匿"的情况下而日益发展。⑤

汉武帝意识到对农民进行血腥屠杀的结果是起义更加发展,遂又施出了

① 参见《汉书·严朱吾丘主父徐严终王贾传》。

② 参见《汉书·武帝纪》。

③ 参见《汉书·元后传》。

④ 参见《汉书·酷吏传》之《咸宣传》。

⑤ 参见《汉书·武帝纪》《汉书·酷吏传》《汉书·元后传》。

欺骗的伎俩,在公元前 89 年(征和四年),下了一个罪己诏,说过去四处争战,劳民伤财,是自己的过错,"当今务在禁苛暴,止擅赋,力本农,修马复令(养马者免除赋税)以补缺,毋乏武备而已"①。汉武帝的残酷镇压与"以明休息,思富养民"两手政策,又把农民起义斗争瓦解了。

昭帝和宣帝时期,农民起义暂时处于低潮,但斗争一直未止息。汉宣帝时,人民因为天灾人祸,到处流亡。②农民起义又接连而起。约在地节年间(公元前69—前66),渤海郡(今河北东南部)、胶东王国(今山东半岛一部)及邻近郡县的农民,同时爆发起义,起义军攻打西汉官府,释放被囚禁的犯人,拘捕西汉的列侯,打得地方官束手无策。汉宣帝派大屠夫张敞为胶东王相。张敞采用分化瓦解的毒招,以重赏引诱起义军中的不坚定分子,使他们杀害起义军骨干,从内部瓦解起义军;同时还以重赏鼓动反动官吏残酷屠杀起义群众,无数凶手反被提升,从而镇压了胶东农民军。③汉宣帝派龚遂为渤海太守,并给他"一切便宜从事"的权力。龚遂用招抚与镇压的两手对付农民起义。他到任即发布通告:凡是以锄、镰等农具为武器的起义者,以"良民"对待,官吏不得捕杀;凡是持兵器起义者,以"盗贼"处置。渤海起义军由于这种阴谋诡计的破坏,终于又被镇压下去了。④

西汉后期连绵不断的农民起义

元帝以后,土地兼并日益剧烈,贵戚、官僚和豪族竞相兼并,公田私田都成了侵占的对象,占田数百顷的,是常见现象,多者跨郡连县至数千顷。成帝时外戚王立通过地方郡守之手在南郡侵占"公田"的所谓荒地数百顷,其实有很大一部分是农民从国家租来,经过辛勤劳动,已垦殖的熟田。⑤一般富户也"多规良田,役使贫民"⑥,整个地主阶级像虎狼一样争夺土地。成帝时有"宿儒"之称的丞相翟方进,在侵占汝南鸿隙陂下良田不遂时,竟然利用职权,破坏水利建

① 《汉书·西域传下》。

② 《汉书·宣帝纪》地节三年(公元前 67 年)三月诏书:"今胶东相成(人名)劳来不息,流民自占者八万余口。"

③ 参见《汉书·赵尹韩张两王传》。

④ 参见《汉书·循吏传》。

⑤ 参见《汉书·盖诸葛刘郑孙毋将何传》。

⑥ 参见《汉书·傅常郑甘陈段传》。

设,造成田地枯旱,没有收成。①大工商业主也趁火打劫,进行盘剥掠取,如成帝时成都罗裒,勾结贵戚王根、淳于长,仗势在各地大放高利贷,"人莫敢负",又垄断当地盐井之利,一年就可得成倍的赢利,王根等便从中分肥。②这些财物又被用来兼并土地,地主、工商业主,都同样是吸取农民血汗的剥削者。

在这种形势下,地主阶级和农民阶级的地位和生活状况,天地悬殊。以皇帝为首的地主阶级在农民的白骨枯骸之上,穷奢极欲,无所不为。自命为行王道,好儒术的元帝,因为宫廷里的马饱食粮谷,膘肥肉壮,怕它上火发怒,每天派专人牵着到处溜达。③成帝征发民役,在南山地区,西自褒斜(今陕西北到眉县南到褒城镇一线),东至弘农(今河南灵宝市北),南到汉中(今陕西汉中市)的广阔范围内,圈占农田,设置猎场,纵放各种禽兽,以捕猎为乐。其豪华侈靡的程度,连随行的御用文人扬雄也不能不感叹:"此天下之穷览极观也。"哀帝更是挥霍无度,赏赐宠幸,动辄千万,掏空了国库。幸臣董贤死后被抄,拍卖财产尚值四十三亿钱。④这些钱财无一不是民脂民膏。皇帝以下的贵族、官僚、豪族也无不如此,"诸侯妻妾或至数百人,豪富吏民畜歌者至数十人"⑤,"居尊官,食重禄"的官僚则"营私家,称宾客,为私利"⑥,富商大贾也争风示富,"好衣美食"⑦。总之,这是一群吃人的豺狼,喝血的魔鬼。相反,以农民为主的广大劳动人民却生活在水深火热之中,和统治阶级的永昼歌舞、长夜醉饮形成了鲜明的对比。元帝时的贡禹描述农民的生活是:"农夫父子暴露中野,不避寒暑,捽草杷土,手足胼胝(茧子);已奉租谷,又出稿税;乡部私求,不可胜供。"重压加灾荒,饥寒交迫,疾疫流行,饿死不能得葬,尸体被猪狗所食⑧,"人至相食"⑨的情况比比皆是。仅成帝时,因饥饿疾疫死于道路的就以百万数。⑩哀帝时的鲍宣概括了农民的处境是"有七亡而无一得","有七死而无一生"⑪。广大农民被迫走上了流亡的道路,西汉后期,流民的数字一直很大,据史书上缩小了的记载,仅哀帝建平二年(公元前5年)流离逃亡的农民就以十万数。⑫

---

① 参见《汉书·翟方进传》。

② 参见《汉书·货殖传》

③ 参见《汉书·王贡两龚鲍传》。

④⑧ 参见《汉书·佞幸传》。

⑤⑥⑦⑪《汉书·王贡两龚鲍传》。

⑨《汉书·薛宣硃博传》。

⑩ 参见《汉书·谷永杜邺传》。

⑫ 参见《汉书·匡张孔马传》。

公元前30年(成帝建始三年)前后,长安附近的南山地区(今陕西西安市西)爆发了傀宗领导的农民起义。起义队伍有数百人,凭借山险,四处进击,严惩了不法官吏和地主,断绝了通向长安的道路,长安为之震动,各城门都严加警戒,先后两任京兆尹都因镇压不力被免职。起义历时年余,才被镇压下去。①

成帝永始三年(公元前14年),河南尉氏(今河南尉氏)人樊并等十三人领导起义,杀陈留太守,自称"将军"。起义军镇压官吏地主,释放罪犯,夺取武器,坚持战斗一年多。后来由于起义军内部出了叛徒,杀害了樊并,起义惨遭失败。②成帝时还有鄠县(今陕西西安市鄠邑区)人梁子效领导的起义。③

平帝元始三年(公元3年),阳陵(今陕西高陵县西南)人任横领导农民起义,自称"将军"。起义队伍烧毁县邑,收夺武器,释放罪犯,准备进攻京城,西汉统治者为之惊惧。后被西汉政权所镇压。④

除此之外,还有不少较小的起义,如江夏、南郡等地,不仅在山林,而且在江中,都有反抗活动,使得西汉政权不能不选用镇压农民起义的得力鹰犬去做太守等官。⑤农民起义的烽火已经遍燃全国各地了。

在西汉后期还出现了多次"刑徒"起义。"刑徒"是因触犯封建法制而被判处不同刑期,遭受各种刑罚的人。他们在刑期被迫参加各种劳役,所受的奴役和奴隶差不多。西汉后期,随着阶级矛盾的发展,也接连出现以"刑徒"为主干的反抗斗争。刑徒的斗争,实际上也是农民斗争的一部分。

公元前22年(成帝阳朔三年),颍川(今河南禹州市)爆发了铁官徒申屠圣领导的起义。铁官徒是官营冶铁工场的工奴和罪犯。申屠圣组织了一百八十多人举行起义,自称"将军",杀死了官吏,收夺了武器。所到之处,释放"罪犯",和地主阶级展开了激烈的搏斗。他们的斗争得到劳动人民的支持,所以这支起义军很快地壮大起来,转战九郡,给了西汉政权以很大打击。地方官吏束手无策。最后,由西汉政权派了丞相长史、御史中丞等高级官员率军去把起义者镇压下去。⑥

公元前18年(成帝鸿嘉三年),广汉郡(今四川广汉)的一些"钳徒"(颈上带着铁刑具劳作的罪犯)从监狱中营救出因反抗被处死刑的难友郑躬等,有六十多

---

① 参见《汉书·赵尹韩张两王传》。

② 参见《汉书·成帝纪》《汉书·天文志》《汉书·五行志》。

③⑤ 参见《汉书·萧望之传》附《萧育传》。

④ 参见《汉书·平帝纪》、《前汉纪》卷三〇、《后汉书·申屠刚传》。

⑥ 参见《汉书·成帝纪》。

人,由郑躬领导起义,自称"山君"。他们都脱掉囚服,穿上"绣衣"(官服),夺取武器,攻打官府,释放"罪犯",镇压官吏和地主,和封建统治者进行英勇斗争。这支队伍发展很快,仅仅一年多就有一万多人,转战四个县。西汉政权派了三万多军队把这支起义军镇压下去。但是,它的余部一直团聚山林,继续战斗。①

公元前 14 年(成帝永始三年),山阳(今山东金乡西北)铁官徒苏令等二百多人起义,自称"将军",起义队伍不断壮大,转战于四十个郡国②,杀了东郡太守、汝南都尉等重要地方官吏。斗争持续年余,遭到了西汉政权的镇压。这次起义和樊并领导的农民起义相呼应,震动了西汉政权。

这些反抗斗争遍及全国,甚至威胁到京城。西汉政权需要动用很大的人力、物力来镇压。此伏彼起的农民反抗斗争,使汉政权,处于危亡境地,因此,某些统治阶级中人物惊叫,这是陈胜起义般的"奋臂之祸"③,"匹夫欲与上争衡"④,农民要夺取政权了!

为时不久,伟大的赤眉绿林农民革命烈火终于燃烧起来,烧毁了西汉政权套在广大劳动人民身上的封建枷锁,埋葬了西汉王朝。

第四节　西汉社会经济的发展

秦末农民起义沉重地打击了封建地主阶级,使农民在西汉初占有了一定数量的土地,农民有了生产的积极性。西汉前期,统治者提倡重农抑末,奖励农垦以及兴修水利,推广先进生产技术,等等,在客观上顺应了农业生产发展的要求。所以,在西汉前期农业生产有所发展,而农业的发达又为手工业的发展创造了有利条件,从而促进了商业的繁荣。

一、农耕新技术和农业的发展

耕地面积的扩大

汉初,劳动人民积极开垦荒地,耕田植桑,农业生产逐渐得到恢复,人口

---

① 参见《汉书·成帝纪》《汉书·五行志》。

②《汉书·成帝纪》作十九郡国,《汉书·五行志》和《汉书·天文志》均作"经历郡国四十余"。此依《五行志》和《天文志》。

③《汉书·谷永杜邺传》。

④《汉书·杨胡朱梅云传》。

不断增加,劳动力也相应增加,许多未被耕种过的土地也被开垦出来。汉武帝时的统治区域进一步扩大,数百万农民被迁徙到边远地区新置的郡县里,这些农民又把那里的土地垦治成耕地,进一步扩大了耕地面积。到西汉末年平帝时,全国的耕地面积约为 8,270,536 顷,以当时的人口约为 59,594,978 口计算,每人平均耕地约 13.8 亩。史书记载说,这是"极盛"的时代。[1]

铁器和牛耕的广泛推广

西汉时期,牛耕和铁工具在农业生产中已广泛推广。汉初,封建国家为了增加赋税收入,奖励牲畜繁殖,下令禁止杀牛和盗牛。[2]西汉政府还在北方边境设苑养马。广大农民更重视饲养和爱护牲畜,因而,畜力耕作(以牛耕为主马耕为辅)在内地普遍应用。冶铁技术的提高和冶铁业的发展,解决了使用铁工具的问题。从新中国成立后各地出土的汉代铁工具的材料来看,当时农业生产中翻土用的犁头、镬、铲,锄草用的锄,收割用的镰刀等生产工具,都用铁来制造。《盐铁论》中说,铁器是"民之大用",使用铁工具,"则用力少而得作多";没有铁工具,"则田畴荒,谷不殖"。这说明铁工具的使用提高了生产效率,并成为当时生产中不可缺少的东西。

从考古发掘看,东北起自辽东半岛,西北至甘肃、新疆,西南至云南、四川,南至广东,都有汉代的铁农具出土。有的农具比过去大有改进,如从辽宁辽阳市北郊三道壕西汉聚落中出土的铁铧犁[3],比战国的犁铧大有进步。它形式上略同于河南辉县固围村发现的战国铁口犁,但上口宽度加大。其中一种形体,长四十厘米,上口宽四十二厘米,厚十三厘米,銎部断面作三角形,这种全铁铧犁比安在木铧上的铁口犁破土深,效率高。在陕西礼泉县烽火公社王相村等地发现的铁铧上,还附有起翻土成垄作用的铁铧壁(即犁镜)[4],这是劳动人民智慧的一项杰出创造。它把犁地与起垄的二道工序缩短为一次完成,大大地提高了劳动效率。

铁器的普遍使用和改进,牛耕就显得日益重要起来。因为上面所说的这些大犁比较重,最重的有九公斤,一般也有七公斤左右,一头牛是拉不动的。

---

① 参见《汉书·地理志》。

② 《盐铁论·刑德》:"令盗马者罪死,盗牛者加。"

③ 李文信:《辽阳三道壕西汉村落遗址》,《考古学报》,1957 年第 1 期。

④ 李长庆、何汉南:《陕西省发现的汉代铁铧和鐴土》,《文物》,1966 年第 1 期。

武帝时赵过推广牛耕就是"用耦犁,二牛三人"①。二牛挽犁,一人扶犁,一人牵牛,一人控制犁地的深度。到了西汉末年又有所改进,如在山西平陆枣园村发现的这一时期的墓葬中,有二牛抬杠一个扶犁的壁画,说明当时已普遍掌握用牛鼻穿环来控制犁牛方向及用犁箭来控制耕地深浅的技术,节省了两个劳动力。②另外甘肃武威磨咀子出土的西汉末年的木牛犁模型明器,用一牛挽一犁③,表明当时已有单牛犁耕,不过可能还不普遍。从"二牛三人"到一人扶犁,是犁耕技术的一大进步。但对贫苦农民来说,不论二牛抬杠,还是单牛犁耕,都有相同的困难,因为他们土地很少,甚至连立足之地都没有,购买价值二三千钱的一头牛是很难的,二牛更谈不到了。劳动人民智慧所创造改进的耕作技术却落入了地主手中,成为他们剥削农民膏血的工具。

耧播技术的发明

西汉时期农耕技术的另一项重要发明就是创造了耧播技术。辽阳三道壕有铁耧足出土,北京清河镇朱房村也出土过铁耧足。④文献中记载,耧车是在武帝至宣帝时期发明的。⑤平陆枣园汉墓壁画有一幅耧播图,描绘一人驾车,一牛挽犁,犁有三根耧足的情状,和文献记载中所说"其法,三犁共一牛,一人将之,下种、挽耧,皆取备焉,日种一顷"⑥的情况完全相同,表明这是当时实行的耧播方法。耧车的发明是播种技术的一次革命,它下种深浅一致,出苗整齐,行距均匀,便于通风,接受阳光比较充足,利于植物的生长。耧车的发明和使用,标志着我国在西汉时期,耕作技术已有了相当高的水平。

在耕作技术上,施肥和灌溉也受到了普遍重视。辽阳三道壕遗址中,发现畜圈和土沟厕所连得很近,证明这是为了粪田而采取的积肥措施。

---

① 《汉书·食货志上》。

② 《山西平陆枣园村壁画汉墓》,《考古》,1959 年第 9 期。

③ 甘肃省博物馆:《武威磨咀子三座汉墓发掘简报》,《文物》,1972 年第 12 期。

④ 全国基本建设工程中出土文物展览会工作委员会编:《全国基本建设工程中出土文物展览会图录》图版二,中国古典艺术出版社,1955 年。

⑤ 《齐民要术·耕田一》记载,耧车是武帝搜粟都尉赵过发明的。赵过不劳动,不可能是他创造的,肯定是农民发明的,大约赵过曾加以提倡或推广。《太平御览》卷八二二引崔寔《政论》说耧车是宣帝时蔡登发明的。

⑥ 《齐民要术·耕田一》引崔寔《政论》。

水利灌溉

西汉政府为了解决农田灌溉问题,兴修了不少水利工程。汉武帝时期农民在关中兴修了六辅渠、白渠等工程,在河西河套等地区也兴修渠道网。在水利上最有创造性的是,人民群众发明了井渠,因"岸善崩,乃凿井,深者四十余丈,往往为井,井下相通行水"[①]。开始在关中引洛水至商颜(今陕西大荔县北),后推广到新疆地区。每一项水利设施受益田往往可达数千顷以至万顷,大大提高了产量。

"代田法"和"区田法"

在人稠地狭的关中地区,劳动人民在生产实践中积累了丰富的精耕细作的生产经验。武帝时,赵过总结了这些经验,称作"代田法",即把耕地分治成圳和垄,圳宽一尺,深一尺,垄亦宽一尺,圳垄相间。把种子播在圳里,禾苗长出以后,逐渐把垄上的土培到圳里,以增强禾苗的抗旱抗风能力。次年,把圳和垄的位置调换一下,照样种植,如果配合上施肥和浇灌,每亩的产量可增加一斛到三斛[②](汉代一斛等于一百二十斤,汉代的一斤约合二百五十克左右)。代田法是争取单位面积高产的积极手段。成帝时,著名农学家氾胜之著《农书》十八篇[③],里面记载着劳动人民创造的另一种精耕方法——"区田法"。"区田法"是把耕地分为上农区、中农区和下农区三部分。上农区掘土方深各六寸为一区,每区相隔九寸,一亩地可掘三千七百个区,每区下粪一升,下种二十粒,每亩下种二升。中农区和下农区的土方大一些,相距远一些。这是一种园田化的耕作技术。这种方法可以不择地段,不拘作物,通过深耕、足肥、勤灌和精心管理就可以在较小面积上获得高产。当时,这种方法虽然由于"工力烦费",不能大力推广,但它这一套配合得巧妙合理的农田丰产技术,确是反映了西汉时期农业的发展水平。另外书中还有关于溲种法、穗选法、嫁接法、调节稻田水温法,以及复种、轮作、间作、混作等记载。

---

① 《史记·河渠书》。

② 参见《汉书·食货志上》。

③ 氾胜之《农书》(后世通称《氾胜之书》)已散佚。贾思勰之《齐民要术》主要转引了此书农业技术部分的内容。"区田法"载《齐民要术·种谷三》。清代学者对此书有三种辑本,其中以洪颐煊辑本最好。

水碓和风车等技术的发明

农产品的加工技术也有新的创造和改进。过去靠人工舂米或加工其他谷物，但至迟在武帝时期就出现了用畜力挽转的大石磨，如河北满城中山王陵墓中就有用马拉的带有铜漏斗的大石磨。又如在三道壕出土的供谷物脱壳用的陶砻，河南济源西汉末年墓中出土的脚踏"践碓"陶明器和筛谷糠用的风车模型①，还有文献记载的利用水力的水碓和水碓磨②，都说明当时已把很大一部分劳动力从过去繁重的杵臼劳动中解放出来。农产品加工技术的进步是劳动人民光辉创造的又一例证。

主要的农作物

西汉时期的农作物品种，在黄河流域以粟、麦为主。从考古发掘看，还有黍、粳稻、大豆、麻、薏仁、高粱等作物的种植。③过去有人认为高粱是在公元四世纪前后从非洲辗转传入的，但从烧沟、三道壕和内蒙古乌兰布和沙漠等处发现的高粱遗物看④，我国早在西汉时期就在华北、东北地区普遍种植高粱了。

随着农业生产的发展，地主阶级对农民的剥削也日益加重，广大农民在生产中创造的财富养肥了地主阶级及其国家。到汉武帝即位的时候，国家和皇帝的大小仓库里，装满了粮食，京师存的钱累百巨万，农村和田野里，到处可以看见成群的牛马，有钱人骑母马都要受到别人的鄙视；不做官的地主吃肥肉、喝醇酒，做官的长养子孙，以官为号，游闲富足。但广大劳动人民却仍然过着不得温饱的生活。⑤

二、冶炼铁、钢新技术　其他手工业与商业

冶炼铁、钢的新技术

手工业的发展与农业的发展有着相辅相成的关系。农业上广泛使用铁工

---

① 河南省博物馆：《济源泗涧沟三座汉墓的发掘》，《文物》，1973年第2期。

② 参见《新论》。

③ 中国科学院考古研究所编辑：《洛阳烧沟汉墓》，科学出版社，1959年。

④ 侯仁之等：《乌兰布和沙漠北部的汉代垦区》，《治沙研究》第七号，科学出版社，1965年。

⑤ 参见《汉书·食货志上》。

具,所以冶铁业在汉代手工业中是最兴盛的行业之一。汉初,南阳的宛城,巴、蜀的临邛,赵国的邯郸等地,都有规模较大的私营冶铁工场。临淄故城出土的"齐铁官印"[①]"齐铁官丞""齐采铁印"[②]等以及吴王濞采矿冶炼的记载都说明汉初的诸侯王也设有铁官并进行冶炼。武帝以后,冶铁业变为官营,冶铁业的范围更加扩大。据《汉书·地理志》记载,汉武帝以后各地设有铁官进行官营冶铁的有四十九处,北至辽东,西达陇西,东南到淮水流域,西南到川、滇都有冶铁作坊。新中国成立后,在河南巩义市发掘的一个汉代冶铁工场的遗址中,在一千五百平方米的范围内发现了十八座冶铁炉;在南阳旧宛城发掘的冶铁遗址中,在三千平方米范围内也发现了十七座冶铁炉,并且发现了大量残存的铸造和锻打的工具,还有一些包括农具、兵器和手工业工具的产品。[③]这说明汉代冶铁业的规模是很可观的。另外在河南的鹤壁、郑州、南召、桐柏,河北的清河镇,山东的东平陵等处也都发现冶铁和制铁的遗址。

在巩义市发现的矿井有圆形和方形两种,有炼炉、熔炉、锻炉。矿石也经过筛选。当时炼出来的主要还是海绵铁。遗址中还发现为了去掉硫质而加入一定数量石灰石的遗存物。炼铁的燃料除木炭之外,用煤(即文献中所说的石炭、石墨)比战国更广泛了。

当时炼钢是采用低温炼钢法(温度在 1240℃ 至 1330℃ 之间)。炼出的钢混有溶渣的半溶体,然后趁势热打,挤出渣子。炼钢炉有反射炉和炒钢炉两种。这种炼钢技术也在世界炼钢史上揭开了新的一页,是我国古代劳动人民的一项伟大创造。

在冶铁业实行官营以前,有一些著名的冶铁世家大工商业主,如宛城的孔氏,临邛的卓氏、程郑氏等。这些大工商业者使用数以百计的奴隶进行生产,从中掠夺大量财富。官营以后,生产者一部分是奴隶,称为"工巧奴",另一部分是犯罪的刑徒,称为"铁官徒",在服刑期间,受到残酷的压迫和奴役,同奴隶没有什么区分。这种残酷落后的生产方式对冶铁业的发展起了相当大的阻碍作用。

---

① 参见吴式芬、陈介祺:《封泥考略》。

② 参见王献唐:《临淄封泥文字目录》。

③ 赵国璧:《河南巩县铁生沟汉代冶铁遗址的发掘》,《考古学报》,1960 年第 5 期;裴明相:《南阳汉代铁工厂发掘简报》,《文物》,1960 年第 1 期。

食盐的生产

食盐是人民的生活必需品。煮盐业在汉代与冶铁业相提并称。我国海岸线很长,很多地区煮海水制盐。巴、蜀生产井盐亦很有名。和冶铁业一样,官营以前煮盐手工业都为富商大贾所把持。武帝时把煮盐业收为官营,于各地设盐官管理,从此,国家控制了三十二处生产食盐的手工业工场。

铸币和采铜

汉代冶铜铸币也是较发达的手工业。西汉初期,允许私人和郡国炼铜铸币,所以吴王刘濞用豫章铜矿,"即山铸钱,富埒(比)天子"。汉文帝的宠臣邓通在冶铁大商人卓王孙的帮助下,开设大规模的铸钱工场,当时有"吴、邓之钱遍天下"[1]的说法。汉武帝统一币制,禁止私人和郡国冶铜铸钱,从此,这一手工业完全控制在国家手里。

冶铜业也有相当规模,河北兴隆发现的西汉铜矿遗址,矿井深一百多米,坑道向四周分延,矿井附近设有冶炼工场,炼成铜锭再运往别处制造器物。[2]汉代还发明了"胆水取铜法",用化学办法取铜。[3]当时,铜器生产的规模也比以前更大了,就由于铁器的普遍使用,青铜器的制造已失去了先秦时期的优越地位。生产工具和武器等都被铁所取代。铜主要用来制作家庭用器、铸钱和工艺品。满城中山王陵墓中出土的错金铜薰炉、长信宫灯和广西合浦望牛岭出土的凤灯,等等,都是罕见的铜质艺术品,其制造的精美反映了手工业工人具有相当高的艺术造诣。

精美的纺织品

纺织业是汉代手工业中规模大、品种多、技术先进的部门,其中以丝织、麻织为最多。山东的临淄、京师长安是当时闻名全国的纺织业中心。西汉政府在临淄设有"三服官",长安有东、西两"织室",两处都有千名以上的工奴进行生产,专门纺织各种精美的丝麻织品,供皇室贵族消费,同时也用来做赏赐和

---

① 《史记·平准书》《华阳国志·蜀志》。

② 罗平:《河北承德专区汉代矿冶遗址的调查》,《考古》,1957 第 1 期。

③ "胆水取铜法"是用含铜矿石在一种氧化硫铁杆菌的催化作用下产生硫酸铜(胆水),然后用铁置换而得铜。《淮南子·万毕术》中记载"白青得铁,即化为铜",即"胆水取铜法"。

对外贸易。1972年春天,湖南省博物馆在长沙马王堆发掘的汉初轪侯利仓妻子墓中,发现了大量的丝织品,有保存完整无缺的服饰,有整幅或不成幅的丝绸,总数达一百余件。这些丝织品的种类有绢、罗、纱、锦、绣、绮等,颜色有茶色、绛红色、灰色、朱色、黄棕色、浅黄色、青色、绿色、白色等,花纹制作技术有织、绣、绘等,花纹样式有各种动物纹、云纹、卷草纹、变形云纹和菱形几何纹等。在许多服饰物中,有一件用素色纱做成的禅衣,衣长一百二十八厘米,袖长一百九十厘米,但重量只有四十九克。[①]汉初的纺织技术就已达如此惊人的水平,说明我国劳动人民有很高的才智和无限的创造力。汉武帝打败匈奴以后,打通了通向西域的道路,西汉的丝织品便成为我国与中亚、西亚各国进行贸易的主要物品。我国的丝绸大量畅销中亚、西亚各国,并由这些国家的商人转运到欧洲,被希腊、罗马的贵族视为珍品,所以欧洲人最早称中国为"丝绸之国"。民间的纺织业也比较发达,除了一些豪富经营的手工业工场外,广大的农妇也常常利用麻、葛、生丝等原料进行纺织,产品除了自给、缴税外,也有一小部分拿到市场上去进行交换。

除上述手工业外,这时的造船业也有了突出的发展。广州发现的大面积的秦汉造船遗址,提供了重要的资料,根据船台两滑板距离推算,常用船宽在五米左右,大者可达八米,长达二十米左右,载重约五六百斛(合二十五至三十吨)。[②]据文献记载,还有楼船。战国铜鉴上刻有二层的楼船,汉代楼层增多,高达十丈(西汉十丈合今七丈左右)。船的样式很多,桨、橹、帆、舵、锚等,均已完备,大些的船有甲板。除河湖往来外,还能远洋航行。

另外,民间生产的漆器、竹器,既适用又美观,蜀郡、广汉郡生产的漆器当时已闻名全国。西汉政府还在蜀郡、广汉郡设置了专门制造鎏金和银扣漆器的机构,耗费大量资金,生产各种精美的漆器,供皇帝贵族享用。[③]

还有,这个时期已知道石油,用来燃烧。[④]

商业和城市的发展概况

在农业、手工业发展的基础上,汉代的商业和城市也有了显著的发展。西

① 《长沙马王堆一号汉墓发掘简报》,文物出版社,1972年。

② 《广州秦汉造船工场遗址试掘》《秦汉时期的船舶》,《文物》,1977年第4期。

③ 参见《汉书·王贡两龚鲍传》。

④ 《汉书·地理志》记载,高奴县(今延安延水东岸一带)洧水(延水支流)有油浮出水面,可以燃烧。

汉初期虽然推行重农抑商的政策,但是,由于经商比较容易取利,所以经商的人依然不断增加,而商业也冲破了西汉政府的限制,得到一定的发展。市场上商品种类繁多,从生活资料到生产资料应有尽有,仅《史记·货殖列传》记载的重要商品就达数十种之多。

中原地区交通方便,来往经商的大商人很多,如鲁人曹邴氏以经营冶铁起家而"贳贷行贾遍郡国"。洛阳商人师史,贩运货物的车辆有好几百,"贾郡国,无所不至"[①],致富达七千万。其他因经商而发财致富的还有很多。所以,当时有"用贫求富,农不如工,工不如商,刺绣文不如倚市门"[②]的谚语。

社会经济的发展和人口的增殖,使西汉时期出现了不少繁荣的城市。像长安、洛阳、临淄等都是当时有名的城市,人口都达到十万口以上。长安不仅是汉代政治、文化的中心,也是国内和国际贸易的中心。长安城建筑规模巨大,街市整齐,城内除东市、西市两个综合性的中心市场外,还有各种专门行业性质的小市,如酒市、牛市等,称为"长安九市"[③]。那里聚居着数以万计的中外商人和各种大小商店。其市场规模之大、货物之殷盛、贸易之兴隆,都是当时世界上仅见的。洛阳是东方的经济文化中心,因水陆交通发达,所以商业也很兴盛。临淄纺织业"号为冠带衣履天下",又有鱼盐之饶,人口茂密,商业自然也很发达。此外,南阳的宛城,河北的邯郸,江淮地区的江陵、合肥,南海的番禺,巴蜀的成都,也都逐渐发展成为重要的商业城市。西汉政府在各都市设置市令或市长以管理工商业和征收货物税。这一切标志着西汉社会在相对的稳定条件下,一度衰蔽的社会经济,由于劳动人民的辛勤经营,社会经济得以恢复和发展,出现了空前的繁荣景象。

第五节 统一多民族国家的进一步发展 各族人民联系的加强

西汉时期,我国各民族间的经济、文化联系得到进一步加强。尤其是西汉中叶以后,边疆地区的少数民族处于西汉政权的直接管辖之下,汉族和各少数民族的人民加强了友好往来,密切了经济、文化的交流,促进了我国多民族国家的进一步发展。

---

①② 《史记·货殖列传》。
③《后汉书·班彪列传》注引《汉宫阙疏》。

一、匈奴族及其与西汉王朝的关系

秦始皇时期曾击败了匈奴族奴隶主贵族发动的侵扰活动，制止了他们的南下。但是在楚、汉战争时期，匈奴单于头曼乘内地战乱，出兵占据了河套以南地区。此后，头曼的儿子冒顿做了单于，又继续扩地，东部征服了东胡，西部战败了月氏，统治了西域诸部。北部灭了浑庾、屈射、丁零、鬲昆、薪犁诸部。南部并吞了楼烦、白羊各部落。拥兵三十余万人，成为北方最强盛的少数民族。①

平城之役与"和亲"政策

西汉政权建立后，匈奴的势力已伸延到现在的山西、河北的北部。公元前201年，冒顿单于率骑兵围攻韩王信，韩王信投降匈奴，冒顿的骑兵进入山西中部，占据了晋阳(今太原)。次年，刘邦亲自率领三十二万步兵迎击匈奴，结果在平城白登山(今山西大同市东南)陷入匈奴骑兵的重围，受困七天，经重贿匈奴阏氏(单于皇后的名称)，才得突围。从此，西汉政府感到自己实力虚弱，不得不采纳刘敬的建议，对匈奴采用"和亲"政策。所谓"和亲"，就是汉政府把宗室女嫁给匈奴单于与匈奴言和，维持友好关系，并送与大量绣、锦、絮、缯、酒等礼物，并与匈奴进行贸易。②这是一种妥协政策，使双方在短时期内获得暂时的和缓。惠帝、文帝时期，匈奴贵族仍一直不断进扰，给中原人民造成很大灾难。公元前177年(文帝三年)，匈奴右贤王率骑兵袭击上郡(今陕北一带)，威胁长安，文帝派丞相灌婴率八万多车骑迎击，文帝亲自到甘泉宫(今陕北淳化境内)督战，击败了右贤王的进攻。

冒顿单于死后，老上单于继位，因内部争夺权力，政局不稳，一时无力内扰，但并未放弃南下的野心。文帝接受了贾谊积极防御的建议，做了相应的准备。公元前166年(文帝十四年)老上单于率骑兵十四万袭击今甘肃地区，西汉政府派张相如等率兵迎头痛击，匈奴军骑溃败而逃。以后又屡次进犯，对西汉政权的威胁很大。特别是那些闹分裂的诸侯王，往往勾结匈奴贵族以为援。③因此，如何对付匈奴贵族的进扰是多年来的迫切任务。景帝时，晁错总结了战国、秦、汉以来对付匈奴袭扰的经验和教训，指出单纯的军事防御是劳而功

---

① 参见《史记·匈奴列传》。

② 参见《汉书·匈奴传上》。

③ 《汉书·韦贤传》："诸侯、郡守连匈奴及百粤以为逆者，非一人也。"

少,他建议"徙民实边",亦兵亦农,亦耕亦战,把建设和军事保卫结合起来。晁错还分析了汉和匈奴双方的长短,双方力量对比的变化,提出战胜匈奴是完全有把握的。①晁错的建议是西汉以来对匈奴的战略思想的一次较大转变。

武帝时期汉王朝连续打败匈奴奴隶主贵族势力

汉武帝即位以后,由于社会经济得到恢复和发展,政治力量和军事力量也空前加强。于是,汉武帝转而采取武装进攻、消灭匈奴贵族的军事有生力量的政策,以求从根本上解除匈奴贵族对中原地区的袭扰。但朝内意见不同。王恢主张进击;韩安国主张维持现状。最后,武帝同意了王恢诱敌深入的建议,遂在公元前133年(元光二年),派韩安国等率兵三十万,埋伏在马邑城附近(今山西朔县附近),然后使马邑人聂壹出塞到匈奴,伪称要出卖马邑城,引诱匈奴军队南下。匈奴单于以为有利可图,即率兵十万骑入塞,到武州塞(今山西左云)时见山间有许多马匹而无放牧之人,遂发觉西汉的计谋,引兵退去,汉兵也未加追击。②

此后,匈奴贵族仍不断进击,掳掠烧杀。西汉政权与匈奴贵族不断进行战争。从公元前129年到公元前119年(元光六年至元狩四年)十年之间,西汉政府与匈奴进行了十多次战争,而其中有决定意义的有三次:

(1)公元前127年(元朔二年),匈奴到上谷、渔阳(今北京市怀来县与密云县)一带抢劫,汉武帝派卫青、李息率兵出击,在河套地区打败匈奴的楼烦王、白羊王的军队,夺回了河套地区,设置了朔方郡和五原郡,招募内地十万口迁居朔方,把建设和军事守卫结合起来,同时又修缮了秦朝蒙恬所设置的要塞和沿河的军事工事。朔方古城的遗址至今还存在。这对保卫长安是一有力措施。

(2)公元前121年(元狩二年),西汉派骠骑将军霍去病率骑兵由陇西出击匈奴。霍去病是卫青的外甥,公元前123年,霍去病只有十八岁,曾跟随卫青出击匈奴,他率领轻骑八百,追赶匈奴军数百里,斩杀单于祖父辈的籍若侯产(籍若胡侯,名产),又活捉了单于叔父罗姑比,功冠全军,封为冠军侯。这年,霍去病只有二十岁,率万骑越过马支山(今甘肃山丹县东南)千里,大破匈奴军队。这年夏天又与公孙敖率骑兵出北地(今甘肃环县一带),深入匈奴单

---

① 参见《汉书·爰盎晁错传》。

② 参见《汉书·武帝纪》《汉书·窦田灌韩传》。

于统治区,打败了匈奴的军队。这年秋天,匈奴单于因西部首领昆邪王和休屠王屡为汉军所败,欲召去杀死。昆邪王、休屠王遂商议向西汉投降,霍去病准其投降,但后来休屠王又反悔,于是昆邪王杀休屠王,率所部四万人降汉。西汉又占领了河西广大地区,在那里设置了武威、酒泉两郡(后改为武威、张掖、酒泉、敦煌四郡,称河西四郡)。从此,西汉打通了通西域的道路,并大大削弱了匈奴的力量。

(3)公元前119年(元狩四年),匈奴从右北平(今河北平泉县一带)、定襄(今内蒙古和林格尔附近)进攻西汉,并准备引西汉军队到沙漠以北消灭之。汉武帝派大将军卫青、骠骑将军霍去病率骑兵分两路迎击匈奴,卫青出定襄,霍去病出代郡(今河北蔚县一带),约定在沙漠以北与匈奴会战。匈奴单于"远其辎重,以精兵待于幕北"①,卫青出定襄塞外千余里,与匈奴单于在沙漠地带大战一场,匈奴军队大败,单于仅率数百骑突围逃走,卫青乘胜追至寘颜山赵信城。霍去病出代郡塞外二千余里,打败了匈奴左贤王,俘获七万余人。经过这次战争,匈奴损失八九万军队,而西汉也伤损一万多人和十万多马匹,匈奴远离了西汉边境,西汉由于消耗了大量的人力物力,一时也没有力量组织进攻。②

匈奴族隶属西汉王朝

西汉昭帝时,匈奴统治集团内部发生争夺统治权的斗争,互相攻杀。宣帝时,匈奴内部矛盾更加激烈,终于造成分裂,形成五单于纷争局面。公元前56年(五凤二年),呼韩邪单于打败了屠耆单于,屠耆单于的儿子率残部降汉。不久,呼韩邪单于又被其兄郅支单于打败,被迫与臣下商议降汉,率众到五原塞(今内蒙古五原)向西汉称臣,并派儿子到汉朝来。公元前51年(甘露三年)呼韩邪单于到长安朝见了汉宣帝刘询,西汉政府待以殊礼,赠与大量财物。郅支单于亦遣使入汉通好,并西击乌孙,北击乌桓,破坚昆、丁令诸部。东部地区受呼韩邪单于统治,归西汉管辖。元帝时,郅支单于西入康居,西汉西域都护甘延寿和西域副使陈汤发兵击杀郅支单于。从此,匈奴全归呼韩邪单于统治,汉族与匈奴族人民和睦相处,互相交换各种产品。汉文化和汉族人民的生产技术如计算方法、穿井、筑城、修筑房舍等相继传入匈奴,促进了匈奴族生产和

---

① 《汉书·匈奴传上》。
② 参见《史记·卫将军骠骑列传》。

生活的进步。匈奴的良马和养马方法也传给汉族,密切了匈奴与汉的关系。直到西汉末年,在中国广阔的北方,牛马遍布旷野,几代都相安无事,匈奴与汉族人民之间的联系更加密切了。①

二、西汉与西域各族人民的联系　西域都护府的建立

西域简况

汉代一般把甘肃玉门关和阳关以西新疆境内各少数民族建立的政权及中亚的一些国家,统称为西域。

汉代的新疆境内,居住着月氏、乌孙、塞等许多少数民族。他们大都进入阶级社会,分别建立了三十多个地方政权。经济生活以畜牧为主,以农业为辅,也有较发达的手工业。但由于居住分散,实力较弱,经常受到其他民族的欺压和掠夺。秦末汉初,匈奴族冒顿单于占领了西域诸国,掠夺了大量人口来补充劳动力,一次曾掠夺了蒲类族(分布于今新疆巴里坤哈萨克自治县一带)人六千余口。②他又在那里设置了"僮仆都尉",经常派数千骑兵往来于焉耆、危须(今新疆焉耆回族自治县)、尉犁(今新疆库尔勒市)等地,对当地少数民族进行监视和勒索。西部边远地区的一些少数民族也表示服从。当时的西域成为匈奴族统治者榨取财富的主要对象。③并以这一地区作为向西汉政权进犯的立足点。

西汉初年,匈奴人打败了西域的月氏,部分月氏人向西迁徙,占据了塞国(今新疆伊宁附近),建立了大月氏国。汉武帝即位后,在准备进攻匈奴的时候,从俘虏来的匈奴人口中得知大月氏有报复匈奴之意,于是便想联合大月氏共同夹击匈奴。由于对西域情况不够了解,月氏的去处不明,到西域去又必须通过匈奴占领的地区。任务相当艰巨。汉武帝便下令征募敢于担当这一重任的使者,郎官张骞应募出使西域。

张骞通西域

公元前 139 年(建元二年),张骞率一百多随员出使西域,不幸中途为匈

---

① 《汉书·匈奴传下》赞称:"边城晏闭,牛马布野,三世无犬吠之警,黎庶亡干戈之役。"
② 参见《后汉书·西域传》蒲类国条。
③ 参见《汉书·西域传上》。

奴捉住。张骞等坚贞不屈,一直被拘留了十年,才寻机逃出,来到西域。张骞到西域后,大月氏已被乌孙人驱逐,迁往大夏(今阿富汗北部)。张骞远途跋涉,经大宛、康居等到了大夏,找到月氏人。但这时月氏人因已在大夏定居,不想与匈奴打仗,张骞只得回国。在回国途中又被匈奴捕获,拘留年余,后乘匈奴内乱逃出,于公元前126年(元朔三年)同堂邑父回到长安。前后经过了十三年。张骞这次通西域虽然没有达到联络大月氏的目的,然而熟悉了西域的政治、军事、地理、风俗等情况,沟通了汉与西域各族的联系。张骞把这些情况向汉武帝作了详细报告。①

公元前119年(元狩四年),张骞奉命第二次出使西域。这时,匈奴昆邪王已经降汉,河西走廊已畅行无阻,所以张骞率领三百多人,携带大批金银丝绸礼品和上万头牛羊,顺利地到达了西域。他原计划联结匈奴统属下的乌孙,但由于乌孙内部正有争夺王位的纷争,加之他们对汉朝情况不了解,没有立即同意联汉。张骞备陈利害,并奉送了大量礼品,乌孙王答应先派人到汉朝看一看。公元前115年(元鼎二年),张骞遣其副使到康居、大宛、大夏诸国进行联系,自己则带领数十名乌孙人回到长安。乌孙人来长安,这是西域的使者第一次到中原地区来,他们到长安后,汉武帝赠与他们许多礼品,他们也看到汉朝很强盛,这才放心与汉朝结好。

西域都护府的建立

张骞通西域后,西汉政府派往西域各国的使者往来不绝,使者经过姑师、楼兰(即鄯善)时,任意勒索财物和贡品,因而引起不满,姑师、楼兰遂勾结匈奴劫杀西汉的使者,进行报复。公元前108年(元封三年),汉武帝派赵破奴、王恢(与击匈奴的王恢同名)率兵进攻姑师和楼兰,这两国兵败降汉。公元前104年(太初元年),汉武帝又派李广利征大宛,经过四年战争,征服大宛。从此,大宛以东诸国与汉使臣频繁往来。为了交通便利,从敦煌到罗布泊之间沿路设驿站。又在轮台(今新疆轮台)、渠犁(今新疆轮台县东南)等地屯田,屯田士卒最多时达六十多万人。②汉宣帝时,在乌垒城(今新疆轮台东北)设西域都护府,由骑都尉、谏大夫出任,统领和管辖西域诸国。

---

① 参见《史记·大宛列传》。
② 参见《史记·平准书》。

181

张骞出使西域和西域都护府的建立,对发展和加强汉族与少数民族之间的经济、文化的交流,起了很大的作用。西汉政府在西域屯田,把汉族人民的先进生产技术,如农业生产技术、穿井术、冶铁术和各种生产工具,传到那里,对那里的生产发展有很大的促进。同时,这时期西域各族与汉朝的贸易也得到发展,有了正式的商路,汉朝以丝织品为主的各种商品源源运往,各少数民族商人又把西域的产品,如蚕豆、黄瓜、大蒜、胡萝卜、胡桃、葡萄、西瓜、石榴等植物及骆驼、驴等牲畜传到中原。文化上,汉朝的封建文化也传到西域,而西域各族的文化,如歌曲、舞蹈、乐器等,也在中原地区传播开来。①汉族人民与新疆境内各少数民族人民关系的建立和发展,对我国多民族国家的形成有着重大的历史意义。

三、南方各少数民族与诸郡的设立

西南各族与犍为、益州等郡的设立

在我国西南部居住着许多少数民族,他们的语言、风俗、习惯,很不相同,汉代统称这些少数民族为“西南夷”。其中比较大的有夜郎、且兰、滇、漏卧、钩町、邛都等,他们的发展是很不平衡的,有的处于原始社会,有的已进入阶级社会,其中夜郎和滇族的社会发展最为进步。他们结发为椎,从事农耕,有邑聚,有君长。1955—1958年云南晋宁石寨山三次发掘,提供了滇族和其他族这个时期的重要资料。在发掘以滇王为首的三十四座滇王贵族墓葬中,出土各种铜制工具、兵器、日常用器达四千余件。从这些器物的造型、图像等方面看,既有滇族的独特的风格和特征,又受到了中原文化明显的影响。从这些器物关于俘献奴隶、奴隶劳动情况及用人做祭祀的牺牲等图像中,可以判断,滇族的社会性质属于奴隶社会。另外,从监督奴隶劳动的、坐肩舆出行的、祭祀的巫师都是妇女看,说明滇族当时还保留了较浓厚的母权制残余。这些少数民族人民和巴、蜀地区人民有着比较频繁的经济往来。公元前130年(武帝元光五年),西汉政府曾派唐蒙前往夜郎,赠送礼物,并说服夜郎王归属了西汉,西汉政府在那里设置了犍为郡(郡城在今四川宜宾市西南)。以后,汉武帝又派司马相如前往邛、筰,他们也接受了西汉政权的管辖。西汉政府又设置十余

① 参见《汉书·西域传》。

县,隶属于蜀郡(郡治在今成都市)。公元前111年(元鼎六年),西汉把邛都改为越巂郡(今四川西昌市东南),笮都改为沈黎郡(今四川汉源县东北),冉駹改为汶山郡(今四川茂县北),白马改为武都郡(今甘肃陇南市武都区)。公元前109年(元封二年)汉又以兵临滇,滇王降,封为滇王,并赐滇王印,置益州郡。从此,西南地区的少数民族与汉族人民的来往逐渐增多,生产技术和文化都受到汉族的深刻影响。

南方、东南诸越与南海等郡的设立

居住在现在浙江省南部的少数民族,汉代称作"东瓯",居住在现在福建省境内的称作"闽越",居住在两广地区的称作"南越"。这三个少数民族与汉族的关系一直比较密切,但在生产和文化上比汉族落后得多,虽然已经进入阶级社会,而生产工具仍停留在石器阶段,农业上还盛行着刀耕火种的落后方法。

秦始皇统一中国后,曾在闽越、南越地区设郡县进行统治。秦末农民起义后,闽越族人民和汉族人民一道参加反抗秦朝的斗争。刘邦建立西汉以后,封闽越君长无诸为闽越王,惠帝时,封东瓯的首领摇为东海王。景帝平七国之乱时,东瓯受汉朝的节制,杀死了兵败后来投奔的吴王刘濞。刘濞的儿子逃到闽越,并怂恿闽越攻打东瓯。公元前138年(建元三年),闽越出兵攻打东瓯,东瓯求救于汉朝,武帝派严助发会稽兵从海道往救,汉兵未到,闽越闻讯退兵。东瓯为避免再受攻击,于是请求内迁,被迁于江淮之间,和汉族人民杂居。公元前135年(建元六年),闽越出兵攻打南越,武帝派王恢(即击匈奴的王恢)、韩安国率兵救援。汉兵未至,闽越王弟余善杀闽越王郢归汉,武帝立前闽越王无诸之孙丑为越繇王,立余善为东越王,共治闽越。公元前111年(元鼎六年),武帝因余善兴兵拒汉,发兵废除闽越,并把当地居民迁于江淮之间,遂与汉族相融合。

南越,秦时已置郡。秦末农民起义后,原南海郡龙川令赵佗乘农民起义和楚汉战争之机,自立为南越王,占据南海、桂林等郡。汉初,刘邦派陆贾使南越,赵佗表示臣服于汉,汉也承认赵佗为南越王。吕后时,吕后对南越实行禁运,不准把铁、铜卖给南越,于是赵佗自称为帝,脱离汉朝,并发兵进攻长沙王属县。文帝时,又派陆贾为使者,持书再赴南越,说服赵佗和汉恢复原来的关系。赵佗答应去帝号,向汉朝称臣入贡,汉朝仍以赵佗为南越王,统领其地。其后,南越王和王太后要求入朝,并以内地诸侯地位相待。南越丞相吕嘉反对,并杀了南越王、王太后和汉使者。汉武帝令路博德为伏波将军、杨仆为楼船将军，分别将兵从桂阳、豫章两路出发攻南越，败南越兵，杀吕嘉，公元前111年（元鼎元年）于其地分置儋耳（今广东海南儋州市北）、珠崖（今海南省海口市琼山区东南）、南海（今广州市）、合浦（今广东合浦县北）、苍梧（今广西梧州市）、郁林（今广西桂平市西）等九郡，由西汉政府直接统治。以后，汉族的先进生产技术和生产工具不断传到南方，汉朝官吏也在这些地区兴办学校，越族地区的经济和文化都得到较快的发展。①

四、东北地区乌桓校尉和玄菟郡的设立

在我国东北地区居住着乌桓、鲜卑等少数民族，汉代称之为“东胡”。西汉时期，乌桓和鲜卑族还处于原始社会末期，过着游牧生活。匈奴强盛起来后，他们为匈奴冒顿单于打败，受匈奴贵族的奴役，如乌桓每年就要向匈奴输纳牛、羊、马，到时不纳就来掳掠人口做奴隶。后来乌桓族聚居在乌桓山（今阿鲁科尔沁旗一带），遂称为乌桓。鲜卑族聚居在鲜卑山（今科尔沁右翼前旗一带），遂称为鲜卑。武帝时，西汉打败了匈奴左部以后，乌桓族被霍去病迁至上谷、渔阳、辽东等地，西汉政府在那里设立了护乌桓校尉进行统治。西汉统治阶级经常借助乌桓的力量打击和监视匈奴。

居住在鲜卑之东，松花江流域的夫余族，汉时已经进入了奴隶制社会，贫富分化很严重，国王之下分各部落，首领称“加”，是大贵族，他们“大者主数千家，小者数百家”，部落下面有邑落，首领称“豪”，是小贵族。国王和大小贵族构成奴隶主阶级。民称为“下户”，是受奴役的奴隶阶级。夫余有宫室、仓库、牢狱、城栅等设置。刑法严酷，一人犯罪，全家沦为奴婢。有战事奴隶主出战，奴隶没有掌握武器作战的权利，但要服担粮、送饮食等劳役。奴隶主死后要杀奴隶殉葬，多者以百数。夫余族由于土地平旷肥沃，主要从事农业。牲畜豢养也很发达。

周朝的肃慎族，汉时叫挹娄，居住在夫余的东北，当时还处在原始社会的末期，各部落有“大人”，但没有总首领。社会虽有贫富分化，但阶级划分还不明显。他们深居山林、穴洞，和外界接触很少。有农业和畜牧业，也能织些麻布。挹娄在汉时臣属于夫余，对开发祖国东北边疆做出了贡献。②

---

① 参见《汉书·西南夷两粤朝鲜传》。
②《三国志·魏志·乌丸鲜卑东夷传》及裴注引《魏书》。

高句骊人居住在长白山区,与夫余人的语言、生活习俗、社会状况相接近。西汉时他们已处于奴隶制阶段,有王及其官属(称"相加""对卢""沛者"等)。汉武帝时在高句骊置县,属玄菟郡(在今辽宁新宾满族自治县西),由西汉中央政府直接管理。①

第六节　西汉时期的对外关系

西汉时期,我国封建的统一国家进一步地发展和巩固,对外关系也相应地得到很大的发展。我国和邻国一些地区之间,经济和文化的相互交流、相互影响日益频繁和密切,大大地丰富了双方人民的生活内容。虽然西汉统治者和个别邻国统治者之间也曾有过短暂的战争,但人民之间一直保持着友好的往来。

西汉与东方邻国的关系

中国东北毗邻朝鲜半岛。中国和朝鲜有着悠久的历史关系,据史书记载,早在殷周时期就有往来。战国时期,齐国和燕国都与朝鲜有密切的商业贸易,燕国的铁器、货币都曾输入朝鲜。

西汉初年,燕人卫满率领一千多人到朝鲜,后来做了朝鲜国王,都王险城(今朝鲜平壤)。卫氏朝鲜国与西汉保持友好关系,为汉朝的"藩属"国。汉武帝即位之后,朝鲜国力逐渐强盛,常招诱齐、燕等诸侯王国的汉族人到朝鲜去,并阻止朝鲜半岛上的其他小国与汉朝往来,因此,西汉与卫氏朝鲜发生了战争。汉武帝派杨仆、荀彘分水旱两路进攻朝鲜。杨仆率水兵渡渤海,围攻王险城。由于杨仆与荀彘不和,久攻不下,又派济南太守公孙遂增援。这时朝鲜国内部发生变乱,臣属杀国王卫右渠,投降了汉朝。西汉政府在卫氏朝鲜统治区设置了玄菟、真番、临屯、乐浪四郡。②西汉统治者对朝鲜人民进行了统治和压迫,但是中、朝两国人民的经济、文化交流,得到进一步的发展。中国的手工业品在这时期较多地流传到朝鲜。在平壤出土的漆耳杯、漆盘等都是西汉官营工业的精制品。

在汉朝东方隔海相望的日本,当时有百余小国林立,其中有三十多个小

---

　①《后汉书·东夷列传》。

　②参见《史记·朝鲜列传》。

国同西汉王朝有联系。①在日本九州北部一些部落酋长的墓葬中,就发掘出汉代的中国铜镜和仿制品,有的多达三十多面。这些墓葬时间约在武帝以后到东。可见,至迟在西汉后期,中日两国已有往来。

西汉与南方各邻国的关系

西汉时期,与越南的经济、文化交流十分频繁。西汉向越南输出金、铁、农具、耕畜,换回犀角、珠玑、翡翠等。

西汉时期同南亚、东南亚诸国发生关系的,还有都元国(在今马来半岛)、邑卢没国和谌离国(在今缅甸沿海)、夫甘都卢国(在今缅甸蒲甘城附近)黄支国(在今印度的建志补罗附近)等。②汉武帝时,这些国家曾遣使到中国,用海珠、琉璃等物换取中国的黄金和丝麻织品。平帝时曾与黄支国互换礼品。

汉武帝派张骞通西域,又开通了和印度的陆路交通。中国古籍中的"身毒"和"天竺"就是印度的译称。当时对于印度的风俗、物产、政情已有了初步的了解。③张骞出使中亚时,其副使曾到过身毒和罽宾。罽宾在现在的克什米尔。张骞在大夏见到四川出产的布和邛竹杖,询问从何处得来,大夏人告诉他是从身毒转贩而来的。④由此可知在张骞以前,西汉同身毒已有贸易往来了。

西汉与中亚、西亚各国的关系

张骞等第一次出使西域,除到我国新疆外,还到达中亚或西亚的一些国家,如大宛、大夏、大月氏、康居等国。张骞第二次出使西域时,曾派副使与大宛、康居、大月氏、大夏、安息等国取得联系。从此,汉朝和这些国家都不断派使者互相往来,进行政治访问和经济贸易。汉朝为了便于与这些国家的往来,修筑了令居(在今甘肃兰州市西北)以西道路,沿途设亭驿。当时通往中亚、西亚各国的道路有两条:一条是由玉门关经鄯善(今新疆若羌县东北),沿昆仑山北麓至莎车(今新疆莎车县)西越葱岭到大月氏、安息等国,称为南路;另一条是由玉门关沿天山南麓西行,越葱岭到大宛、康居等国,称为北路。中亚、西亚各国的商人由这两条路线到中国经商。中国是使用蚕丝最早的国家,中国

---

① 参见《后汉书·东夷列传》。

② 参见《汉书·地理志》。

③ 参见《后汉书·西域传》。

④ 参见《史记·大宛列传》。

的丝织品被当时的中亚各国视为珍品。他们用本国的毛布、毛毡、汗血马等特产交换中国的丝绸。中国的丝绸经南北两路大量运往中亚各国,甚至再经这些国家的商人转运到欧洲大秦国(罗马帝国)等地。因此,历史上称这两条道路为"丝绸之路"。罗马帝国的贵族非常喜爱中国的丝绸,视为珍品。对中国也很向往,他们称中国为"丝国"。此外中国的炼钢技术、掘井法也传到中亚各国和欧洲,这对西方各国生产力的发展起了促进作用。

张骞第二次出使西域回国时,曾有一个大宛使者带来一个大秦国的魔术师,能"吞刀吐火,植瓜种树,屠人截马"[1]。中亚的乐器、乐曲、舞蹈、雕刻、绘画等艺术也在这时相继传入中国,对中国文化艺术的发展起了有益的作用。

西汉末年哀帝时,大月氏使臣伊存把浮屠(佛)经传入中国,博士弟子景卢还从这个使臣那里听到他对佛经的讲解,这是中国传布佛经之始。[2]

第七节　经学、史学、文艺和科技

儒家内部今文学与古文学之争

经西汉初年对古书的发掘和整理,特别是"罢黜百家,独尊儒术"之后,儒家经典广泛流传。西汉前期,官方博士所教授的儒家经书,都是用当时通行的文字抄写的,所以称作今文经。汉武帝末年,从孔丘后代住宅的墙壁里发现了一部分古书,是用先秦时代的小篆文字抄写的,这部分经书当时称作古文经。因为当时传授经书 (即儒家的五经:《尚书》《周礼》《周易》《诗经》《春秋》)有今、古文的不同,而且传授时的"师法""家法"很严格,对经文含义的解释各不相同,所以形成了不同的学派。研究今文经的称为今文学派,研究古文经的称为古文学派。西汉后期,今、古文两派在政治、学术上进行了激烈的斗争。

汉武帝尊崇的儒术,是儒家的今文学派。太学里的五经博士都是传授今文经学的。这个时期今文经学盛行。最初今文学派中以董仲舒为首的公羊学占优势,后来今文学派的穀梁学也兴旺起来。在董仲舒神秘主义思想的影响下,今文经学同谶纬神学结合起来。"谶"是图谶,原是巫师方士用来愚弄人的

---

[1]《汉书·张骞李广利传》师古注。
[2] 参见《三国志·魏志》卷三〇注引《魏略》所引《西戎传》。

吉凶征兆和隐语，"纬"是儒家今文学派用迷信思想穿凿附会解释儒家经典的著作。谶和纬都是怪诞荒唐的迷信和"天人感应"一类的胡说。

西汉末年，古文经学逐渐传播开来。成帝时，刘歆在校书过程中，发现古文经书中的《左传》在解释《春秋》的意义上比较今文经传更符合封建统治的需要，因此，他在哀帝即位后向朝廷建议，把古文《左传》列为官学。但是，当时的五经博士和朝廷大吏都是今文学派的人，刘歆的建议非但没有被接受，反而遭到许多人的指责。于是，他便写了一封信给五经博士们，指出"古文旧书，皆有征验，内外相应"，批评五经博士们"欲杜塞余道，灭绝微学"。[①]刘歆显然是站在古文学派立场反对今文学派。但是这次斗争失败了，刘歆从此不敢在京师做官，跑到外地做郡守去了。

今文经学意在迎合当权的统治者；古文经学以复古、遵守旧章为旗号，目的也是维护封建秩序。两者途殊而同归。

司马迁与《史记》

西汉时期，随着封建制度的进一步巩固和发展，地主阶级需系统地总结历史经验，以巩固地主阶级专政。因此，西汉的史学得到了进一步的发展，司马迁的《史记》一书，就是这一时代的产品。

司马迁字子长（公元前 135—？），左冯翊夏阳县（今陕西韩城市）人。他的父亲司马谈，汉武帝时做太史令，对历史和先秦诸子都有深刻的研究，著有《论六家要旨》，推崇黄老思想，对儒家、法家、阴阳五行家等学派持批判态度。他的学问和思想对司马迁影响很大。司马迁青年时代曾到全国游历名山大川因而熟悉各地的风土人情，形势物产。公元前 108 年（汉武帝元封三年）继其父做了太史令，从而有机会阅读了大量的国家藏书，公元前 104 年（太初元年）参加制订新历法的工作，并开始著《史记》。司马迁对"文景之治"倍加推崇颂扬。他因替投降匈奴的李陵辩解，得罪下狱受了阉刑。出狱后做中书令（宦官），发奋完成《史记》一书。约在公元前 93 年至公元前 87 年之间逝世。

司马迁写的《史记》是我国第一部纪传体的通史。它记述了从传说中的黄帝时代到汉武帝之间三四千年的历史。书中分本纪（以帝王为中心的大事记）、表（帝王将相的年表）、书（各种政治制度和科学技术的汇编）、世家（诸侯

---

① 《汉书·楚元王传》附《刘歆传》。

国和重要历史人物的历史和传记)、列传(历史人物、各少数民族的传记),共一百三十卷,五十二万余字,其中有几篇缺佚,是后人的补作。

司马迁撰写《史记》的目的是"究天人之际,通古今之变",也就是要总结统治阶级成败得失的历史经验,为巩固西汉政权的统治服务。作为封建史学家的司马迁,他的社会历史观总体是唯心主义的,是英雄史观。但又有着明显的进化思想。他在很多地方对"天命"等谬说表示了怀疑,强调了客观形势的作用;在分析历史发展时,试图从社会经济上找原因;对历史过程的认识,他认为今胜于古。他对秦始皇给予了较高的历史地位,肯定了秦朝实现统一和中央集权的历史功绩。在记述农民起义时,他把农民起义领袖陈胜列为世家,在某些篇章中论述了陈胜起义的历史条件,肯定了陈胜起义的功绩,他把秦末农民战争与商汤灭夏、武王灭商相比,是很有见地的。《史记》记录了社会情况和某些人物的活动,也揭露了统治阶级一些人物的暴虐和腐化,为我们了解汉代以前的历史提供和保存了重要材料,是中国历史上的一部史学巨著。

司马迁在著作《史记》的过程中,除了阅读大量文献外,还注意实地调查,用现实中的活材料弥补史料的不足。对于没有确切根据的传说,较为谨慎,大体做到宁缺毋滥,一时弄不清的问题,不武断地下结论。在处理今与古的关系上,他采取了详今略古的方法。当然,他也有不少歪曲历史的地方。

西汉时期的文学

西汉时期的文学,主要形式有散文、赋和乐府诗。

西汉前期,贾谊(公元前 201—前 169)的《陈政事疏》和《过秦论》,晁错的《言兵事疏》和《论贵粟疏》等文章对当时的政治、经济等重大问题进行了有理有据的阐述,都是很有说服力的论说性散文,鲁迅称它们为"西汉鸿文","沾溉后人,其泽甚远"。[①]司马迁的《史记》不仅是历史巨著,也是很有价值的传记文学和散文。《史记》中的许多列传,用生动的语言、鲜明的形象,刻画了具有不同特点的人物。《史记》中的许多文章质文并茂,语言丰富,采用了不少民间歌谣和谚语,通俗易懂,两千年来一直为人们所传诵。汉昭帝时,桓宽利用盐铁会议的记录,推衍双方议论,增广条目,写成了《盐铁论》六十篇。它用对话的体裁,彼此诘难,相互辩驳,生动地描述了盐铁会议上地主阶级两个政治派

---

① 参见鲁迅:《汉文学史纲要》。

别的争辩情况和会议内容，用简洁锋利的文字表述了与会人物的思想和神态。这是汉代散文中别具风格的作品。它为后世保存了当时社会、政治和经济情况的重要资料。

赋是汉代最盛行的一种文学形式，它从楚辞发展而来，又不同于楚辞。由楚辞到汉赋，诗的成分减少，散文的成分加多；抒情的成分减少，咏物叙事的成分加多。西汉时期出现了大批赋家，写了大量作品，因而赋便成为汉代封建文学的代表。西汉初期，贾谊写了《吊屈原赋》《鹏鸟赋》等作品，以长篇辞语抒发了他被排斥于朝廷之外，怀才不遇的心情。贾谊的赋保存了较多的楚辞痕迹，对后来汉赋的形式和风格具有继往开来的作用，是汉赋的先声。景帝时枚乘(？—前140)的作品已经比较明显地形成了汉赋的体裁。枚乘曾在吴王刘濞门下做文学侍从。他看到吴王阴谋搞叛乱，就写了一篇《七发》进行讽喻。文章是假托一个吴客与有病的楚太子相互问答来展开的。吴客用七件事，从远到近，启发楚太子省悟。全篇七段，先铺陈楚太子致病之由，指明楚太子再讳疾忌医，就要送命。但这种痼疾已经不是"药石、针刺、灸疗"所能奏效。接着又铺叙了音乐之美、饮食之丰、车马之盛、巡游之事、田猎观涛之乐，也都不能引起楚太子的兴趣，病还是没治好。最后，用陈说"要言妙道"的办法来治疗，震动了楚太子的思想，于是"太子据几而起"，出了一身大汗，病被治好了。据说文中的吴客是枚乘的自况，楚太子隐指吴王刘濞，枚乘企图以此劝说刘濞醒悟。当然这只是枚乘的主观愿望而已。不过，《七发》则因其丰富的政治内容和形式上的创新，在汉赋中具有启后的地位，是一篇佳作。

西汉中叶，汉赋进入极盛时期，司马相如(公元前179—前117)是这一时期的著名作家。他的《子虚赋》和《上林赋》等作品，描绘了上林苑中的林木、鸟兽及游猎时的壮观，借以讽谏统治者该怎样节俭省用。司马相如对于汉赋的制作，能糅合各家特色，加以再创造，逐渐建立了汉赋的固定形式，大大地发展了汉赋。到了西汉后期，许多作家，模拟司马相如，只在固定形式中去填充内容，著名作家扬雄的《甘泉赋》和《羽猎赋》等作品自称完全模仿司马相如的笔法，主要描绘了统治阶级骄奢淫逸的生活。不过，扬雄在用词构思上还有自己的特色。到了西汉后期，汉赋除了一部分内容和形式结合比较好的作品外，大部分由于力求形式上辞藻华丽，音韵铿锵，铺张扬厉，堆砌僻字僻典，专事描述统治阶级的奢丽，缺乏浓郁的生活气息和活泼的思想感情，结构也日趋呆板，缺乏创新精神，汉赋由此走向衰落。

乐府诗是一种合乐的歌词，这种歌词除了一部分贵族文人的颂歌外，大多是经过整理润饰的民歌。汉武帝时，国家设立乐府，以作曲家李延年为协律都尉，掌管歌舞乐队，除了演奏古代名曲以供宫廷贵族享受外，还派人到民间采集民歌。这些采集来的民歌，经过他们加工整理，配上乐曲进行演奏。据记载，西汉时期采集的民歌中，著名的就有一百三十八首。由于这些诗歌来自民间，所以大多数朴素健康，反映了当时现实生活的某些方面。如《战城南》和《十五从军征》，描写了由于战争而造成的人民痛苦。《平陵东》反映了贪官污吏残暴的强盗行径。这些民歌都包含了丰富的社会内容，而且感情浓郁，风格清新，有很高的文学价值。但由于经过封建文人的修饰，歌词大都有哀怨而无怒气，有揭露而无战斗。乐府诗由于有丰富的内容和优美的格调，所以在社会上流行很广，影响很深，后来在它的影响下，逐渐形成五言古诗的文学形式。

西汉时期的绘画、音乐、杂技和雕刻艺术

绘画艺术在汉代已发展到相当高的水平。1972 年在长沙马王堆发掘的汉墓中，发现了一幅保存完好的彩绘帛画。整个画面，从下到上，表现了地下、人间、天上的景物，有的出自传说故事，有的出自当时阶级社会的生活，有的想象、有的写实。图像是采用单线平涂的技法绘成的，线条流畅，描绘精细，在彩色处理上，使用了朱砂、石青、石绿等矿物颜料，对比强烈，色彩绚烂，反映了汉初精巧的绘画技术。[①]汉代的画家还经常在建筑物的墙壁上作画，汉武帝时，京师甘泉宫墙壁上画的神仙群像，宣帝时，麒麟阁上画的功臣像，都是很好的人物画。新中国成立后在许多汉墓中发现了大量壁画，不仅是很珍贵的艺术品，而且反映了当时的实际生活。如山西平陆枣园村墓壁上的犁耕图，清楚地描绘了西汉时"三犁共一牛，一人将之"的画面，从而使我们可以了解当时农民进行牛耕、耧播所达到的农业技术水平。[②]壁画的大量发现，对研究汉代的绘画艺术和中国绘画史，对研究当时典章制度、社会经济和各阶级的生活状况，都提供了宝贵资料。

西汉时期的音乐也有很大发展。汉武帝时，中山人李延年是能歌善舞的音乐家，熟悉音律，能"为变新声"（即创作新曲），为乐府诗配了不少新曲调。

---

① 《长沙马王堆一号墓发掘简报》，文物出版社，1972 年。

② 《山西平陆枣园村壁画汉墓》，《考古》，1959 年第 9 期。

当时主要乐器有钟、鼓、琴、瑟、筑、竽等。长沙马王堆轪侯墓出土的木瑟、竽、十二乐律管,说明不仅皇室宫廷有庞大乐队,即便是一般的官僚贵族,也制备乐器,选拔乐工、倡优以供他们享乐。

杂技也是西汉时期很有成就的一种艺术。1969年春,考古工作者在济南北郊无影山发现了西汉乐舞杂技俑一盘,上有杂技俑、舞俑、奏乐俑、指挥俑,拱手立观俑等,形象逼真,生动地反映了当时表演杂技的场面,说明了当时杂技艺术的发达。①

保留到今天的许多西汉石刻也是很好的艺术品。如陕西兴平市霍去病墓前的石人、石马、石虎、石熊,四川雅安高颐墓前的石狮,都雕刻得雄健有力,姿态生动。山东肥城的孝山堂祠是西汉末年郭巨的墓祠,石壁上雕刻着战争、狩猎、演戏、奏乐等各种形态的人物和鸟兽的形象,朴素自然,有很高的艺术性。

1968年6月,"文化大革命"期间从河北满城南陵山两座汉墓中发现的大量文物,如"金缕玉衣"、错金银鸟篆文壶、鎏金镶嵌乳丁纹壶、错金蟠龙纹壶、错金博山炉、鎏金宫女形"长信宫灯"等,都生动地反映了汉代劳动人民的智慧,这种惊人的雕刻造型艺术,也深刻地揭示了统治阶级奢侈淫逸的生活及对劳动人民的残酷剥削。②

天文历算与地理学

在劳动人民创造了大量物质财富和积累了丰富的生产经验的基础上,适应发展农业生产的需要,西汉对天文、历法进行了专门的观测和研究,取得了不少成就。一些专门进行天文观测和研究的人,已经掌握了周天二十八星宿的位置和运行的规律,并且推算出木星、水星等行星绕太阳一周的时间。天文知识的不断增长,使人们可以进一步探讨宇宙的结构问题了。汉代对宇宙的结构问题有两种说法:一种是"盖天"说,认为天如盖,地如盘,天覆盖着地;一种是"浑天说",认为天地都是圆的,天在外,像蛋壳一样,地在内,像蛋黄一样被天包在里边。这一说法是西汉的一种新的天文学说。它比较接近天地的真情。根据这个说法,能够大体上推算和观测到日月星辰的度位。当时很注重天

---

① 《无产阶级文化大革命期间出土文物展览简介》,《文物》,1972年第1期。
② 《满城汉墓的发掘纪要》,《考古》,1972年第1期。

象观测和记录，《史记·天官书》《汉书·五行志》和一些纬书中都保存了古代不少天文知识和天象记录。

"文化大革命"期间，长沙马王堆三号汉墓出土的帛书中，有记录秦汉之际七十年间木、金、水、火、土五大行星运行规律的《五星占》。这幅五星行度表是现存最早的星表实物，说明我国西汉时，天文学已有了相当高的水平。

在天文学发展的同时，历法也不断改进。汉初用《颛顼历》，因年代过久不太准确。汉武帝时，由司马迁与天文历法家邓平、唐都、落下闳等合作，制订了《太初历》。西汉末年，刘歆在《太初历》的基础上，又重订出《三统历》。《太初历》和《三统历》推算一年为 $365\frac{385}{1539}$ 天，一月为 $29\frac{43}{81}$ 天，十九年有七个闰月。这个成就在当时世界上是很先进的。在临沂银雀山汉墓出土的元光元年历谱简使我们能看到当时历谱的实物。西汉时二十四节气已完备，对农业生产起了重要指导作用。

天文、历法的发展是与算学的发展分不开的。汉代在社会经济不断发展，科学知识日积月累的基础上，公元前 1 世纪出现了算学专著——《周髀算经》，其中已有直角三角形勾股定理和复杂分数问题，还提出了"经一周三"，即把圆周率定为"3"。西汉时还出现了一些著名的算学家，汉初的张苍、宣帝时的耿寿昌和成、哀时的许商、杜忠、刘歆等，都是精于算术的名家，而刘歆推求的圆周率为 3.1547，虽不够精确，但他是研求圆周率最早的人之一。

地理学也有较高的水平。长沙马王堆帛书中的《长沙国南部舆地图》是现存最早的大比例尺实用图，这是反映汉初地理学成就的珍贵发现。

医 学

我国古代劳动人民在长期的实践中积累了丰富的医疗经验，到汉代逐渐建立起完整的医学理论，以阴阳五行来解释生理现象、病理现象和辩证治疗方法。战国时期开始编纂，到西汉经过修订充实而成书的《黄帝内经》和《难经》是这个时期医学理论的代表作。《黄帝内经》是讲病理的医学经典，其中包括《素问》《灵枢》两大部分。《灵枢》部分记述了古代医学中的针刺技术。《内经》用朴素唯物主义思想对生命的起源、疾病的成因、人的形神关系等问题做了初步解释，而且在关于人体各个器官的互相关系、生理现象和心理现象对人的疾病的关系等问题上，采用了辩证的方法。因此，它为中国传统医学奠定了科学的基础。《难经》是讲治疗处方的专著。

西汉名医淳于意（即仓公），临淄人（今山东临淄）。他一方面继承了古代的医学遗产，一方面又吸取了民间验方，二者结合，取得了很好的疗效。他在给人治病以后，注意把病人的病况和他的诊断情况及治疗结果记录下来，借以积累经验，成为我国最早的病历创始人。淳于意的一些弟子后来多在民间行医，对人民的保健卫生做出了一定的贡献。[①]

在敦煌汉简和居延汉简中还记录有西汉时的医方，这些医方不仅开列药名、剂量，还写明了调剂和服药的方法及预期疗效等。此外还保存着治兽的药方，可见西汉时的医学已很发达。[②]"文化大革命"期间，长沙马王堆出土的帛书中还有几种关于古经脉学、诊断学和保健方面的医学佚书，为研究西汉初年医学的发展提供了新资料。

造纸术的发明

造纸术的发明是我国古代劳动人民对世界文化发展的重大贡献之一。根据考古发掘，西汉武帝、宣帝时已会造纸。1933年，我国的考古工作者曾在新疆罗布淖尔汉代烽燧亭故址中发掘到一片古纸，据说这片纸是"麻质、白色，作方块薄片。四周不完整。长约40厘米，宽约100厘米，质甚粗糙，不匀净，纸面尚存麻筋，盖为初造纸时所作，故不精细也。……同时出土者有黄龙元年之木简，为汉宣帝年号，则此纸亦当为西汉故物也"[③]。这片古纸虽质量较粗，但它确是利用植物纤维造成的。1957年5月，在西安市郊灞桥砖瓦厂工地上的古墓中，也发掘出一批古纸。这座古墓根据墓的形制和其他出土文物的特点，断定是汉武帝时的墓葬，这些古纸也确定是随葬入土的。因此，这批古纸不仅比罗布淖尔古纸时间要早，而且数量也多，充分证实我国在两千年前已经有纸。这批古纸经过反复多次的化验后确认，它主要由大麻纤维所造，间亦混有较少量苎麻。并且也证明我国西汉初的劳动人民已摸索出用废旧麻料经物理、化学处理变成细纤维化的浆液，再以模筛造纸的技术。

从考古发掘和古纸化验表明，灞桥纸是世界上现存最早的植物纤维纸。

---

① 参见《史记·扁鹊仓公列传》。

② 参见《居延汉简释文》及《流沙坠简考释》方使类。

③ 汉川、黄文弼：《罗布淖尔考古记》，国立北京大学出版部，1948年。其中40厘米×100厘米，1965年有人访问原作者，原作者口头订正，这是印刷之误，实际大小是4厘米×10厘米。

所以,造纸术最晚当起源于西汉,而欧洲的造纸术是 12 世纪由我国经阿拉伯商人传去的。因此,我国是世界上造纸最早的国家。这是我国劳动人民对世界文化所做的卓越贡献之一。[①]

本章小结

刘邦从农民起义领袖蜕变为地主阶级政治代表,在打败项羽后,建立了西汉王朝。这标志着被秦末农民起义打乱了的封建秩序的重建。

西汉王朝直到元帝之前,奉行的是“霸王道杂之”的政治,其后变成全面尊儒。儒家全面总结了地主阶级的统治经验,比地主阶级的其他思想流派更能适应地主阶级的需要,从而被定为正统的统治思想。这对中国历史有着深远的影响。

西汉时期,农民与地主之间的斗争,呈现了一个马鞍形:初期相对缓和,武帝统治的后期走向激化,昭、宣时期又稍为和缓,元帝之后农民起义接连不断,最后爆发了全国性的赤眉、绿林大起义。西汉后期农民与地主之间的矛盾,突出表现在豪强地主大肆兼并土地,大批农民破产、丧失土地,成为豪族的依附农民或流民,还有相当一部分沦为奴隶。

中国统一多民族国家在西汉时期比秦代更加扩大,汉武帝在这方面做出了突出的贡献。

---

① 潘吉星:《关于造纸术的起源》,《文物》,1973 年第 9 期。

〔附〕

西汉世系表

(公元前 206—公元 8)

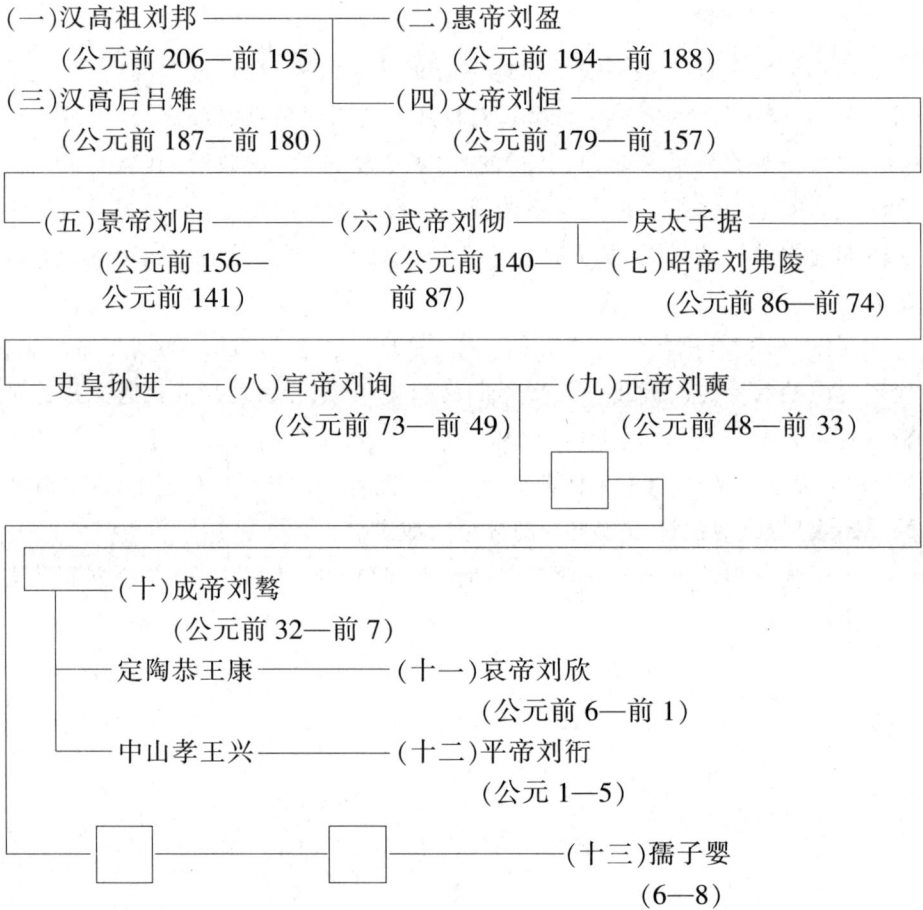

(一)汉高祖刘邦 ——————— (二)惠帝刘盈
　　(公元前 206—前 195)　　　　(公元前 194—前 188)
(三)汉高后吕雉 ——————— (四)文帝刘恒
　　(公元前 187—前 180)　　　　(公元前 179—前 157)

　(五)景帝刘启 ——————— (六)武帝刘彻 ——————— 戾太子据
　　(公元前 156—　　　　　　(公元前 140—　　 (七)昭帝刘弗陵
　　公元前 141)　　　　　　　前 87)　　　　　　(公元前 86—前 74)

　史皇孙进 ——(八)宣帝刘询 ——————— (九)元帝刘奭
　　　　　　　(公元前 73—前 49)　　　　(公元前 48—前 33)

　(十)成帝刘骜
　　(公元前 32—前 7)
　定陶恭王康 ——————— (十一)哀帝刘欣
　　　　　　　　　　　　(公元前 6—前 1)
　中山孝王兴 ——————— (十二)平帝刘衎
　　　　　　　　　　　　(公元 1—5)

　　　　　　　　　　　　　　　　——— (十三)孺子婴
　　　　　　　　　　　　　　　　　　(6—8)

第五章　赤眉、绿林农民起义
（公元 18—27）

一、王莽复古"改制"和阶级矛盾进一步激化

挽救西汉政治危机的"改制"思潮

西汉后期,土地兼并造成大批农民流亡和沦为奴隶,阶级矛盾一天比一天激化。西汉王朝在不断的农民起义打击下,摇摇欲坠。一些地主阶级人物企图搞一些政治改良,以挽救西汉政权的灭亡。公元前 7 年,汉哀帝即位,大司马师丹针对土地高度集中和奴婢问题,提出了"限田"的主张。经过朝廷讨论,拟定出一个方案,规定:王、侯、公主、官吏占有土地以三十顷为限;商人不得做官;诸王占奴婢以二百人为限,列侯、公主以一百人为限,官僚和一般地主以三十人为限。这个方案虽然给了贵族官僚极大的优待,但形式上总算对他们有所限制。因而,还是遭到占有大量土地和奴婢的权贵与豪族的反对。当时在朝廷握有重权的丁、傅两家外戚反对尤烈,而哀帝本来也是决心不大。方案刚刚公布,哀帝就赏给宠臣董贤二千顷土地。这样,师丹的"限田议"就告破产了。

当时有许多人经常以陈述灾异为手段,规劝西汉统治集团改革弊政,罢黜外戚和宠臣。但没有丝毫结果。阶级矛盾一天比一天尖锐,统治集团也一天比一天腐败,使得地主阶级中的一部分人对朝廷也失去了信心。他们依据"五德终始"的学说,公开散布"汉运将终"。早在汉成帝时,有个方士叫甘忠可,造了一部《天官历包元太平经》,说汉朝的天运已尽,如果要继续维持其统治,就必须"更受命于天"①,以此劝成帝改制。成帝没有接受他的劝告,反而把他杀掉。哀帝即位后,甘忠可的弟子夏良贺又重新提出这套主张。哀帝看到当时危机四伏,没有别的办法,便在公元前 5 年(建平二年)接受了夏良贺的建议,改

---

① 《汉书·睦两夏侯京翼李传》。

元易号,改"建平"年号为"太初元将",自称"陈圣刘太平皇帝"①,以示已经重新受命于天。但是,这套骗人的政治魔术毫无用处,各种矛盾仍然如故,夏良贺被下狱处死,又恢复了"建平"年号。哀帝死后,出身外戚并掌握了政权的野心家王莽乘机而起。

王莽代汉和新朝的建立

王莽(公元前45—公元23)字巨君。他的姑母王政君是汉元帝刘奭的妻子。仗恃这一裙带关系,王氏一族先后有十人封侯,五人为大司马、大将军领尚书事,声势显赫,不可一世。

王莽因父亲早死,最初未被封侯。但王莽很善于钻营,在掌握实权的姑母元后和叔父王凤、王根面前媚态百出,竭力奉承。王凤生病时,王莽侍疾,亲尝汤药,囚首垢面,不解衣带,一连好几个月,因而受到了王凤的信任。王凤临死把他托付给元后和成帝,从而做了黄门郎(管宫门的官)。王莽为了抬高自己的社会声望,极力结交当时的"名士",如戴崇、箕闳、阳并、陈汤等人都为王莽讲好话。由此更加得到元后和成帝的宠信,被封为新都侯,迁骑都尉、光禄大夫、侍中,从此步步高升。公元前8年(绥和元年),由王根推荐,王莽接替王根为大司马,掌握了朝廷实权。哀帝即位之后,由哀帝的祖母家傅氏和母亲家丁氏辅政,王莽被挤出朝廷,但他的势力仍很大。在他指挥下,大小官吏数百人上书为他歌功颂德,鸣不平。于是王莽又被召回京师。不久,哀帝死,无子,叔伯弟九岁的平帝继位。这时,傅太后、丁太后也都死了,元后临朝称制,大权统交王莽。

王莽善于玩弄权术,他唆使亲信上书元后为他加官晋爵。当元后下诏任王莽为太傅,号"安汉公"时他又推让不受,声言要等到天下百姓家给人足和诸侯王的后代及汉高祖以来的功臣子孙都"名第有序"之后,他才就任。前者为的是沽名钓誉;后者付诸实现便可以把西汉统治集团中的很大一部分收买过来,扩大了支持他的力量。这一出双簧使他权誉双增。王莽把州、牧、二千石官吏的任命权全部掌握在自己手中,控制了从中央到地方的权力。王莽为了骗取农民对他的好感,带头捐献,出钱百万,田三十顷,交由大司农分给贫民。他一听说哪里遭水旱灾,立即改吃素食,并让文人墨客大事宣传。为了使自己的地位更加牢靠,把他的女儿立为皇后。于是王莽又成了平帝的岳父。他估量

---

① 《汉书·哀帝纪》,韦昭注"陈圣刘",意为"敷陈圣刘之德"。

自己的基础已经巩固，便自封为"宰衡太傅大司马"，造明堂①，议九锡②。皇帝的宝座已是唾手可得。有一个叫刘庆的立刻投机上书说："周成王幼小，称孺子，周公居摄。今帝富于春秋(意谓年轻)，宜令安汉公行天子事如周公。"③王莽于是代行天子事。为了攫取天子宝座，于公元5年(元始五年)毒死平帝，立了一个仅两岁的宗室子弟孺子婴为皇太子。王莽由"宰衡"进一步成为"假皇帝"。

这时，有一帮钻营投机之徒，看到王莽行将代汉，便利用天命说和谶纬编造了各种谣言，鼓吹王莽应该做皇帝。公元8年(王莽居摄三年)，在长安读书的儒生哀章私造了一个铜盒，送到高帝(刘邦)庙里。盒上有两句题辞：一为"天帝行玺金匮图"，另一为"赤帝行玺某传予黄帝金策书"④，其中"某"是指高皇帝，意思是说，上帝命令王莽做真天子，太皇太后(指元后)应顺天命。守庙的人奏闻王莽，莽欣喜若狂，召集群臣说，我王氏是黄帝之后，赤帝刘氏高皇帝的神灵尊承天命传国给我，我敬畏上帝，怎敢不受？于是在公元9年，粉墨登场，做了皇帝，改国号为"新"

王莽的复古改制与阶级矛盾的激化

王莽登上皇帝的宝座，实现了改朝换代。地主阶级中一部分人原本希望用这种办法来解救一下政治危机，但是，西汉政治危机的根源并不是皇帝一个人，或由谁来做皇帝的问题，而是以尖锐的阶级矛盾为基础的。皇帝易姓，矛盾如故。王莽即位第一年(公元9年)，就颁布了一系列"改制"法令。这些改制命令完全是依照儒家经典，再加上穿凿附会炮制出来的。例如，把他的亲信鹰犬之流，按其姓氏，宣布是某某"先圣"之后，封为伯、侯，以祀"先圣"。如封姚恂为初睦侯，奉黄帝后，等等。这种追祀"先圣"，实际是坐地分赃。王莽改制的诏令一个接着一个，除大部分是属于上层分肥、宣扬天命、神化王莽外，还有几项涉及了当时社会矛盾。第一，针对土地集中和奴婢问题，下令恢复古代的"井田制"。诏令说："今更名天下田曰'王田'，奴婢曰'私属'，皆不得买卖。"⑤命令按"井田制"重新分配全国的土地，一夫一妇授田百亩，大家族男夫不满八口而田过一井(九百亩)者，将余田分给邻里乡党。没有土地的，按制度分给土地。第二，针对豪商囤积居奇和

---

① 明堂：天子祭天的地方。

② 九锡：锡读音如赐。又称为九命，指九种礼物的赐与。九种礼物是：车马、衣服、樂悬、朱户、纳陛、武贲、铁钺、弓矢、秬鬯。这是天子礼遇大臣最高的器物。大臣自己议九锡就意味着要取而代之。

③④⑤《汉书·王莽传上》。

高利贷盘剥,下令推行"五均、赊贷、六筦"制度。所谓"五均,就是在长安、洛阳、临淄、邯郸、宛城、成都等六大城市设立五均官,由市长(令)兼任,名曰五均司市师。五均官除了征收工商税以外,负责管理粮食、布、帛、丝、绵五种生活用品的购销任务,以此平衡物价。"赊贷"是由国家向平民贷款。"六筦"是国家经营盐、铁、酒、铸钱、五均赊贷及征收山川湖泽的生产税。第三,禁止私铸钱币,铸币权统归国家,进行币制改革。王莽把钱币改称"宝货",分为金、银、龟、贝、钱、布六名二十八品类,并强行规定以小钱顶大钱和使用早已被淘汰的古币。

王莽提出的这几项改革方案,从表面看有几项触及了当时社会重大问题。但面临革命的大爆发,王莽的这些所谓"改制",不过是预防农民革命爆发的一种反动,妄图以此制止农民革命。另外,他根本不是要认真解决这些矛盾,而是企图通过改变事物的名称,掩饰矛盾,转移受苦人的视线。他所颁行的"井田制"就是一纸空文,他无意实行,也实行不了。在地主阶级的反对下,很快就又宣布取消这道命令。把奴婢改名为"私属",只不过变其名而未改其实,除了欺骗,毫无意义。所以他这种玩弄政治花样的骗术,不但不会给劳动人民带来任何好处;相反,由于胡乱推行一些违反经济规律的措施,如用小钱顶大钱,给本来混乱的社会经济更增加了混乱。在实行"五均、赊贷、六筦"中,那些贪如虎狼的官吏借机鱼肉人民,使社会矛盾更加尖锐。王莽倒是惩治了一批商人和私铸钱的人,以至有几十万人被罚为罪徒。然而,社会经济非但没有好转,反而更加恶化了,"农商失业,食货俱废,民人至涕泣于市道"[1]。

王莽为了显示新莽政权的权威,对边疆少数民族进行了任意的凌辱和欺压,使民族矛盾进一步激化,如把匈奴的单于改为"降奴服于",改高句骊为"下句骊"等,激起了少数民族的反对。王莽又派大军征伐,对高句骊、夫余、匈奴、西南地区的钩町等常年用兵,给各族人民带来了极大的痛苦与灾难。

王莽又在京师大兴土木,建筑豪华的九庙,"功费数百巨万,卒徒死者万数"[2]。

上述种种罪恶活动,造成了"公家屈竭,赋敛重数,苛吏夺其时,贪夫侵其财,百姓困乏,疾疫夭命"[3]的局面。社会生产已无法进行,人民再也无法生活,

① 《汉书·王莽传中》。
② 《汉书·王莽传下》。
③ 《汉书·申屠鲍郅传》。

一场酝酿已久的全国性的农民大起义面临一触即发之势。

二、赤眉、绿林、铜马等农民起义的爆发

全国农民起义高潮的前奏——赵明、吕母等起义

公元元年(平帝元始元年)王莽掌权后,农民的反抗斗争进一步推向了新高潮。在王莽篡夺政权的前夕,公元 7 年(居摄二年),在长安附近爆发了赵明、霍鸿领导的起义。起义队伍迅速扩大,有十余万人,自茂陵(今陕西兴平市)以西到汧(今陕西陇县南),遍及二十三县。赵明、霍鸿自称将军,率起义军攻打官府,杀右辅都尉及𨚵(今陕西武功与眉县之间)令,逼近长安,在未央宫都可以看到起义军火烧官府的光焰,吓得王莽抱着孺子婴日夜祷告,祈求神灵保佑。王莽在长安的军队不能应付,又从关东调来大批军队,直到第二年才扑灭这次起义的烈火。当农民的血还在流,王莽却在长安大摆宴席,弹冠相庆,一次就分封侯伯子男三百五十九人。王莽把农民的暂时失败,当作他登上皇帝宝座的阶梯。但是,他高兴得太早了,射向未央宫的农民革命火光不会熄灭!王莽的宝座是安置在即将爆发的火山顶上的,它同未央宫都必将在农民起义烈火燃烧下垮台。

王莽当了皇帝之后,农民起义一直不断。公元 11 年(始建国三年),并州(今山西中、北部及内蒙古一部分)一带农民与一部分士兵起义。公元 15 年(天凤二年),五原(今内蒙古河套一带)、代郡(今山西西北部)数千人起义,转战邻郡,战斗一年多,才被镇压下去。公元 17 年(天凤四年),临淮(今安徽凤阳)人瓜田仪等率众起义,活动在会稽、长州(今江苏苏州市境)一带。这一年琅邪妇女吕母也发动起义。

吕母原是琅邪海曲(今山东日照市)人。公元 14 年(天凤元年),其子吕育因犯小罪为县吏所杀。吕母即以反对官府乱杀人为号召来组织队伍。开始有上百人在海上起义,以后贫民纷纷参加。公元 17 年,攻入海曲,杀死县官,队伍发展到万人以上。[①]吕母是我国历史上有记载的第一位农民起义的女领袖。

---

① 参见《汉书·王莽传下》《后汉书·刘玄刘盆子列传》。

赤眉起义军的兴起和壮大

公元 18 年(天凤五年),琅邪(今山东诸城市)人樊崇率领一百多名贫苦农民,在莒县(今山东莒县)举行起义。他们杀官吏,打土豪,夺回被地主霸占的财物。以后转入泰山(今山东泰安市)活动。当时,青、徐(今山东东部和江苏北部)一带发生大灾荒。农民以树皮草根为食。王莽反而变本加厉增派徭役和加征租税。广大农民走投无路,纷纷参加樊崇的队伍。一年之间,起义军增加到一万多人。这时,山东其他各地还有逄安、徐宣、谢禄、杨音等分别组织和领导的几支起义队伍。他们看到樊崇勇敢善战,都主动接受他的领导。几支军队联合起来,组成了有几万人的浩浩荡荡的起义大军,向王莽政权展开了更加猛烈的进攻。联军第一次出击,攻莒未下,转战至姑幕(今山东莒县东北)与王莽部探汤侯田况军相遇,大破田况军,歼灭一万多人,取得第一次重大胜利。起义军在与王莽军战斗中,为了和敌人相区别,把眉毛染成红色,因此被称为"赤眉军"①。与樊崇起义的同时,在兖、徐一带,还有力子都领导的一支上万人的起义军。

赤眉军的基本群众都是贫苦农民,他们保持着劳动人民那种朴实的作风和良好的纪律。起义军中最高的称"三老",其次称"从事",再次称"卒史"。战士们互相泛称"巨人"。他们"以言辞为约束",没有文书、旗帜、部曲、号令。这反映了他们内部朴素平等的关系。他们还明确提出了"杀人者死,伤人者偿伤"②的口号,喊出了劳动人民争取生存权的要求。同时,它也是起义军的纪律和政策,得到了群众的拥护和支持。

公元 21 年(地皇二年),王莽遣太师景尚率军镇压。同时,田况在吃了败仗以后,也重新组织了武装。他径自做主,强行征发青州十八岁以上的男子四万人,配备武器,与赤眉军对抗。田况还向王莽献策,在青、徐一带实行坚壁清野,把粮食统统集中到大城中,派兵坚守,使赤眉军得不到粮食。同时实行"招""击"两手。他说这样,"招之必降,击之则灭"③。王莽要镇压赤眉,但对这个颇有权谋,并敢自行招兵的鹰犬又十分不放心,于是,借故把田况调开,王莽的军队全由景尚指挥。翌年二月,在一次交战中,王莽军被打得大败,

---

① 关于称樊崇部为"赤眉"的时间,《汉书·王莽传》与《后汉书·刘玄刘盆子传》记载不一致。《王莽传》地皇二年下有"赤糜"之称,师古注"糜"即眉。这比《刘玄刘盆子传》早一年。此处取《王莽传》的记载。

② 《后汉书·刘玄刘盆子列传》。

③ 《汉书·王莽传下》。

景尚被起义军杀死。赤眉军又取得一次重大胜利。

赤眉军的连续胜利,使王莽大为恐惧。四月,王莽又派他的太师王匡和更始将军廉丹,率十万大军进攻赤眉起义军。同时下令开仓发放粮食给农民,想以此瓦解起义军。王莽的开仓放粮,只是一纸空文,连他自己的军队都没有吃的!王莽军沿途奸淫烧杀抢掠,无恶不作。而赤眉军始终保持着严明的纪律。当时有一首歌谣说:"宁逢赤眉,不逢太师(指王匡),太师尚可,更始(指廉丹)杀我。"①从这首歌的思想感情看显然不是出自农民之口,而是出自对赤眉军带有几分敌意的文人之手,但它却反映了王莽军更遭人痛恨。当王匡、廉丹等向赤眉军进攻的时候,无盐县(今山东东平县)的索卢恢(复姓索卢名恢)等发动起义,响应赤眉军。廉丹、王匡首先把这一部分起义军镇压下去,一万多起义战士英勇牺牲。这年冬天,赤眉军董宪部数万人驻在梁郡(今河南商丘市)。王匡因镇压了索卢恢而趾高气扬,立即向董宪进攻。双方相遇于成昌(今山东东平县西),展开了激烈的战斗。王莽的十万大军被打得落花流水,王匡狼狈逃命,廉丹妄图顽抗,结果连同其部将二十余人被起义军杀死。起义军乘胜追击,攻下了无盐,又消灭王莽军一万多人。赤眉军这次辉煌的胜利,沉重地打击和削弱了王莽在东方的军事力量。

后来,王莽又派国将哀章和太师王匡残部汇合,并增调地方军三十万,企图全力阻挡赤眉军。结果,王莽军每战必败。从此,王莽军在东方战场上,不得不收缩战线,从进攻转为防守。

赤眉军在战斗中不断地发展和壮大,扩充到数十万人。他们活动的地区,南起汝南,北到济水,东起莒县,西到颍川。东方的广大地方,大部分为起义军控制。这对推动农民革命在全国范围的顺利发展和最后推翻王莽政权,起了很大的作用。与赤眉军胜利发展的同时,在长江中游以北的荆扬一带的绿林军也迅猛地壮大起来。

绿林起义军的兴起

公元17年(天凤四年),南方大饥馑,农民到野泽中掘野草根"凫茈"为食,仍不能活。于是饥民数百人共推新市(今湖北京山东北)人王匡、王凤为渠帅(意为大帅),发动起义。这时,颍川(今河南禹州市)人王常、成丹,南阳(今

---

①《汉书·王莽传下》。

河南南阳市)人马武等也率众参加。数日间,发展到七八千人。因以绿林山(今湖北荆门市西)为根据地,所以称为"绿林军"。公元18年(天凤五年),王莽派大司马司允费兴为荆州牧,前往镇压起义军。王莽问费兴将采取什么办法,费兴说,荆扬地区人民以渔林为业,实行六筦,夺了他们的生路,所以起为"盗贼",我到任后,当下令让他们归田里种田,贷发耕牛和种子,减轻赋税,用这种办法,"盗贼"就可平息下去。王莽听后大怒,随即罢了费兴的官。①

公元21年(地皇二年),王莽派荆州牧发兵二万人前去镇压,绿林军领导人王匡等率军迎击于云杜(今湖北勉县西北)、安陆(今湖北安陆市),打败了王莽军,缴获了辎重,并乘胜攻拔竟陵(今湖北钟祥市)、云杜、安陆等地。起义军军威大振,又回到绿林山中,队伍已发展到五万多人。

王莽想用武力把起义军镇压下去,未能得逞。相反,农民起义的烈火越燃越旺。王莽这时才感到除了继续加强武力镇压外,还要辅之以招抚一手。他一方面派李棽为大将军扬州牧率军镇压荆扬一带的起义军;另一方面,他接受了储夏关于招降瓜田仪的建议,以稳定长江下游。瓜田仪利欲熏心,写了投降书。不久,瓜田仪死去,王莽还给这个农民起义军的败类起冢立庙,谥为"瓜宁殇男",想借此招降他人,但其阴谋并未得逞。

王莽的两种手段都没有达到目的,长江上下游的农民起义继续蓬勃发展。但意外的是,公元22年(地皇三年),绿林山一带发生瘟疫,很多战士病死。起义军为了保存力量,决定离开瘟疫区,兵分两路撤出绿林山。一路由王常、成丹、张卬等领导西入南郡称"下江兵";另一路由王匡、王凤、马武率领会同朱鲔一支起义军北入南阳,号"新市兵"②。绿林军在转移途中,补充了队伍,扩大了影响。这时,平林(今湖北随州市东北)人陈牧、廖湛等组织了一千多人,号为"平林兵",也来响应绿林军。绿林军成为反抗王莽政权的又一支主要力量。

铜马等北方农民起义军

与赤眉军和绿林军起义的同时,在黄河北岸冀、幽二州的大平原上,还有大小起义军数十部。小的众数万,大的数十万人。其中有妇女迟昭平领导的数

---

① 参见《汉书·王莽传下》。
② 农民军的领袖张卬是属于"下江兵",还是"新市兵",在《后汉书》中有不同的记载。《李王邓来列传》认为他与成丹入南郡为"下江兵",而《刘玄刘盆子列传》中则说他是王匡、王凤的支党,北入南阳为"新市兵"。此采《李王邓来列传》的说法。

千人,力子都有众六七万,城头子路(首领东平人爰曾)有众二十多万,还有以东山荒、秃上、淮况为首领的"铜马军",是河北最强大的一支。另外还有以樊重为首的"大肜",以樊崇(与赤眉军的樊崇同名)为首的"尤来",以高�为首的"五校",以董次仲为首的"擅乡"(力子都被部属杀死,余众号擅乡),以张文为首的"五楼",徐少为首的"富平"和古师郎为首的"获索"等部。他们"或以山川、土地为名,或以军容强盛为号"①。这些起义队伍共几百万人,但他们各自分散,没有形成统一的力量。虽然如此,他们也都狠狠地打击了各地的豪强地主和封建官吏,给王莽的反动统治以沉重的打击。

另外,在长安周围,也有无数支起义军,直接威胁着王莽的老巢。

地主分子刘玄、刘秀等混入农民军

在农民起义遍及全国各地,王莽政权四面楚歌的形势下,地主阶级内部出现了分化。一部分豪族地主"作营堑以自守",进行割据称雄,与农民军对抗。另一部分,多是西汉的宗室,由于王莽代汉触犯了他们的既得利益,他们乘农民起义的机会,也打起反王莽的旗号。这些反王莽的地主武装力量,有的以复汉为名,想独树一帜,称王称侯;有的则钻进农民革命阵营,妄图利用农民起义的力量扩大自己势力,伺机破坏革命,恢复地主阶级的统治。由于独树一帜,得不到农民起义军的支持,大部分很快被王莽镇压下去。而钻到农民起义队伍的人由于手段狡猾,有很大的欺骗性。西汉的宗室贵族刘玄、刘缜和刘秀就是后一类的主要代表人物。刘玄是刘秀的族兄,是个没落贵族,当绿林军到了南阳地区后,他就投入了"平林兵"。公元 22 年(地皇三年),刘秀及兄刘缜(字伯升)也在舂陵(今湖北枣阳市东南)起兵。他们兄弟二人本是南阳豪族地主,同时也是大粮商。他们打着恢复汉室的旗号,纠集宗族宾客七八千人,称"舂陵兵",反对王莽,并率军与新市、平林兵联合,混入了绿林军的队伍。①大量阶级异己分子加入农民军,特别是当他们窃取一定领导权以后,对农民革命的方向干扰得越来越厉害,后来绿林军正是在这方面吃了大亏。

---

① 《后汉书·光武帝纪上》及李贤注。

三、绿林军"更始"政权的建立新莽王朝的覆灭

绿林军势力的发展

"新市兵""平林兵"与"春陵兵"联合后,即于公元 22 年(地皇三年)西击长聚的唐子乡(今湖北枣阳市北),杀死湖阳(今河南唐河县西南)县尉,进拔棘阳县(今河南新野县北)。联军在进攻宛(今河南南阳市)的途中和王莽的前队大夫甄阜、属正梁丘赐所率领的军队相遇,战于小长安聚(今河南南阳市南),被莽军打败。刘縯率余部退回棘阳。

这时,"下江兵"王常、成丹、张卬部大败王莽荆州牧于上唐(今湖北随州市西北),遂北至宜秋(今河南唐河东南)。这时,刘縯、刘秀到"下江兵"的营壁邀请联合作战。于是,"新市兵""平林兵""下江兵"与"春陵兵"协力进击王莽军。起义军先派一部分队伍夜袭王莽军的辎重军需。第二天,"春陵兵"从西南进攻甄阜部,"下江兵"从东南攻梁丘赐部。梁丘赐部很快被击溃,甄阜部见梁丘赐部溃散,便惊慌散走,"春陵兵"急追。最后,王莽军大败,被歼两万多人,梁丘赐、甄阜均被杀。王莽的纳言将军严尤、秩宗将军陈茂听到主力被打败,惊恐万状,欲退至宛。起义军鼓行而前,与严尤、陈茂部相遇于淯阳(今河南南阳市南),再败王莽军,歼灭了三千多人。严尤、陈茂弃军只身逃走。起义军乘胜进围宛城。①

绿林军的战功威震全国,各地老百姓纷纷前来参加,起义队伍很快发展到十余万人。

"更始"政权的建立

绿林军中自从混入了刘玄、刘縯和刘秀等地主分子的代表人物后,围绕着一些关键性问题,经常出现激烈的两条路线的斗争。

最初,刘縯、刘秀等倡议与"下江兵"联合时,"下江兵"成丹、张卬共推王常去与刘縯商议。刘縯、刘秀乘机勾结拉拢王常,要他支持恢复刘氏政权,并对王常封官许愿。王常接受了刘縯的方案。②王常的这种投降主义主张,受到"下江

---

① 参见《后汉书·光武帝纪上》《后汉书·宗室四王三侯列传》之《齐武王縯传》。
② 参见《后汉书·李王邓来列传》。

兵"其他将领成丹、张卬的坚决反对。他们都说,大丈夫既起,当各自为主,为什么要受人管制? ①由于成丹、张卬等人的抵制,刘縯、刘秀的图谋未能得逞。

在农民起义军节节胜利,王莽反动政权日趋土崩瓦解的情况下,建立农民革命政权是起义军急待解决的一个关键性问题。野心勃勃的刘縯,看到人民痛恶王莽的统治,就借恢复汉室为名,阴谋利用谶纬,宣扬"刘氏复兴",为自己夺取领导权登上皇帝宝座制造舆论。这时,"下江兵"的领导人之一王常也表示支持。于是,一些混入农民队伍的地主分子和王常等串通在一起提出要刘縯当皇帝。而新市、平林两部分农民军的将帅坚决抵制刘縯做皇帝。但当时农民军将领由于历史的局限性,未能摆脱封建正统观念思想影响,又看到汉宗室刘玄势孤懦弱,易于控制。于是决定立刘玄为皇帝。

刘縯看到自己做皇帝的欲望不能得逞,便改变策略,极力阻挠。他假意说,现在建立政权容易引起与赤眉军的冲突,对联合反莽不利,推翻王莽以后再建立政权不迟。农民将领张卬看穿了刘縯的阴谋诡计,果断地立刻拔剑击地说:"疑事无功,今日之议,不得有二。"②农民领袖们都支持张卬的意见。公元 23 年二月在淯阳设坛场,刘玄即帝位,建元"更始"。领导权实际掌握在农民军将领手中,刘縯的阴谋被挫败。

昆阳大战

"更始"政权建立后,绿林军主力部队即围攻宛城,准备相机进取洛阳,进占关中。另派王凤、王常、刘秀率兵几万人北上,接连攻下昆阳(今河南叶县)、郾城(今河南漯河市郾城区南)和定陵(今河南舞阳县东北)等地,以保障主力军围攻宛城。王莽听说绿林军已立刘玄为帝,大为惊慌,急派大司徒王寻、大司空王邑,将兵四十二万人,号称百万,齐集洛阳,妄图一举消灭起义军,扼杀新建立的"更始"政权。

王寻、王邑的军队,"旌旗辎重,千里不绝",自洛阳经颍川直逼昆阳。这时,守昆阳的起义军只有八九千人。他们面对来势凶猛的敌军,采取先让一步的策略,决定由王凤、王常坚守昆阳,另派刘秀和宋佻、李轶等十三骑突围到郾(今河南漯河市郾城区)、定陵一带,调集起义军的诸营兵数千人来昆阳增

---

① 参见《后汉书·李王邓来列传》。
② 参见《后汉书·宗室四王三侯列传》之《齐武王縯传》。

援,准备夹击敌人。

这时,严尤向王邑献策说,昆阳城虽小,但很坚固,攻之不易,又非主力军所在的地方,不如甩开昆阳,直接进攻包围宛城的绿林军主力。打败了"更始"主力军,昆阳就不战而下了。王邑自恃兵力强大,他要血洗昆阳,"喋血而进,前歌后舞"①,于是倾全力兵围昆阳,兵营百余座,云车十余丈,还利用楼车和地道攻城,其势非常凶猛。昆阳城内的起义军在"积弩乱发,矢下如雨"②的情况下,头顶门板打水,坚守城池。敌人的凶狠更激起了起义军的愤恨,众志成城,昆阳成了不可攻破的铜墙铁壁。这时,刘秀率步骑兵千余人做前锋,前来增援,形成对莽军内外夹攻之势。王邑、王寻见起义军人数不多,只调数千人迎战,起义军奋勇杀敌,连战连胜,杀死敌军上千人,首战告捷。这时绿林军主力也攻克宛城,并定都于宛城,但消息尚未传到昆阳。为了鼓舞士气,瓦解敌人军心,刘秀等便假说宛城已经攻下,把假造的战报射入城中,并称起义军主力很快就会到昆阳来共击敌人。昆阳内外的起义军,"胆气益壮,无不一当百"③。刘秀等率勇士三千人迂回到昆阳城西,涉昆水,猛攻王邑中坚大营。莽军大都是胁迫来的农民,不愿为王莽政权打仗,阵势大乱,王寻被杀。城中起义军也擂鼓而出,内外合攻,呼声震天。王莽军全线崩溃。当时正逢大风暴雨,屋瓦皆飞,雨下如注,滍水暴涨。王莽军自相践踏,溺死者以万数。王邑、严尤仅率极少数残兵败将仓皇逃命,起义军获得完全的胜利。这就是中国历史上有名的"昆阳之战"④。

这次战役是我国军事史上以少胜多的一个范例。毛主席指出:这是"双方强弱不同,弱者先让一步,后发制人,因而战胜的"⑤。经过这一次大战,王莽的主力军被打垮,农民战争取得了决定性的胜利。

王莽政权的覆灭

昆阳大战之后,王莽的"新朝"崩溃了。原来在观望中的各地豪强势力集团,包括王莽的一些地方官吏,纷纷起兵割据,自称将军,不到一个月,王莽所能控制的地方,只剩下长安、洛阳两个大城。

---

① 《汉书·王莽传下》。
②③④ 《后汉书·光武帝纪上》。
⑤ 参见毛泽东:《中国革命的战略问题》。

随着王莽的节节失败,在农民军"更始"政权内部,两条路线的斗争再一次尖锐起来。刘縯没有当上皇帝,一直心怀不满。南阳地主集团和"舂陵兵"的一部分将领也不甘心。他们时刻阴谋夺取帝位。农民军将领申屠建等早有察觉,曾建议及早除掉刘縯,消除隐患。这时刘縯的部将同宗刘稷首先出来反对"更始"政权。他扬言,这次起兵建大功的是刘縯、刘秀兄弟,"更始"(指刘玄)干了什么呢?①抗拒"更始"的命令。农民军的领袖们当机立断,把刘稷和刘縯都捉来杀掉,粉碎了刘縯集团的颠覆活动。

"更始"政权除掉了刘縯后,加强了内部团结。八月间,确定了消灭王莽政权的战略方针:兵分两路,一路由王匡率领北上向洛阳进军。这一路很快就占领洛阳,杀死王莽的太师王匡和国将哀章;另一路由申屠建、李松等率军西攻长安。这时王莽把囚徒组织起来做最后挣扎。囚徒军一过渭桥,便都散走,并掘毁王莽祖先的坟墓,焚烧了九庙。起义军在反莽的各种力量支持下,顺利攻入长安。长安城中人民群起攻入未央宫,火烧宫门,王莽狼狈逃入渐台,被商人杜吴杀死,王莽的统治就这样结束了。王莽的新朝从公元 9 年到 23 年,仅存在了十四年,是中国历史上短命的王朝之一。

四、农民战争胜利成果的丧失

"更始"政权的变质和赤眉军进关中

公元 23 年十月,刘玄从宛城迁都洛阳,第二年又移都长安。定都长安后,刘玄的地主阶级本性日益暴露出来。他任用南阳豪强李松为丞相,地主分子赵萌为大司马。他又娶赵萌女为夫人。赵萌控制了朝政大权,凡有说赵萌不好的,都被杀掉。刘玄生活也腐化起来,与妇人日夜欢宴于后庭,群臣找他商谈大事,他都因醉不能见。

这一伙人对掌握军权、保持着农民朴实作风的农民领袖千方百计想加以排挤。一个旧官僚李淑上书刘玄说,你虽然依靠平林、下江兵等农民力量取得天下,不过是临时利用一下,现在大局渐定,就应当"更延英俊,因才授爵"②。就是说要他踢开农民领袖,另请官僚地主分子参加政权。刘玄虽然没有立刻采纳他的

---

① 参见《后汉书·宗室四王三侯传》之《齐武王縯传》。
② 《后汉书·刘玄刘盆子列传》。

建议,但不久便对农民领袖申屠建、陈牧、成丹等下毒手,借故杀死。只有张卬、王匡等逃脱。这说明"更始"政权已完全变质。正在此时,赤眉军进入了关中。

公元 23 年,绿林军攻下洛阳时,赤眉军樊崇遣使到洛阳与刘玄联系。刘玄等人以冷漠的态度相待。公元 24 年,"更始"政权西进长安时,赤眉军宣告与"更始"政权决裂,决计进攻关中。一路由樊崇、逢安率领从武关(今河南三门峡市陕州区西)进发;一路由徐宣、谢禄等率领从陆浑关(今河南伊川县西)进发,公元 25 年正月,两路大军到弘农(今河南灵宝市东北)会师。赤眉军一直保持着朴素的农民作风。为了与刘玄对抗,在向长安进军的途中建立了政权。他们像绿林军一样,也找来了一个西汉宗室的后裔牛童刘盆子为"皇帝",年号"建业"。同时还推定唯一识字、做过几天狱吏的徐宣做丞相,樊崇为御史大夫,逢安为左大司马,谢禄为右大司马。

赤眉军进入关中时,"更始"政权中农民出身的将领王匡、张卬率军造反,与赤眉军合作,于 7 月攻下长安,已变质的"更始"政权被推翻,刘玄被杀,受到应得的惩罚。

东汉政权的建立

赤眉军占领长安后,开始与代表地主阶级利益的刘秀处于完全对立的地位。

最初,刘秀在"更始"政府统治时期很会耍两面派。他的哥哥刘縯和刘玄争做皇帝被杀。刘秀在前线听到消息后,本想反抗,但他深知自己的力量薄弱,没有取胜的把握,遂采取了暂时隐忍,待机而动的策略。他赶快回到宛城,向更始帝谢罪。为了表白自己与刘縯无关,他既不和刘縯的旧属来往,也不为刘縯服丧,饮食言笑不改常态,对自己在昆阳的战功,只字不提。他的两面派手法取得了"更始"政权的信任,拜他为破虏大将军,封为武信侯。"更始"政权迁都洛阳后,派刘秀到河北镇抚诸州郡。

刘秀以"更始"政权使者的名义到达河北后,用废除王莽法令,恢复汉制为号召,大力发展自己的势力。当时河北地区的形势很复杂,除了许多分散的农民起义军外,还有很多与农民军对立或观望自守的豪族地主武装。对这些不同势力,刘秀采取了不同的手段。农民起义军势力最大,他对农民军采取了又打又拉的反革命两手策略。他刚到河北时,经常假借农民起义的名义和政治影响来扩展自己的力量。例如,他曾诈称要率领农民起义军城头子路、力子

210

都部百万兵来平定河北。①但当他有了一定势力以后，便回过头来残酷镇压农民军。对地主武装，他采用拉拢收买的办法，每到一处，"辄见二千石(郡守)、长吏、三老、官属、下至佐史，考察黜陟，如州牧行部事"②。一些地主豪族听说他是西汉宗室后裔，也主动地投靠他，如豪族地主刘植、刘喜兄弟及其从兄刘歆便率宗族宾客数千人归附刘秀。巨鹿大姓耿纯等也率宗族宾客二千余人投靠他。刘秀又派人与上谷太守耿况、渔阳太守彭宠取得联系，逐步占据了一些地盘，壮大了力量。当时邯郸豪族李育、张参等拥卜者(算命的)王郎在邯郸建立割据政权，曾派兵围攻刘秀。刘秀被王郎的军队追得疲于奔命，后来得到地主武装的增援才打败并消灭了王郎政权，进一步发展了军事力量。这时候，他有了自己的人马，开始断绝了与"更始"政权的联系，在河北建立了独立王国。

刘秀建立起一支地主武装后，便公开围剿河北地区的农民起义军。他采取各个击破的方针，在鄡(今河北辛集市东)，打败了铜马农民军。在蒲阳消灭了铜马军余部和高湖、重连等支农民军。在元氏、北平、安次等地打败了尤来、大抢、五幡等农民军。在大肆镇压农民起义的过程中，他的力量渐渐扩大，到公元25年，便在河北的鄗(今河北柏乡县北)称帝，建立了东汉政权。

为了把东汉政权进一步扩展到全国，公元26年，刘秀派邓禹率兵西进长安，去镇压正在长安的赤眉军。邓禹被赤眉军打败。他亲自率军南下，沿途又镇压了擅乡、五校、富平、获索等农民起义军，进入河南境内。当时原"更始"政权的将领朱鲔镇守洛阳，刘秀多次围攻洛阳不下，最后用计策诱降了朱鲔，占领了洛阳，并定都在这里。在南阳为太守的王常闻讯前来投降。王常在南阳有较大的势力，从而增加了刘秀的力量。

刘秀镇压赤眉军

赤眉军进驻关中，推翻"更始"政权后，继续坚持了反封建斗争。这是极为可贵的。但是摆在他们面前的任务却是十分艰难的。一方面不可能提出把革命引向深入的方针、政策，革命队伍缺乏明确的目标；另一方面，他们处在地主阶级势力内外夹击的境地。山东大部分落入刘秀之手，扼住了他们东归的道路。陇西为地主武装隗嚣所盘踞，堵住了西进的道路。巴蜀一带由公孙述占

---

① 参见《后汉书·任李万邳刘耿列传》。
② 《后汉书·光武帝纪上》。

领,向南发展也很困难。在关中一带,许多豪族纷纷结寨自守,实行坚壁清野,与赤眉军对抗。面对这种情况,起义军首领束手无策。几十万起义军的吃饭问题,日益尖锐起来。公元26年春,长安粮绝,起义军不得不向西转攻城邑,但遭到隗嚣的阻击,只得又回兵长安。这时,长安已为刘秀部邓禹所占。经过激战,赤眉军打败了邓禹,九月又重新占领长安。但这年关中闹大灾荒,再加上豪族实行坚壁清野,赤眉军的粮食供应仍然极端困难,不得已于十二月引兵东进。这时,刘秀以逸待劳,已做好了围剿赤眉军的部署。公元27年初,赤眉军在崤底被刘秀部冯异打败,遭到重大损失,随后赤眉军向宜阳(今河南宜阳县西)突进,刘秀早已部署了重兵。面对气势汹汹的敌人,樊崇等完全丧失了斗志,向刘秀乞降,刘秀只许以不死。樊崇为了苟且活命,把十余万赤眉军送上了绝路。以后樊崇等曾试图再次起兵,事泄被杀。刘秀窃夺了西汉末年农民起义的成果,在几百万农民的血泊中重建了豪族地主阶级的政权。

此后,刘秀继续派兵消灭了山东的张步、梁地的刘永、南郡的秦丰、庐江的李宪等割据势力,统一了黄河中下游广大地区。又经过几年的战争,收编了割据河西的窦融集团,消灭了陇西隗嚣的势力,又打败了巴蜀的公孙述、晋北的卢芳,到公元40年(建武十六年)完成了全国的统一。

本章小结

新莽末年以赤眉、绿林为主体的农民起义,虽然在豪族地主的内部破坏和外部镇压下最后失败了,但起义军通过自己的战斗,使农民武装从小到大,从局部发展到全国,最后推翻了王莽的反动统治,在历史上立下了功勋。农民军在与地主阶级的战斗过程中,给了豪族地主以很大的打击,"攻郡县,杀长吏及府掾史"[1]。在一个时期内,有效地制止了地主阶级兼并土地的罪恶行为,保护了广大劳动人民的利益。农民起义还严重打击了豪族地主经济中的奴隶制残余。许多奴婢积极参加了农民军的队伍,解放了自己。这对于解放生产力,对尔后东汉初年的生产发展,起了很大作用。

这次农民起义也留下了深刻的教训,主要是绿林赤眉两支主力军的农民领袖受封建正统思想的束缚,没有牢牢地掌握住领导权。

---

[1]《后汉书·独行列传》之《刘茂传》。

第六章 封建专制主义进一步
强化和农民的反封建斗争——东汉
（公元 25—220）

第一节 东汉的阶级关系和豪族政治

刘秀建立的东汉政权，是以豪族地主为基干的封建政权。东汉时期，豪族地主的政治经济势力逐渐膨胀。他们控制封建国家政权，政治腐败、黑暗。身受地主阶级残暴统治的农民进行了英勇的反抗斗争，表现了鲜明的反封建性质，把农民的反封建斗争提高到一个新的阶段。

一、东汉政权恢复、巩固封建统治的政策

封建皇权的强化

东汉政权的建立者刘秀在称皇帝的诏书中说，因"王莽篡位"，他才"发愤兴兵"，"平定天下"[①]。他看到西汉末年皇权衰落、权臣擅权的混乱政治局面，削弱了地主阶级统治力量，因此立意加强皇权。为此他设法削弱和分散宰相的权力。

在行政制度上，刘秀虽然仍旧设置三公（司徒、司空、太尉）担任宰相的职务，但进一步采用汉武帝重用内朝官员的办法，加重尚书的职权，扩大尚书的机构，正式称为尚书台。尚书台的长官叫"尚书令"，其副职称为"尚书仆射"。尚书台下设六曹，曹的长官称"尚书"。六曹分别掌管各种政事：三公曹主管对地方官的考察，吏部曹掌管官员的任用，民曹管理修缮营建，客曹掌管少数民族事务，二千石曹主管刑法，中都官曹管理治安。这样尚书台官员统管了军政、吏治、司法等政治事务，真是"总领纲纪，无所不统"[②]，拥有了中央政府

---

①《后汉书·光武帝纪上》。
②《通典·尚书省》。

的实际行政权力。三公名是宰相,并没有实权,刘秀让他们只做一般官员做的事情,使他们名不副实。①汉明帝刘庄继承刘秀的办法,厉行削弱相权。②这种情况延续了东汉一代。汉安帝时的一个官僚陈忠曾说:回顾西汉朝旧事,丞相的请求建议,皇帝没有不采纳的;东汉以来的情况不同了,三公有名无实,尚书的权力超过了他们。③他的话反映了东汉政府"虽置三公,事归台阁"④的实际情况。尚书台官员权力大,官职地位并不高,尚书令的秩禄是一千石,尚书仆射和六曹尚书才六百石,相当于中级官员。另外尚书还被看作是皇帝的家臣,因此易于控制。这种尚书台制度在东汉前期起到了加强皇权、削弱相权的作用。

军事编制上,东汉统治者在中央建立五营宿卫军,即越骑校尉营(由强壮和精于骑术的军士组成的骑兵),屯骑校尉营,步骑校尉营,长水校尉营(统辖乌桓等少数民族骑兵),射声校尉营(由弓箭手组成的步兵)。遇有战争,由皇帝派遣大将军、骠骑将军、车骑将军或其他将校统领军队。东汉初,沿袭西汉制度,在各地设有地方部队,分材官(步兵)、骑士(骑兵)、楼船(水兵)等兵种,归郡都尉管理。刘秀看到地方军队虽可用于镇压人民,但易被当地地主豪强控制,威胁中央政府。到公元 31 年,刘秀感到中央军队数量较大而又精悍,于是取消材官、骑士、楼船等地方部队,裁撤郡都尉(边郡除外),其职责由郡太守兼任。削减地方军队,有利于加强中央对地方的控制。

东汉初年,人口比西汉末年大量减少⑤,而设置的郡县很多。刘秀于是合并和减少四百多个县,从而使皇帝的政令更有效地通达到地方,提高了行政效率,加强了对人民的统治。东汉的地方官制基本上和西汉一样,只有少数官员的职能稍有变化。刘秀分全国为十二个州和一个司隶(中央直辖区),依照汉武帝的办法,向各州派遣刺史,进行巡查,但刺史的权力比西汉时加大了,可以复审司法案件,考核官吏,荐举官员,年终向皇帝报告。皇帝通过刺史加强了对地方的管辖。东汉时设有九十多个郡,郡的主官仍叫太守,下辖功曹

---

① 《后汉书·马岑贾列传》,刘秀"以吏事责三公"。

② 《后汉书·显宗孝明帝纪》,明帝"遵奉建武制度,无敢违者"。

③ 《后汉书·郭陈列传》。陈忠上言:"今之三公,虽当其名而无其实,选举诛赏,一由尚书,尚书见任,重于三公,陵迟以来,其渐久矣。"

④ 《后汉书·王充王符仲长统列传》引《昌言·法诫篇》。

⑤ 公元 57 年(建武中元二年),在籍人口二千一百万(《后汉书·郡国志》李贤注引应劭《汉官仪》),只及公元 5 年(西汉平帝元始二年)五千九百多万(《通典·食货》)的三分之一强。

史、五官掾等吏员。郡下设县(少数民族地区叫"道",皇后、公主等的食封地叫"邑"),大县的长官叫县令,小县的叫县长。县下设乡、亭、里。民户都编制在什伍组织中,十家为一什,五家为一伍。①东汉政府用这一整套地方行政制度,向人民征收赋税,摊派徭役,防止和镇压人民的反抗斗争。

东汉初期统治着采取的上述措施,在一个时期调整了统治阶级内部的权力分配关系,把权力集中于中央、集中于皇帝之手,稳定了封建秩序,加强了对人民的统治,在客观上也有利于当时中国多民族国家的统一。

培植新贵族

东汉初期统治者实行封功臣及广泛吸收地主分子参加政权的政策,以巩固和扩大它的阶级基础。

刘秀在建立政权的第二年,即公元 26 年,封功臣为列侯,赐给他们很多食租税的县邑,有的人多达四个县。官僚丁恭曾担忧地说:这样分封,不是强干弱枝的办法,恐怕对皇权不利。刘秀说没有关系,还没有听说过因多分给功臣土地而把政权丢掉的。②刘秀把封功臣作为笼络手段;使他们更坚定地支持东汉政权。公元 37 年,刘秀又大封功臣三百六十五人,外戚四十五人,有的人食邑竟多到六个县。这些功臣,本来大多数就是豪族地主,经过分封,更加发展了政治经济势力,成为东汉政权的主要支持力量。

刘秀在统一过程中,从各个地主集团吸收人员,但大量任用的是南阳的宗亲姻戚。公元 35 年(建武十一年),并州牧郭伋向他建议:用人当选"天下贤俊"③,不应该专用南阳人。刘秀接受了他的意见。刘秀选用官吏的具体办法,一方面是承袭西汉的察举制度、任子制度,另一方面还沿用西汉时期间断实行的征辟制度,并将它制度化。"征"是皇帝下诏书特别征召地主阶级中"名流"做官;"辟"是公卿大臣及郡守自行启用地主分子做属员。刘秀对察举、征辟的实行情况很重视,他要求被录用的官吏都能符合"德行高妙""明达法令"④等标准,否则被举者和荐举人都要治罪。汉明帝时,馆陶公主请求任用他的儿子为"郎"(侍郎、郎中),汉明帝不答应,说官位要给称职的人,不能随便滥授。这时

---

① 参见《后汉书·百官五》及李贤注。

② 参见《后汉书·光武帝纪上》。

③《后汉书·郭杜孔张廉王苏羊贾陆列传》。

④《后汉书·百官一》并李贤注引应劭《汉官仪》。

实行的征辟制度,进一步向地主阶级开放了参加政权的门路,吸收了一些有"才能"的人,扩大了东汉政权的阶级基础。

度田和释放奴婢

东汉初年,农民同封建政府做斗争的一种方式,就是隐瞒土地、户口和年龄,以抗拒赋税和徭役。同时占有大量土地和依附农民的豪族地主也极力隐瞒土地、规避赋役。刘秀为了强迫农民承受封建政府的剥削和解决封建国家与豪族地主之间的地租再分配问题,于公元39年(建武十五年)颁发度田令,命令各州郡检查垦田亩数和户口、年龄。地方官在推行这个法令时,对农民、对地主阶级的不同阶层采取了不同的态度。

刺史、郡守借口度田,把农民赶到田野中,将他们的居屋和院落当作垦田丈量,强迫他们输纳赋税和应征服役。这种残酷的压迫,激起了各地农民的强烈反抗,他们聚集起来,攻打官府,严惩官吏。

州县官对大豪族的土地、人口,不敢作任何调查。陈留(郡治在今河南开封市东南)郡太守告诉被派往京城奏报垦田亩数的官吏,可以参考颍川(郡治在今河南禹州市)、弘农(郡治在今河南灵宝市北)等郡的情况向上报告,但是不要和河南、南阳两郡相提并论。因为河南是首都所在地,达官贵人多,南阳是皇帝的家乡,亲戚故旧多,这些人田宅多得很,官吏只会帮助他们隐藏土地、人口,根本不敢去丈量他们的土地。由此可见,度田令并不损害大豪族地主的利益。东汉官吏对一般地主的土地,按照度田令进行了检查,于是引起这部分人的不满和暴乱。所以当时起兵反对度田的,有农民起义和部分地主的暴乱,两种性质是不同的。

刘秀对待上述两种性质的武装暴动,采取了不同的方针。对农民一面派兵镇压,一面施行毒辣的分化瓦解政策,规定五个人共同杀死一个同伴就免"罪",又以"度田不实",处死河南尹及各地郡守十余人,借以欺骗群众。[①]刘秀实行的这种"追捕""安抚"的两手政策,把农民反抗斗争镇压下去了。对一般地主,刘秀采取妥协方针,不再向他们度田。所以度田令推行的结果,只是加重了农民身上的封建赋役枷锁。

---

① 《后汉书·光武帝纪下》。刘秀后来对马援说:"吾甚恨前杀守相多矣"(钱时《两汉笔记·光武》),可见他杀这些人是为了欺骗人民,而他说这句话又是为了缓和某些豪族地主的不满情绪。

奴婢问题,是西汉末年的一个严重社会问题,农民战争沉重地打击了占有奴婢的豪强地主,使许多奴婢争得了自身的解放。刘秀为了政治斗争的需要,先后六次下令释放奴婢,三次下令禁止虐待奴婢。公元26年(建武二年),刘秀下令:"民有嫁妻卖子欲归父母者,恣听之。敢拘执,论如律。"①这时他刚建立政权,正同赤眉军作战,他为了欺骗民众和收买人心,瓦解农民军,才发出这样的诏令。公元30年,刘秀规定王莽时期不按西汉法律而没收为奴婢的官吏和平民免为庶人,次年,又下诏:"吏人遭饥乱及为青、徐贼所掠为奴婢、下妻,欲去留者,恣听之。"②这主要是恢复西汉旧官吏和地主的权利,以便稳定东汉政权。公元36—38年,刘秀在解决盘踞于甘肃的隗嚣和四川的公孙述集团的时候,连续三次下诏令,说"益、凉二州奴婢,自(建武)八年以来自讼在官者,一切免为庶人,卖者无还直"③。即部分地承认这些地区的奴婢为庶民。刘秀以此同隗嚣、公孙述做斗争,以便从他们手中夺取人口,瓦解他们的势力。

　　奴婢制度是封建制的一种补充,奴婢问题实际上是农民问题的一个方面。东汉政府承认原豪族割据势力控制下的奴婢可以成为农民,由封建政府对他们实行直接统治,这便把豪族的一部分剥削权益转归了封建政府,增加了后者的赋税收入。对于原来的奴婢说来,虽然脱离了豪族的奴役,却又落入了封建政府的羁绊。但是,他们所受的人身控制,毕竟在一定程度上削弱了。这种削弱,表面上是由封建统治者实行的,实际上却是西汉末年农民战争对奴婢制度打击的结果。

二、阶级结构与地主庄园

　　东汉时期,社会阶级关系基本上与西汉时期相同,但从地主阶级中产生了世族地主,他们更加残酷地控制农民,使广大农民处于农奴的地位。

地主各阶层的状况和世族地主的开始形成

　　在东汉地主阶级内部,由于它的成员经济政治地位的不同,又可分为几个不同的阶层。

　　(1)国家地主和皇室地主。东汉政府占有大量的耕地和山林川泽,叫作"公田""官有陂池""池籞田"等,租给农民耕种,收取租赋。其中一部分归东汉

---

①②③《后汉书·光武帝纪上》。

政府支配,另一部分归宫廷支用。在这里,封建国家和皇室都是以地主的身份出现的,皇帝既是地主阶级的总头目,又是一个拥有大量土地的大地主。

(2)食封贵族地主。它的主要成员是皇帝的儿子(诸王)、宗室及他们的子孙被封为列侯的。前面讲过的刘秀分封的功臣侯和外戚恩泽侯,也属于这一类地主。

公元 37 年(建武十三年),刘秀根据亲亲的原则封宗室一百三十七人为列侯,公元 41 年,封皇子刘辅等十人为王。诸王的子孙除一人袭封王爵外,其余的多被封为列侯。王的封地一般是一个郡,叫"王国"。宗室列侯的封地是一县至数县不等,叫"侯国"。王国和侯国的主要官吏"国相"(王国的"相"相当于太守,侯国的"相"相当于县令)由中央政府任命,管理民事,王和列侯主要是收取封地的租税。

东汉政府分封的王国和侯国,多在离京都不远的州郡,以便限制王侯扩充地盘和发展力量。东汉初期的皇帝还采取了一些措施打击那些扰乱中央集权的王侯。公元 48 年(建武二十四年),刘秀重申汉武帝时的"阿附蕃王法",禁止藩王扩大势力。当时有不少的诸侯王"竞修名誉,争礼四方宾客"[1],扩展力量。刘秀发现这种情况后,于公元 52 年(建武二十八年)逮捕诸王宾客,处死数千人。汉明帝时,楚王刘英招聚宾客,制造图谶,图谋皇位,汉明帝于是大兴"楚狱",被处死和迁徙的有数千家。

食封贵族地主在他们的封邑里,残酷地压迫和剥削人民,兼并土地,恣意抢夺人民财物。刘秀的儿子济南王刘康,食邑六个县,还大肆增殖财产,置"私田八百顷",拥有奴婢一千四百人,厩马一千二百匹。[2]中山王刘焉死后,把别人的几千个坟墓毁掉,征发一万多民伕为他造墓。[3]汉桓帝时,缯侯刘敞"侵官民田地"[4],不只强夺农民小块土地,还侵占封建政府的田地。食封贵族是一群穷凶极恶的吸血鬼。

(3)豪族地主。他们在东汉政权保护和支持下,经济政治势力迅速膨胀起来。他们的兼并活动自东汉初年开始,越往后越激烈,越残暴。兼并的办法既野蛮又狡诈,强行霸占和强买是他们惯常使用的方法。在东汉墓中出土的一

---

① 《后汉书·光武十王列传》之《沛献王辅传》。

② 参见《后汉书·光武十王列传》之《济南安王康传》。

③ 参见《后汉书·光武十王列传》之《中山简王焉传》。

④ 《后汉书·方术列传下》之《公沙穆传》。

218

些铅质买地契,是随葬品,即是一种"幽契",并没有实际价值,但是它的契约内容,却反映了社会上土地买卖的情况。这种"地契"与社会上通行的地契,行文格式基本相同,内容包括土地坐落四至、田价、所有权和中人,在所有权中规定土地上生长的一草一木及栖留的一禽一兽都归买主,甚至规定原来埋在地里的死尸,也归属买主为奴婢(意即买田的时候把死魂灵也买了,让他们在"阴间"服侍新主人)。①这些契文,象征着持有它的地主分子生前占有土地、奴婢的现实,它真实地反映了东汉时期地主阶级,特别是能够占有大量奴婢的豪族地主以买卖的方式兼并土地的状况。这些豪族地主霸占了巨量的土地,役使众多的农民,在郡县乡里横行霸道,操纵或影响着从地方到中央的政治。

(4)大商人地主。东汉政府重新颁发过西汉后期已经失效的"禁民二业"的政策,不许商人买土地为地主和官僚②,但是富商大贾冲破政府的禁令,占有大量的土地役使成千上万的依附农民和奴婢。他们一般没有特殊的政治身份,甚至连最低级的伍长都不是,然而实际政治权力大得很,能够与地方上的郡守、县令分庭抗礼。③可见他们的政治经济地位同豪族地主相仿佛。

(5)世族地主(亦称门阀地主)。它是东汉时期开始形成的地主阶级中的一个阶层。关于它的来源、形成和特点,先看下表:

这些世族的家族历史源远流长,一般可以追溯到战国时期,至晚也是西汉前期的官僚富户,他们世代担任二千石(太守)以上的大官。由此可见,世族地主是由战国以来的豪族地主、食封贵族地主和有权势的大商人地主中发展形成的。

世族地主有如下特点:

第一,世代为官。他们的权势地位本来是东汉以前世代承袭的,到东汉以后,更有发展,拥有重大的政治力量,并长期保持既得地位。有的家族与东汉政权相始终,有的一直延续到魏晋南北朝。如表中的耿弇,是刘秀的开国功臣,在东汉时期,他家出了二个大将军,九个将军,十三人为卿,十九人为列侯,三个人娶公主,中郎将、校尉、刺史、太守有数十百人,与东汉的兴亡相一

---

① 鲁波:《汉代徐胜买地铅券介绍》,《文物》,1972 年第 5 期;参见陈直:《两汉经济史料论丛》。

② 参见《后汉书·桓谭冯衍列传》《后汉书·刘赵淳于江刘周赵列传》。

③ 《后汉书·王充王符仲长统列传》引《昌言》:"豪人货殖,馆舍布于州郡,田亩连于方国。身无半通青纶之命,而窃三辰龙章之服(具有日月星辰图案的贵族身份的服装);不为编户一伍之长,而有千室名邑之役。荣乐过于封君,势力侔于守令。财赂自营,犯法不坐。刺客死士,为之投命。"

姓名	家　族　史	政　治　身　份	资料出处
邓晨	"世吏二千石"	西华侯、太守、刘秀姐夫	《后汉书》卷一五《邓晨传》
李通	"世以货殖著姓"	大司空、刘秀妹夫	卷一五本传
寇恂	"世为著姓"	关内侯、太守、将军	卷一六本传
耿弇	"吏二千石"世家	好畤侯、大将军	卷一九本传
窦融	汉文帝窦皇后之弟窦广国之后代，"吏二千石"世家。	安丰侯、大司空、外戚	卷二三本传
马援	战国时赵国赵奢(马服君)之后代，"吏二千石"世家。	新息侯、将军、外戚	卷二四本传
鲁恭	战国时鲁国鲁顷公后人，"世吏二千石"。	司徒	卷二五本传
廉范	战国时赵国廉颇后人，当地"豪宗"	太守	卷三一本传
羊续	七世二千石卿校	太常	卷三一本传
阴识	管仲后人，世称"相君"之家	阴乡侯、执金吾、外戚	卷三二本传
樊宏	"乡里著姓"，"货殖"之家	寿张侯、光禄大夫、外戚	卷三二本传
冯鲂	战国时魏国王室支派，"为郡族姓"	杨邑乡侯、司空	卷三三本传
梁统	晋国大夫梁益耳后人，先世"以货千万徙茂陵"。	陵乡侯、太守、外戚	卷三四本传
贾逵	贾谊后人，"吏二千石"世家	中郎将	卷三六本传
杨震	西汉赤泉侯杨喜、丞相杨敞后代	太尉	卷五四本传

致。耿家还不是最著名的世族，弘农(郡治在今河南灵宝市北)杨氏、汝南(郡治在今河南汝南县东北)袁氏更为著名。杨震家族从西汉初年开始发迹，他这一支派曾经中衰，杨震本人"少孤贫"，租种别人土地，后来做官做到太尉，他的儿子杨秉、孙子杨赐、曾孙杨彪相继为三公。袁氏家族兴起的比其他世族较晚，西汉末年是中下级官僚家庭，东汉以来发展很快，自袁安起，他的儿子袁敞、孙子袁汤、曾孙袁逢、袁隗四世五人为三公，门生故吏遍布全国，权势"倾天下"[①]。

第二，世族地主拥有比一般豪族地主更大的经济力量。他们控制着大量的依附农民和奴婢，占有巨量社会物质财富。西汉末东汉初，阴识家族占有土地七万多亩。东汉初期，马援的三个儿子各有奴婢千人以上，都占有洛阳的"膏腴美田"[②]。东汉中期，外戚梁冀把东起荥阳(今河南荥阳市)，西至弘农，南到鲁阳(今河南鲁山县)，北达黄河、淇水(今河南淇县境内)的近千里的地方霸占为林苑，还像皇室一样加以封禁，有人误杀了苑中的一只兔子，他竟残暴地杀死十几个人。他强迫数千名平民为奴婢，还无耻地美其名曰"自卖人"。梁冀搜刮的财物，折成钱，价值三十余亿，大约相当于东汉政府一年赋税的一半。[③]

①《三国志·袁绍传》。
②《后汉书·马援列传》。
③参见《后汉书·梁统列传》。

第三,世族地主是当时封建文化特别是儒学的重要鼓吹者。他们多数信仰儒家思想,并利用儒学作为维持世族地位的工具。如贾逵是儒家,所谓"学者宗之,后世称为通儒"①。杨震被称为"关西孔子"②。马援的族孙马融是东汉一代名儒,教养生徒千余人,并为外戚梁氏政治集团服务。③

东汉时期世族地主虽然还只是刚刚形成,但它拥有强大的政治经济实力,成为地主阶级中最有力的一个阶层,是豪中之豪。它和其他豪族地主一起控制着整个社会,是农民的凶恶敌人。

(6)中小地主。他们占有一定数量土地,如1966年四川郫县犀浦公社出土的一块东汉石刻残碑,是记载民户土地资产的文簿,碑文记录着二十来户的田产,最少的一户只有八亩土地,最多的有二百六十亩。④仅有八亩土地的显然是贫苦农民,而拥有二顷多地的就是中小地主了。中小地主凭借土地剥削农民,拥有一定的政治权力,是统治阶级中较低的一个阶层。

自 耕 农

东汉初年,由于赤眉、绿林起义对封建统治势力的打击,土地集中程度比西汉末年较低,除了地主和封建国家占有大部分耕地之外,部分农民也占有小块土地,成为小自耕农。但是他们的地位很不牢靠,随时受着地主阶级兼并的威胁。汉章帝时,外戚窦宪以贱价强买沁水公主园田,汉章帝发现后,数说他:"贵主尚见枉夺,何况小人哉!"⑤公主的田园被强占,是统治阶级内部的争夺,但由此可见,一般农民的土地,当然更是那些贵族豪门任意侵占的目标了。随着土地兼并的进行,有些自耕农民丧失了土地,成为东汉政府和地主的佃农。

自耕农受着东汉政府的政治压迫和横征暴敛的经济剥削,是政府赋役的重要承担者。他们要向东汉政府交纳田税(土地税)、算赋和口赋(都是人口税),还要出更赋(徭役),负担是非常沉重的。因此,他们与封建政府之间存在着严重的矛盾。

---

① 《后汉书·郑范陈贾张列传》。

② 《后汉书·杨震列传》。

③ 参见《后汉书·马融列传》。

④ 刘雁翔:《四川郫县犀浦出土的东汉残碑》,《文物》,1974年第4期。

⑤ 《后汉书·窦宪列传》。

徒附、宾客、客佣和奴婢

随着土地的集中,豪族、世族地主势力的发展,农民中的很大一部分成为地主的依附农,他们遭受更沉重的压迫,人身依附程度很深,甚至沦为奴婢。

徒附,是地主的依附农。所谓"徒",是不自由的人,"附"是依附。

宾客,也是一种依附农。如马援在关中上林苑屯田,所使用的劳动力就是宾客。[1]这种作为农业生产者的宾客,无疑是地主的依附农。但是宾客的成分很复杂,有的宾客被主人收买了,成为主人的爪牙。还有的人本身是官吏,甚至是高级官吏,自己就拥有宾客,然而本人又是更高级官僚的宾客,如河南尹王调、汉阳(郡治在今甘肃天水市西北)太守朱敞等人是窦宪的宾客。[2]上述三种人旧史书中笼统地称呼为"宾客"。究其实,"宾客"作为一个社会阶层的称呼,反映的是依附农民的情况,至于已变为地主爪牙或官僚地主而被称为"宾客"的,在阶级属性上另当别论。

徒附、宾客多来源于失去土地的农民。他们中有许多人是地主的宗族,如豪族耿纯率"宗族宾客二千余人"投奔刘秀,成为开国元勋。[3]耿纯的宗族,虽是同宗,但却是两个阶级。徒附、宾客是农业的重要生产者,一个大地主往往拥有以万计数的徒附,成千上万家的宾客。[4]他们是地主的剥削对象,对地主有强烈的人身依附关系,不能随意变换主户,不能离开地主,地主迁徙时必须跟随搬迁。

客佣,是受雇于地主的农民,领取佣工钱。[5]东汉末年人蔡邕说:"佣,卖力也。"[6]说明客佣是出卖劳动力的。客佣在人身上也依附于主人,但比徒附稍轻。以"举案齐眉"故事出名的梁鸿,曾在老家扶风(今陕西兴平市)替地主干活,后迁到吴郡(今江苏苏州市)为地主舂米。[7]胶东人公沙穆在洛阳生活困

---

[1]《后汉书·马援列传》:"援以三辅地旷土沃,而所将宾客猥多,乃上书求屯田上林苑中,帝许之"。

[2] (晋)袁山松:《后汉书》,黄奭辑佚,见《汉学堂丛书》。

[3] 参见《后汉书·任李万邳刘耿列传》。

[4] 参见《后汉书·王充王符仲长统列传》引《昌言》。

[5] (汉)崔寔:《政论》"假令无奴,当复取客,客佣一月千荛"。

[6]《劝学篇》,黄恩抡辑佚,参见《汉学堂丛书》。

[7] 参见《后汉书·逸民列传》之《梁鸿传》。

窨,充当客佣,也是为人舂粮食。①这两个人都是"名士",能和主人结成"杵臼之交",一般的客佣当然没有他们所处的那种社会地位,但他们充当客佣的事实,或多或少地反映了一些客佣的情况

奴婢,多是来自破产的农民。有的农民破产以后无法生活,被迫自卖为奴,有的因欠债被逼为奴婢。奴婢的人数不少,如前所述,贵族、豪族和大工商业主往往占有成百上千的奴婢。奴婢大多从事家内劳动和手工业劳动,也有从事农业生产的。奴婢是主人的财产,被买卖或送人,也是奴婢惯常的遭遇。他们没有生命保障,遭受主人的任意打骂或杀害。1971年在洛阳东关东汉墓中发现有十个殉葬者,并有狗殉的遗迹。②这种人殉现象,充分说明东汉奴婢社会地位的低下。

地 主 庄 园

东汉地主,特别是豪族地主和世族地主,建立起一个个庄园,役使农民,进行生产,形成他们罪恶统治的黑暗王国。

庄园实行多种经营,自给自足。早在西汉末东汉初,刘秀舅家南阳樊氏的庄园,就是这种经济的典型。樊氏拥有三万多亩土地,使用"童隶"劳动。他家修筑水渠,东西长十里,南北长五里,数百年间叫作"樊陂"。庄园内除进行粮食生产外,还种植樟树、漆树,制造器物,同时经营渔业、畜牧业。又做买卖,还以几百万钱做本放高利贷。可见庄园内部的分工已很发展。③东汉以来,地主庄园又有发展,2世纪中叶崔寔著的《四民月令》记录了庄园里生产和生活的基本情况。那里有地主居住的"重堂高阁",也有农民居住的茅屋土室。除了大片耕地外,还有地主的蚕室、织室、曲室、厩房、囷仓、窖窨等。园内种植黍麦等粮食作物,葱蒜瓜葵等蔬菜和油料作物,桑麻竹漆等经济作物,还有养鱼畜收,织丝纺麻,酿酒造醋,锻打生产工具和各种兵器。在庄园中,还有从事放贷和买卖的摊肆。④不同地区的庄园,还有地区的特色,如四川的庄园,除了经营农田和渔业之外,还进行井盐生产。⑤

---

① 参见《后汉书·吴延史卢赵列传》。
② 余扶危、贺官保:《洛阳东关东汉殉人墓》,《文物》,1972年第2期。
③ 参见《后汉书·樊宏阴识列传》及李贤注引郦道元《水经注》。
④ 参见严可均辑《全后汉文》卷四七。
⑤ 参见《华阳国志·蜀志》。

农民是庄园的主要生产者，他们辛勤劳动的成果，都被地主强夺了去。当时人荀悦就说"民输太半之赋"[①]，就是地主占夺农民的大部分生产品。地主还强迫农民承担各种家庭杂役，对农民的剥夺极端残暴。

豪族地主霸占巨量财富，过着穷奢极欲的生活。他们一次宴会的费用，相当于一般人的终身产业，他们家藏的肉类多得臭烂不能吃，美酒多得腐败不能饮。他们抢男霸女，藏在绮丽的密室，供他们淫乐。[②]有的豪强地主借着婚丧嫁娶，大讲排场，用帘幔装饰起来的迎亲车队长达数里，车两侧还有骑马的奴隶和侍童仪仗队。他们为了表示孝道，特别讲究丧葬，起造巨大坟墓，修盖华丽祠堂，墓内"多埋珍宝"和"偶人车马"，象征着生前的享乐。[③]

豪族地主为了维持对农民的统治，在庄园周围筑起坞壁、营堑，强迫一部分依附农民充当"部曲""家兵"，又豢养大批的"剑客""死士"，组成一支支地主武装，平时用它守卫地主庄院，农民暴动时镇压起义军。如东汉初年，清河(今山东临清市东)豪强地主赵纲，在县境"起坞壁，缮甲兵"，出门时随从多达一百多人。他不仅统治庄园内的农民，还欺压当地人民。[④]又如益州郪县(今四川射洪县西南)王、李、高、马等家豪族，累世常有部曲，为霸一方。[⑤]

东汉豪族地主庄园的情况，在考古出土的陶制阁楼、城堡、牲畜、人物模型的明器中、描绘社会生活的画像石、画像砖上及壁画里，有着形象的全面的反映。河南陕县刘家渠东汉墓出土的绿釉陶楼阁，楼高三层，中层中央有四个老头对坐下棋，反映地主分子在消闲取乐。四角各立一武士，面朝外，均做持满弓欲射状，三层上有二人眺望，一人持满弓。楼四周是水池，池中有龟、鸭，表示庄园养有家禽和鱼。池边堤上还有四个骑马的武士，这和楼内的武士显然都是保护庄园的部曲、死士。广东、河北、陕西、湖南、山东、四川等省出土有陶磨坊、陶猪圈、陶羊圈、陶囷等，比较形象地反映了庄园内的生产状况；出土的还有陶杵臼人像、献食人像、婢女像及持帚箕陶俑、提壶陶俑等，表现了徒附、奴婢备受地主奴役的情景。把这些陶制明器及画像石、画像砖、壁画汇集在一起，呈现出地主庄园的缩影，暴露了庄园是地主阶级的天堂，农民阶级的

---

①《汉纪·文帝纪》。

②参见《后汉书·王充王符仲长统列传》引《昌言》。

③参见《后汉书·王充王符仲长统列传》引《潜夫论·浮侈篇》。

④参见《后汉书·酷吏列传》之《李章传》。

⑤参见《华阳国志·蜀志》。

地狱的真实情况,说明庄园是政治与经济结合为一体的社会基层单位,是东汉时期农民与地主阶级关系的具体体现。

三、豪族集团的黑暗政治

豪族进一步取得政治上的统治权

东汉初期统治者对豪族所实行的在经济上任其发展,在政治上有所控制的政策,是自相矛盾的。随着豪族经济势力的膨胀,他们便进一步要求政治权力。他们凭借实力,一方面冲破了东汉政府对他们在政治上的某些限制,另一方面又极力利用东汉政府的机构和制度为他们服务。

豪族扩大政治势力的办法,就是将察举、征辟、任子等制度,完全变成他们手中的工具。东汉初年的察举主要考虑所谓"德""行"和"才能",参考出身门第。到汉章帝时,已经完全变了。有官员上书说,地方上已不根据功劳次第贡举人才了[1],汉章帝也不得不承认,由于地方官"不明真伪",每年荐举的数以百计的茂才、孝廉,并无"能显"[2]。豪族出身的官僚们为了把持政权,扩大本家族的利益,相互勾结起来,互相推荐亲属故旧。[3]汉顺帝时河南尹田歆要推荐六个孝廉,贵胄外戚要求推选他们的子弟,田歆不敢违抗,全部照办。[4]豪族为了得到察举,做尽了丑恶的表演。如许武被举为孝廉,而他的两个弟弟还不出名,他就故意搞分家,让他们少得财产,博得"克让"的名声,都被举为孝廉,然后许武又把他多分的财产让给两弟,为自己博得更高声誉,因此官做到了长乐少府。[5]当时有一首歌谣说:"举秀才,不知书;察孝廉,父别居。"[6]这是对豪族控制下察举实行情况的辛辣讽刺和揭露。征辟制的实行情况和察举制一样,也被豪族所垄断。任子制是专为中上层官僚设置的,只有他们的子弟才能以恩荫而得到封官。东汉的皇帝很注意实行任子制,汉安帝于公元121年(建

---

① 参见《后汉书·伏侯宋蔡冯赵牟韦列传》。

②《后汉书·肃宗孝章帝纪》。

③ 参见(汉)王符:《潜夫论·实贡》。

④ 参见《后汉书·张王种陈列传》。

⑤ 参见《后汉书·循吏列传》之《许荆传》。

⑥ (晋)葛洪:《抱朴子》外篇卷十五《审举》。

光元年），任用公、卿、校尉、尚书子弟一人为郎或舍人。^①这些选拔官吏的制度，使豪族子弟顺利进入官场，使这些家族成为官僚世家。不仅如此，大豪族、世族还利用这些制度，把较小的豪族或某些中小地主以"门生""故吏"的名义招揽在自己的周围，形成一个个以某一豪族、世族为中心的政治势力。所谓"故吏"，是大官僚的属员，或者是因大官僚的征举而得为官吏的，他们与举主或府主形成特殊的关系。所谓"门生"，原来的意思是表示师生关系，即老师直接传授的学生叫"弟子"，弟子传授的学生叫"门生"。但东汉时期大官僚的门生，很少有授业关系，"为之师而无以教，弟子亦不受业"^②。这种门生，就是中小地主或小官吏投靠大官僚门下，取得门人的关系，以便争得向上爬的机会。门生、故吏同他们所归属的主人有着从属关系，前者对后者承担许多义务，如奉献财物，承办各种事务，乃至舍出性命，成为后者政治力量的一个组成部分。

外戚执政

东汉中后期豪族、世族政治权力的加强，主要表现在外戚掌权上。

东汉初期，皇帝多同豪族联姻，以便取得他们的支持，巩固自己的政权，但当时不允许后妃及她们的家族过多的干预政治，以免影响皇帝的权力。但豪族既经与皇室联姻，他们的势力必然会加速扩展起来，并同皇权产生严重矛盾。东汉初期的统治者还能够制驭后族，中叶以后皇帝的废立常由后族决定，皇帝成为他们手中的傀儡。汉章帝以后，有六个皇太后临朝执政。太后和她的宗族为了长期把持政权，多立幼童当皇帝。如汉和帝死，临朝称制的邓太后不立和帝长子刘胜，而立才生百日的殇帝，不到一年殇帝死，另立一个藩王的十三岁的孩子为皇帝（安帝）。此后所立的皇帝，年岁也都不大。^③外戚能立皇帝，当然也就能废皇帝。梁冀当政时，九岁的小皇帝汉质帝开玩笑地称呼他为"跋扈将军"，他就把汉质帝毒死，另立他的妹夫刘志（桓帝）。

外戚掌权的形式是太后的父兄担任大将军兼录尚书事，同时掌握军权和尚书台的行政权。原来作为皇帝心腹的尚书台官员，既由外戚充任，尚书台反而成为削夺皇帝权力的工具。汉和帝时窦太后用他的哥哥窦宪为大将军当政，他的三个弟弟同时封侯，掌握枢要。地方官刺史、郡守、县令多出自他们的门

---

① 参见《后汉书·孝安帝纪》。

② （汉）徐干：《中论·谴交篇》，参见《龙溪精舍丛书》。

③ 此后藩王子被拥立为皇帝的年龄都很小，质帝八岁，桓帝十五岁，灵帝十二岁。

下,朝中的大臣慑于他们的威势,看他们的脸色行事。冲帝、质帝时外戚梁冀势力更是煊赫,他在尚书台将处理政事的办法宣告全国,作为官吏行政的标准。

外戚当权,政治非常黑暗。他们任人唯亲,卖官鬻爵,广收贿赂,打击异己,造成政治上的混乱;他们贪得无厌,派遣爪牙到各地搜刮财物以自肥;连地方官向朝廷的岁时贡献,都得先把上等礼物送到外戚府第,然后再把次等的送到宫中。在这种黑暗政治下,劳动人民陷于水深火热之中。

宦官集团的残暴政治

外戚专权,妨碍了皇权。皇帝要掌管实权,就要寻求支持自己的政治力量。在外戚当政下,朝臣多被他们所控制。皇帝为了打击外戚势力,只能依靠身边的宦官。汉和帝与宦官郑众等合谋,迫令窦宪兄弟自杀,并惩办他的党羽。汉安帝在邓太后死后,利用宦官李闰、江京等除掉她的弟侄。汉安帝死,宦官孙程等拥立被废的太子济阴王刘保为顺帝,杀死专权的阎太后的哥哥阎显。汉桓帝对于梁冀的威福自专,"恒怀不平",但由于梁冀权势太大,一时没有机会下手,待到梁太后(汉顺帝皇后)与梁皇后(桓帝皇后)死后,汉桓帝才同宦官单超、徐璜、具瑗、左悺、唐衡等五人合谋,清除了梁家的势力。

宦官在支持皇帝反对专权的外戚斗争中,取得了皇帝的信任和重用,发展成为一种政治集团。汉和帝为了酬劳郑众,封他为鄓乡侯,让他参与政事。郑众死后,他的养子被允许继承他的爵位,开了宦官可以世袭爵位的恶例。被宦官扶立的汉顺帝更于公元 135 年(阳嘉四年)正式下令宦官得以养子为后代,"世袭封爵"①,把宦官养子继承权制度化了。宦官爵位可以世袭,表明他们已经形成为一支政治力量。他们利用接近皇帝的有利条件,常常把他们的意志诡称为皇帝的旨意,强制推行,真正掌握了国家大权。②

宦官专权的出现,是东汉皇权与豪族势力矛盾斗争的产物。豪族政治势力的发展以外戚专权的形式出现,从而架空了皇权。而皇帝为了恢复和保持自己的权力,不得不求助于宦官,因而把他们推上了政治舞台。

宦官掌政与外戚一样,非常凶恶。他们中有的人原来就是豪族,但更多的

---

①《后汉书·孝顺孝冲孝质帝纪》。

②《后汉书·朱乐何列传》:桓帝时太学生刘陶等上书说"当今中官近习,窃持国柄,手握王爵,口含天宪"。

是暴发户,所以迫不及待地进行掠夺。如小黄门段珪、中常侍侯览"侵犯百姓,劫掠行旅",大置田产。侯览夺人宅屋三百八十一所、田地一万一千八百亩。①宦官把父兄弟侄安插在各个地方当官,他们到处虎狼般地残害人民。侯览的哥哥侯参任益州刺史,肆意勒索,用三百多辆车子装载金银锦帛珍玩,才装了他的财产的一部分。单超等五个宦官和他们的亲属,"虐遍天下,民不堪命"。人们管他们叫"左回天"、"徐卧虎"、"具独坐"(意为没有比他再专横的)、"唐两堕"(意为任意所为),指斥了他们横行霸道的罪恶。②

宦官集团与外戚集团轮流执政,每一次更迭,劳动人民都遭一次殃。

党　锢

宦官势力的发展,不仅同外戚集团产生严重的矛盾,还引起世族、豪族及一些文人的不满。他们既痛恨宦官这个暴发户抢夺、侵占他们的既得利益,又鄙视宦官是受过腐刑的人,出身污贱,不学无术,不屑于在他们手下做官。更主要的是地主阶级各阶层的读书人因宦官的亲属抢占了大量的地方官职,影响了他们出仕的道路,从而对宦官产生更强烈的仇恨。部分世族、豪族、士人同外戚集团也有矛盾,对外戚只吸收与他们有密切关系的人从政表示不满。同时,这些人还看到外戚专权与宦官专权走马灯式的变更,不利于地主阶级政权的稳定,不利于整个地主阶级的统治。所以宦官、外戚、世族、豪族、士人之间的矛盾非常错综复杂。

在外戚与宦官轮流专权的初期,地主阶级中一部分人为了稳定东汉政权,提出抑制外戚、打击宦官、权归皇帝的主张,并进行了一些活动。大司农李固向汉顺帝建议:"使权去外戚,政归国家","罢退宦官,去其重权"。③其实李固对外戚并不全盘排斥,一再劝告梁商、梁冀父子放弃一部分权力,多招揽其他地主分子,以扩大他们的统治基础。可是梁冀坚持大权独揽,反将李固害死。李的活动,代表了地主阶级中一部分士人、官僚的愿望。在他死后,随着宦官势力的加大和社会矛盾的发展,又由于豪族、世族和士人同外戚有千丝万缕的联系,所以便同外戚联合起来共同反对宦官。

汉桓帝剪灭梁冀集团后,宦官权势甚嚣尘上,激起朝廷内外官僚和士人

① 参见《后汉书·宦者列传》之《侯览传》。
② 参见《后汉书·宦者列传》之《单超传》。
③ 《后汉书·李杜列传》。

的愤怒,于是出现以豪族大官僚李膺、陈蕃为首领,并有京师太学生和郡国学校的生徒参加的反对宦官的斗争。司隶校尉①李膺从大宦官张让家里搜捕张的弟弟张朔,并处以死刑。公元166年(延熹九年),又捕杀与宦官勾结的卜者张成的儿子。宦官集团遂乘机指使张成的弟子控告李膺等人,说他们交结生徒,"共为部党","诽讪朝廷,疑乱风俗"②。汉桓帝根据宦官的要求,逮捕李膺等二百余人。汉桓帝妻窦皇后的父亲窦武等出面援救,汉桓帝才于167年将他们赦免归乡,但终身禁锢,不许做官,这就是历史上所称的第一次"党锢"事件。

不久,汉桓帝死,汉灵帝立,窦武出任大将军,他总结先前外戚集团与宦官集团斗争的经验,认识到联合较多的豪族、士人的必要,于是重用陈蕃等豪族官僚,重新任用李膺等人,并密谋诛杀宦官。但因宦官势力太大,没敢骤然下手。公元169年(建宁二年),宦官却先发制人,迫使汉灵帝收捕窦武。窦武举兵反抗,兵败自杀。宦官再度得势,重又逮捕"党人",杀死李膺、前司空虞放、太仆杜密、太尉掾范滂等一百余人,还禁锢、迁徙数百人,这就是所谓第二次"党锢"事件。从此以后,政权进一步落入宦官手中,"党人"的斗争以失败而告终。"党人"与宦官之间的斗争是统治阶级内部的争权夺利,尽管"党人"被地主阶级吹捧得很高,如李膺被誉为"岩岩如玉山"(坚贞纯洁像玉石),陈蕃则被称为"轩轩如千里骥"(气概不凡的千里马)。③但他们并没有提出任何解决当时社会矛盾的办法,只不过以出身清高、不齿与宦官为伍而已。所以他们不可能取得人民的支持,这是他们失败的一个重要原因。

外戚、宦官轮流专权以及"党锢"之争,进一步造成东汉政治的混乱和黑暗,而人民却受尽了无穷的灾难。

第二节　农民的反抗斗争和反对封建政权意识的加强

农民反对封建统治　地主镇压农民起义的狡猾手段

东汉的农民不能忍受农奴式的悲惨生活,不断地进行反抗斗争。见于《后

---

① 主管京城军事、治安。
②《后汉书·党锢列传》。
③ (晋)袁山松:《后汉书》,黄奭辑佚,参见《汉学堂丛书》。

229

汉书》记载的武装起义就有四十多起。

汉顺帝末年至汉质帝时期,政治益趋黑暗,因而爆发了风起云涌的农民起义。公元 139 年(永和四年),在扬州地区①周生、马勉领导九江(郡治在今安徽凤阳县南)、丹阳(今安徽当涂县)农民举行起义,攻打郡县②,焚烧官府,严惩官吏。公元 144 年(建康元年),周生、范容领导的队伍攻占历阳(今安徽和县),东汉统治者把他们视为"江淮巨患",派扬州刺史尹耀、九江太守邓显领兵镇压,起义军奋起迎战,杀死尹耀、邓显。在胜利的形势下,各地农民军着手建立农民政权。徐凤称"无上将军",马勉称"黄帝",他身穿黄服,腰带玉印,建立年号,任命官员。马勉是农民领袖最早称皇帝的。农民政权的建立进一步促进了起义形势的发展,马勉派黄虎率军攻占安徽合肥。145 年(永嘉元年),徐凤等部攻杀东汉曲阳(今安徽淮南市东)、东城(今安徽光明市南)县长。东汉政府手忙脚乱,增派刽子手滕抚领军数万来镇压,又招募当地地主分子参谋军事。在敌人增强力量而起义军分散活动的情况下,马勉、范容、周生在战斗中英勇牺牲。徐凤一支中了豪族地主谢志率领的宗族家兵的埋伏,惨遭失败。活动在历阳(今安徽和县)的华孟自称"黑帝",挥军攻下九江(今安徽凤阳县南),惩办了九江太守,但不久也被滕抚镇压。至此扬州地区的农民斗争出现短暂的沉寂。但其他地区的农民则高举造反的旗帜继续战斗。

公元 147 年(建和元年),李坚、江舍领导陈留郡(郡治在今河南开封市东南)农民起义,李坚称皇帝。148 年,长平县(今河南西华县东北)陈景称"黄帝子",建置官属。150 年(和平元年),利用宗教组织农民的裴优在扶风(今陕西兴平市)称皇帝,被镇压。165 年(延熹八年),渤海郡(郡治在今河北南皮县北)人盖登称"太上皇帝",建立官署。172 年(熹平元年),会稽人许昌组织数万群众在句章(今浙江宁波市西北)起义,号称"阳明皇帝",被孙坚镇压。③此外,起义首领建立政权,还有号称"太初皇帝""太上皇"的。④

东汉统治者仇恨农民起义,总是以残酷的手段进行屠杀,力图把起义农民淹没在血泊中,然而这一招常常不能得逞。因此,他们在武力镇压的同时,

---

① 东汉扬州地区包括九江、丹阳、庐江、会稽、吴郡、豫章等六郡,在今安徽、江西、江苏和浙江的一部分地区。

② 参见《后汉书·天文志中》。

③ 参见《三国志·孙坚传》。

④ 参见《后汉书·孝桓帝纪》。

又狡猾地采用招安手法,瓦解农民起义。

汉顺帝永和中(136—141),正当扬州地区农民起义方兴未艾之时,荆州农民也纷纷起义,进行了数年的斗争。这时,东汉政府新任命的刺史李固到任,他派遣官吏到各地"慰问",宣布赦免起义者的"罪过",在刺史李固的招抚下,起义领导人夏密等竟无耻地投降了,李固派他们回到起义队伍中散布投降思想,从而把起义军搞垮。不久,李固调任山东太山(郡治在今山东泰安市东)太守,这里的农民起义也已进行了好几年,东汉郡兵对他们束手无策,李固把在荆州的办法搬来,以"恩信招诱之",瓦解了起义队伍。①

还是在汉顺帝时期,有一支数万人的农民军活动在扬、徐地区,首领叫张婴,他们杀了东汉的刺史、太守,十几年间打得东汉政府一筹莫展。公元142年(汉安元年),张纲被派充广陵(郡治在今江苏扬州市)太守。他的前任们上任时都要求东汉政府多派兵马,以资保护,张纲却单车到职,并立即到张婴兵营宣布招降政策。他对张婴等说:以前的太守太贪暴虐,引起你们愤怒聚集,太守是有罪的,然而你们的行动也是不义的。现在皇帝圣明仁爱,不愿意对你们施行讨伐,还想赐给你们爵禄荣誉,这正是你们转祸为福的好机会。张纲的这番话,把地主阶级及其国家的罪恶,推到几个所谓贪官身上,而把罪魁祸首的皇帝打扮成圣君和救世主,以此转移农民反对封建政权的斗争目标。张纲为了实现他的招降计谋,还大肆散布封建伦理,说什么农民造反是"去顺效逆",是不"忠";若在起义中被打死,是"身绝血嗣",是不"孝"。张纲在说降的同时,又对农民进行武力威胁,说什么如果不投降,天子发怒,"大兵"一到,你们就危险了。张婴受张纲的蛊惑,竟说他是因为不能忍受官吏的虐待,又不能向朝廷反映,才起兵的,用"只反贪官不反皇帝",修改农民起义的路线,终于带领一万余人投降东汉。张纲为他建造住宅,赏给田地,任用投降首领们的子弟为官吏。②一次轰轰烈烈的农民起义被统治阶级招安政策和农民军叛徒的投降路线葬送了。张纲、李固等招安政策的使用和一度得逞,为地主阶级进一步提供了用软的一手瓦解农民起义的反革命经验。皇帝说张纲"正身导下,班宣德信"③,平息了农民起义,有大功劳,就是嘉奖他的欺骗术,自此以后,地主

① 参见《后汉书·李杜列传》。

② 参见《后汉书·张王种列传》。

③ 《后汉书·张王种列传》。

阶级反革命手法更加狡猾,更加毒辣。

综观东汉的农民起义,一方面反映出农民反封建斗争有了进一步发展;另一方面由于农民是小私有者和他们的个体生产方式,使他们中的一些人眼光短浅,因而在地主阶级软的一手和小恩小惠的欺骗下,有些人就放下了武器,这是农民起义中的惨痛教训。

<h3 style="text-align:center">各族人民联合起义</h3>

在东汉人民起义的洪流中,除汉族人民外,还有羌族、"蛮族"等少数民族人民的队伍,各族人民肩并肩,谱写出壮丽的战斗诗篇。

东汉的官吏和豪族地主经常抢掠居住在甘肃的羌族人民为奴婢,又任意征发徭役,激起羌族人民的反抗。公元107年(永初元年),羌族人用竹竿木棍做戈矛,用案板做盾牌,进行起义。东汉统治者派外戚、车骑将军邓骘率领羽林军镇压,起义军奋起迎战,打败东汉征西校尉任尚、车骑将军从事中郎马钧等部,邓骘只得逃归洛阳。羌族人民乘胜进攻,势力扩大到今陕西、山西、河北、河南和四川境内。东汉政府强迫接近羌族起义军占领地区的汉族人民向内地迁移,企图孤立羌族人民。汉族人民不愿迁徙,东汉官兵残暴地拆毁人民房屋,抢割庄稼。汉族人民不能忍受这种压迫。公元111(永初五年),汉阳(郡治在今甘肃天水市西)人民在杜琦、杜季贡和王信领导下起义,攻占上邽城(今甘肃天水市),杜琦称"安汉将军"。他们和羌族人民联合战斗,115年(元初二年),大败东汉代理护羌校尉庞参的部队。东汉政府为扭转战局,大筑坞堡,以屯兵防守,用骑兵进攻,又投入南匈奴骑兵,使双方力量对比发生变化。公元118年(元初五年),起义被镇压下去。①二十年后,即公元140年(永和五年),羌族人民再度起义,次年打死东汉征西将军马贤,进军关中。东汉政府故技重演,又向内地迁置州郡,修筑坞堡,同时推行招降政策,到145年(永嘉元年)镇压了起义。公元159年至167年(延熹二年至十年),羌族人民再一次大规模起义,东汉政府重用当地豪族皇甫规、张奂、段颎等率军扑灭了起义怒火。②

羌族人民的多次起义,有力地打击了东汉统治阶级。东汉政府用了四百

---

① 参见《后汉书·西羌传》《后汉书·邓寇列传》《后汉书·李陈庞陈桥列传》《后汉书·孝安帝纪》。
② 参见《后汉书·皇甫张段列传》。

亿钱的巨款才把起义镇压下去,充分暴露了东汉统治者的虚弱和腐朽。

与汉族、羌族人民起义相呼应,南方和四川的一些少数民族也纷纷起义。居住在今四川东部巫山地区的"蛮"族人民,不满东汉政府的繁重赋税,于公元 101 年(永元十三年)举行起义,东汉政府派重兵镇压,起义者依据山险坚持战斗,由于兵力对比悬殊,最后失败。

公元 115 年(元初二年),武陵郡(郡治在今湖南常德市)的"蛮"族人民反对东汉政府的剥削,举行起义,他们头裹红巾,称将军,焚烧官府,不久被东汉政府和"蛮"族上层联合势力打败。汉桓帝时,长沙(郡治在今湖南长沙市)、零陵(郡治在今湖南永州市零陵县)等郡各族人民起义,公元 162 年(延熹五年),起义群众发展到七八千人,起义首领称将军,攻入桂阳(郡治在今湖南郴州市)、苍梧(郡治在今广西梧州市)、南海(郡治在今广州市)等郡,打败东汉荆州刺史刘度等军。东汉政府任用度尚督军,度尚一面用武力镇压,一面诱使各族上层分子投降。起义首领卜阳、潘鸿率军退守山区,进行战斗,后因防备不严,被度尚攻破,起义失败。①

东汉政府对聚居于四川嘉陵江流域的"板楯蛮"(即賨族)征收极重的赋税,逼得他们嫁妻卖子,以至自杀。汉桓帝时,他们几次发动反抗斗争,但都被统治者镇压下去。②

公元 180 年(光和三年),从四川巫山地区迁徙到湖北江夏郡的蛮族人民举行起义,并同黄穰领导的庐江郡(郡治在今安徽庐江县南)汉族人民的反抗斗争相联合,队伍多达十几万,攻下许多县城,后被镇压。③

上述历次农民起义虽然都被东汉统治者扼杀了,但农民的反抗意志锻炼得更加坚强,当时群众中流行的歌谣说:"小民发如韭,剪复生④;头如鸡,割复鸣;吏不必可畏,民不必可轻!"⑤充分表现出人民不怕官府、不怕砍头、不屈不挠、前赴后继的战斗精神和英雄气概。这种精神不断发扬,在东汉末年爆发了轰轰烈烈的黄巾农民战争。

---

① 参见《后汉书·张法滕冯度杨列传》。

②③ 参见《后汉书·南蛮西南夷列传》。

④ 这句话是说人民不怕髡刑。髡刑是剃光头发,罚充苦役。

⑤ (汉)崔寔:《政论》,见《太平御览·菜茹部·韭》。

第三节　东汉社会经济的发展

农业生产的发展

东汉农业生产发展的主要表现是牛耕和铁制农具的进一步普遍使用,水利兴修和南方经济的较快发展。

东汉时期,牛耕和铁犁的使用技术有了改进,一头牛挽的短辕犁有了进一步推广。[①]战国以来沿用的"Ｖ"形铁犁,东汉时进一步改进,将犁的刃端角度缩小,这样起土省力,利于深耕,还坚固耐用。一些新型的全铁制农具产生了,如曲柄锄、钩镰。牛耕技术推广到长江、珠江流域和边疆地区。东汉初年,原来不知牛耕的庐江郡也开始使用牛耕。[②]

东汉进行的大型水利工程是修治黄河。汉明帝时王景、王吴负责修浚仪渠和汴渠,由于数十万民夫的艰苦劳动,在荥阳到千乘(今山东邹平县)海口的一千多里之间,疏通了水道,建造了堤防和泄水闸门。[③]这次修治后,八百年间,黄河没有改道。水渠和陂池的兴修,以今河南地区为最多,在淮河以南和边疆地区也修建了一些。马援曾在河西走廊利用民力,"开导水田"[④]。广陵(今江苏扬州市)郡人民修了"张纲沟"[⑤]。公元140年(永和五年),会稽(今浙江绍兴市)人民修镜湖蓄水,灌溉田地达九十多万亩。[⑥]

随着生产技术的革新和水利事业的发展,许多新农田被开垦出来。如汝南鲖阳(今河南临泉县西)旧渠修复后,引水灌溉,垦田增加三百多万亩。[⑦]庐州由于牛耕的采用,"垦辟增多"[⑧]。据记载,东汉时期的垦田数,以公元105年(永兴元年)的统计数字七亿三千二百万亩为最高。[⑨]这个数字比西汉时的最高数

---

① 陕西省博物馆、陕西省文物管理委员会编:《陕北东汉画像石刻选辑》,文物出版社,1959年。

②③ 参见《后汉书·循吏列传》之《王景传》。

④《后汉书·朱景王杜马刘傅坚马列传》。

⑤《太平御览·地部·沟》。

⑥ 参见《太平御览·地部》引《会稽记》。

⑦ 参见《后汉书·朱乐何列传》。

⑧《后汉书·循吏列传》之《王景传》。

⑨ 参见《后汉书·郡国志五》李贤注引应劭《汉官仪》。

字——公元 2 年(元始二年)的八亿二千七百万①少一些,但由于东汉豪族势力的发展,隐瞒土地比西汉要多,因此,东汉的实际垦田数不会比西汉少。农作物种类也有增多,种植的地区也更广了。豌豆是这时的新品种。②珠江长江之间的一些地区,原来不种桑麻,这时开始种植了,如桂阳郡(郡治在今湖南郴州市)人民,从东汉初年开始种桑养蚕。③在河北狐奴县(今北京顺义区东北),农民开辟了稻田。④

原来经济发展落后于中原的江南开始出现新气象,生产发展速度比其他地区快,人口也增多了。东汉政府从会稽郡中分设出吴郡(郡治在今江苏苏州市)⑤,这当然是封建政府为加强对这个地区人民的统治和剥削,但也反映该地区经济发展的迅速。

手工业技术的提高

农业生产的发展,对手工业提出新的要求,并为它的发展提供了一定的条件。铁制农具需要量的增长,促使冶铁技术的改进。南阳冶铁工匠发明水排(即水力鼓风炉),用水力鼓动冶铁风箱吹燃,既节省了人力,又提高了铁器质量。⑥这项技术,一千一百年后欧洲才开始应用,可见那时它的出现是极为先进的。桂阳郡耒阳县(今湖南耒阳市)蕴藏铁矿石,附近各郡人来开采冶炼,东汉政府不许民营,改为官铸,每年得钱五百余万⑦,表明耒阳冶铁业发展很快。

造纸术的改进和推广是东汉手工业中的一件大事。《后汉书》记载说,宦官龙亭侯蔡伦用树皮、麻头、破布、破渔网造纸,"自是莫不从用",故称为"蔡侯纸"。⑧作者说蔡伦是造纸术的发明人,是错误的,因为早在西汉时期劳动人民已经创造了造纸术。但从这条材料可以得知,东汉劳动人民通过不断改进

---

① 参见《通典·食货典》。

② 东汉墨书陶瓶上有"宛豆万石"字样,可见已种植豌豆。参见陈直:《汉代人民的日常生活》,《西北大学学报》,1957 年第 4 期。

③ 参见《后汉书·循吏列传》之《卫飒传》附《茨充传》。

④⑥参见《后汉书·郭杜孔张廉王苏贾陆列传》。

⑤ 参见《后汉书·郡国志四》。

⑦ 参见《后汉书·循吏列传》之《卫飒传》。

⑧ 参见《后汉书·宦者列传》之《蔡伦传》。

造纸办法,已发现树皮、麻头等物资可做造纸原料。这些东西出产丰富,价格低廉,有的还是废物利用,促进了造纸术的推广和造纸业的发展。蔡伦可能对这种新法造纸的推广起过促进作用。东汉劳动人民在造纸技术上的新改革,使价格低产量高的纸在书写上最后代替简、帛,对文化事业的发展有着积极的意义。

纺织业遍布全国。四川的"蜀锦"享有盛名,统治阶级都到那里去采办。[①]会稽出产"越布",刘秀欣赏它,汉明帝的马皇后用它赏赐人,可见质量是很高的。云南哀牢(今云南宝山市)少数民族人民用木棉纺织成不易污染的白布,俗名叫"桐华布",当地还出产"兰干细布",纹路像绫锦,是苎麻织品。[②]1974年在安徽泗洪县(现为江苏省宿迁市下辖县)曹庄发现的一块东汉画像石,画面是纺织图,图上所绘织机挂有经线,踏木横置,前方有幅掌装置,比较具体地反映了这个时期的纺织技术。[③]

四川的许多郡县有盐井,生产井盐。有的由东汉政府开采,有的由私人经营,许多豪族地主都有盐井。至迟在东汉时期,蜀郡临邛县(今四川邛崃市)劳动人民已知用天然煤气的"井火"煮盐,出盐率比用一般燃料高出许多。[④]

商　业

随着农业和手工业生产的发展,商业也活跃起来。东汉初年,恢复汉武帝发行的五铢钱,统一货币,结束王莽时期货币繁杂,金、帛、布、粟并用的混乱局面,有利于商业的发展。东汉中期,王符说当时商人的"牛马车舆,填塞道路"[⑤],首都洛阳从事工商业的人很多,其他的郡县所在地也有类似情况。当时的商业重地是洛阳、长安、成都、宛(今河南南阳市)、临淄、邯郸(今河北邯郸市)、吴(今江苏苏州市)、番禺(今广东广州市)、丹阳(今安徽当涂县东)、豫章(今江西南昌市)、徐闻(今广东雷州市),以及甘肃的武威、张掖、酒泉、敦煌等地。

---

① 参见《后汉书·方术列传》之《左慈传》。
② 参见《后汉书·南蛮西南夷列传》之《哀牢传》、《华阳国志·南中志》。
③ 参见《泗洪县曹庄发现一批汉画象石》,《文物》,1975 年第 3 期。
④ 参见《华阳国志·蜀志》。又成都市郊区出土的盐井画像砖,反映了制盐业手工工人在丛山中生产井盐的劳动场面。参见刘志远:《四川汉代画像砖反映的社会生活》,《文物》,1975 年第 4 期。
⑤ 《潜夫论·务本》《潜夫论·浮侈》。

第四节　民族关系的新发展

东汉对北匈奴的用兵　汉人与匈奴族人民联系的加强

西汉末年到东汉初年,匈奴统治者利用内地发生战争的机会,与北方的彭宠、卢芳等豪族割据势力勾结起来,不断到内地抢掠。1世纪40年代后期,匈奴统治集团内部为争夺王位发生了分裂,单于蒲奴企图消灭控制匈奴南部地区的呼韩邪单于的孙子薁鞬日逐王虚连鞮比①的势力,后者遂起兵自立为单于,并以"呼韩邪单于"为号。这样匈奴就分为南北两部,互相敌对,势同水火。虚连鞮比为了取得胜利,表示要归顺东汉中央政府,刘秀遂于公元50年(建武二十六年)授给他印玺、冠带,命令他居住在云中(郡治在今内蒙古自治区托克托县北)地区,每年赐给大量的牲畜、粮食、财帛。东汉政府为加强对南匈奴的统治,派"使匈奴中郎将"住于南匈奴政府所在地,监督单于行政。使匈奴中郎将下设安集掾史,参与南匈奴的司法行政。②

北匈奴的统治者继续到内地骚扰,它一面勾结南匈奴中的叛乱势力,一面把触角伸向天山南北和祁连山地区。东汉统治者对它采取进攻的方针,公元73年(永平十六年),汉军四路出征,窦固率领的一支打败北匈奴呼衍王部,进至伊吾(今新疆哈密市西)。公元89年(永元元年),窦宪、耿秉率领汉军、南匈奴军分路北伐,在稽落山(在今内蒙古)大破北匈奴单于,招降二十余万人,窦宪率军至燕然山(今蒙古国杭爱山),刻石记载这次战争的经过。至此,北匈奴在塞北的势力基本消灭。东汉政府封北匈奴贵族于除鞬为北单于,按照统治南匈奴的办法对待他。③另有一部分北匈奴人离开原来的居住地,向西迁移,开始进驻悦般④,后辗转进入欧洲。

匈奴问题的解决,使南匈奴人和一部分北匈奴人定居在今河北、内蒙古、

---

① "薁鞬日逐",是匈奴王爵称号,"虚连鞮"是匈奴单于的姓,"比"是名字。

② 参见《后汉书·光武帝纪下》《后汉书·耿弇列传》《后汉书·南匈奴列传》。

③ 参见《后汉书·窦融列传》附《窦宪传》《后汉书·耿弇列传》《后汉书·南匈奴列传》。

④ 参见《北史·西域传》。悦般在乌孙西北。另《后汉书·袁安传》记载北匈奴"遁走乌孙",与《北史》西走悦般说法不同。关于这一问题,可参见齐思和:《匈奴四迁及其在欧洲的活动》,《历史研究》,1977年第3期。

山西、陕西的长城内外地区。这些地区的汉族人亦因除去匈奴统治者的掠夺战争而得以定居,这样汉族、匈奴族人民杂居在一起,长期交往,经济文化互相沟通,互相吸收,匈奴人民逐渐进行农业生产,对开发这些地区做出了贡献。匈奴问题的解决,还有助于东汉政府对西域的经营。

西域都护的重新设立

西汉末年和新莽时期,中央政府衰弱,失去控制西域的能力,当地出现了五十多个政权。匈奴贵族乘机而入,勒索财富。各王国政府不堪忍受这种虐待,纷纷请求东汉政府恢复在这里的行政机关,驱除匈奴势力。刘秀因力量不足没有答应。与此同时,北匈奴统治者却胁迫西域诸王进攻河西走廊,闹得那里惶惶不宁,白天都得关闭城门。于是汉明帝于公元73年(永平十六年)命窦固进驻伊吾,窦固又命班超到西域各地进行联络。班超率三十六人先到鄯善,不久北匈奴的使者也来到这里,鄯善王犹豫不决,不知如何应付。班超觉察到这种情况,以"不入虎穴,不得虎子"的英雄气概,率领部下乘夜袭击北匈奴使者营地,斩杀其使者,击溃其使团,促使鄯善王决心归汉。接着班超又威服于田(今和田市),打败疏勒王龟兹(今库车县)人兜题,另立疏勒(今喀什市)人为王。公元74年,东汉政府继西汉之后设立都护,同时设立戊校尉和己校尉于高昌壁(在今新疆吐鲁番市东),加强了中央政府对西域的管辖。于田等王也都派使者到洛阳,关系非常密切。公元75年,汉明帝死,焉耆、龟兹诸王乘机攻杀都护,北匈奴和车师王围攻戊、己校尉。新即位的汉章帝采取妥协政策,命令国戊、己校尉和班超撤回内地。这个命令遭到东汉官吏和西域诸王的抵制。当时班超正在疏勒,当地人害怕再受北匈奴的残暴蹂躏,抱着他的马腿不让走,班超就决定留下来。这件事表明要求统一、反对残暴统治,是我国各族人民的共同愿望。班超留下后,极力开展对北匈奴在西域势力的斗争,后逢窦宪出击北匈奴,因而较顺利地打败受北匈奴控制的龟兹、焉耆诸王。公元91年(永元三年),班超被任命为都护,驻节龟兹(府治在今库车县西南),巩固了东汉对西域的管辖。班超在西域,为统一的多民族国家的巩固做出了贡献。

公元102年(永元十四年),七十一岁的班超因老病离开西域。他的后任不能恰当地处理与西域诸王的关系,引起反抗,东汉政府下令撤销都护。这时据守在悦般的北匈奴贵族残存势力活跃起来,他们凶暴地向西域各地索取欠租,要得又多又急,激起诸王的愤恨,希望重归东汉。北匈奴还于公元119年

(元初六年)攻入甘肃西部,杀长史索超。在这种情况下,东汉政府于公元123年(延光二年)派遣班超的儿子班勇为西域长史,率兵五百人赴西域,联合当地诸王,清除了北匈奴残余势力。班勇还把在西域的亲身见闻,记载下来,为后来范晔的《后汉书》《西域传》提供了资料。

东汉对西域统治的确立,有利于汉族人民同西域各族人民加强经济文化联系。公元73年,东汉政府设宜禾都尉,在伊吾屯田,次年命己校尉屯田柳中城(今鄯善西南),戊校尉屯田金满城(今吉木萨尔县),公元91年(永元三年),开始在高昌壁屯田。通过屯田,把汉族先进的农业生产工具和生产技术带到西域,促进了当地农业生产的发展。伊吾人民种植五谷、桑麻、葡萄。蒲类(今巴里坤哈萨克自治县)、东且弥(今乌鲁木齐市)等地人民除牧放马、牛、羊、骆驼等牲畜外,还从事农业生产。西域的骆驼、毛织品、植物陆续传入内地。东汉对西域统治的巩固,保证丝绸之路经常畅通无阻,使它发挥着中国与西方、西南诸国进行联系的桥梁作用。

乌桓的内迁

东汉时期,乌桓社会已从原始公社末期进入初期奴隶制阶段,乌桓奴隶主贵族占有奴婢,"各自畜牧治产",织毡毼,制作弓矢、鞍勒,铸铁制造兵器。东汉初年,辽西乌桓贵族郝旦等九百余人到洛阳朝见,奉献牛马弓矢奴婢及虎豹貂皮。有的乌桓贵族愿意留在内地,刘秀答应他们的要求,封他们为侯王,并允许乌桓人到河北、山西长城以内居住,为此设置"护乌桓校尉",住上谷宁城(今河北张家口市万全区),进行管辖。又允许汉族人同乌桓人开展贸易。此后,或因东汉官吏的迫害,或因乌桓贵族与北匈奴统治者勾结,有些地区的乌桓贵族与东汉中央政府发生过战争。随着东汉政权势力的衰弱,汉对乌桓的控制逐渐削弱,于是在各郡的乌桓贵族中形成几支较强大的力量,北方的汉族豪族地主又常常同他们勾结起来,各霸一方。总观东汉时期,乌桓人民部分地向内地迁徙,与汉族及其他少数民族的交往更进一步地密切了。

东汉政府与鲜卑关系的建立

东汉初年,鲜卑贵族跟随匈奴贵族到辽东抢掠。公元45年(建武二十一年),东汉辽东太守祭肜率军打败鲜卑贵族,鲜卑一个首领偏何率部投降东汉,协助打击匈奴。不久,鲜卑另一贵族於仇贲到洛阳朝见,刘秀封他为王,并命护乌桓校尉同时统辖鲜卑人。到安帝永初间(107—113),鲜卑首领燕荔阳到洛阳朝见,邓太后封他为王,给印绶。东汉政府还每年赏赐鲜卑贵族大量财物,允许汉人与鲜卑人开展贸易。鲜卑人在交易中获得精良的金属制品、生产工具和武器。及至北匈奴势力被击溃,鲜卑人乘机进入它的故地,将当地人同化为鲜卑人。到汉桓帝时,鲜卑首领檀石槐,制定了法令,在农业、畜牧业、狩猎之外,又提倡捕渔业,并在弹汗山歠仇水(在今河北怀来县北)建立行政中心。从这时起,实行王位继承制,标志着鲜卑社会从原始公社进入奴隶制社会。檀石槐对丁零、夫余、乌孙用兵,占据了原来匈奴人生活的大部分地区,又频繁向南掠夺,并于公元177年(熹平六年)打败东汉的军队。檀石槐政权传到他孙子时,内部为争夺王位而内讧,势力因而削弱。

东汉政府与夫余、高句骊的关系

公元49年(建武二十五年),夫余王遣使到洛阳,刘秀回赠一份丰厚的礼物,从此夫余王年年向皇帝进贡。公元136年(永和元年),夫余王到洛阳朝见。东汉时期夫余王与东汉中央政府的关系基本上是正常的,只有个别时期夫余王利用东汉政府的虚弱,到玄菟郡(郡治在今沈阳市东)进行劫掠。

公元32年(建武八年),高句骊王派人到洛阳,刘秀恢复他被王莽削去的王号。公元49年(建武二十五年),高句骊王进犯右北平(郡治在今河北唐山市丰润区东)、渔阳(郡治在今北京密云区西)等郡,寻因见到辽东太守祭肜顺利处理了鲜卑问题,力量较强,乃撤兵继续朝贡。东汉中后期,高句骊王间或到辽东郡(郡治在今辽宁辽阳市)抢劫,公元121年(建光元年),东汉军击败高句骊王的进攻。到东汉后期,高句骊改属辽东郡管理。

第五节　东汉的对外关系

东汉与朝鲜、日本的频繁联系

东汉时期,朝鲜半岛有马韩、辰韩、弁韩、濊等并立的政权。东汉政府同其中的许多政权有着政治经济的联系。公元44年(建武二十年),朝鲜廉斯地方的苏马谌等人与东汉进行贸易,受到刘秀的欢迎。朝鲜人还用他们出产的班鱼、能在果树下行走的矮马——"果下马"、文豹等产物交换东汉的物品。

东汉时期倭国(今日本)有数十个政权,东汉政府与其中的一些政权有着友好关系。公元57年(建武中元二年),倭国使臣到达洛阳,刘秀授予该国王金印、冠带。①公元107年(永初元年),倭国王帅升派人到洛阳,并要求亲自来中国。东汉向倭国出口铁和铜的制品,农业生产和养蚕技术也传到倭国。

东汉同东南亚诸国的交往

东汉时期,与越南的经济、文化往来更为密切。东汉初期,中国的牛耕技术和一些农器的制造技术传到越南,对当地人民开垦农田,发展农业生产,改变以射猎业为主要生产部门的状况,有一定的作用。东汉时期,西亚及其他地区的一些国家的人员航海来中国,多途经越南,它成为中西海上交通的重要通道。

公元97年(永元九年),东汉政府接待了掸国(今缅甸境内)国王雍由调的使臣,接受了珍贵礼品,回赠金印、冠带。公元120年(永宁元年),雍由调又向东汉派遣乐师和杂技艺人。公元131年(永建六年),掸国使臣再次出现在洛阳,东汉皇帝赠送掸国国君金印衣冠。掸国也是中国与西方海上交通的中转站。西方使节和商人至孟加拉湾,在掸国登陆,然后进入中国益州永昌郡(郡治在今云南宝山市东北)。

东汉政府与究不事(今柬埔寨境内)很早发生关系。公元84年(元和元年),究不事使臣到中国,赠送生犀、白雉。中柬两国有着悠久的传统友谊。

公元131年(永建六年),叶调国(今印度尼西亚境内)国王派使臣携带礼物来到中国,东汉政府赠以金印和冠带。

东汉与中亚、西亚、印巴地区诸国的经济文化交流

东汉政府同中亚、西亚、南亚诸国的经济文化交流加强了。1世纪末,班超在西域,代表东汉政府与大月氏(今阿富汗境内)政府进行了联系,较妥善地处理了两国关系。双方开展了贸易,从而有利于丝绸之路向西通行,有利于中国与中亚其他国家及西亚、南亚发展关系。

公元87年(章和元年),安息国(今伊朗)国王派遣使臣,携带狮子、符拔(一种动物)到达洛阳。公元101年(永元十三年),安息王向东汉输送狮子、条支大鸟(鸵鸟)。2世纪中叶,安息王子安世高来到洛阳,翻译佛经三十多部,

---

① 参见《后汉书·东夷列传》。1784年在日本九州志贺岛(今福冈县粕屋郡志贺町)发现刘秀给倭奴国王的金印,印文是"汉委奴国王"。

约数百万字。与此同时,大月氏人支娄迦谶(支谶)也在洛阳译佛经。安世高译经在文风上重于译意,支谶则重于直译。佛教在中国的传播,同中亚诸国的这些信徒在中国的活动有一定的关系。

沿丝绸之路自大月氏往南行就到现在的印巴次大陆。汉和帝时(89—105),天竺国(今印度、巴基斯坦、孟加拉诸国境内)的商人几次经丝绸之路来到中国,当丝绸之路不能畅通时,他们还从海路经过日南(今越南境内)进入中国。

东汉前期,东汉政府同大秦国(古罗马帝国)没有直接的联系,双方通过间接关系互有传闻,都把对方看作富饶的国家,希望发生直接的联系。公元97年(永元九年),班超在西域派遣甘英出使大秦,甘英到达条支,走到波斯湾,遇到障碍,不能出航而回。公元166年(延熹九年),意大利人以大秦国王安敦①使臣名义,从海上经过日南到达中国,带来象牙、犀角、玳瑁等物品。这是两国直接交往的开始。

第六节　思想领域的斗争和科技文化新成就

儒家思想的统治地位

东汉统治者为了加强政治思想统治,更加尊崇儒学。

赤眉、绿林起义,猛烈冲击了地主阶级的封建思想,出现"礼乐分崩,典文残落"②的局面。刘秀篡夺农民革命果实后,在思想上立即着手恢复儒学,提倡谶纬神学。他在即位诏中引述谶语说:"刘秀发兵捕不道,卯金修德为天子"③,为他当皇帝制造舆论。他因谶书《赤伏符》上有"王梁主卫作玄武"的话,就把在魏地野王县(今河南沁阳市)作县令的王梁提拔为宰相,任大司空,封武强侯。又因谶书上说"孙咸征狄",就用平狄将军孙咸为最高军事长官大司马。到了公元56年(建武中元元年),刘秀便"宣布图谶于天下"④,正式确定谶纬神

---

① 安敦即罗马皇帝马克·奥勒略·安敦尼阿斯(161—180年在位)。

②《后汉书·儒林列传》序。

③《后汉书·光武帝纪上》。"卯金"两字结合为"釪",近似"刘"的繁体字"劉",谶纬家以它代表"刘"字。

④《后汉书·光武帝纪下》。

学为统治思想。于是读书人"争学图纬"①。谶纬学把儒学与迷信神学结合起来，更具有欺骗性。但它自身有不可克服的矛盾，那些荒诞的隐语，谁都可以根据自己的政治需要任意解释。被刘秀任命整理图谶书籍的尹敏曾对刘秀说：谶纬书"多近语，以字取类，俗人之辞，虚实难识"②。因此，在儒家中对谶纬的态度不尽相同。今文经学家信谶纬，而古文经学家多不大相信，斥责它不合儒家经义。古文经学家、给事中桓谭认为讲谶纬学是"以欺惑贪邪，诖误人主"，常劝刘秀不要信它。刘秀大怒，责备他"非圣无法"，要砍他的脑袋，桓谭叩头求免，直到出血，刘秀才饶他一命，降他到地方上去，使这个七十多岁的老头子病死在半道上。上面提到的尹敏也反对谶纬学，他故意制造"君无口，为汉辅"③的谶言，以此说明谶纬是人们有意识炮制的，不足信。刘秀因此对他很不满意，使他终身在官场上不得意。这两件事表明刘秀坚持利用谶纬神学，为他的封建专制主义统治披上符合上帝意志的圣装，以愚弄人民，巩固东汉的统治。

刘秀压抑不信谶纬的古文经学家，并不能解决古今经文学家的争执，更不能解决谶纬学中的矛盾。所以，汉章帝为了解决这个矛盾，为了加强对农民思想的统治，于公元79年（建初四年），召集诸儒于北宫的白虎观讨论"五经"，对不同的意见，汉章帝亲自做出裁决，最后由班固总结，写成《白虎通》④一书。这本书是经学与谶纬学的混合物，中心内容是宣扬三纲六纪。董仲舒已经提出三纲五常的伦理观念，《白虎通》则将它进一步理论化，把它当作了永恒不变的道德规范和最高的政治准则。它根据纬书《礼含文嘉》，明确提出"三纲"是"君为臣纲，父为子纲，夫为妻纲"⑤。它以唯心的天命论为理论基础，并用某些自然现象与封建社会秩序比附，说明"三纲六纪"的"合理"。它神化地主阶级的总头子，说皇帝是老天爷的儿子，所以才叫作"天子"。皇帝享有天下，是"受之于天，不受之于人"，是天命所决定的，是神圣不可侵犯的。又说皇帝和臣民的关系，就像太阳和月亮的关系，因此臣民要对君主竭尽忠诚，这是天意。《白虎通》竭力鼓吹"君为臣纲"，进一步从理论上把以皇帝为总头子的封建政权神圣化。东汉统治阶级充分意识到族权对维护政权的重要作用，他们

---

① 《后汉书·张衡列传》。

② 《后汉纪·光武帝纪》。

③ 《后汉纪·光武帝纪》。"君无口"为"尹"字，这条谶言说姓尹的是辅佐汉朝的不可缺少的大臣。

④ 《白虎通》又名《白虎通义》《白虎通德论》。

⑤ 《白虎通·三纲六纪》。

说"求忠臣必于孝子之门"①,刘秀要求他的臣子都能够精通《孝经》《白虎通》适应这种要求,大讲尊祖敬宗,要求儿子绝对服从父亲,小宗归顺大宗,卑末者听从尊长的支配,以此为豪族地主统治同宗人作辩解。《白虎通》用阴阳观念为夫权说教,胡说女子是阴类,对阳类的男子有"三从"的义务,即"未嫁从父,既嫁从夫,夫死从子"。它严格地禁止妇女参与社会活动,只能在家中侍候丈夫,做生子传宗的工具。总之,《白虎通》所讲的这些"纲纪",是把封建社会人与人之间的阶级关系、政治制度和道德观念加以规范化,使统治者的各种权力合法化和永恒化,并剥夺被统治者的反抗权力。

白虎观会议之后,东汉统治者更加推崇儒学,主要表现在:

(1)尊孔丘为素王。东汉皇帝因为谶纬书上把孔丘的书说成是根据天意为汉朝制定制度的典籍②,汉章帝亲自到曲阜祭祀孔丘,汉安帝又于124年(延光三年)到阙里"朝圣",把孔丘尊为"素王"③。所谓"素王",意思是说孔丘虽然没有做过王,但他的品德够得上当王,应该当作王来尊敬。

(2)今古经文学之争的结束。白虎观会议后,古文经学的势力不断增大。马融注《孝经》《论语》等书,使古文经学更加完整。他的门人郑玄以"述先圣之元意,思整百家之不齐"④为己任,注《周易》《尚书》,著《天文七政论》等书,以古文经学为主,又杂糅今文学。其实今文学用谶纬论证封建秩序神圣不可侵犯,古文学则以复古为名,反对现实的一切改革,两者在本质上是一样的。所以经历马融、郑玄一派的活动,在古文学的基础上统一了对儒家经典的解释,以适应地主阶级用儒学统治人民思想的需要。

(3)大办儒学,培养儒生。东汉初就设有太学和州郡学,到汉顺帝时扩大京师太学,此后太学生增至三万余人。汉灵帝又在京师鸿都门内设学校,称"鸿都门学",凡会辞赋绘画书法的人都召来入学。皇帝还敕令三公、州郡辟用他们,有的人一出仕就被任为高官,封赐勋爵。公元175年(熹平四年),汉灵帝命令"正定六经文字",让蔡邕用古、隶、篆三种书法,书写《尚书》《周易》《诗》《仪礼》《春秋公羊传》和《论语》等书,刻碑立于太学门外,称"熹平石经"

---

① 《后汉书·伏侯宋蔡冯赵牟韦列传》。
② 纬书《春秋》:"孔子曰,丘揽史记,援引古图,推集天变,为汉帝制法,陈叙图录。"黄奭辑供,见《汉学堂丛书》。
③ (汉)徐干《中论·贵验》:"仲尼为匹夫,而称素王"。
④ 《后汉书·张曹郑列传》。

244

碑,作为学生学习的标准课本。碑立之初,每天来参观和摹写的人拥挤不堪,车辆多达一千余辆。经过东汉统治者的提倡,儒家思想的统治地位进一步巩固了。

朴素唯物论者王充

王充(27—约97),会稽上虞(今浙江绍兴市上虞区)人,出身于"细族孤门",自称"贫无一亩庇身","贱无斗石之秩"。[①]做过郡吏,但不乐仕进,以毕生的精力著《论衡》一书,针对当时流行的谶纬学,提出他的朴素唯物论观点。

王充发挥了先秦以来关于"精""气"的唯物主义自然观,用当时所能达到的自然科学知识解释自然现象。他认为天地万物是物质属性的"气"构成的,日月星辰的运行,不是天神意志的表现,而是自然界存在的客观规律,云雨霜露也不是天神使命的征兆,而是由地上发生的自然现象。他反复论证了天没有口、目,没有意志,没有目的,是"于物无所求索"[②]的实体。因此,天不能够向任何人发什么谴告,不能够干涉人间的事情,以此批判了"天人感应论"。王充还从大量事情中推理证明,人死了,形体腐朽,精神就不存在了,所以根本没有神鬼。[③]从而批判了宗教唯心论。

王充在驳斥谶纬学的唯心论时,阐明了朴素唯物论的认识论。他说:"凡圣人见祸福也,亦揆端推类,原始见终"[④]。即认为对某种事情的正确判断和科学预见,不是凭空臆测的,而是通过对事情的观察、分析总结出来的。他还认为,人们得到某种知识,"须经耳目以定实情",即先获得感性的认识。如果不同外界事物接触,就是"圣贤"也"不能知"。所以他说:"不学自知,不问自晓,古今行事,未之有也。"[⑤]他在批评唯心论的同时,注意到思维的作用,他指出,光靠感观认识事物是"耳目论",这样认识往往是片面的,所以必须在"耳目论"基础上,再进行"心意议"。从而强调了理性认识、抽象思维的重要性,这使他超越了原始的效验论,在唯物论的认识论上跨进了一步。

对于人类社会历史,王充认为是进化的。他说上古时期的人们吃的是兽

---

① 参见《论衡·自纪篇》。

②《论衡·自然篇》。

③ 参见《论衡·论死篇》。

④《论衡·实知篇》。

⑤《论衡·论死篇》。

肉，饮的是兽血，穿的是兽皮，住的是山洞，后世的人们吃五谷，饮井水，穿布帛，住房屋①，是进步了。他还比较周、汉两代，指出汉代在国家统一、生产发展等方面都超过了周代。这是对"天不变，道亦不变"的历史观的否定。王充也模模糊糊地看到，国家治乱与人民的经济生活有一定的联系，他说："让生于有余，争起于不足。五谷食多，礼义之心生；礼丰义重，平安之基立矣。"②但是王充的历史观基本上还是唯心论的，他更多的是用宿命论、循环论来解释社会历史，他说伍子胥的被吴王夫差所杀、比干的被商纣王所囚，而伊尹、吕尚却能辅佐商汤、周武王为宰执，他们遭遇之所以不同，是因为"人臣命有吉凶，贤不肖之主与之相逢"。总之，他把人间的不平，归结为"命"——"命，吉凶之主也"，从而陷入宿命论的泥坑。

王充还针对统治者对孔孟的迷信，发表了抨击孔丘、孟轲的言论。在《问孔》篇中，他说："追难孔子，何伤于义！""伐孔子之说，何逆于理！"他找出孔丘言行不一和言论自相矛盾的事实，进行揭露。孔丘口口声声讲"仁义"，但当曾被他斥为不讲仁义的佛肸召他做官时，他就想去，子路不明白，用"仁义"道理问他，孔丘回答说我不是挂着的葫芦，我要吃饭，所以要去做官。王充说孔丘没有回答子路的问题，子路说的不是不该做官，而是不该做不义的人的官。因此，王充认为孔丘强词夺理，而且置仁义于不顾，为吃饭而做官，"何其鄙也"，不过是个"俗人"罢了。王充在《刺孟》篇中指责孟轲是一个胡言乱语的"俗儒"。王充的这些揭露，一定程度地戳穿了孔学的虚伪性和欺骗性。东汉时期，孔丘的素王地位已经使他成为神圣不可侵犯的，王充敢于讥刺孔丘，表现了他的学者的勇气和追求真理的精神。但是从上述王充对孔丘的揭露中也可以看出，他还是以孔学的仁义信条做标准去臧否人物，这就表明王充在本质上并不反对孔孟的仁义思想。

继王充之后，还出现一些暴露当时社会黑暗的政论家。王符作《潜夫论》、崔寔撰《政论》、仲长统著《昌言》，揭露豪族地主的黑暗政治和骄奢淫侈的生活。仲长统指责东汉政府"权移外戚之家，宠被近习之竖"，"颠倒贤愚，贸易选举"③的恶浊政治状况。王符强烈主张抑末，但他不是要禁止正常的工

---

① 参见《论衡·齐世篇》。

②《论衡·治期篇》。

③《后汉书·王充王符仲长统列传》引《昌言·损益篇》。

商业,他认为"致用"之工、"通货"之商,都是本业,只有那种"巧饰"之工、"鬻奇"之商才为末业。①其用意在反对奢靡之风习。

原始道教 佛教的开始流传

东汉统治者尊崇的儒学包含着浓厚的神学成分,但它本身还不是以神学面貌出现的宗教。东汉地主阶级为了统治人民的思想,在利用儒学的同时,又利用原始道教和佛教作为麻醉人民思想的工具。

东汉时期,一部分地主文人打着尊奉黄帝和老聃的旗号,炮制了"黄老道"的经书,并且组织教派,这就是原始道教。早在东汉初年,刘秀的儿子楚王刘英"喜黄老",因此得到汉明帝的表彰。后来刘英谋逆案发,影响到最高统治者对黄老的崇信。到汉顺帝时,琅邪人宫崇到洛阳投献《太平青领书》,说是他老师于吉所得的神书。朝臣认为他的书"妖妄不经",没有重视,但仍把它收留下了。汉桓帝时,山东地主文人襄楷再次进于吉"神书",而他在上书中攻击宦官专权和议论桓帝无子嗣,所以没有得到信用。然而桓帝本人已在宫中设立黄老祠,加以敬奉,并于公元 165 年(延熹八年)派人到苦县祭祀老子。到汉灵帝即位,肯定了襄楷所上的《太平青领书》,太傅陈蕃等推举襄楷,使他名噪一时。《太平青领书》,即《太平经》,一百七十卷,是后来道教的主要经典。

《太平经》宣扬宗教唯心论和地主阶级伦理观,它以"天人感应"和阴阳五行学说作为理论基础,鼓吹阳尊阴卑与君尊臣卑②,把封建统治秩序肯定下来。《太平经》的中心思想是宣扬阶级调和论,它说老天教人"和合",这样人们才能"常吉远凶"。他把贫富的对立,说成是贫苦人不勤劳的结果,又说不勤劳而又仰仗富人,是不可饶恕的大罪。③用所谓勤惰掩盖阶级对立和剥削阶级的罪恶。由此出发,它反对人民的反抗斗争,攻击人民起义是"作反逆,犯天文地理","犯王法"④。它为了消弭阶级斗争,又为地主阶级出谋划策,要富人修

---

① 参见《潜夫论·务本》。

② 《太平经·阳尊阴卑诀》:"阳乃天也,君也;阴乃地也,臣也。"(王明合校本,第 387—388 页)

③ 《太平经·六罪十治诀》:"天生人,幸使其人人自有筋力,可以自衣食者。而不肯力为之,反致饥寒,负其先人之体。而轻休其力,不为力可得衣食,反常自言愁苦饥寒。但常仰多财家,须而后生,罪不除也。"(王明合校本,第 242—243 页)

④ 《太平经·六罪十治诀》。(王明合校本,第 244 页)

"善"行"仁","救急周穷",以免除农民反抗,还可以得到好名声,从而受到政府的征辟。①真是为保证地主阶级利益费尽了心机。《太平经》是地主阶级的舆论工具。

佛教自西汉后期传入中国,东汉时开始受到统治者的重视而流传起来。汉明帝派蔡愔、秦景到印度访求佛法,从大月氏(今阿富汗境内)带来印度僧人迦叶摩腾和竺法兰,遂在洛阳建立白马寺,供他们翻译佛教经书。②佛教宣称人的善恶都有报应,而且人的神灵不灭,转生来世,受其应得的报应。所以要想免祸求福,必须省欲去奢,行善修道。这种说教,目的在于使劳动人民安贫守贱,放弃反抗斗争,幻想"来世"的幸福,完全是麻醉人民的精神鸦片。东汉统治者逐渐看到佛教对维护地主阶级统治的妙处,一步步加以提倡,汉桓帝甚至在宫中建立佛祠。③东汉末年,官僚笮融在徐州建造大佛寺,佛堂能容纳三千人,僧众多达五千人户④,佛教在社会上开始传播开来。

佛教是外来宗教,统治阶级要它发挥麻醉剂的作用,还必须使它中国化,于是让它和黄老道结合起来,共同流传。当时社会上流传着"老子入夷狄为浮屠"⑤的说法,说老子出关之后,到西方,创造佛教。这可能是黄老道教徒制造出来的,把他们的教主也安排为佛教的教主。在东汉时期,这种说法佛教也是可以接受的,因为它传入中国不久,需要借助一种力量,站稳脚跟。

史　学

东汉时期,史学上出现纪传体断代史的体裁,这就是班固等人著的汉书》。《史记》只写到汉武帝时期的历史,班固的父亲班彪为它续作《后传》六十五篇,但没有成书。班固曾任兰台令史(俸禄百石的小官)、郎官,继续班彪的修史事业,经历二十余年,写出《汉书》(一百卷)。他也没有完全脱稿,他的妹妹班昭(曹大家)⑥和马续共同给他补写成功。班彪编写史书的观点与司马迁

---

① 《太平经·六罪十治诀》:"夫亿万之家,可周万户,予陈收新,毋疾利之心,德洽天地闻于远方,尚可常得新物,而腐涂者除去也。其中大贤者,乃日奏上其功于帝王;其中小贤,日举之于乡里。……明王圣主闻之,见助养民大喜,因而诏取,位至鼎辅,因是得尊贵"。(王明合校本,第246页)

② 参见《魏书·释老志》。

③④ 参见《后汉书·郎顗襄楷列传》。

⑤ 《后汉书·刘虞公孙瓒陶谦列传》《三国志·刘繇传》。

⑥ 班昭获得邓太后信任,出入宫中,为后妃讲学,并作《女诫》七篇,宣扬"三从四德"。参见《后汉书·列女传》之《曹世叔妻传》。

有所不同,他主张"依《五经》之法言,同圣人之是非",反对"轻仁义""贱守节""尚俗功"。①班固同他父亲的思想一致,所以《汉书》是以儒家的观点记述西汉的历史。《汉书》只叙述西汉一代的历史,开创了纪传体断代史的体系。它取消《史记》的"世家",将它并入列传,又把《史记》的"书"改为"志",并增加刑法、地理、五行、艺文等方面的内容,比较丰富地保存了西汉一代的史料。《汉书》的体系为后代封建史家所袭用,有一定的影响。《汉书》的内容多,到东汉末年,荀悦按照编年体的体裁,把它删节改写成《汉纪》(三十卷)。②

东汉政府自汉明帝时开始组织编写史书,到汉灵帝时编成《东观汉纪》(一百四十三卷),记录了东汉的历史资料,但这部书大部分散失了,今只存二十四卷。

东汉中后期开始出现记述宗族历史的书籍,应劭的《风俗通义》一书中有《氏姓篇》,王符的《潜夫论》中有《志姓氏篇》。王符说,他作这个篇章,是为赞扬圣贤的后裔,崇尚宗族的祖先,明确人们氏姓的区别。族谱之学的兴起,反映了豪族世家势力的发展。

东汉时期还出现了方志体裁的史书。会稽山阴(今浙江绍兴市)人赵晔著《吴越春秋》,记载吴越两国的历史。③一个可能是叫袁康的人作《越绝书》,记叙春秋战国时期吴、越、楚国的历史。

文学艺术

东汉的辞赋大多在形式上模仿西汉赋家的名著,没有独特的风格。班固的《西都赋》,仿自扬雄的《子虚赋》《上林赋》,它采用西都(长安)宾与东都(洛阳)主人对话的形式,叙述东都的美好,颂扬东汉统治者。在思想倾向上,班固是为"宣上德而尽忠孝"④,以文艺为封建政权服务。

在文学领域里也有一些有一定积极意义的作品。东汉人辛延年作乐府诗《羽林郎》,叙述卖酒的女子拒绝大将军管家奴的诱骗的故事,谴责了东汉豪族飞扬跋扈、欺压人民的罪行,颂扬了劳动者不畏强暴的反抗精神。东汉末年产生的五言体长诗《孔雀东南飞》(为焦仲卿妻作),描写封建家长以封建的孝

---

① 参见《后汉书·班彪列传上》。

② 参见《后汉书·荀韩钟陈列传》。荀悦还著有《申鉴》五篇。

③ 参见《后汉书·儒林列传》之《赵晔传》。

④ 班固《两都赋序》,参见《全后汉文》卷二四。

道和妇道迫害子女,致使一对和谐的夫妇分离后双双自杀。作者愤怒地控诉了封建礼教吃人的罪恶。这个时期问世的《古诗十九首》,表现了那些中小地主文人、"门生"为了寻求出路,长期不归,和家人的离愁别情,从一个侧面反映了东汉豪族政治的黑暗。

在文字学方面,许慎著《说文解字》,共十四篇,对九千三百五十三个文字,逐个进行形体、字音、字义的解释,是我国最早的字典,也是对西周以来古文字的一次总结。

绘画和雕刻艺术也有新成就。张衡善画禽兽,刘褒善画"云汉图"。在山东、河北、四川等地发掘的东汉墓中,发现许多壁画及大量的画像砖、画像石,画面反映了官僚贵族豪华淫乐和劳动人民从事农业、手工业生产的情况。特别是汉桓帝时建造的山东嘉祥的武梁祠,墓壁上刻着各种历史传说故事和奇禽怪兽,人物众多,内容丰富。它的石刻采用的是阳刻法,成为平面的浮雕,比西汉末年郭巨墓(肥城孝山堂祠)的阴刻石刻,在表现手法上又是一个创新,至此,雕刻法已经完备。另外,蔡邕刻造的"熹平石经碑",也是一种石刻艺术,同时又是书法艺术品。造型艺术水平也很高,从发掘出土的陶俑情况看,人物造型姿态多变,形象逼真,如四川成都天回山出土的说唱人俑,左臂抱鼓,右手握槌,张嘴作说唱状,面部呈欢乐表情,非常富有风趣,生动地反映了当时说唱表演艺术的水平。在音乐上,一种在民间"街陌讴谣"基础上发展起来的"相和歌"尤其重要。它的特点是"丝竹更相和,执节者歌"①。相和歌中还有一种兼有歌唱、舞蹈与乐器演奏的"相和大曲",代表作有《广陵散》《东门行》《白头吟》等。这个时期还出现了琵琶、箜篌、笛、羌笛等新乐器。

天文学、数学和农机学

社会生产的发展要求科学研究的发展。东汉时期在天文学、农机学、数学等方面都有新的成就。张衡(78—139)是当时著名的科学家,他精心于天文历算学的研究,在公元117年发明了观测天象的浑天仪;公元132年(阳嘉元年),他又造出地动仪,称为"候风地动仪",是世界上第一架测量地震方向的科学仪器。地动仪是用青铜铸成的,形状像汉代酒樽,中间有一根"都柱"(主柱),连着分指八个方向的机械,外面有八条龙,也按八个方位排列着,每个龙

---

① 《晋书·乐志》。

250

嘴含有一个铜球,龙头下面蹲一个张口向上的铜蛤蟆。如果发生地震,地震仪中的都柱就倒向发生地震的方向,这一方向的龙嘴就张开,铜球就落到铜蛤蟆口里。这台地动仪发明数年后,公元138年(永和三年),甘肃发生了强烈地震,有一个铜球从龙嘴里落了下来,但京师的人们没有感觉出地震,因此许多"学者"怀疑它的准确性,没过几天,甘肃地方的地震报告送到洛阳,怀疑的人们也不得不信服它的精妙了。地动仪的发明,开创了人类用仪器测量地震的历史。因为地动仪的精确,皇帝命令史官按照地动仪报震,记录地震发生的方向。①从此我国有了更丰富的地震记录,为我们研究地震史和防震抗震提供了宝贵资料。张衡还著有《灵宪》一书,指出月球本身不能发光,它的光亮是对太阳光的反射②,这是正确的见解。他还反对谶纬神学,表明他具有朴素唯物论观点。

汉灵帝时期,劳动人民制造出"翻车""渴乌"。翻车是"设机车以引水",为后代制造农业上车水用的龙骨车提供了模型;渴乌,据唐朝人李贤解释,它是个曲筒,"以气引水上也"③,可能是利用虹吸管原理,用气压把水压出来,这是后代发明的压水机的始祖。翻车、渴乌的制造,为农业机械制造技术的发展做出了贡献。

东汉时期在算学方面也有重要发展。大约在东汉中期以前《九章算术》问世了。这本书分九章,为《方田》《粟米》《差分》《少广》《均输》《方程》《傍要》《盈不足》和《勾股》诸章,记载了几何学、代数学上的重大成就。其中《方田》计算各种形状田地的面积,在计算田园时,正确提出半周半径相乘得圆面积的结论。《粟米》讲各种粮食的换算方法,其中有二元一次式的整数解法。《方程》处理了各种三元一次和四元一次联合方程式的问题,这在世界上是最早的,它比印度早四百多年,比欧洲早了一千三百多年。《少广》提出开平方和开立方的方法。《勾股》提出了勾方、股方之和等于弦方的重要定理。

医药学

东汉时期医学又有新的发展。张机(约150—219),字仲景,有"救贫贱之

---

① 参见《后汉书·张衡列传》。
② 参见《全后汉文》卷五五。
③ 《后汉书·宦者列传》之《张让传》及李贤注。

厄"①的精神,从事医疗实践,著《伤寒论》和《金匮要略》两书②,对病理、诊断、治疗、用药都有详细的论述。他运用"辨证论治"的法则,对复杂的病状进行分析归纳,先分析是阴症还是阳症,进而辨明表里,再辨明虚实、寒热,由此对疾病做出诊断结论,形成中医诊断学上的"八纲"原理。约与张仲景同时的华佗,在外科治疗上有突出成就,曾用"麻沸散"做全身麻醉剂,成功地施行剖腹手术。他还精于针灸,行针时要求病人与医生互相配合,疗效较好。华佗注意预防,提倡运动锻炼,创作了一套叫作"五禽戏"的体操,以增强人的体质。③此外,东汉初年广汉郡雒县(今四川广汉)有个叫"涪翁"的人,精通针灸术,行针即见效验,并著《针经》和《诊脉法》等书。④东汉时编成的《神农本草经》,记载三百六十五种药物,包括甘草、当归、大黄等现代常用的中草药,其中关于用麻黄治气喘、海藻治甲状腺肿等的记载,都是世界最早的。这些药物疗效很好,有的至今仍在采用。

本章小结

以刘秀为首的南阳豪族地主集团利用农民革命扩充了军事力量,并在镇压农民革命和篡夺农民革命成果的基础上,建立了东汉王朝。

东汉王朝依恃的核心力量是豪族地主,所以在东汉政权的保护下,豪族地主得到迅速的发展,其中最有权势的豪族形成累世不败的世族。豪族地主疯狂兼并土地,使大批农民沦为他们的农奴和奴婢。

豪族地主在他们的庄园里经营农、牧、手工业、商业,建立坞壁,备有私兵,从而形成大大小小的地方割据者。

东汉时期的阶级矛盾从一开始就很尖锐,农民的反抗斗争一直不断。特别到了后期,农民起义此伏彼起,连年不断。农民的斗争锋芒不只指向豪族和贪官污吏,反对封建皇帝的意识比以前有了明显的增强。

东汉时期多民族国家比西汉又有进一步发展。但由于东汉统治者对少数

---

① 《伤寒论自序》。
② 今存本均由晋朝人王叔和编辑而成。
③ 参见《三国志·华佗传》、《后汉书·方术列传下》之《华佗传》。
④ 参见《后汉书·方术列传下》之《郭玉传》。

民族的压迫,民族矛盾很尖锐,多次引起少数民族的反抗。

东汉统治者为了加强对人民的思想统治,大力提倡儒学,前期主要是今文学,到了后期,今文学与古文学趋于合流。另外,这时出现了黄老道,佛教也开始传入并得到统治者提倡。王充是东汉时期最著名的唯物主义思想家,给今文学谶纬迷信以有力批判。

比起西汉时期,东汉的社会生产,无论是农业或手工业,都有一定程度的提高。科学技术也有了发展,造纸术的改进,水车等农机的出现,数学、天文学、医学的进步,不仅促进了当时经济文化的发展,还给予后代以深刻的影响。

〔附〕

东汉世系表

(公元 25—220)

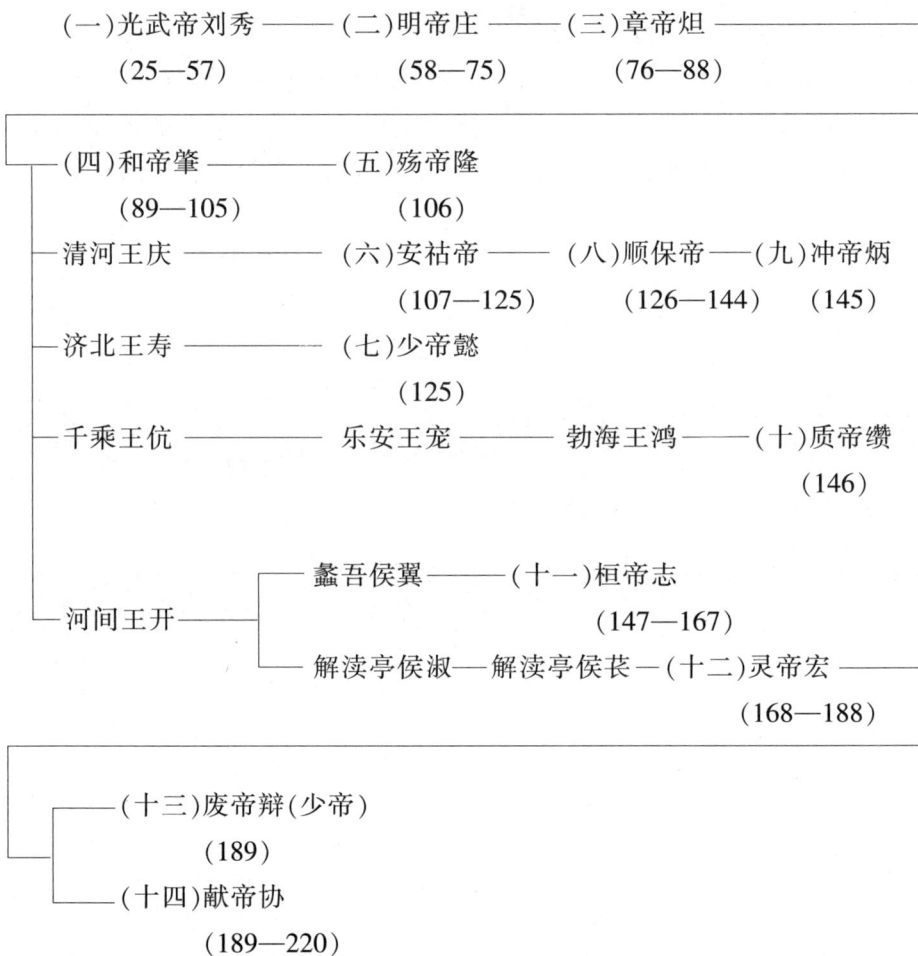

第七章　黄巾农民战争

（184—215）

一、农民大起义条件的成熟

东汉末年阶级矛盾的尖锐化

东汉末年爆发的农民战争,是东汉农民与地主之间阶级矛盾不断激化的必然结果。汉桓帝时期,政论家崔寔就敏锐地看到社会矛盾的严重和东汉政权的危机,他说:"自汉兴以来,三百五十余岁矣。政令垢玩,上下怠懈,风俗凋敝,人庶巧伪,百姓嚣然,咸复思中兴之救矣。"①所谓"咸复思中兴之救",是崔寔希望地主阶级实行自救。所谓"百姓嚣然",说明阶级矛盾严重,人民进行着激烈地反抗斗争。汉灵帝统治时期,东汉政治更加腐败,阶级矛盾达到了白炽化的程度。

汉灵帝时,宦官集团对政治的垄断达到前所未有的地步。汉灵帝经常说中常侍张让是他的父亲, 另一个中常侍赵忠是他的母亲, 他成了宦官掌中的玩物。②汉灵帝时政治更加腐朽。汉灵帝原来是河间王的后人,做皇帝后极力增殖自己的家财。他的母亲也集聚财富,金银堆满厅堂,所以歌谣讽刺说:"河间姹女工数钱,以钱为室金为堂。"③汉灵帝聚敛办法之一是公开卖官,公元178年(光和元年),他规定了中央、地方的文武各种官职的价格,其中三公一千万钱,九卿五百万;又规定买官者有钱的先交钱,钱不足者先去上任,然后加倍输纳。④买官的实际情况比规定的更丑恶,有的人为了少花钱,钻营门路,贿赂宦官和皇帝的

---

① 《后汉书·崔骃列传》附《崔寔传》。

② 参见《后汉书·宦者列传》之《张让传》。

③ 《后汉书·五行志》。"河间姹女"指河间王妃,即汉灵帝的母亲永乐太后,"工数钱",意为喜好计算钱财。

④ 参见《后汉书·孝灵帝纪》;又李贤注引《山阳公载记》:"时卖官,二千石二千万,四百石四百万"。则卖官价格更高。

其他亲信。如历任郡守、九卿的崔烈贿通汉灵帝的保姆，以五百万买得司徒的官职。到拜官的那一天，汉灵帝很后悔，说少卖了五百万，以此传为笑话。崔烈问他的儿子崔钧外界对他做三公有什么评论，崔钧照直回答说，都嫌你铜臭气太浓了，崔烈怪他答得太直率，对老子不尊敬，举起手杖就打，儿子赶快逃跑，老子在后面追着大骂儿子不孝。①卖官的结果，造成"爵服横流，官以贿成"②的腐败政治局面。汉灵帝聚敛的另一个办法是征收"导行费"，他命令各地方官于照例贡献中央的财物外，给宫中另献一份，这一份礼物要先行交纳，然后才能收常贡，因此叫作"导行费"。宦官在收导行费时，百般挑剔，借机勒索。汉灵帝和宦官的搜求，聚积了数不清的财富，真是"中尚方敛诸郡之宝，中御府积天下之缯，西园引司农之藏，中厩聚太仆之马"③。他们任意挥霍这些财富，汉灵帝在老家河间建筑瀄漤馆，又在洛阳营建罼圭苑和灵琨苑。上有好者，下必甚焉。宦官及贵族"造起馆舍，凡有万数，楼阁连接，丹青素垩，雕刻之饰，不可单言"④。汉灵帝还在宫中养了许多狗，给它们穿戴起文官的服装——"进贤冠"，以为笑乐。这倒活现出东汉政治豺狼当道的本相及其君臣行如猪狗的丑态。

汉灵帝和宦官的腐朽政治的受害者是劳动人民。东汉政府把繁重的赋役加到农民身上，使农民不堪负荷。汉灵帝收税经常要钱不要粮，又逼得农民出卖粮食，地主、商人借机压低粮价，把贫困的农民推向更加痛苦的深渊。⑤买得官职的官僚到任以后，迫不及待地向人民搜刮，又以向皇帝贡献为借口，尽量加重人民的负担。在地主阶级和东汉政府残酷地剥削下，农民陷于极端困苦的境地，他们"寒不敢衣，饥不敢食"⑥。原来占有小块土地的农民，受着地主兼并之害，丧失了土地，出现土地尽归豪门的现象。地主阶级中有人感到这个问题的严重，害怕引起农民起义，希望对土地高度集中的问题有所解决，但都毫无办法。如徐干说：前朝有过有名的大臣提出过限田，但不能施行，现在一般人的办法就更不能实行了。⑦荀悦说：土地集中不好，用恢复井田的办法也解

---

① 参见《后汉书·崔骃列传》附《崔烈传》。

② 薛莹：《后汉书》，黄恩抢辑佚，见《汉学堂丛书》。

③《后汉书·宦者列传》及李贤注。"中尚方"指属于少府的尚方官职；"西园"是宫中的一个处所，是汉灵帝储藏卖官钱的地方；"中厩"是皇室养马所。

④⑥《后汉书·宦者列传》之《吕强传》。

⑤《后汉书·宦者列传》附《吕强传》，吕强上书说："案法当贵而今更贱者，由赋发繁数，以解县官。"李贤注："县官调发既多，故贱粜谷以供之。"

⑦ 参见《中论》《礼记》，参见《龙溪精舍丛书》。

决不了这一问题,只好等待将来出现好的制度。①农民丧失土地后,大量流亡。仲长统说:"今田无常主,民无常居。"②蔡邕说:"今百姓虚悬,万里肖条。"③他们的话部分地反映了农民贫困和大量流亡的真实情况。

汉灵帝时期,又不断出现水灾和旱灾。天灾是自然现象,但由于东汉政府的反动统治,使处于极端贫困境地的农民丧失抵御自然灾害的能力。于是饥寒交加,瘟疫流行,人口大量死亡。

总之,东汉末年,统治阶级的反动政治,使农民与地主阶级的矛盾大大激化,生产关系严重阻碍和破坏生产力的发展。这样的社会状况再也不能继续下去了,只有农民革命战争才能打破这种状态。

黄巾起义前的思想酝酿和组织准备

东汉统治者利用具有浓厚的神学观念的儒家正统思想和黄老道、佛教作为思想统治工具。"对于完全受宗教影响的群众的感情说来,要掀起巨大的风暴,就必须让群众的切身利益披上宗教的外衣出现。"④东汉的农民虽然不是完全受宗教影响,但他们的首领已开始懂得在宗教外衣下,反对地主阶级的统治思想,反映农民要求,动员和组织群众起义,这样的领袖有张角、张修、张鲁等人。

张角,冀州巨鹿郡(郡治在今河北宁晋南)人,他在领导农民起义前,向广大群众做了长期的思想动员和组织训练。他组织太平道,崇奉"中黄太乙"神⑤,自称"大贤良师",接纳徒众。他以治病传道作为手段,医治好许多病人,因而得到群众的信赖和拥护。张角还打出信奉黄老道的旗号,迷惑统治阶级,以取得合法传道的地位。据史书记载,张角"奉事黄老道"⑥,又说东汉统治者支持的黄老道的经典《太平经》,张角"颇有其书"⑦。根据这些记载所提供的情况,张角利用了《太平经》,取其某些内容,给予新的解释,以动员群众。《太平经》

---

① 参见《申鉴·时事》《龙溪精舍丛书》本。

② 《后汉书·王充王符仲长统列传》引《昌言》。

③ 《后汉书·蔡邕列传》。

④ 参见恩格斯:《路德维希·费尔巴哈和德国古典哲学的终结》。

⑤ 《三国志·武帝纪》裴松之注引王沈《魏书》。"中黄",即"中央黄帝灵"的简称。"太乙"即"太一"。"太一"传说是人们信奉的一种天神。《易乾凿度》卷下郑玄注:"太一者,北斗之神名也,居其所曰'太帝,……中央者,北辰之所居。"

⑥ 《后汉书·皇甫嵩朱俊列传》。

⑦ 《后汉书·郎顗襄楷列传》。

说："财物乃天地中和所有，以共养人也。"①又说："太者大也，言其积大如天，无有大于天者。平者言其治太平均，凡事悉治，无复不平。"②《太平经》里所说的"太平"，革命农民可以把它解释为"大平均"，即要求人们共同占有社会财富。《太平经》里还说："平之为言者，乃平平无冤者，故为平也。"③革命农民可以利用它宣传反对封建政治压迫，要求人与人之间的某种平等。革命农民利用《太平经》中所谈到的一部分人"积财亿万"，另一部分人"饥寒而死"的内容，借以宣传社会上的贫富对立。人民还把剥削者比作粮仓中的老鼠，反对他们的剥削和对社会财富的垄断，反对不合理的社会现实。④张角按照农民阶级意识，有选择地宣传《太平经》中的某些成分，反映了农民初步的平均平等要求，为农民战争的爆发作了舆论动员。

张角的太平道在宣传群众的同时，还组织了群众。张角派骨干信徒到各地活动。由于他的思想反映了群众的愿望，贫苦的人民，特别是那些流亡的农民，聚拢到他的周围，形成"天下缲负归之"⑤的局面。到光和年间(178—183)，拥有徒众数十万，散布在青、徐、幽、冀、荆、扬、兖、豫等八州。张角又把群众按地域组织起来，划分成三十六方。各方大小不同，大方有一万多人，小方有六七千，各方都有领导人。"方"，如同将军的称号。⑥以"方"组织起来的太平道，在农民起义时，立刻成了军事组织。

在东汉末年阶级矛盾极端尖锐的情况下，组织起来的农民发动大规模反抗斗争的条件完全成熟了。

对于张角的宣传太平道，东汉统治者开始采取了妄图加以利用的政策。汉灵帝和宦官起初以为张角和他们一样信奉黄老道，认为张角按照地主阶级的愿望，"以善道教化天下"⑦但是农民大规模地组织起来后，他们又很害怕，因而下令解散太平道。张角不听，继续组织活动。这时统治集团中有一部分人意识到农民组织起来对他们的统治构成严重威胁。公元181年(光和四年)，司徒杨赐感到张角的势力正在扩展，若用暴力镇压会加速起义的发生，因此

---

① 《太平经·六罪十治诀》。

② 《太平经钞》丙部。

③ 《太平经·包天裹地守气不绝诀》。

④ 参见《太平经·六罪十治诀》。

⑤ 《后汉书·杨震列传》附《杨赐传》。

⑥⑦ 参见《后汉书·皇甫嵩朱俊列传》。

他向皇帝提出釜底抽薪的毒计,即把流亡的农民遣送返乡,削弱太平道的群众基础,然后捕杀它的首领。汉灵帝和宦官没有意识到杨赐建议的作用,把他的建议搁置在一边。①到大起义的前一年——公元183年(光和六年),侍御史刘陶、奉车都尉乐松等又上书说:"张角支党不可胜计",而州郡官吏为了表示太平无事,不敢报告中央。他们向皇帝建议出重赏捕拿张角,严厉镇压太平道群众。②汉灵帝和那些不敢报告的地方官一样,坐在火山上,还自以为平安无事。地主头子的昏庸和无能,正是农民利用来发动革命的好机会。

二、张角领导的黄巾起义

大起义的爆发

在革命时机到来的时刻,张角亲自到洛阳,了解了东汉中央政府的情况。③他及时地提出了"苍天已死,黄天当立,岁在甲子,天下大吉"④的战斗口号和起义计划。"苍天"是自古流传的"老天爷"的俗称,这里指东汉的最高统治者;"黄天"指"中黄太乙"神,是太平道的自称。这两句话的意思是说,当政的东汉政府要垮台,太平道的农民要掌握政权了。"岁在甲子",是预定于公元184年(中平元年)三月五日发动起义。因这一年是甲子年,这一日是甲子日。这个口号里提出的"黄天"代替"苍天",表面上看是一种天神代替另一种天神,但它的实际内容是被压迫被剥削阶级要打倒压迫者和剥削者,创造农民的太平世界。这是在宗教语言形式下提出的农民革命的战斗纲领和计划。

张角为了实现起义计划,派大方首领马元义等到荆州、扬州,设法把那里的数万名队伍带到邺城(今河北磁县南),以便集中兵力发动对洛阳的进攻。又派人用白粉在洛阳和各地方的衙门墙壁上书写"甲子"二字,标明起义军进攻的主要目标。马元义数次进入洛阳,发动信黄老道的宦官,希望他们支持太平道起义。

正当起义准备在紧张进行的时候,太平道内部出了叛徒,济南人唐周向东汉政府上书告密,泄露了起义计划。东汉政府立刻逮捕马元义,把他车裂在

① 参见《后汉书·杨震列传》附《杨赐传》。
② 参见《后汉书·杜栾刘李刘谢列传》。
③ 《后汉书·杜栾刘李刘谢列传》:"四方私言,云(张)角等窃入京师,觇视朝政。"
④ 《后汉书·皇甫嵩朱俊列传》。

洛阳,同时捕杀一千多名太平道群众,并下令拘捕张角。①

在斗争形势骤变的紧急情况下,张角当机立断,于公元184年二月,星夜派人通知各方,决定提前发动起义。春雷一声震天响,被压迫的农民站起来,向东汉统治者猛冲猛杀。张角和他的弟弟张宝、张梁领导群众战斗在广宗(今河北威县东)、下曲阳(今河北晋州市西)、巨鹿(今河北鸡泽东北)等地,波才、彭脱等部群众战斗在河南颍川(郡治在今河南禹州市)、汝南(郡治在今河南汝南东北)、陈国(郡治在今河南淮阳县)三郡,张曼成部在南阳郡(郡治宛城在今河南南阳市)起义,卜己领导群众活动在东郡(郡治在今河南濮阳南),在扬州的起义者攻打舒县(今安徽庐江南),戴风领导的群众进攻安风(今安徽霍邱县西南)②,广阳(今北京)起义的群众杀死幽州刺史和太守,等等。到处是农民起义的队伍,真是"旬日之间,天下响应"③。起义的群众头裹黄巾④,作为起义队伍的标志,因此被称为"黄巾"军。黄巾军一开始,就有数十万人,以后迅速发展,队伍更加壮大。起义爆发后,张角为便于指挥战斗,建立名号,自称"天公将军",封张宝为"地公将军",张梁为"人公将军"。⑤黄巾军在各处攻打东汉地方政府,杀死官吏,焚烧官府,占据了许多州县,活捉东汉安平王刘续、甘陵王刘忠等贵胄,以雷霆万钧之势打击东汉的统治。

黄巾军起义之后,有力地推动了太平道以外的农民群众的反抗斗争。同年七月,张修领导五斗米道群众在巴郡(郡治在今四川重庆市)起义⑥。十一月,北宫伯玉、李文侯领导羌族、汉族人民在金城(今甘肃兰州市西北)起义,攻杀东汉护羌校尉和金城太守。酒泉郡(郡治在今甘肃嘉峪关市东南)人郭家领导群众起义,焚毁官府,震动了附近三郡。⑦同年,驻守合浦(郡治在今广东合浦县东北)的东汉屯军发动兵变,首领号称"柱天将军",反对东汉政府"赋敛过重"⑧,从这个要求上看,它具有反封建的性质,可以说是184年大起义的一个组成部分。总之,起义的烽火燃遍全国。

---

①⑤ 参见《后汉书·皇甫嵩朱俊列传》。

② 参见《后汉书·郭杜孔张廉王苏羊贾陆列传》。

③《后汉书·皇甫嵩朱俊列传》。

④ 参见《后汉书·五行志》李贤注引《物理论》。

⑥《后汉书·孝灵帝纪》。

⑦ 参见《全后汉文·郤阳令曹全碑》。

⑧《后汉书·郭杜孔张廉王苏羊贾陆列传》。

颍川、南阳、冀州黄巾军的英勇斗争

受到黄巾起义猛烈冲击的东汉政府,凭借着多年的反动统治经验,很快做出反革命围剿的政治军事部署。

黄巾起义爆发,有的官僚借口有的宦官参加了太平道,要求斩杀掌权的中常侍,有的要求赦放"党人",以便共同对付农民起义。汉灵帝于公元 184 年三月,解除"党锢",大赦"党人"。这样,宦官的气焰稍微收敛,与豪族集团的矛盾有所缓和。他们暂时联合起来,共同镇压黄巾起义军。正如马克思和恩格斯指出的:统治阶级内部互相对立和敌视的两派,"当阶级本身受到威胁"时,"这种对立和敌视便会自行消失"。①

反动派的联合,使起义军面临一个较为强大的敌人。汉灵帝一方面以何皇后的哥哥何进为大将军,屯兵洛阳都亭,并置八关都尉,加强洛阳的防卫,一方面命左中郎将皇甫嵩、右中郎将朱儁率四万多军士进攻近在洛阳肘腋的颍川黄巾军,命北中郎将卢植入冀州进攻黄巾军的主力张角部。同时命令官僚输纳马匹、弓矢,又动用宫中的库藏和厩马,以鼓动东汉军队的反动士气。

四月,波才领导的颍川黄巾军,第一仗就把所谓有"才略"的朱儁打得大败,进而包围皇甫嵩于长社(今河南长葛市东北)。但起义军缺乏军事经验,"依草结营",遭到敌军火攻,损伤很大。这时,汉灵帝又派骑都尉曹操率军增援。起义军面对皇甫、朱、曹三支军力的围攻,奋起迎战,牺牲数万人。六月,波才退守阳翟(今河南禹州市),彭脱退到汝南西华(今河南西华县南),都被皇甫嵩镇压了。这一带的农民起义暂时沉默了。接着皇甫嵩就被派往东郡(郡治在今河南濮阳市南),朱儁往南阳,去镇压当地的黄巾军。

南阳黄巾军在张曼成领导下一开始就对东汉军队发动凌厉攻势。三月,杀郡太守褚贡,张曼成号称"神上使",部众数万,驻屯在宛城下,与东汉太守秦颉率领的反动武装斗争了一百多天。到六月,张曼成不幸在战斗中牺牲,部众推举赵弘为首领,继续战斗,队伍扩大到十几万人,攻下宛城。从颍川战场转来的朱儁和秦颉等合兵一万八千人,围攻宛城,黄巾军坚持守城,激战三个月,使朱儁一筹莫展,急得汉灵帝要撤掉他。但不久赵弘也在战斗中壮烈牺牲,这时首领韩忠动摇,向东汉求降,朱儁自恃有力量镇压起义军,不接受韩忠的投降。他用诡计打败

---

① 参见《德意志意识形态》。

韩忠,韩忠缴械投降,秦颉把他杀死。这个叛徒落了个可耻下场。但起义军没有屈服,他们推举孙夏当首领,继续坚守宛城,最后被朱儁攻破,几万人惨遭屠杀。①宛城保卫战,充分反映了起义农民英勇不屈的革命精神。

冀州黄巾军在张角亲自指挥下,与卢植率领的东汉王朝精悍军队,也展开了激烈战斗。由于初战失利,张角固守广宗(今河北威县东)。卢植强攻不下,便筑围挖沟,制造云梯,做长期围困的布置。被农民军打得心急火燎的汉灵帝害怕战争时间拖长,嫌他无能,用槛车把他囚回洛阳问罪②,改派东中郎将董卓顶替。董卓到下曲阳(今河北晋州市西),黄巾军把他打得落花流水,又被汉灵帝革职拿问。在双方紧急对峙之际,黄巾军领袖张角病故,由张梁继起领导。八月,黄巾军的死对头皇甫嵩被派到冀州,张梁统帅的黄巾军战士精神振奋,作战勇猛,打得皇甫嵩军不敢出战。张梁因胜利麻痹大意,防备松懈,遭到皇甫嵩的夜袭,张梁和三万多名战士血战牺牲,五万多人投河而死。皇甫嵩残忍地掘开张角棺墓,取出首级送到洛阳。十一月,他又率军进攻下曲阳,张宝在战斗中遇难,随后十几万革命人民惨遭皇甫嵩杀害。

到冀州黄巾军被镇压,几支大的起义军相继失败了。农民起义军的鲜血洒遍了大河南北,但统治者的屠刀是截不断农民革命的长流的!

三、黄巾军的继续奋战

185 年至 192 年的政治形势

公元 184 年冬,东汉统治者把黄巾起义主力军镇压下去后,兴高采烈庆祝胜利。他们踌躇满志,立即向人民加强掠夺和迫害。185 年(中平二年),汉灵帝增收赋税,每亩十钱。③大修宫殿,向各地征收材木和花石。地方官将物料送到洛阳后,受到宦官的敲诈勒索,于是又回地方再横征暴敛,人民痛苦不堪。公元 188 年,东汉政府添设西园八校尉,以增强军力。同年,改州刺史为州牧,赋予他们管理所在州的政务和军务大权,加强地方政府对人民的控制。汉灵帝还自称"无上将军",在洛阳平乐观大搞军事演习,妄图慑服人民。

---

① 参见《后汉书·皇甫嵩朱儁列传》附《朱儁传》。

② 参见《后汉书·吴延史卢赵列传》。

③ 参见《后汉书·孝灵帝纪》。

张角领导的起义军失败之后,东汉政府内部宦官集团与外戚豪族集团的争斗又尖锐起来。宦官在皇帝支持下,大肆卖官,甚至强迫某些官僚买新官。宦官蹇硕为西园八校尉的首领,大将军何进也要受他的节制。公元 189 年汉灵帝死,双方的矛盾遂公开爆发。蹇硕遵照汉灵帝的遗意,要立王贵人生的刘协为皇帝。何进则拟立何皇后生的刘辩(汉少帝)。"累世宠贵"的袁绍等赞助何进,计划杀尽宦官。何太后认为宦官势大难除,主张暂缓。何进迟疑不决,便下令征召驻守河东(今山西南部)的军阀董卓率军入京,以增强自己的力量。正在这时,宦官先发制人,杀了何进。袁绍、袁术遂起兵捕捉宦官,"无少长皆杀之",以至连没有胡须的人也被当作宦官杀害了。[①]

不久,董卓以应召为名,领兵进入洛阳,废汉少帝,立刘协为皇帝(汉献帝),自任相国,垄断中央大权。他抢劫都中贵戚的财产,叫作"搜牢"[②],又打开汉灵帝的陵墓,取出陵中收藏的珍宝。董卓的这些行动侵犯了许多豪族、世族和其他官僚的利益,洛阳以东的州牧郡守纷纷联合起来,于公元 190 年(初平元年)起兵讨董卓,参加的有渤海太守袁绍、后将军袁术、冀州牧韩馥及得到任命还没有上任的东郡太守曹操等十余部。董卓感到势力孤单,在洛阳难于立足,于是挟持汉献帝西迁长安,行前把洛阳破坏成一片废墟,又强迫数百万人跟随迁移,造成"积尸盈路"[③]的悲惨情景。东方的各支势力本来各怀鬼胎,把董卓撵到关中后,便各谋发展自己的势力,混战起来,如袁绍夺了韩馥的冀州,骑都尉公孙瓒打败幽州牧刘虞,领有其地,并南向与袁绍争战,等等。公元 192 年(初平三年),司徒王允策动董卓的部将吕布杀死董卓后,董卓的旧部郭汜、李傕等攻入长安,杀了王允,赶走了吕布。不久,他们之间因争权夺利,又互相火并起来,关中也出现军阀混战。于是形成了地主阶级各派政治集团各自割据一方的政治局面。

黑山、益州、青州等黄巾军的斗争

东汉统治阶级的迫害、屠杀,吓不倒要起义的人民,在公元 185 年至 192 年统治阶级内讧期间,农民又纷纷起义。当时徐州刺史陶谦说:起义人民"殊不畏死,父兄歼殪,子弟群起"[④]。反映了人民父死子继,前赴后继的壮烈情景。

---

① 参见《后汉书·窦何列传》。

② 《后汉书·董卓列传》。"搜牢"意为收藏再严密的财产也要搜刮出来。

③ 《后汉书·董卓列传》。

④ 《三国志·陶谦传》裴松之注引《吴书》。

当时农民起义的义旗几乎插遍全国,其中黑山、益州、青州、徐州等地起义军战斗最激烈,到 188 年出现了斗争的新高潮。

公元 185 年(中平二年),冀州、并州各地农民纷纷起义。博陵(今河北蠡县南)人张牛角领导群众进攻巨鹿廮陶(今河北宁晋县西南),他在战斗中牺牲,部众由张燕(张飞燕)继任领导。同时活动的有黄龙、左校、郭大贤、于氐根、青牛角、张白骑、刘石、左髭丈八、平汉、大计、司隶、掾哉、雷公、浮云、白雀、杨凤、于毒、五鹿、李大目、白绕、眭固、苦哂等部。这些首领的称号,有许多是绰号。张白骑是因爱骑白马而得名;雷公,姓张,名号得于说话声音洪亮;于氐根,其名得自胡须茂盛。以"左校""司隶"为称呼的起义军,它的首领可能是刑徒,或者以刑徒作为基本群众。①这些起义军被泛称为"黑山军"。各支人数不等,多的数万,少的也有数千,总合起来,多达百万人。各部分互相联系,进攻东汉地方政府,打得它手慌脚乱。汉灵帝看到武力镇压不了,改用招降的策略,以地主阶级的官禄引诱起义军首领。在诸部中势力最大的张燕,还有其他一些起义首领,受了地主阶级思想的腐蚀,背叛了农民起义,接受东汉政府的招抚,张燕被封为平难将军。后来,张燕又参与军阀公孙瓒与袁绍的混战。公元 205 年(建安二十年),张燕投降曹操。②黑山起义军一些首领的叛卖活动,是导致黑山起义军诸部失败的重要原因。

北宫伯玉、李文侯领导的羌、汉人民反抗斗争,在公元 185 年后继续发展,数万人进攻关中,提出诛杀宦官的号召。东汉政府先后派遣左车骑将军皇甫嵩、太尉张温率军镇压,起义军给他们以严重的惩创,打得他们大败而逃。公元 186 年,混进领导核心的韩遂③杀害北宫伯玉、李文侯,篡夺了领导权。187 年,起义军进攻陇西,东汉凉州司马马腾、汉阳郡(郡治在今甘肃天水市西)人王国同时起兵反汉,与韩遂联合,拥王国为统领。公元 188 年王国率众围攻陈仓(今陕西宝鸡市东),久攻不下,次年失败牺牲。这支起义军自 186 年被韩遂控制后,逐渐变质,成为地主割据势力的工具。到 192 年,韩遂、马腾投降东汉,这支起义军被葬送了。④

---

① "司隶""左校"都有管理刑徒的职责。

② 参见《后汉书·孝灵帝纪》《后汉书·孝献帝纪》《后汉书·皇甫嵩朱俊列传》《后汉书·袁绍刘表列传》、《三国志·张燕传》及裴松之注引《典略》《九州春秋》。

③ 韩遂原为西州著名人士,曾进京劝何进诛宦官。见《三国志·武帝纪》裴松之注引《典略》。

④ 参见《后汉书·孝灵帝纪》《后汉书·孝献帝纪》《后汉书·皇甫嵩朱俊列传》《后汉书·董卓列传》、《三国志·马超传》裴松之注引《典略》。

公元187年(中平四年),荥阳农民起义,杀中牟(今河南中牟县)令。这支起义队伍活动在东汉统治中心地区,不久被优势的敌人镇压了。①

同年,零陵人观鹄领导群众起义,自称"平天将军",进攻桂阳(郡治在今湖南郴州市),被长沙太守孙坚所镇压。②

公元188年(中平五年)初,郭泰领导黄巾军余部在西河郡(郡治在今山西吕梁市离石区)白波谷起义,称"白波军",进攻太原郡(郡治在今山西太原市南),不久,与起义的匈奴人联合,攻打河东郡(郡治在今山西夏县西北),公元189年(永汉元年)打败来犯的董卓军,190年(初平元年)进攻东郡(郡治在今河南濮阳市南)。后来白波军首领李乐、胡才、韩暹等变质,195年(兴平二年),保护汉献帝从陕西逃回洛阳。③

公元188年春,汝南(郡治在今河南汝南县西北)颍川(郡治在今河南禹州市)的黄巾军再次起义,攻占郡城,声势浩大。汉灵帝派西园八校尉之一的鲍鸿去镇压。④后来义军首领何仪、刘辟等背叛投降,或与袁术联合,或归附孙坚,到196年为曹操打败。⑤

公元188年夏天,益州绵竹(今四川德阳市北)发生了马相、赵祇领导的黄巾起义。马相旗帜鲜明地打出"黄巾"的旗号,开始只有几千人,攻杀绵竹县令,进攻雒县(今四川广汉市),杀官吏,得到群众的积极响应,很快队伍扩展到十余万人,势力范围达到广汉郡(郡治在今四川广汉市)、蜀郡(郡治在今成都市)、犍为郡(郡治在今四川眉州市彭山区)等郡。马相适时建立政权,称天子,派兵攻打巴郡(郡治在今重庆市),杀郡守。当地豪族贾龙纠合地主武装,使起义军遭到失败。⑥

公元188年十月,青州、徐州的人民再次举起黄巾的大旗,提出"汉行已尽,黄家当立"⑦的口号,男女老少数百万人参加战斗,猛烈打击东汉政府和豪族地主。189年,张饶率领的二十万群众攻打北海国(治所在今山东昌乐县),把北海相孔融打得大败。公元191年,青、徐黄巾军三十万人进入泰山(今山东泰安市东),遇到泰山太守应劭率领的反动武装,转移到渤海,又与军阀公

---

① ② ④ 参见《后汉书·孝灵帝纪》《后汉书·党锢列传》之《何进传》。

③ 参见《后汉书·孝灵帝纪》《后汉书·孝献帝纪》《后汉书·董卓列传》《后汉书·南匈奴列传》。

⑤ 《三国志·武帝纪》。

⑥ 《后汉书·孝灵帝纪》《后汉书·刘焉袁术吕布列传》《三国志·刘焉传》。

⑦ 《三国志·武帝纪》及裴松之注引王沈《魏书》。

265

孙瓒军相遇,连战失利,数万名群众被杀。①公元192年,青州黄巾百万人,浩浩荡荡开进兖州,击杀任城相郑遂和兖州刺史刘岱,东汉的士卒吓得胆战心惊。当地地主头子鲍信从东郡(郡治在今河南濮阳东)引进曹操的地主武装。黄巾军久经战斗,勇敢杀敌,奋死与曹军搏斗,初战获胜,击杀鲍信。但是,起义军中有人对曹操的地主阶级本质认识不清,他们因曹操任济南相时毁过庙宇,把他看作自己的同盟者。在这种思想认识下,写信给曹操,要求他向起义军投降。曹操则利用这种机会,收买了起义军中的叛徒,又使用埋伏战术,残酷屠杀起义军,使这一支百余万人的队伍惨遭瓦解和失败。曹操还把其中的一部分人员编为"青州兵",增强他的军事力量。②黄巾起义到此基本结束了。

四、张修起义和张鲁的汉中政权

东汉末年的农民起义,除黄巾军以太平道的宗教形式出现外,还有五斗米道组织的起义军。

张修起义

张修是五斗米道的一个组织者,他和张角一样,以给人们医病为名进行传道,凡是被治好的人,出五斗米作为活动经费,成为信徒,所以这个组织叫"五斗米道",又叫"米道",首领称作"五斗米师"。③五斗米道有一套严密的组织,各级首领称为"祭酒""祭酒主"。④公元184年7月,张修在巴郡利用"五斗米道"发动和组织群众起义,得到群众的拥护。

张鲁起义及其建立的政权

被后世道家尊奉为教主的张陵(张道陵),也是五斗米道的一个首领,他于汉顺帝年间(126—144)在蜀郡(郡治在今成都)组织五斗米道,很快建立了二十四个据点,势力扩展到关中咸阳一带。⑤张陵死后,他的儿子张衡和儿媳

① 参见《后汉书·杨李翟应霍爰徐列传》《后汉书·刘虞公孙瓒陶谦列传》。
② 参见《三国志·武帝纪》及裴松之注引王沈《魏书》。
③ 参见《后汉书·孝灵帝纪》及李贤注引刘艾《纪》:"巴郡巫人张修疗病,愈者雇以五斗米,号为'五斗米师'。"
④ 参见《三国志·张鲁传》裴松之注引《典略》。
⑤ 释彦琮《唐护法沙门法琳别传下》:张陵"构二十四治馆,……二十三所在蜀地,尹喜一所,在于咸阳"。

继续他的事业。到他的孙子张鲁(字公祺)时,恰逢黄巾军再起。公元191年,张鲁与张修联合,率领群众,攻占了汉中(郡治在今陕西汉中市),杀太守苏固,消灭赵嵩、陈调等豪族武装。①但是五斗米道内部派系不和,张鲁错误地杀害张修,尽领其部众。随后,张鲁又数次打败益州牧刘焉的进攻,并出兵攻占巴郡,建立以汉中为中心,包括今陕西南部、四川北部广大地区的农民政权。

张鲁政权有自己的经济、政治纲领,实行的义舍制度便是其中的重要一项。当时人民生活困苦,又遭受地主阶级各个集团混战的祸害,被迫大量流亡。张鲁为了减轻群众痛苦和安置流民,在大道设立"义舍",义舍中备有"义米、肉",免费供给行人吃宿。张鲁还实行教育与惩治相结合的法制,对犯法的人要他们自行改过,教育三次还不改正的才施以刑罚;罪过不大的人以参加修治道路的劳动来赎罪。为了节约粮食,严格禁止酿酒饮酒。此外,还禁止商人抬高物价,如若违犯,要受到惩罚。在政权建置上,张鲁采取政教合一的办法,五斗米道的各级首领也是行政首领。五斗米道的群众称为"鬼卒",率领部众的称为"祭酒",高级首领叫作"治头大祭酒",总首领张鲁自称"师君"。张鲁政权的这些经济、政治措施,一定程度上反映了农民的愿望,因此,"民夷便乐之",得到群众的欢迎。

张鲁出身传道世家,长期以社会上层一员的合法身份从事活动。他虽然在领导农民起义之初反映了群众的一些愿望,但他的政权巩固以后,便逐渐蜕变为割据一方的封建势力。张鲁本人曾接受东汉政府的镇民中郎将、领汉宁太守的官爵,到公元215年(建安二十年)投降了曹操。

本章小结

东汉末年的农民战争提出了更加明确的斗争纲领,并在起义前做了组织准备,有着重大的历史意义。

太平道宣称要解除人民的疾苦,反对封建剥削,要求人们共同享受社会财富。五斗米道更以它的义舍制度,一定程度上实践平均财产的主张。所以,动员了农民群众,奋起与东汉地主阶级做了殊死的战斗。

黄巾军和五斗米道起义都在事前做了长期的组织准备,它们利用宗教

---

① 参见常璩《华阳国志·汉中志》。

组织,把农民组织起来,加以编制,号令一下,就能立即发动了起义。这一事实本身就是一个巨大的成果,也为后来的农民革命提供了宝贵的经验。东汉末年的农民大起义,在农民革命斗争史上写下了光辉的篇章。

黄巾农民战争一开始就把矛头指向东汉政府,给它严重的惩创。起义虽然失败了,但东汉政权也在农民战争打击下,丧失了统治全国的能力,名存而实亡。封建史学家范晔在《后汉书》中说:黄巾兴起,"朝野崩离,纲纪文章荡然矣"①。也在一定程度上看到了黄巾起义对东汉地主阶级及其政权的打击是很沉重的。

黄巾农民战争也有它的弱点。张角一开始就要进攻封建统治的心脏洛阳,这是不现实的,因为那时没有那么大力量,事实上张角也没有能实现自己的计划,从而表明这个战略是不正确的。张角为了首先进攻洛阳,而决定联络宦官,希图收里应外合之效。宦官,特别是它的上层,是地主阶级统治核心部分,是反革命顽固势力,不可能与革命人民联合,张角错误地要联合宦官,说明他在依靠谁来反对封建统治的问题上是不很清楚的。

东汉末年的农民战争利用太平道和五斗米道宗教组织,在初期联系和动员群众方面,起过积极作用。但作为宗教,本质上是宣扬唯心论的,因此特别到农民战争的后期,又有束缚人民的思想、削弱人民战斗力的消极作用。青州黄巾军之被曹操瓦解和镇压,就是消极作用的一种表现。

---

① 《后汉书·党锢列传》序。

历史点睛：正解中国历史

序　说

　　中国的历史,像中华民族的母亲河——黄河、长江,历经九曲十八弯,冲决一切障碍,奔向世界性的浩瀚大海。

　　中华民族的历程同黄河、长江相比,似乎形成某种反差。黄河和长江的上中游历尽艰难险阻,注入大海却显得格外顺畅自如,带着中国大地的丰富营养,贡献给了世界。中华民族从她诞生到近代(指世界性的)以前,可以说一直处于世界各民族竞走的前列,在某些时期,甚至遥遥领先,成为竞走伙伴们追逐的目标。如果我们到乾陵——武则天墓前,看看那数十尊奇装异服的外国朋友的石像,不难想象,中国,在当时,具有何等的吸引力!"万邦来朝",显然不乏浓厚的霸气,对此另当别论;从另一方面讲,如果不强大、不先进、不雍容,能成为群雄辐辏、四方来学的圣地吗?在很长一段时期,中国,除了表示强大之外,还意味着文明和智慧。直到1827年,德国伟大诗人兼思想家歌德在同爱克曼谈话时,还高度赞扬了中国的文化、中国的思想感情和道德。他认为,西方人应该向中国人学习。歌德把目光集中于中国的过去,是不错的,但他忽视了正在发生的事实。在他说这番话的十三年后,便发生了使整个中华大地倾斜的"大地震"——1840年的鸦片战争。中国这个神圣而又神秘的庞然大物,被西方的坚船利炮戳破了。自大的中国人一时被打蒙了,当稍稍冷静下来,蓦然回首,终于发现,中国已落后了几个世纪。中国在枪炮的驱赶下,被拖进了世界性的大海。这与黄河、长江入海的从容自如相比,不仅被动、苦痛、烦躁、屈辱,而且一时间也无所适从。但是中国并没有沉沦,一批又一批的先知先觉者起来呐喊、呼号、奋斗,抛头颅、洒热血。于是有反抗、有斗争、有自救、有改良、有革命。他们的所作所为,归结为一句话,就是变被动为主动,自立于世界民族之林,求平等和发展。

　　黄河、长江波涛滚滚,浪击长空,怒水与悬崖相激,龙腾虎啸,令人发奋或

271

震惊。然而中国历史上的场面比这要更雄伟、壮观和惊心动魄。风云际会，狂飙四起：创造与毁灭、英雄与懦夫、前进与倒退、智慧与愚昧、光明与黑暗、文明与野蛮、道德与下作、大智与奸诈……统统在历史的画卷上留下墨迹或斑痕。正像黄河、长江冲决一切天堑奔流直下一样，中国的历史也充分显示了中华民族的生命力和创造力。她克服了千万重障碍，实现了进化、进步和发展。她虽然满身伤疤，但那不过是勇士在成长过程中身经磨炼留下的痕迹。

我们有过光辉的过去，但我们更关注未来的发展。唯有发展才能进步，才能发扬历史的光辉。面对历史，如果只是一味地赞扬、歌颂、膜拜，最多只能充当一尊守护神。守护神无疑是需要的，甚至是可敬的，不过它只能教人守成，难以使人进取。所以我对守护神大抵采取敬而远之的态度。

人们常说历史能使人聪明，我则要补充另一句：历史也会教人愚昧。如果像鲁迅先生《狂人日记》中的"古久先生"那样，死守住陈年流水账，不是愚昧又是什么？历史是一部有血有肉的百科全书，我们要从中获取知识，寻求智慧，但应该像青出于蓝而胜于蓝那样，既依托历史，又要向前迈进；如果让自己只依偎在历史的脚下，在活生生的发展的历史中，即使不是多余的，也实在说不上是创造者。固守历史，回到历史，或让历史规范现实与未来，对此不管讲得多么娓娓动听，我也绝对怀疑这就是聪明！

这里涉及另一个问题：历史是什么和历史对"我"是什么？这两者既有联系又有区别。历史是什么？简单的说法，就是发生过的事实。对此我们要做的是：恢复历史的本来面目，换一句话讲，就是"求真"。"求真"似乎不应该有什么困难，其实不然。历史事实不是自然过程，它是以人为主角的。人的社会关系和行迹相对说来是显现的，也比较容易描述，但人的心迹却千变万化，很难为人确知和把握。不了解心迹，就像知人知面不知心那样，局限于表层认识。我们了解历史，除实物之外，主要靠文字记载。而历史记载又有所见、所闻、所传闻等差别。同为一事，由于所见者视角不同，会有不同记录和描述，更何况所闻、所传闻的误差了。因此，在许多情况下，求真是一件十分困难的事，需要史学家们费尽心血去考证。这里不妨举一个例子说明求真之难。明末农民起义的主帅之一李自成，有一位军师和谋主名叫李岩。从清初开始，许多书都绘声绘色陈述其人其事，《清史稿》中也有记载，在以往的教科书中，也都被视为李自成的智囊给以表彰。且不说一般读者，就连大多数治史的人，包括专门研究明清史的许多专家，也都深信不疑。然而，有洞见者指出，他们对明末清初的史料进行了详细的考证,提出并无李岩其人,更从何谈其事!李岩是清初小说家虚构出来的一个文学形象,史学家多情地把子虚乌有的文艺形象转化为"真实",闹出了一场笑话。当然,李岩究竟有无其人,这桩公案至今也还未了。但洞见者之论,凿凿有据,不能不重新检核这段历史。由此我想到,有人每每批评史学家搞烦琐考证云云,他们实在太不理解史学家的苦衷了。何谓烦琐?界说在哪里?难道旁征博引就叫烦琐?就实而论,烦琐尚且弄不清,不烦琐又如何求真?

历史对"我"是什么?这个问题更为复杂。这里的"我",可以指个人,也可以指一个时代的一群人。一有"我"插入,就有价值判断、功能、意义等一系列问题。比如,同是历史上的农民造反,在维护封建秩序的人眼中,一直是"大逆不道",是"盗贼",是"抢掠",是"暴乱",是"破坏",是"暴民",等等;在力主社会进步、发展、人道的人的眼中,则是"正义""起义""抗暴""革命",是推动社会前进的伟大壮举。又如,同是秦始皇的"焚书坑儒",对"我"便有着种种不同的价值判断和意义。有的说:是残暴,是文化的浩劫,是文化专制,是千古大罪;有的则说:焚得好,坑得痛快,是镇压复古派,维护了秦朝的统一和安定。以上两例足以说明,历史对"我"是什么,其间的差距何其大!这种差别是无可奈何的事实,永远无法归于一,永远会有不同的见解和说法。就我个人而言,我赞成司马迁"究天人之际,通古今之变"的主张,历史学应该关心民族和人类发展的命运,为历史的进步做出自己的贡献。

写作之始,曾提出力求事、理、情、文四者兼备。也就是说:叙一事,寓一理,有情节,富文采。完稿之后,才知自己给自己设计了一个根本爬不上的高台。我虽没有达到事、理、情、文并茂,似乎也并不妨碍提出这种要求和设想。我殷切希望同仁朋友们能改变众多的历史著作引人入困的窘况,写出引人入胜之作,扭转史学界的"古板"形象。

远古的祖先和氏族——劳动创造人

中华民族是历史悠久、文化传统深厚的古老民族之一。关于我们祖先的起源及其生活状况，过去一直靠各种各样的神话传说来流传，其中虽有真实的成分，但更多的是虚幻。直到 20 世纪 20 年代，人们才揭开了神话的面纱，对自己祖先的真实面貌有了确切的了解。

1929 年 12 月 12 日下午，中国青年学者裴文中在北京周口店龙骨山的天然洞穴里，发现了一枚古人类头骨化石。消息传开，引起了中外考古和历史学界的轰动，许多科学家到这里来寻觅中国人祖先的遗迹。经过多次有组织的发掘，出土了大量的古人类化石和石器。考古学家把这里发现的古人类叫作"北京猿人"，断定其生活年代不晚于六十九万年前。老祖宗们在洞穴里断断续续居住了近四十万年，遗址中含石器的文化层达十一层之多。北京人的形体还留有猿的痕迹，故称之为"猿人"。所以中国人并不是如古代神话所说，是女娲用黄土造出来的，我们的祖先与世界其他民族一样，是古猿的近亲。

北京人还不算是中国人最早的祖先。1964 年在云南元谋盆地发现了两枚古人类牙齿化石，一下子把我们祖先的足迹推到了一百七十万年前。

大约在三十万年前，古人类逐渐发展到"古人"阶段。这一时期的考古发现有广东的马坝人、湖北的长阳人和山西的丁村人等。他们在形体上虽然仍有原始性，但较之北京人有了很大的进步。他们制作的石器不但种类增多，而且更为精细。例如丁村人用于狩猎的石球便显示出高超的打制技巧。其后，经过了二十多万年的发展，我们的祖先进化到"新人"阶段。这一时期，广西有柳江人、四川有资阳人、内蒙古有河套人、北京周口店有山顶洞人。他们的体质形态已基本消除了猿的特征，与现代人十分相近。在制作工具上，掌握了挖孔和初步的磨制技术。懂得人工取火，这是我们的祖先第一次征服的一种自然力。他们还有了最初的美的意识和宗教观念。

我们祖先的足迹遍及中华大地,他们以极其原始的手段与险恶无情的自然搏斗。他们每造出一只粗糙的砍砸器,或是磨出一枚简陋的石球,都意味着向文明又迈进了一步。与现代人相对照,原始人的手的进化先于脑,这说明在促进人类从原始迈向进步、从野蛮走向文明的过程中,劳动是最主要的推动力,我们的祖先在通过劳动改造自然的同时,也改造着自身。

约七八千年前,先民们进入了氏族公社时期,先是母系氏族公社,后又进入父系氏族公社。婚制从"血缘婚"过渡到"普那路亚婚",进而发展到对偶婚,氏族公社晚期出现一夫一妻制。随着征服自然手段的逐渐提高,先民们开创了最初的畜牧业、农业和手工业。他们不仅能造出各式各样精细的磨制石器或骨制工具,而且还学会了烧制陶器。历史进入了考古学所说的新石器时代。

1920 年,考古学家在河南渑池县仰韶村的出土文物中发现了一些饰有花纹图形的彩色陶器及其他遗物,把它们作为新石器时代一种文化类型的代表,命名为仰韶文化或彩陶文化。这种文化以黄河中游为中心,分布极广,西至甘肃,北越长城,东临渤海,南跨长江。大约从距今七千年至五千年,绵延发展了两千多年。彩陶文化既有一体化特征,又具有明显的多元化倾向。大体言之,分为半坡型和庙底沟型两大谱系。西安半坡的彩陶以动物纹饰为主,其中鱼纹最为精彩夺目。河南庙底沟的彩陶则饰有大量的植物纹饰,如旋花纹、叶状纹等,还饰有流畅的弧线、圆点及二方、三方、四方连续的图形。庙底沟文化是彩陶文化的极盛期。从半坡文化到庙底沟文化的发展,反映了渔猎文明向着农业文明的过渡,中华大地的农业文明即源于此时。中原地区的彩陶文化对于周边地区的文化发展有着广泛而深刻的影响,形成了一系列既相关联又独具特色的文化类型,如黄河上游的马家窑文化及下游的大汶口文化、长江中游的大溪文化及下游的河姆渡文化、辽河流域的红山文化等。这一时期的文化呈现出百花争艳、多彩多姿的景象。

彩陶的制作需要经过多种工序和专门的知识、技术。西安半坡遗址出土的陶甑为双层结构,上层如蒸屉,下层注水,中间以气孔相通,半坡人已掌握了蒸气的知识和技术。尖底瓶的制作更别具匠心:瓶底尖、腹大、口小,灌水时自行放倒,水满则直,说明人们已经懂得和利用物体重心的道理。彩陶上绘有生动的人面鱼纹和羊、鹿、蛙等动物图形,还有等边三角形、平行四边形等几何图形,以及各式弧形纹样。这些优美的图饰从写实的具体到装饰的抽象,形神兼备,极尽变化,令人赞叹。审美意识的发展是人类灵性发达的标志之一。

275

在半坡出土的彩陶上，还刻有二十多种符号。有人认为是记事符号，有人认为是族徽。如果这些符号确如某些考古学家断定的那样，是古代文字的雏形，那么，中国文字的发明将上溯到史前六千年，再一次为中华文化的古老和悠久提供了证明。

仰韶文化时期是母系氏族公社的鼎盛时期。大约从五千年前至四千年前，母系氏族公社逐渐衰落，父系氏族公社取而代之。父系氏族时代的代表文化是龙山文化。这一时期出现了最初的农、牧业分工，人们的劳动技能明显提高。黑陶生产是龙山文化的典型特征。由于制陶采用了快轮技术，制作的陶器形制规则，器壁均匀，颜色黑亮，质地细腻，十分美观，称作蛋壳陶。有人称之为黑陶文化。

父系氏族社会晚期，在中国大地上形成了几个庞大的部落联盟，出现了一些著名的部落首领，如东夷的蚩尤、羌族的炎帝、北方的黄帝等。他们之间常常发动大规模的战争。这时，中国进入了军事民主制阶段，正迈在进入文明国家的门槛之上。

中国人被称作"龙的传人"，西方人把"金四脚蛇"看作中华民族的象征。关于龙的原型和演变过程，目前还没有足够的史料或实物作确切论证。但毫无疑问，彩陶文化中已经有了龙的雏形。陕西铜川市王家河乡前峁遗址曾出土了一尊陶罐，罐一侧的肩部饰有一人首蜥蜴浮雕，是用泥条贴塑而成的。浮雕的面部刻画清晰，眼睛镂为双孔，鼻梁高直；四肢攀附于罐壁，身躯弯曲，尾部呈摇摆状，并饰有方格纹。若仅从这个浮雕的形象看，与后世的龙相去甚远。然而，如果与稍后红山文化猪首蛇身的玉猪龙、良渚文化的鳄状龙相联系，再参照汉代画像石刻"鳞身""蛇躯"的"羲和捧日""女娲捧璧"及《山海经·海内东经》所载"龙身而人头"的雷神、《海外西经》所载"人面蛇身，尾交首上"的轩辕国等，虽然尚不能断言人首蜥蜴浮雕就是龙的原型，但亦相去不远。后世言之凿凿的龙确是我们祖先创造出来的。从文化意义上说，中华民族确是龙的传人。

从青铜时代到铁器时代——科技推动历史

　　人类对自然界的征服最初表现为对自然物的使用和简单改造。一块普通的石头,经过敲打磨制,就变成了较为应手的工具。而更为有意义的是对自然物的再创造,利用自然而超出自然。青铜的发现便是人类征服自然物最辉煌的成就之一。与石器相比较,这是征服自然界的一大飞跃,青铜文化可说是现代工业文明的源泉。

　　在青铜出现之前,先人已知道利用自然铜制作装饰品和简单的工具。我国,迄今发现的最早的铜器是一枚半月形残铜片,出土于陕西临潼姜寨遗址,距今约五千年,属仰韶文化时期。晚后的龙山文化和齐家文化发现了锥、刀、凿、指环等器,主要是红铜。甘肃广河齐家坪出土了一件空首斧,上面明显留有合范的痕迹。专家们据此推论,这时人们已经懂得使用坩埚,用孔雀石冶铜,然后制范(浇铸模型)铸造,初步掌握了冶炼制作技术。青铜的冶炼铸造起于何时,目前还难断定。从考古发现的实物知道,在甘肃马家窑文化的晚期和马厂文化的中期,出土了用单范铸成的两件青铜刀。这表明在公元前4500年前后已出现了青铜制品。相当于夏代的河南偃师二里头出土了一些青铜爵、斝等器物。此后,便进入了"青铜时代"。又经过一千多年的发展和经验积累,青铜制造已逐渐臻于完善,商和西周可谓青铜制造的鼎盛阶段了。

　　所谓青铜,就是铜、锡、铅的合金。开始人们只在炼铜时加入适当比例的锡、铅矿石,这种方法比较简陋。到了商朝,工匠们逐渐掌握了先冶炼纯铜,然后再加入锡、铅的高级技术。制作不同的青铜器,需要不同比例的配方。《周礼·考工记》中载有六种配方,谓之"六齐(剂)"。青铜器的种类繁多,器形复杂,按用途可分为食器、酒器、水器、乐器、兵器、工具、车马器、度量衡器等。每一大类又有详细分类。如食器中有鼎、鬲、簋、豆等。鼎又分各种不同的形状。

　　青铜器凝聚着先民的智慧。举世闻名的商代后母戊鼎(原称司母戊鼎),

重达八百七十五千克,是目前世界已发现的最大青铜器。它的工艺复杂,鼎身和足是分开铸造的,然后再合铸为一体。需要用二十一块不同形制的陶范,使用几十个坩埚,由二三百名工匠协作才能完成。在三千多年前完成这样大型的铸造工程不能不说是人类的奇迹。商周时代铜器制作业的规模十分可观。河南安阳殷墟苗圃北地的铜器作坊遗址达一万多平方米,已出土的陶范有三千多块。

青铜器又是古代艺术珍品。最初的青铜器制作粗糙,纹饰简陋。从商代中期到西周成、康、昭、穆之世,青铜艺术大放异彩。器型工艺精巧,器身厚重,形制美观,纹饰精湛。例如湖南宁乡出土的四羊方尊,在它的四角部位,各铸一只伸出头的羊,刻镂精细,造型生动,令人叹为观止。这一时期的青铜器大多饰有各种绚丽多姿的花纹,常见的有饕餮纹、夔纹、龙纹、云雷纹、蝉纹、鸟纹等。比较典型的纹样图案是以云雷纹衬底,中心部位镂以饕餮纹或夔纹。饕餮是一种传说中的怪兽,有首无身,贪食而死。夔的形象是头尾横列,当中一足的龙形神兽。这些纹饰狰狞而神秘,具有一种神奇而威严的美。青铜纹饰除了美学价值,还含有一定的宗教和政治意义,是沟通天神与人世的神怪精灵的艺术再现,又象征着某种神秘权威对人世的支配和主宰。

任何一种文化现象都离不开具体的社会条件,在阶级社会,政治因素往往会成为某种文化形成或高度发展的重要推动力。高度发达的青铜文化的形成就是这样。在上古三代,祭祀和战争是政治中的头等大事,所谓"国之大事,在祀与戎"。祭祀用的礼器成为统治者权力地位的象征,称之为"藏礼于器"。传说禹继舜成为部落联盟首领以后,曾在涂山大会诸侯。与会诸侯纷纷以金(即铜)做晋见之礼,禹就将这些铜铸造了九个鼎,作为夏王朝的镇国之宝,象征着王权的至上权威。后来商汤灭夏,"鼎迁于商";再后周灭商,"鼎迁于周"。"九鼎"成为王权的象征,"问鼎"成为觊觎王权的代名词,"鼎革"代表着改朝换代,"定鼎"代表着王权的确立。从出土的青铜器来看,礼器的数量最多,器制最精,其次是兵器。迄今为止,出土的青铜工具相对较少。青铜文化的贵族化为中国古代社会政治权力支配经济的特点提供了佐证。

如果说青铜文化是贵族文化,那么铁文化则具有明显的民众性。据考古发掘,商代前期人们对铁已有了初步认识。1927年在河北藁城台西村发现了一件铜钺,它的刃部是铁制的。这是迄今所发现的最早的铁。经化验,铁刃还不是人工铁,是将陨铁锻制加工,然后与青铜合铸而成的。到了春秋时代,人们掌握了人工冶铁技术。春秋初，虢国贵族墓中有铁刀出土，为人工冶铁提供了实证。文献记载，春秋时期铁被广泛用于制作农具和兵器。齐国的妇女必有一针、一刀；耕者必有一耒、一耜、一铫；木匠必有一斤、一锯、一凿。到了战国，铁器的铸造和使用更加普遍，这一时期出土了大量的铲、锾、锸、锄、镰、犁和剑、矛、戟等。齐、楚、韩、赵、秦、魏、燕等诸侯国都有了规模可观的冶铁业，不仅有官营的，还有私营的。大名赫赫、著于史册的有赵国的郭纵，蜀的卓氏，鲁国的曹邴氏等。冶铁的能工巧匠也见于青史。传说中的干将和莫邪就是当时最驰名的铸剑高手，他们锻铁成钢，制出的剑异常锋利，能削铜断铁。楚王闻其名，不惜重金，请干将铸剑。干将采集五山之铁精，三年而成雌雄双剑。他深知楚王贪残，剑成后必然要杀害自己，以免再为他人铸剑。于是留下雄剑，嘱托妻子莫邪珍藏，倘若日后生男，一定要为父报仇。楚王果然杀了干将，莫邪也生了男孩。母子隐姓埋名十几年，最后男孩终于用雄剑为父亲报了仇。这个动人的传说告诉人们，居心恶毒者，鲜有善终！1976年，长沙杨家山发现了春秋晚期的一柄退火中碳钢剑，含碳量约百分之五左右，剑身反复锻打的层次依稀可辨。这柄钢剑不一定为干将所造，但为干将、莫邪的传说提供了确证。

春秋战国时，在人们的眼里，青铜比铁要贵重，称作"美金"，为贵族所垄断；铁称作"恶金"，为一般劳动者使用，用来制作农具和日常用具，"试诸壤土"。然而，恰恰是贵族瞧不上眼的"恶金"取代了石器、骨器和木器，成为主要生产工具，极大地提高了生产效率。随着铁犁和牛耕的普及，一家一户的农业劳作代替了商周时代的集体劳动。从青铜到铁器的变革促成了整个社会经济和政治的巨大变化，铁器时代在人类文明发展史上具有划时代的意义。

三代与汤武革命——顺乎天,应乎人

　　儒家"言必称三代","祖述尧舜,宪章文武"。在他们眼里,夏、商、周三代是理想的"盛世",夏禹、商汤、周文王、周武王是百世不出的"圣人"。上古三代果真像儒家推崇的那样吗?历史家依据大量的科学考察,向人们展示了另一种画面。

　　大约公元前21世纪,中原地区的华夏部落联盟又一次面临着最高权力的交接。继尧而担任联盟首领的舜已经八十多岁了,年老力衰。依照传统的"禅让制",他要举荐一名德才兼备的继承人,这个人选落在了禹身上。禹是夏部落的酋长,曾受命治理水患。他"身执耒锸,以为民先""疏川导滞",经过十三年的艰苦努力,终于驯服了滔滔洪水,"使民得陆处"。他在治水的同时,还"尽力乎沟洫""钟水丰物",促进了农业生产,深得民众拥戴。当时的权力交接需要得到天的认可,于是舜举行了隆重的祀天仪式,"荐禹于天,为嗣"。夏禹既得民心,又得到天命庇护,成了部落联盟的最高首领,称为"夏后"(后即王)。

　　禹即位后,曾在涂山(当涂山,今安徽蚌埠西)和会稽山(今绍兴境内)两次朝会诸侯,传说当时"执玉帛者万国",盛况空前。不过会稽山之会,一个叫防风氏的诸侯来晚了,为了充分显示王的最高权威,禹下令将他处死。这说明,君主政治此时已具雏形。禹是中国历史上第一个王朝——夏的开创者。他死后,他的儿子启杀掉了原定的继承人伯益,自己登上王位,开始了王权世袭的"家天下"政治格局。夏朝存在的时间大致在公元前21世纪至前16世纪。

　　关于夏文化,考古界至今尚未找到确凿的实物证据。有些文化遗址的时间测定与文献记载的夏朝历史年代相契合,例如山西襄汾陶寺遗址的年代大约是公元前2400年至前1800年,河南偃师二里头文化遗址的年代大约是公元前1900年至前1500年,山西夏县东下冯遗址的年代大约是公元前1800年至前1400年之间,由于没有文字,眼下难于定论。相信随着考古资料的不断发现,夏文化的奥秘最终会揭示出来。

夏朝自禹而后经历了十四世,十七王,其间争斗很激烈。自孔甲以后,国势转衰,特别是夏朝最后一个王——桀在位之时,政局更加混乱。桀又名履癸,为人虽有智勇,但极其残暴,杀人成性,沉溺于酒色,穷奢极欲。为了修建倾宫、瑶台,搜刮民财,滥用民力,百姓苦不堪言。夏桀把自己比作太阳,人民怨恨地诅咒道:"时日曷丧,予及汝偕亡。"甘愿与这个暴君同归于尽。大夫关龙逢忠言进谏,警告他如不改变以前的做法,"天殃必降而诛必至"。夏桀大怒,杀死关龙逢。从此言路断绝,危机日深。

正当夏桀一天天走向灭亡之时,东方的商族在汤的领导下迅速地强大起来。商的始祖契因助禹治水有功而受封。传到汤的时候,已成为东方的强国。汤看到夏桀暴虐无道,便抓住有利时机,准备灭夏而代之。他积极练兵储粮,争取各诸侯国的支持,并有计划地剪灭忠于夏桀的葛、韦、顾、昆吾等国。孟子说,汤"十一征而天下无敌"。在与夏决战的前夕,汤宣读了伐夏的誓词,历数桀的罪行,"有夏多罪,天命殛之"。鸣条决战,汤师大获全胜,将桀流放于南巢(今安徽寿县东南)。商朝就这样建立起来了。

关于商朝的历史,不仅有丰富的文献记载,而且有大量的考古资料。20世纪 20 年代,考古学家在河南安阳西北的小屯村一带(今安阳市西北郊)发现了商王盘庚以后的都城遗址,也就是《史记·项羽本纪》《水经·洹水注》等文献中记载的"殷墟"。这个发现震惊了中外历史学界。经过半个多世纪的发掘考察,出土了大量的甲骨和铜、陶、玉、石、骨、蚌等器物,发现了商朝王宫、墓地、祭祀场所、居室和各种作坊的遗址。从这些文献和考古资料看,商朝确是规模庞大的一代王朝,不仅有建制完备的官吏系统,而且有强大的军队和监狱。商朝的刑法种类很多,已经有了成文法。《竹书纪年》载:"祖甲二十四年,重作《汤刑》。"商王朝幅员辽阔,有"邦畿千里"之说。商文化的影响更为广阔,南到湖南的衡阳,江西的清江,北达辽宁、内蒙古,都有受商文化影响极明显的器物出土。商代自汤传十七世,三十一王。最后一代帝王名纣(帝辛、受),是中国历史上一个有名的暴君。

纣王颇有勇力和才智,但性情暴虐,好大喜功,贪财好色。他对外穷兵黩武,征伐不已,特别是对东夷长期用兵,耗竭国力;对内榨取民财,"厚赋税以实鹿台之钱,盈钜桥之粟",鹿台和钜桥是他的钱库和粮仓。纣王奢靡无度,"以酒为池,悬肉为林,使男女倮相逐其间","弃田以为园囿,使民不得衣食"。

纣王用刑极其残酷,制炮烙之刑,就是铸造一根中空的铜柱,下面烧火,将人绑于柱上烙死。九侯、鄂侯是纣王的重臣,对纣王略有规劝和批评,纣王就处九侯以醢刑(剁成肉酱),鄂侯处以脯刑(杀死后制成干尸示众,一说制成肉干)。周是商的属国,周侯姬昌即后来的周文王,有德于国,遭到纣王忌恨,被囚于羑里。姬昌虽身陷囹圄,而心怀远大,在厄运中演《周易》、通神明、悟哲理,《周易》之弘扬多赖文王。箕子是纣王的诸父(叔父),有一次,他看到纣王用象牙做箸(筷子),喟然叹道:用象牙为箸,就不会再使用简朴的陶器,必用犀玉之杯;用犀玉之杯,食物就得精美;食物精美,就不会衣短褐,住茅屋,而是"锦衣九重,高台广室"。这样无止境地挥霍,就是竭尽天下之物力也难以满足,结果只能导致王朝覆灭。

箕子的话纣王没有听到,他依然如故,经常与嬖妾"作长夜之饮",醉而不知时日,问左右,也都醉而不知,又问箕子。箕子心想,身为国王而不知时日,天下还不危在旦夕吗?可是,如果说了真话,那就是"众人皆醉我独醒",这个昏君也不会放过我。于是便也推醉不知。后来为了躲避杀身之祸,箕子竟"被发佯狂为奴"。纣王的庶兄微子启多次向纣王进谏,纣王不从。微子惧怕亡国之祸,也逃到民间隐藏起来。纣王的叔父比干一连三日冒死强谏,惹怒了纣王,他听说人心有七窍,竟下令挖出比干的心脏,看看是不是这样。箕子、微子和比干是商朝著名的贤臣,后世孔子曾极口称赞,说:"殷有三仁焉。"贤臣已亡,言路阻绝,纣王把商王朝推到了崩溃的边缘,却还迷信天命在保佑他,还说什么:我从上天那里接受天命,老百姓能把我怎么样呢!

周文王看到纣王的暴行已搞得众叛亲离,怨声载道,自己便广施德政,礼贤下士,招揽人才,积极扩张势力。许多诸侯国都归顺了周,一些商朝的老臣,如鬻子、辛甲大夫及太师、少师等都携礼器来投奔。国势越来越强,"三分天下有其二"。这时,周文王表面仍旧臣服于商朝,实则行韬晦之计,以待时机。周文王死后,其子发继位,即周武王。武王在太公望、周公旦、召公奭等人的辅佐下,大会诸侯于孟津,誓师伐商。公元前 1027 年,与纣王的军队会战于牧野。西周军队群情激昂,纣王军中许多士兵是临时调来的奴隶,士气低落。双方交战伊始,这些奴隶就"前徒倒戈",反转来攻击商军,商军迅速瓦解。纣王见大势已去,自焚于鹿台,显赫的商王朝灭亡了。姬发立为天子,称武王,尊其父昌为文王,周王朝建立。

周伯本是商王的臣属,却以下犯上,夺了商人的天下,这实在有违君臣之道。周统治者为了稳固政权，就需要从理论上说明取而代之的合理性。这个任务落在了周公的身上。周公旦是武王的弟弟，武王死后曾辅佐成王。他提出了一个重要命题，叫作"惟命不于常"。命指天命，当时人普遍认为只有应天命者，才能拥有天下。而周公的这个命题却说，天命不是恒久不变的，而是要据当权者的德行决定予夺。"德"这个概念并非周公独创，但以"德"作为夺取政权的依据，却是周公的发明。周公说，桀和纣奢靡无度，胡作非为，倒行逆施，"自绝于天"，不再具备做君主的资格，因此分别被商汤和周武王所灭。武王和汤虽以下犯上，但上应天命，下合人心，这就叫作"汤武革命"。后世儒家继承了周公的认识，说："汤武革命，顺乎天而应乎人。"这种革命是正当和合理的，像桀、纣那样的君王实在失去了为君的资格，正如孟子所说："闻诛一夫纣矣，未闻弑君也。"于是商汤、文王和武王得以与尧、舜、禹比肩而立，被尊为"圣王"；桀和纣则作为亡国暴君的典型，遭到后世的咒骂。

"汤武革命"是古代统治者从三代权力更迭中总结出来的重要政治经验，它的价值集中体现在以下两点：其一，给后世统治者敲了警钟：权力并不能永远独占，过分暴虐将招致亡国之祸。其二，给改朝换代提供了理论依据，把铁打的天下与流水的帝王巧妙地结合起来。

春秋战国的战争与变法
——治世不一道,便国不法古

　　如果用最凝练的字眼来表达春秋战国时期的历史特点,恐怕没有比"争"和"变"这两个字更恰如其分的了。所谓"争"就是诸侯争霸,大夫争权,人人争利,百家争鸣;所谓"变"就是从经济关系、生产方式,到政治结构、思想文化,整个社会发生了全方位的变革。而"争"和"变"最突出地表现为诸侯国之间的兼并战争和各诸侯国内的变法图强。残酷的兼并战争呼唤着变法,深刻的变法又为激烈的战争提供了条件,二者的和弦共鸣,构成了当时社会大变革的雄壮乐章。自公元前770年平王东迁,周王室国势日衰,诸侯向天子纳贡、朝觐、述职制度几近废弛。平王死后,桓王继位,"周郑交恶",郑国竟公然抢劫王畿的麦禾。公元前707年,桓王以周、蔡、卫、陈四国之师伐郑,被郑师打败,郑国的祝聃还射伤了天子。从此以后,以武力对抗周天子者有之,争夺天子属地者有之,扣留天子使者者有之,问鼎轻重者有之,"天下共主"的权威几乎丧失殆尽,"普天之下,莫非王土,率土之滨,莫非王臣"也变成昔日的梦迹。诸侯们连天子的土地和名分都可以觊觎侵犯,还有什么可以顾忌的呢?大侵小,强吞弱,无日不有。"疆场之邑,一彼一此,何常之有?"为了"争寻常"(古代八尺为"寻",倍寻为"常"),不惜倾注全力。一次,郑侵陈,陈向霸主晋求救,晋责问郑:"何故侵小?"郑反唇相诘:"昔日天子之地一圻(方千里),列国一同(方百里)",现在晋国的土地超过昔日天子的好几倍,"若无侵小,何以至焉?"把晋问得张口结舌,无言以对。

　　在当时的历史条件下,剑与火是解决争端最有效的武器。仅据《春秋》242年的记载,各国间的军事行动凡四百八十三次,各国内部的武装冲突数不胜数,"子杀其父,臣弑其君,孽杀其宗,层出不穷"。《战国策·东周策》说:"春秋记弑君以百数。"争战的结果是由诸侯林立走向地区性的统一。春秋初见于记载的有一百几十个国家,战国初形成七雄对峙,在七国之间和周围还有十几个仅存未灭的小国。

战国时期的七雄之争更加剧烈。战争持续的时间已由春秋的一天或数天,增加到几个月甚至数年之久。据《战国策》和《史记》记载,战国最后一百年里各国有战事的年头约略为:秦八十年,赵四十七年,魏三十八年,韩三十一年,楚二十七年,齐二十年,燕十九年。几乎无岁不征,无年不战,有时同时在几条战线开战。各国普遍实行征兵制。男子十五岁至六十岁,或身高五尺者都在征兵之列。男子不足又征发妇女,可谓全民皆兵!战国初期,战争规模一般不过几万人,到战国后期动辄数十万乃至百万之众。合纵连横兴起,战争从一国对一国到集团国对集团国。大规模的战争异常残酷,常常是"追亡逐北,伏尸百万,流血漂橹"。公元前293年,秦将白起大破韩魏联军于伊阙,斩首二十四万。公元前260年,秦赵长平之战,秦坑杀赵降卒达四十余万之众。有人统计,从公元前337年到前234年,秦在历次战争中杀人总数为一百六十七万。其时,铁兵器已成为主要武器。兵器技术迅速发展,近战有锋利的剑、戟、矛、戈,远射有强劲的弓、弩,攻城用的云梯和水战用的钩钜相继发明。战争的方式,由春秋时期的车阵和正面冲击战,转变为大规模的车、步、骑兵混合的运动战、阵地战和攻坚战。包围、迂回、奇袭、伏击等战术得到广泛的运用。

血腥残酷的"争"迫使人们面临严峻的抉择,要么是治、富、强、王,要么是国破身亡,此外别无出路。一顶顶王冠落地,一批批新贵崛起,一群群士卒阵亡,一个个将军享名,喜怒哀乐尽在其中。"争"推动了"变",以"变"求强,此起彼伏的变革掀起了历史的波澜。书之于史的大变革不下二三十起,小的变革难以计数。

变法是富国强兵的必由之路。春秋时期第一位霸主齐桓公就是靠变才成就其功业的。他任用管仲为相,实行以"案田而税",士农工商分居就业为主要内容的改革,国势日盛,挟天子以令诸侯。战国初年,魏文侯起用法家李悝实行一系列变革,"使有能""禄有功""尽地力""善平籴",制定《法经》,使魏国一跃而为战国前期首强。其他各国在内外矛盾的推动下,纷纷实行不同程度的改革,其中最著名、最深刻的一场变法运动是秦国的商鞅变法。

商鞅(约公元前390—前338),卫国人,姓公孙,名鞅,又称卫鞅。因功被秦封于商,故称商鞅。他年轻时曾经在魏国求学,深得李悝、吴起等人法家理论和变法经验的主旨。公元前361年,商鞅携带李悝的《法经》到秦国,恰值秦孝公即位不久,谋求富国强兵之路,君臣际遇,被封为左庶长,主持秦国的变法。变法一开始就发生了激烈的斗争。以杜挚等人为代表的守旧派以"法古无过,循礼无邪"为由极力反对变法。他们提出,"利不百,不变法;功不十,不易器"。商鞅针锋相对,喊出了时代的最强音:"治世不一道,便国不法古。"他依据进化的历史观,指出:"前世不同教,何古之法?帝王不相复,何礼之循?"一切都应向前看,应面对现实和未来。历史的传统不可忽视,但绝对不应当作宝贝和圣物而顶礼膜拜,一切传统都应在现实需要面前接受检验,决定取舍。商鞅这种豪迈而又富有生气的变革精神,获得了秦孝公的鼎力支持。商鞅在公元前359年和公元前350年,先后实行两次变法,历时二十一年。变法的主要内容是:废井田,开阡陌,把土地分给农民,推行核心家庭制,提高生产积极性;废除"世卿世禄",奖励军功;建立君主集权的行政体制,实行县制;彰明法令,奖功罚罪,重农抑商;统一秦国的度量衡,等等。变法是一场深刻的社会变革,不仅遭到宗亲权贵的抵制和顽抗,就连一般百姓开始也不习惯。商鞅凭借严法贯彻各项变法措施。新法"行之十年,秦民悦""乡邑大治",秦国成为"兵革强大,诸侯畏惧"的一流强国。商鞅是战国时期,也是中国历史上最著名的改革家。秦孝公死后,因权力之争,商鞅落了个车裂分身的悲惨结局,但变法成果依然保存下来。正如韩非所说:"及孝公、商鞅死,惠王继位,秦法未败也。"

要变法,必须有"不慕古,不留今,与时变,与俗化"的变革精神和"举事实,去无用"的求实精神。而要贯彻这两种精神,就要大胆起用具有这两种精神的人才。那些成功的君主们的用人佳话也载诸史册。管仲本来辅佐公子纠,是齐桓公的政敌。在一次争斗中,管仲用箭射伤过齐桓公。齐桓公豁达大度,抛却这一箭之仇,恭请管仲为相,成就了霸业。魏文侯礼贤下士可谓一绝。他认为理比权尊,义比财贵。当时有一名士叫段干木。他把自己与段干木相比:"段干木光(同广)于德,寡人光于势;段干木贵于义,寡人贵于财。势不若德尊,财不若义贵。"魏文侯以其自知之明,招揽一大批能人为其效力。秦孝公听商鞅霸王之论入了神,把君主之礼也抛到了一边。

秦国的变法既全面又彻底,新法又为后继的君主继承和发展,秦成为战必胜、攻必取的强大国家,疆域不断扩张,到秦昭王(公元前306—前251)时,已超过关东六国疆土的总和。秦灭六国,实现全国大一统,已是不可阻挡之势。

以变革迎接竞争,以变革求富图强,这是春秋战国史留给后人的一条重要的历史经验。

春秋战国百家争鸣
——中国古代思想范式的形成

如果把历史的册页翻到两千多年前的春秋战国时代，一种极为奇瑰的景象便会展现在我们面前：思想理论界犹如峰峦竞相争高，随着一个大师的出现，一种思想便耸然成峰。春秋战国究竟有多少思想家？据《汉书·艺文志》著录，诸子之作约近百种。用"百家"形容诸说林立，早在战国已经流行。《庄子·秋水》说公孙龙"困百家之知"。荀子称诸子为"百家之说"。至西汉，司马迁称诸子为"百家之术"，此后遂沿而成习，一提到诸子百家，人们自然就想到春秋战国时思想理论界的盛况。

"百家"形容思想流派之多。由于阶级、阶层、政治倾向及思维方式的影响，思想家理所当然要分成不同的流派，人们把流派称之为"家"。战国时已开始了这种分野和分类。墨子著《非儒》，形成儒、墨对立。孟子力排杨（朱）、墨、神农之学及兵家，使各派的分歧更加明朗化。荀子作《非十二子》，则把十二子分成六派。《庄子·天下》也把十几位著名思想家分为六大派别。韩非的《显学》更把儒、墨视为两个最显赫的派别。在上述划分派别的基础上，西汉司马谈写《论六家之要旨》，进一步从理论上概括了各家的特点。司马谈划分的六家为：阴阳、儒、墨、法、名、道德。班固在司马谈划分的六家之外，又分出纵横、杂、农、小说四家。司马谈、班固的分法为历代学者所接受，一直沿用到今天。

司马谈、班固对诸派的特点、源流、长短、得失作了简要论述，兹扼要介绍如下。

阴阳家："敬顺昊天，历象日月星辰，敬授民时，此其所长也。"代表人物有邹衍、邹奭等。

儒家："游文于六经之中，留意于仁义之际，祖述尧舜，宪章文武，宗师仲尼""列君臣父子之礼，序夫妇长幼之别。"创始人是孔子，其后巨擘有孟子、荀子等。

墨家:"尚尧舜道",主张"贵俭""兼爱""尚贤""明鬼""非命""尚同"。祖师是墨子。

法家:"不别亲疏,不殊贵贱,一断于法""尊王卑臣,明分职不得相逾越""信赏必罚""专任刑法而欲以治"。代表人物有李悝、慎到、申不害、商鞅、韩非等。

名家:"控名责实,参伍不失""名位不同,礼亦异数。"以惠施、公孙龙最为显赫。

道家:"无为,又曰无不为""其术以虚无为本,以因循为用""历记成败存亡祸福古今之道,然后知秉要执本,清虚以自守,卑弱以自持,此君人南面之术也"。鼻祖为老子,其后有杨朱、庄子等。

纵横家:"言其当权事制宜,受命而不受辞。"最为著名的是苏秦、张仪。

杂家:"兼儒、墨,合名、法,知国体之有此,见王治之不贯,此其所长也。"吕不韦是集大成者。

农家:"播百谷,劝耕桑,以足衣食。"许行是其代表。

小说家:"街谈巷语,道听途说者之所造也。"

这是就大派而言。再细分,派中还有派。韩非就曾指出,孔子死后,儒分为八;墨子死后,墨分为三。各大派之间的争论固然激烈,派中之派的争论有时也不亚于大派之间的争论。例如,荀子便把儒家分成"大儒""雅儒""小儒""俗儒""散儒""贱儒"等。他认为"俗儒"貌似儒而实际"无异于墨子",还指斥子思、孟轲为孔门之罪人。

流派之争和派内之争,把无数问题提到了思想家的面前,迫使他们把思维的触角伸到各个领域,上论天、下论地、中论万物与人事,纵论古今。因此,他们的著作大都具有百科全书的性质。以《荀子》为例,全书不过十余万字,但涉及的问题却相当广泛,讨论哲学的有《天论》《解蔽》《正名》《性恶》《非相》等篇;讨论政治学的有《王制》《王霸》《君道》《臣道》《强国》《礼论》《乐论》等篇;讨论经济的有《富国》等篇;讨论教育的有《劝学》《修身》《不苟》等篇;讨论军事的有《议兵》等篇。另外,全书讨论了伦理道德,有些篇还论及了自然科学、史学诸问题。

战国的百家争鸣促进了人们的智能开发,使人们的认识向某一方面或某一领域推进,而每个人掌握知识的百科性又促进了对事物的综合考察与深入分析。百家与百科相激,于是对每一个问题从不同角度提出几种甚至十几种看法。

诸子之间既有公开的对阵、指斥,又有娓娓细语的辨析;有的针对整个学派,有的仅针对个别论点。在争鸣中并不都是壁垒分明,常常是你中有我,我中有你。因人废言者有之,弃取并行者亦有之。在争鸣中没有裁判员,而参加争鸣者几乎人人都要充当裁判员。有的学派意识很强,有的则全然把学派抛在一边。总之,在争鸣中,认识主体自身就是自己的上帝。

战国诸子相激到什么程度,可以从如下两方面考察:

第一,没有任何一个论题是神圣不可批判的。先秦诸子究竟提出了多少论题,谁也没做过统计。但有一点是清楚的:不管哪种理论都没有获得人人共尊的地位。任何理论都是可以讨论的,信仰者有之,但却不是必须的和规定的。儒家把仁和礼作为自己的旗帜,在道家看来,仁与礼却是造成人世祸害的根源。庄子认为仁、礼这类东西不属于人的自然本性,是那些好事的圣人(非道家所称的圣人)制造出来的。"毁道德以为仁义,圣人之过也。"①认为仁义之兴造成了一系列恶果,它既是人的桎梏,又引起人的互相猜忌;既可怜,又可悲,更可恶,以致谴责道:"虎狼,仁也。"②法家中的某些人如《商君书》的某些篇的作者把仁、礼比作虱子、蠹虫,主张加以灭绝。总之,在战国,找不到任何一种理论是不可以再认识,不可以再讨论和不可以批判的。

第二,没有不受批判的权威。孔子之于儒家,老子之于道家,墨子之于墨家,李悝之于法家,几乎均处于权威的地位。子贡称颂孔子如日月:"夫子之不可及也,犹天之不可阶而升也。"③"自生民以来,未有(及)夫子也。"④然而其他派别却另眼相看。《庄子·盗跖》的作者把孔子视为"巧伪人",斥为"盗丘",对孔子进行了全盘否定。孟子除对杨朱和墨子的理论进行批判外,还斥之为"禽兽"理论家。

这个时期为什么出现了那么多的思想家和百家争鸣的局面呢?这首先需要从那个时代说起。春秋战国是中国历史上一大变动时期,"高岸为谷,深谷为陵"的历史运动打破了传统的生活和观念。过去的一切该怎样看?需要人们回答。现实该怎样生活?需要人们创造。历史的车轮要向哪里转动?需要人们预测。数不清的问题一齐摆在了人们的面前。一句话,社会需要重新认识。

---

① 《庄子·马蹄》。

② 《庄子·天运》。

③ 《论语·子张》。

④ 《孟子·公孙丑章句上》。

百家争鸣便是历史变动在认识上的表现。

促成百家争鸣的另一个原因是：各国的政治变革与互相竞争需要理论指导。当时每个诸侯国都面临着如何妥善解决内政与外交这两大课题，都面临着生死存亡的抉择。在复杂的形势面前，诸如门第、名分等都无济于事，最有效的东西是合乎时宜的谋略与政策。物力可以由少数人垄断或控制，智力却是无法垄断的。君主们拥有物力，却不一定具备智力。在相对稳定的形势下，当权者可以把智能置于可有可无的地位。但在动荡的、竞争的时代，抛掉智能就意味着毁掉自己。当时许多统治阶层人物对人才智谋的作用看得很清楚。一次，齐威王与梁惠王会晤，梁惠王问齐威王："有明珠吗？"齐威王说："没有。"梁惠王诧异地说："我的国小还有十颗光照数十丈的明珠，齐国这么大怎能没有呢？"齐威王说："我的明珠与你的不一样，我以人才为明珠。"所以各国争着招揽人才。有的下令求贤，有的重金收买。百家的兴起正是适应了智力竞争的这一现实。

形成百家争鸣的另一个原因是：当时政治空隙比较多，知识分子可以比较自由地驰骋。"朝秦暮楚"不只是形容说客，对思想家也是适用的。著名的思想家几乎都周游列国。由于各国抢着招纳智囊，知识分子的地位也较高，具有一定的独立性。"礼贤下士"不是君主本意，而是出于需要；士人"分庭抗礼"常使君主恼火，但君主为了谋求方略不得不容忍。《战国策》关于齐宣王见颜斶的故事便是明证。"齐宣王见颜斶，曰：'斶前！'斶亦曰：'王前！'宣王不悦。左右曰：'王，人君也；斶，人臣也。'王曰：'斶前，亦曰王前，可乎？'斶对曰：'夫斶前为慕势，王前为趋士。与使斶为趋势，不如使王为趋士。'"经过舌战，颜斶占了上风。齐宣王为了争取士人，不得不容忍颜斶的高傲。这个故事说明当时知识分子依附性较小，所以对事物敢于独立思考，敢于提出个人见解。他们当中的多数人著书立说虽然是为了"干世主"，但大都企图用己说改造君主，而不是一味阿谀奉承，取悦于君主。有不少思想家虽喜欢权贵，但更喜欢自己的学说。孔子说过："不义，富贵于我如浮云。"墨子为他的学说奔走了一生，宁弃富贵而不屈信仰。荀子说得更痛快："从道不从君。"

诸子百家是个思想库，是中华民族文化成熟的标志，奠定了整个封建时代的思想范式。这可从两方面看：其一，在其后的两千年的历史长河中，除佛家传入增加了新的思想方式外，人们几乎都没有超越先秦诸子提供的思想范式，所有的思想家大抵都是在诸子学说的基础上从事"加减法"或"拼盘"工作。其二,先秦诸子讨论的中心命题是天人关系。《易经·贲卦·彖传》说:"观乎天文,以察时变;观乎人文,以化成天下。""天文"指自然秩序;"人文"指人际关系。各家各派几乎都认为天中有人,人中有天,天人互动,天人融合。"天人合一"是先秦诸子的主旋律,也是其后两千年思想文化的主旋律。细致分析,对"天人合一"的解释,有唯心与唯物、有神与无神、辩证与形而上学、科学与反科学之分,更有这些的混合。这是更深层的内容了。

自由的认识与争鸣才能创造出光辉、深邃的精神产品。诸子之说在认识史上具有永久的魅力!

六合为一的秦帝国——百代行秦政

汉初著名思想家贾谊在《过秦论》中写道："及至始皇,奋六世之余烈,振长策而御宇内,吞二周而亡诸侯,履至尊而制六合,执敲扑以鞭笞天下,威震海内。"秦始皇所创立的中国历史上第一个统一的中央集权的封建大帝国——秦王朝,的确做出了一系列大事:废分封,行郡县;统一货币、度量衡与文字;迁徙豪富,销毁兵器;禁止私学,焚书坑儒;决通川防,修治驰道,开凿灵渠,修筑长城,建阿房宫,造骊山墓。声威赫赫,轰轰烈烈。然而这个雄壮威武的帝国,却如此短命,从秦始皇二十六年(公元前221年)统一中国起到秦二世胡亥三年(公元前207年),仅仅生存了十五个年头。"其兴也勃,其亡也忽"。秦朝的大起大落给后人留下了无穷无尽的思考。

千百年来人们皆曰"暴秦",以至把秦列为闰位,如同闰月一样,不准入正统。然而事实却又是百代皆行秦政。中国史上奇事多,这是一个奇中之奇!帝政不死,秦政不已,其谜底就是秦始皇完善、创造和发展的皇权至上理论及相应的政治体制是所有帝王的命根子。

皇权至上观念体现在以下五个方面:

功盖一切:这是皇权至上理论的基础。秦始皇在统一后的十一年中,曾五次巡游各地,所到之处树碑立传,歌功颂德。如泰山刻石、琅邪刻石、碣石刻石、会稽刻石、之罘刻石和邹峄山刻石等。这些刻石颂扬"皇帝之德,存定四极,诛乱除害,兴利致福""功盖五帝,泽及牛马,莫不受德,各安其宁""建设长利""化及无穷"一句话,秦始皇把整个天下带入了和平与安乐的境界,功德无量。

主宰天下:正如秦始皇在琅邪刻石中宣称的"六合之内,皇帝之土""人迹所至,无不臣者"。天上地下,所有的一切,统统归皇帝所有。

为民立极:"皇帝作始,端平法度,万物之纪""尊卑贵贱,不逾行次,奸邪不容,皆务贞良"。皇帝的旨意就是法令,就是规范,就是道德。

至尊至贵：在秦始皇以前，最高统治者的称谓名目繁多，诸如皇、帝、天子、王、辟，等等。《管子·兵法》就有"明一者皇，察道者帝，通德者王，谋得兵胜者霸"的说法。秦始皇第一个把"皇"和"帝"连起来称"皇帝"。他自以为功盖三皇五帝，"皇帝"这个称谓表示他是开天辟地以来至伟、至尊、至贵的君主。从此，"皇帝"成为最高统治者专用的尊称。龙是远古传下来的神物，秦始皇又自命"祖龙"。

至圣至明：圣与明，原本是表示绝顶聪明和道德高尚，最明达事理的为圣、明。理与权不一定集于一身，君主执权，圣人是理和道德的代表。秦始皇把权与圣统统加以垄断，"圣智仁义，显白道理""皇帝之明，临察四方""普施明法，经律天下，永为仪则"。皇帝是权、理、道德的统一体，于是禁私学，命令"以吏为师"。他还取消谥法，杜绝"子议父，臣议君"。

皇帝制度很复杂，形象比喻如一尊三足之鼎。皇帝为首，郡县制、官僚政治、等级制度便是三足。

皇帝至上而独裁是皇帝制度最主要的特征。皇帝独一，一脉相承。皇帝的命为"制"，令曰"诏"，自称为"朕"。皇帝拥有行政、立法、司法、军事、财政、监察的最高权力。从中央到地方，行政大权集中在皇帝手中，"天下之事，无大小皆决于上"。国家一切机关都是皇帝的办事机构，只能听皇帝的指使，对皇帝决无制衡作用。皇帝通过郡县制、官僚制和等级制这三项制度，把国家权力集中于中央，中央权力集中于皇帝，皇帝高踞于权力金字塔的顶端，从中央到地方的政权机构和文武百官形成以皇权为中心的政治体系。

秦朝彻底废除"封诸侯，建藩卫"制度，全面实行郡县制。分天下为三十六郡（后增至四十郡），每郡置郡守，为一郡最高行政长官，直接受中央政府节制；又置郡尉辅佐郡守，并分管军事；置监察御史，为中央在地方上的耳目。郡以下设县，县令为主官；县尉为辅佐，分掌军事；县丞为助理，兼管司法，县之政事受郡守节制。县下设乡，乡下设里。在里中，实行一人犯罪，邻里连坐的"十家为什，五家为伍"的什伍组织。郡县官吏由中央直接任免，从而保证了皇帝对全国人民的有效统治。

在中央政权机构中，秦朝实行"三公九卿制"。三公即丞相、太尉、御史大夫。丞相为百官之长，"掌丞天子助理万机"；太尉"掌武事"，协助皇帝处理全国军务，他不能擅自调兵，"兴兵被甲"，调动士卒五十人以上，必须持有皇帝的虎符为凭；御史大夫负责监察百官并协助丞相处理政务。三公互相牵制，而又集大权于皇帝一身。三公之下又设九卿,各有自己的机构和属官,负责处理日常事务。大事汇总于丞相,最后由皇帝裁决。官僚制的核心内容是中央及地方的主要官员皆由中央任命,生杀予夺,荣辱迁黜,均由皇帝做主。官僚们执掌的权力也许很大,但却是君主赋予的,要绝对服从君主的指令,不允许有独立的意识,所谓"守其业,当所言"。官僚制从组织上保证了官僚只能是君主的工具,官僚机构只能是君主的办事机构。

为了确保皇帝稳坐在权力金字塔的顶端,秦实行严格的等级制度。秦从商鞅变法时起,就实行了二十等爵制。第一至四等爵相当于士,第五至九等爵相当于大夫,第十至十八等爵相当于卿,第十九、二十等爵可称为诸侯。爵位的高低与官职的大小大致相当。编制等级次序的原则,主要的一是要看同最高主宰——皇帝的血缘姻戚关系的亲疏远近,二是看在国家政权的创建和维护过程中的贡献和行政职能的大小。等级制把人们分别安排在不同的固定轨道上来围绕帝王旋转,把他们的全部生活都控制在帝王手中。封建国家通过一整套的具体制度把全体社会成员的名分、言行规范明确地归属于不同的社会等级,特别是把皇帝同他的全体臣民严格区别开来,使皇帝一个人单独构成凌驾于整个社会之上的至高无上的最有权威和最具独立性的特殊等级。

继秦而起的西汉王朝,有鉴于秦"二世而亡"的教训,在制度上和政策上有所调整,但是基本制度却是秦王朝的复制品,史称"汉承秦制"。其后皇帝制度在中华大地上存续了两千年。如果说有什么变化的话,那就是这种政治体制及相关的政治理论日益完善,到明清时期达到登峰造极。直到西方的炮舰敲开中国大门之前,仍看不到有明显的迹象表明这种制度行将寿终正寝。

历史总是把善与恶交织在一起。许多事物的优长所在往往又是其弊端之所在。如果我们把皇帝制度放到特定的时代加以考察,就会发现,它也既具有自身的优长, 又蕴藏着巨大的破坏力。它的成功与失败则来自同一个根源——权力支配社会。

皇帝制度是三代以来君主专制制度自身逻辑高度发展的结果,是古代中国人政治智慧的产物。如果说商周宗法分封式的君主制度是专制政体的早期形态,那么中央集权的皇帝制度就是古代社会"高度发展的国家形态"。许多研究政治制度史的学者指出,在世界古代史上,许多民族和许多地区曾经创立过各式各样的政治制度,但是没有任何一个政治体制,包括古代地中海某些地区的民主政体,比中国古代的皇帝制度更成熟,更完备,更有存续能力,更能有效地在漫长的时间内对广袤的领域进行统治,更能把整个社会组织成统一的有机体。秦始皇正凭借这一套制度,南平百越,北扼匈奴,所向披靡,建立起东到大海,西到陇西,北到长城内外,南到象郡,政治、经济、文化空前统一的大帝国。这种制度的能量和功效为后来的历史所一再证实。它使中华文化在长达两千年的时间成为具有真实意义的统一文化,世界上任何一个民族和国度都无法与之相比。在某种意义上可以说,没有皇帝制度或许就不会有中国这个幅员如此辽阔,人口如此众多,历史如此悠久,万世一脉,统一的、多民族的泱泱大国,也不会有令炎黄子孙自豪,令世人钦敬不已的华夏古代文明。

可是, 一旦皇帝把全社会作为他的囊中物,"视天下为莫大之产业","以天下恭养"他自己,那么也必然会给社会带来巨大的破坏力。皇帝的一个恶念,一个奇思,一个怪行,都会给整个社会带来灾难,影响整个国家的兴衰安危。"一言兴邦,一言丧邦",此之谓也。秦始皇父子的暴戾恣睢、荒淫奢侈和秦王朝的速亡,把这种制度的野蛮、专横的弊端暴露得一览无余。一个谶语:"亡秦者,胡也。"秦始皇就兴百万之众开赴大漠南北。他想长生不老,不惜动用巨资,让方士为他求仙药。他相信死后灵魂不灭,便举全国人力物力修建豪华的陵寝。唐代诗人杜牧在名作《阿房宫赋》中写道:"六王毕,四海一,蜀山兀,阿房出……使负栋之柱,多于南亩之农夫;架梁之椽,多于机上之工女;钉头磷磷,多于在庾之粟粒;瓦缝参差,多于周身之帛缕;直栏横槛,多于九土之城郭;管弦呕哑,多于市人之言语。"

诗人不免艺术的夸张,但这种夸张往往也有一定的史实根据。在陕西发掘出土的秦始皇陵兵马俑,以其浩大的规模,威武的气派,足证杜牧这篇名赋具有一定的合理性。"生男慎勿举,生女哺用脯。不见长城下,尸骸相支拄?"秦人的一首《长城歌》道出了百姓的哀怨与愤怒!当然,把社会推向深渊的并不仅仅是秦朝,它的继起者或以这种方式,或以那种方式,无不重蹈覆辙。

焚书坑儒——失士者失天下

竹帛烟销帝业虚,关河空锁祖龙居。

坑灰未冷山东乱,刘项原来不读书。

——(唐)章碣:《焚书坑》

秦始皇三十四年(公元前213年),秦朝廷举行盛大宴会,庆祝始皇四十七岁寿辰。大臣们纷纷致颂词。仆射周青臣进颂道:"他时秦地不过千里,赖陛下神灵圣明,平定海内,放逐蛮夷,日月所照,莫不宾服,以诸侯为郡县,人人安乐,无战争之患,传之万世,自上古不及陛下威德。"秦始皇听罢喜形于色。在一片歌功颂德声中,博士淳于越发出石破天惊之论。他向秦始皇讲了三点意见:应分封子弟与功臣,防止大臣篡权;凡事应师古,"事不师古而能久者,未之闻也";周青臣阿谀奉承,把陛下之过当做功绩歌颂,不是忠臣。淳于越的进言涉及秦朝国策和秦始皇的功过大事。秦始皇屏住心中怒火,让群臣讨论。丞相李斯当即驳斥了淳于越,随后上书,提出了殃及千古的"焚书"议。李斯说:"战国时期诸侯竞争,诸子异学,各选所用,符合当时情况""今皇帝并有天下,别黑白而定一尊",应当"法令出一",不需要士人再去说三道四。士人应该做的事是学习法律禁令。儒生们历来不知时变,颂古而非今,道古以害今,把人们的思想搞乱了,对朝廷的统治十分不利。接着提出如下几条建议:除秦国的史书外,其他的史书一律烧掉;除博士官所藏及有关医药、种树之书外,私人所藏《诗》《书》及百家著作限期一律交官府烧掉,逾期不交者罚为"城旦"(四年苦役);今后敢有偶语《诗》《书》者弃市,以古非今者族(株连家属);禁绝"师古",一律"师今",欲学法令者,"以吏为师"。

秦始皇在李斯的建议书上批了一个"可"字,于是一场焚书的劫火烧遍中华大地。

"坑儒"发生在"焚书"一年之后。严格地说,"坑儒"不是焚书的直接继续。事情是这样的:秦始皇迷信方术,希求长生不死。起初他梦想把江山传之万世,但传之万世总不如自己坐万世更惬意。于是起用方士,让他们为自己寻求长生不死之药。方士们投皇帝所好,谋一己之利。他们三分真诚、七分糊弄地各展神通,费时十年,耗资巨万而未获成果。按秦法规定,说到做不到即犯死罪。为始皇谋求仙药的方士侯生、卢生,眼看大难临头,就转守为攻,放言道:秦始皇刚愎自用,蔑视一切,自以为功过五帝,专用狱吏,滥刑施威,凡事一人专断。"上不闻过而日骄,下慑伏谩欺以取容。"仙药不是求不到,但不能给这样贪于权势的人。讲完这番话后,他们便逃之夭夭。

　　秦始皇闻知大怒,下令追捕。在追捕方术之士时,也株连了一批对秦政不满的文学之士,即儒生。方术之士与文学之士不同而又有交叉。方术之士指从事占星、求仙、修炼、研求养生之术的士人。这类人中的佼佼者有广博的知识和独到之见,颇通"文学"。文学在先秦指文献,即《诗》《书》《易》等。儒生以《诗》《书》《易》等古典为业,所以又被称为文学之士。有些儒生也颇通方术。"方术之士""文学之士"被统称为"诸生"。被逮捕的诸生共四百六十多人。秦始皇下令坑杀于咸阳,并通告天下。

　　"焚书""坑儒"使知识界,也使整个社会陷入一派悲凄恐怖之中。公子扶苏深为忧虑,对他的父皇进言:现在帝业初基,偏远地区尚未安定,对这些人施以重刑,"臣恐天下不安,惟上察之"。秦始皇非但不察,反而勃然大怒,立即令扶苏前往北郡做大将蒙恬的监军,实际是流放,取消了扶苏的继承资格。秦始皇把事情推到了极端。

　　平心而论,秦始皇起初对士人的待遇很优厚。统一之前,他曾下"逐客令",要把非秦士人统统撵出秦国。人微位卑的李斯上谏书,力陈逐客之害,他立即收回成命,并重用李斯。齐人茅焦劝他勿以嫪毐(假宦官,秦始皇母亲的情夫)谋反事株连母亲,以示宽容于天下,他也欣然应允,与母亲复好如初。他想见名士弱顿,弱顿提出必须免去君臣之礼,为求高见,他也答应了。尉缭曾骂他"少恩而虎狼心",他不以为意,反而更加器重尉缭,与之同吃同住,最后采用尉缭之计,将山东六国分化瓦解,各个击破。开国之初,他广置博士,招纳诸生,欲以兴太平。但就其性格而言,他确实不能容忍士人的放任。尉缭曾指出他个性中最重要的两点:"居约易出人下,得志亦轻食人。"战国之时,战争变幻莫测,秦国前途未卜,正是他"居约"之时,当时他尚能克制自己,从谏如流。统一之后，是他"得志"之时了，他个性中被压抑的一面便高扬起来。正如尉缭所言："诚使秦王得志于天下，天下皆为虏矣。"

战国以来，士人形成了一种追求理想和道德的传统，并以传承文化为己任。有人问孟子："士何事？"答曰："尚志。"荀子说，有了正身之士，"天下之纪不息，文章不废也"。墨子说："贤良之士，厚乎德行，辩乎言谈，博乎道术。"《吕氏春秋·知士》有："高节死义，此士之千里也。"特别是有修养的儒生，"重道义而轻王公"，在权和理发生矛盾时，"从道不从君"。他们以理想和道德为旗帜，具有很强的批判意识。秦始皇自命为开天辟地以来第一帝王，岂能容忍士人的批评？他自以为超越了古代的圣王，对以往的历史不屑一顾。而诸儒却偏偏要他"师古"，在他看来，这无疑是对他的权威和功德的蔑视。"焚书"与"坑儒"便是权与理的第一次大冲突。一时间，权压倒了理。朝堂上不准论理，不容文化，理和文化就会转向民间秘密传播。有的士人冒着杀头的危险，把书藏起来；也有如伏生这样的老夫子把整部整部的文献默记于心中。

士是民意之喉舌，士的舆论不仅反映着民心的向背，而且还能对民意因势利导。秦始皇晚年既不知民心之可用，又不知民心之可惧，自以为从刀光剑影中杀出来的天下，也能用刀剑治理。对帝王来说，刀剑当然是最重要的工具，但仅仅依靠刀剑，却难以保持长治久安。且不说禁绝百家、以吏为师，从根本上窒息了人们的思想，堵塞了对事物进行探索的道路，扼杀了文化的发展，就是从自己的统治考虑，也应当博采众议，积极纳谏。但焚书坑儒的结果却完全堵塞了言路，导致下情不能上达，上意只能趋迎，政治必然就会出现故障。"沙丘之变"，二世矫诏窃柄，庙堂之上赵高指鹿为马，这些虽不能说是必然的，也是难以避免的。当陈胜、吴广点燃起义的烈火时，二世召见群臣，臣下都噤若寒蝉，不敢如实上报。深谙二世心理的叔孙通奏言："此特群盗鼠窃狗盗，何足置之齿牙间！"二世大悦。作为社会喉舌的士人或不合作，或缄口不语，或信口撒谎，秦不亡何待？焚书坑儒是一次文化厄运，也是秦王朝为自己提前举行的殉葬礼。它留下了一个意义深远的启示：失士者失天下。

大泽龙蛇——草莽英雄做皇帝

秦法烦苛霸业赊,一夫攘臂万夫随。

王侯无种英雄志,燕雀喧喧安得知。

——(唐)周昙:《秦门·陈涉》

　　秦二世元年(公元前 209 年),由陈胜、吴广率领的九百多名被征召的农民,从今安徽被派往渔阳(今北京密云区西)屯戍。时当七月,淫雨不止,队伍被困在蕲县大泽乡(今安徽宿州市),不能按期到达目的地。根据秦法的规定,误了戍期是要杀头的。于是陈胜和吴广算计:误期当死,逃亡也是死,横竖都是一死,不如奋起造反,轰轰烈烈地干一场,死也死个痛快。天下老百姓苦于秦朝的残暴统治已经很久了,举事以后,响应者一定很多。两人议定,又搞了两个小计谋。他们事先把写上"陈胜王"三个红字的帛书置于鱼腹之中,戍卒买鱼烹食,见到这样一份丹书大为惊异。又一天晚上,吴广在附近一个庙旁点起一堆火,学着狐狸的声音喊:"大楚兴,陈胜王。"在那信神信鬼的时代,这两招很起作用。陈胜立即成了一个引人注目的神秘人物。他和吴广抓住机会,杀死押送戍卒的都尉,把九百戍卒召集在一起,对他们讲:"公等遇雨,皆已失期,失期当斩……壮士不死则已,死即举大事耳,王侯将相宁有种乎?"陈胜把死的抗争与利的追求巧妙地结合起来,一起讲给戍卒,立即得到大家的拥戴,被推为将军。吴广为都尉。他们斩木为兵,揭竿为旗,宣布起义,大泽乡顿时沸腾起来。一场伟大的历史剧由这九百个贫苦农民揭开了序幕。

　　起义军很快攻占了蕲县,然后兵分两路进军,所向披靡,势如破竹,占领了铚、酂、苦、柘、谯等县城。在攻克重镇陈县后,这支队伍已是拥有战车六七百辆、骑兵上千、步兵数万的浩浩荡荡的大军了。

　　在陈县,陈胜召开"豪杰"会议,会上被推为"楚王",国号"张楚",并发出

"伐无道,诛暴秦"的号召。

什么是"道"? 说来话长,这里只能长话短说。道最初是一个具体名词,本义为道路,也可用作动词,有开通疏导之义。随着认识的深入和抽象化,道逐渐被引申为自然、社会与事物的法则、规律、道理,如"天道""地道""人道"等。具体到政治,则用道表示规律、原则、政治理想和最佳政策。道深入人心,各行各业都讲道。用今天的话讲,道是社会的正义、公理、人情、道理。秦违背了这一切,丧尽人心,因此失去了存在的合理性。

一个"暴"字把秦政之害揭露无遗。单单是负担秦政权庞大的官僚机构和军队的费用,老百姓就已不堪重压了。长期战乱之后,民生凋敝,百姓嗷嗷待哺。可秦始皇却接连不断地击匈奴、筑长城、修治驰道、经营岭南。这些无疑有重大历史意义,但远远超过了社会的承受力。事情不止于此,秦始皇还大兴土木,建筑一系列劳民伤财的浩大工程。例如他在全国修建了几百处宫殿,其中最奢华的是渭水南岸的庞大朝宫,单是前殿阿房宫,东西宽五百步,南北长五十丈,能容纳上万人,气派空前。他为了长生不死,广求仙药,但在不可抗拒的自然规律面前,又不得不准备着死,于是在骊山之北麓修建了巨大的陵墓。墓内建筑各式各样的宫殿,设百官朝位,充列各种珍宝,用明珠做日月星辰,用水银造江河大海。这究竟需要多少人力、物力,谁也算不清。《史记》记载,用来修筑阿房宫和陵墓两项工程的刑徒就达七十万人。考古学家做过一个计算,仅始皇陵的土方工程即达三千七百万立方米,需费用一亿七千多万个工日。这些工程都是用百姓的血汗、尸骨和怨恨凝结而成的。另外,秦实行严刑峻法,受刑者以百万计,国内到处都是罪犯,"赭衣塞路"。人民走投无路,"自经于道树,死者相望"[1];反抗的情绪也日益剧烈:"人与之为怨,家与之为仇。"[2]复仇的怒火一触即发,即使陈胜不首倡大义,也会有另一个点火者来担负这一使命。

死,威胁着人们;死,也动员着人们。如果以死求生,还有什么值得畏惧?陈胜振臂一呼,应者云集:刘邦起义于沛(今江苏沛县),郦商起义于陈留(今河南开封市东南),英布起义于番(今江西鄱阳县东),陈婴起义于东阳,项羽起义于会稽。"诸郡县苦秦吏者,皆刑其长吏,杀之以应陈涉。"[3]原来的六国贵

---

① 《汉书·严朱吾丘主父徐严终王贾传》。

② 《汉书·贾邹枚路传》。

③ 《史记·陈涉世家》。

族,也纷纷独树旗帜,"报父兄之怨"①。连孔子的九世孙、文弱的书生孔鲋也投奔陈胜,参加起义。

要推翻秦朝这样一个武备强大、行政严密的帝国,不是一件容易的事情。战争打了两年多才见分晓。在残酷的血战中,义军的著名领袖陈胜、吴广、项梁等先后献出了生命。

一波未平,一波又起。共同的敌人没有了,由谁主宰中国的问题又摆在诸路英豪面前。项羽凭靠实力,自称西楚霸王,同时又分封了十八个王。他们及另外一些未封王的将军各自拥兵自重。项羽踌躇满志,自以为从此可以号令天下,离开了风云际会的用武之地,衣锦还乡去了,最初见到秦始皇发出的"彼可取而代之"的豪气不知哪里去了。而当时的实际情况是群龙无首,逐鹿在即,不一决雄雌难以定天下。

首先拉开战幕的是未被封王的田荣和陈余。战火一起,顿成燎原之势:一场大混战在黄河上下、大江南北交错展开。被封为汉中王的刘邦老谋深算。他以奇用兵,牢牢占据了关中地区,并以此为依托,屡屡出兵,与项羽相周旋。各路英雄连横合纵,此消彼长。在混乱中逐渐形成了楚汉两家相持相争的形势。刘邦虽屡战屡败,但进退有据。项羽似无往不胜,却是疲于应付,逐渐失去了主动权。公元前 202 年,在经过了五年的较量后,项羽的残部被刘邦的大军困在垓下(今安徽灵璧县),兵困粮绝,走投无路。汉军在四面高唱楚歌,楚军斗志全无。项羽不明白他为什么会失败,轰轰烈烈的业绩会灰飞烟灭。而那个他从来不屑一顾的刘邦却小人得志:这是多么不公平的命运!夜深人静,在他心爱的虞姬面前,这位起起武夫不禁舞剑悲歌:"力拔山兮气盖世,时不利兮骓不逝,骓不逝兮可奈何!虞兮虞兮奈若何?"英雄路穷,红颜薄命,虞姬当场自绝。第二天早晨,项羽奋然出阵,开始了他戎马生涯中最后一次战斗。他只率十几亲随,左冲右突,无人敢敌,连斩数员敌将,最后被重重围在乌江之畔,饮剑自刎。

同年十月,刘邦,这位草莽英雄,在定陶即皇帝位。国号"汉"。先定都洛阳,不久又迁至长安。继秦朝后的又一个大帝国诞生了。

刘邦把天下看作他拼死拼活挣来的产业而得意,既不感谢上天,也不称祖道圣,反而傲气十足地大言汉家天下是他"居马上而得之"②。不错,他的天

---

①《史记·张耳陈馀列传》。
②《史记·郦生陆贾列传》。

下是他从战场上杀出来的。然而"居马上"的不只他自己,在一大群"居马上"的豪杰之中,他的"马上"功夫也不是第一流的。他自己就承认不如项羽,也不如韩信。当他冷静时,对他所以能取胜,他与臣下也有更深刻的认识。要之,有如下四点:

其一,"与天下同利"。刘邦的宽惠与秦的残暴和项羽的狂躁妄为形成鲜明的对比。他第一次入关中,即约法三章:"杀人者死,伤人及盗抵罪。"第二次入关中,深入乡间抚问父老,令民耕秦苑囿,赐民爵,免租税,移民就食。这使他深得民众的拥护。民心不是在任何时候都能显示它的意义,但在有选择机会时,善于利用民心,其作用既现实,又伟大。刘邦抓住了这一点。

其二,刘邦善于用人。他说:"运筹帷幄,决胜千里之外,我不如张良;镇国家、抚百姓、给馈饷,我不如萧何;率百万之军,战必胜,攻必取,我不如韩信。"然而,"我能用之,此吾所以取天下也"。①

其三,广采众议,择善而从。据《史记》记载,楚汉战争中,在几乎所有关系到存亡成败的紧要关头,刘邦不是昏头昏脑,就是束手无策,只是由于能及时接受臣属的献策,才别开生面,化险为夷,转败为胜。不知这是司马迁故意来奚落这位无赖呢,还是用特殊笔法来刻画他的大智若愚?大智不在于无所不能,而在于善用众人之智。以此而论,刘邦属于大智者。

其四,善于利用矛盾组合力量,攻击主要敌人,又善于各个击破潜在的对手。他称帝后诛灭的七位异姓诸侯王,在他对付项羽时,都曾经为他出过大力。为了打击项羽,不管他们与自己有过或将要有怎样的利益冲突,他都暂时置而莫论。一旦登上皇帝宝座,便翻脸不认人,阴谋阳谋两手并用,把他们一一除掉。刘邦可谓集大智和大伪于一身。

刘邦身为平民时,曾被征到咸阳服役,有幸目睹了秦始皇的赫然威仪,艳羡之极,乃喟然而叹:"嗟乎,大丈夫当如此也!"②九死一生的马上经历成就了他"大丈夫"的宏愿。但称帝以后,仍然志在高远,思念着如何加强和巩固他的伟大帝国。在招待故乡父老的宴会上,他在一片颂扬声里情不自已,慷慨高歌:"大风起兮云飞扬,威加海内兮归故乡,安得猛士兮守四方!"刘邦由草莽英雄而升皇帝,为中国封建社会的改朝换代提供了另一种模式,对"汤武革命"论做了新的补充和发展。

---

①② 参见《史记·高祖本纪》。

独尊儒术——官学模式的形成

　　汉初,景帝之母窦太后好黄老之学,召儒生辕固生问《老子》。辕固生直言快语:"此是家人言耳。"窦太后发了怒,她反唇相讥,称儒家之书是"司空城旦书"。司空为主刑徒之官,城旦是服苦役的刑徒。就是说,儒家之书不过是律令之书。她又下令让辕固生去和野猪搏斗,试试儒生用刑的本事,以此侮辱儒生。幸亏景帝给了辕固生一件锋利的兵器,才使他刺死了野猪,化险为夷。这段多少有些传奇色彩的故事,反映了汉初不同政治思想之间的斗争。

　　汉初社会,如劫后余生,喘息之余,人民与统治者都亟待安定休息;同时,秦朝的短命亦如警钟在耳,使统治者不敢为所欲为,因而,汉虽承秦制,但治术迥异。统治者崇尚清静无为、与民休息的黄老之术。不过,他们尚黄老而并未独尊黄老,不好儒而并不排儒。刘邦虽曾在儒冠中撒尿,以示轻蔑儒生。文帝"好刑名之言",景帝"不任儒者"。但儒生为汉家却出了不少力。刘邦初登帝座,与他同起的草莽英雄不知礼仪,在朝堂上"群臣饮争功,醉或妄呼,拔剑击柱"。儒生叔孙通帮助制朝仪、行君臣之礼,皇帝威严在上,刘邦高兴地说:"吾乃今日知为皇帝之贵也。"[①]儒生陆贾向刘邦进言:"马上可以得天下,不可以治天下,'文武并用'才是长久之计。"[②]刘邦改变了对儒生的鄙视态度,经过曲阜,开帝王祭孔之先河。从汉初起,便任用了不少儒生。由于儒生以教育为业,儒学在社会上有了更广泛的传布,对朝野影响越来越大。

　　武帝继位之初,即采取了一系列措施尊儒术,黜黄老及百家,结果,触怒了他的祖母窦太后。她出马干政,免去了好儒术的丞相窦婴和太尉田蚡的官职,使御史大夫赵绾和郎中令王臧下狱自杀,赶走了武帝千里迢迢请来的老儒申公。武帝尊儒受阻。建元六年(公元前135年)窦太后卒,她的死意味着尚

---

①《汉书·郦陆朱刘叔孙传》。

②《史记·郦生陆贾列传》。

黄老时代的终结。董仲舒抓住时机,建议罢黜百家,独尊儒术。

以董仲舒为代表的汉代儒学,把神学意识和诸子的理性精神糅合为一体,从人伦、人性、天道及历史观等方面为汉家天下的合理性作了全面论证。特别是从大一统的角度论述了统一思想的必要。

"《春秋》大一统者,天地之常经,古今之通谊也。今师异道,人异论,百家殊方,指意不同,是以上无以持一统,法制数变,下不知所守。臣愚以为不在六艺之科、孔子之术者,皆绝其道,勿使并进。邪辟之说灭息,然后统纪可一,法度可明,民知所从矣。"①汉武帝采纳董仲舒的建议,尊儒学为官学。所谓官学,主要表现在如下四个方面:

其一,博士之职由儒家垄断。武帝以前博士由诸子博学之士担任。②武帝对博士的设置进行了改组,统取儒家。建元五年,"置五经博士"。清代经学家皮锡瑞说:"孔子所云谓之经;弟子所释谓之传或谓之记,弟子辗转相授谓之说。"汉代经学家认为,唯《诗》《书》《礼》《乐》《易》《春秋》六艺乃孔子手定。因此,自孔子删定六经,才开辟了经学时代。汉代《乐经》已失传,所以武帝只能立《诗》《书》《易》《礼》《春秋》五经博士。后来又相继增加了《论语》和《孝经》。唐朝时又分三礼(《周礼》《大戴礼记》《小戴礼记》),三传(《公羊传》《穀梁传》《左传》),再加上《易》《书》《诗》为九经。宋时又增加了《论语》《孝经》《孟子》《尔雅》为十三经。

汉代的五经博士地位并不高,但在皇帝之侧,政治职能很重要,参与议政、制礼、藏书、教授、试策、出使等。对朝野有重大影响

其二,太学、郡国学校以儒家经典为课程。武帝时初建太学,"置弟子五十人",成帝时增到三千人③,东汉桓帝时竟多达三万余人④。在官学和以儒取士的影响下,许多经师开办私学,招收弟子,多达数百千人。东汉时期有的经师"开门受徒者,编牒不下万人"⑤。公、私学竞相传授儒家思想,儒学成为社会占统治地位的意识形态。

其三,明经致仕成为通途。例如大儒公孙弘从一介通晓《春秋》经的布衣

---

①《汉书·董仲舒传》。

②《汉书·楚元王传》。

③《汉书·儒林传》。

④《后汉书·党锢列传》。

⑤《后汉书·儒林列传》。

书生，一跃而为"天子三公"，于是"天下之学士靡然乡风矣"。博士弟子及"好文学、敬长上、肃政教、顺乡里者"能通一经者就可以进任大小不同的官吏。明经成为致仕的主要途径，从此，"公卿大夫士吏彬彬多文学之士矣"。博士夏侯胜对弟子讲："士病不明经术，经术苟明，其取青紫如俯拾地芥耳。"①当时还流行一句谚语："遗子黄金满籝，不如一经。"②东汉的桓荣由博士升为太子少博后，把印绶、车马展示给学生，说道："今日所蒙，稽古之力也。可不勉哉！"③

其四，儒学成为厘定制度、制定政策和判断是非的准绳。在西汉，甚至用刑都要以儒家经典为依据，这就是所谓的"春秋决狱"。经学和孔子的话就是法。著名的思想家、真诚的儒者桓谭因批评国家规定的经解，差一点被刘秀砍了头。

经学被统治者奉为治国平天下的金科玉律，被士人视为获取利禄的敲门砖。统治者利用它维护现政权，士人利用它获取高官厚禄和土地。在儒学腾达的同时，它却失去了探求人生、追求真理的内在冲动，走向市侩。正如清人方苞所云，由于追逐利禄，"儒之途通而其道亡矣"。

汉代的独尊儒术、罢黜百家同秦的焚书坑儒，在文化专制方面是相同的，但又有差异。"罢黜百家"只限于用人不取百家并摒除百家作为指导思想。在社会上还是允许百家存在和流传的。终汉之世，道家、法家、阴阳家、农家等，都是合法的，学《老子》的尤盛，成名的就有五十余家。

儒家虽被定于一尊，但争又起萧墙。这种内部分化，既是学术发展不可避免的，又是学术政治化的结果。政治上的利益之争必然带来派中分派。不仅五经之间门户林立，而且一经之内又可分出许多家来。汉初时，《诗经》分出鲁、韩、齐三家，后来又分出毛诗派等。"同师共学"者也多独立门户，教授学生。一经之内，门户相抗，"所见甚陋，各怀私意"，互相攻讦，谋求正统。一旦受到皇帝青睐，就会青云直上。与之伴生的，"一家增置，余家怨望"。最终导致了历史上著名的今古文之争。今文指汉世通行的隶书，古文指秦以前的"籀书"。今文重在明微言大义，古文注重章句训诂。西汉末年，今古文之争发展为政治路线斗争，王莽利用古文经篡汉，古文经大师刘歆被奉为国师。东汉时期，今文经

---

① 《汉书·眭两夏侯京翼李传》。

② 《汉书·韦贤传》。

③ 《后汉书·桓荣丁鸿列传》。

复兴,但今古文之争仍未平息,至东汉末年,郑玄综合今古文经学成一家之言。其后今古文之争时隐时现,到清末又出现一个高潮。由于经学内部之争总与政治斗争搅在一起,使儒学与政治如水乳交融,密不可分。

在学术政治化模式已经形成的条件下,学术本身也具有专制性格,学术争论一方面不可避免,另一方面又不允许对立面存在。制止学术分化的唯一办法,便是诉诸最高权力的裁决。像西汉宣帝主持的"石渠阁议"和东汉章帝主持的"白虎观议"就是由帝王出来裁定五经、统一思想、制止分化的实例。

当权力成为检验真理的终极标准时, 强权出真理自然也就名正言顺了。可儒家又高唱"道高于君",进退两难,造成了儒家两重性格。

东汉的士族——士人·官僚·地主循环圈

　　王莽代汉是中国历史上唯一一次用和平方式实现的改朝换代。西汉后期社会矛盾十分尖锐,为了挽救社会与政治危机,朝野上下出现了一股强劲的"改制"与"更命"思潮。改制要求解决土地兼并与奴婢问题;更命则认为汉朝的气运已尽,应"更定命于天"。王莽身为外戚,政治上有较高的地位,人很聪明,也很有手腕,又抓住了改制与更命两大潮流,得到相当多的士人与官僚的支持,一步一步攫取了政权,最后于公元9年代汉自立,改国号为"新"。

　　王莽登上皇帝宝座之后,着实想解决一些社会危机,改制的诏令一个接着一个,令人目不暇接。他取汉而代之时步子走得是那么顺,可当政后却乱了步伐,把迷信、幻想、空想、现实搅在一起,越改越乱,最终弄得不可收拾。他下令实行井田,重新分配土地,一夫一妇授田百亩,大地主最多不准超九百亩;改奴婢为"私属",不得买卖和任意打杀;为了打击豪商,平衡物价,实行"五均、赊贷、六筦",将主要商品收归国家专营;禁止私人铸币,实行币制改革,等等。这些主张的本意不坏,可是由谁来执行呢?平分土地受到大地主的强烈反对,乃至公然起兵相抗。官僚们经商,正好乘机发财。滥发货币,导致通货膨胀。再加上其他一系列的劳民伤财的迷信活动和对边疆大动干戈,终于引起了整个社会的不满,原来寄希望于他的士人也转而反对他。人们开始怀念起刘姓统治了,一股人心"思汉"的社会思潮,迅速蔓延开来,推翻王莽的赤眉、绿林等起义军都找了一位刘氏宗裔做自己的首领。刘秀也是刘氏后裔,在反对王莽与豪杰的角斗中取胜,做了皇帝,国号仍称"汉",因都洛阳,史称东汉。

　　刘秀是利用农民起义和依靠豪族夺得皇帝宝座的。他称帝后采取了一些和缓社会矛盾的政策,但他依靠的社会力量主要是豪族。这些豪族经世不衰,又通诗书,逐渐成为较稳定的"世族",又称"士族"。世族是指他们世代为官,家业常盛;士族是指他们是儒门里手、有文化。士族、世族又称"门阀""阀阅"。

门阀是门第阀阅的简称。门第指家族的等级,等级高的叫高门;阀(又作伐)阅指功德和资历。世族之称早在先秦就有,士族之称是汉代才兴起的,这同汉武帝的独尊儒术和以儒取士紧密相关。

汉代的经学由家派来体现,《春秋》经分《穀梁》派、《左传》派、《公羊》派,各派都有一定师承关系。在传承中出现了大师,又分出新派,像《公羊》派又分胡母、董氏(仲舒)派、严氏(彭祖)派、颜氏(安乐)派等。各派相传,很讲求家法。朝廷立的经博士以家学为准,如《易经》博士有施氏(雠)派、孟氏(喜)派、梁丘氏(贺)派、京氏(房)派四家。在各派相传中,一些派几乎完全变为私家之学,父子相传。他们借助经学又通向仕途,做了官又扩大家产,形成士人-官僚-地主三位一体或三者反复循环的状况。这里我们举两个例子。一个是汝南袁氏以习孟氏《易》累世为官。袁安祖父袁良以明经入官。袁安继承祖父之学,仕途通达,升为三公。袁安之子袁赏、袁京、袁敞继孟氏《易》,入仕名扬一时。袁京之子袁彭继承父业,官至郡太守。次子袁汤更显赫,位至三公。袁汤之子袁成早卒,其弟袁逢、袁隗双双官至三公。袁成之子袁绍和袁逢之子袁术是东汉末年割据一方的大军阀。

另一个是弘农杨氏,以习欧阳氏《尚书》累世为显族。杨震之高祖在刘邦时因功被封侯,其后有落有起。西汉末,杨震的父亲杨宝习欧阳《尚书》,隐居教授,名扬士林。刘秀称帝,征杨宝出仕,因年老未就。其子杨震好学,明经博览,无不穷究,被士人称赞为关西孔子。五十岁以后走上仕途,最后位至三公。杨震之子杨秉传父业,又兼明京氏《易》,博通书传,入仕官至三公。杨秉之子杨赐继传家学,笃志博闻,教授门生,后征入仕,官至三公。杨赐之子杨彪传家学,入仕屡升,位至三公。杨彪之子为名噪士林的杨修,后为曹操所杀。

士人-官僚-地主循环圈的形成与两汉的选官制度胶结在一起。两汉的选官制度主要是察举和征辟。察举又叫荐举,由三公九卿、地方郡守向朝廷推荐。征辟指征召和聘请,皇帝直接聘请叫"征",官府聘请叫"辟"。独尊儒术后,察举、征辟的标准主要是对儒学的造诣与德行(又叫礼法)而定。哪个造诣深,哪个德行高,主要靠社会舆论,即所谓的乡间清议。清议的中心内容就是对人物进行评价。东汉后期门阀地主控制了清议,出现了一批评论专家。魏晋时期实行的九品中正制(又称九品官人法)就是对清议评品人物的规范化和制度化。实行九品中正制后,官僚,特别是高级官僚进一步由士族垄断。隋唐以后实行的科举制取代了九品中正制,但是士人-官僚-地主互相依存和互相循环模式仍保存了下来。

士人-官僚-地主这个循环圈把社会的经济、政治、文化贯穿为一体。有了知识、文化,遇到机会便能进入仕途,做了官就能发财。升官而发财是封建社会致富的通途。宋人宋翔凤说过:"三代以下,未有不仕而能富者。故官愈尊,则禄愈厚焉。"①明人张萱说:"士大夫一旦得志,其精神日趋求田问舍。"②明代有本小说名为《醉醒石》,作者形象地用"笔头"和"锄头"说明致富之路。靠锄头,也就是说用经济的办法致富的,不过十分之三;靠笔头,也就是靠读书取功名,当了官致富的,占十分之七。小说家或有夸张之处,不过,有位作家说过,小说中除了人名是假的,其他都是真的!《醉醒石》作者的说法是可以作为信史看待的。古人云"诗书传家久","书中自有黄金屋",都是对读书做官而发财的形象描绘。人们也常把这种官宦之家称为"诗礼旧族""诗书之家"。

这个循环圈造就了官僚地主兴盛不衰。中国古代的官僚多半不能世袭,你方唱罢我登台。每一个官位就像一个铸范,铸出了一个又一个地主。古话说,"三年清知府,十万雪花银",一个知府的位子会培育多少地主出来!官僚地主是封建政权的社会基础和最积极的支持者。这个循环圈又为封建政权准备了大量的人才。读书人拼命地去取功名,明清两代中进士的就达五万三千多人,为官僚提供了庞大的后备军。这个循环圈还极大促进了封建思想文化的发展与普及。且不说别的,单单为了注疏儒家的经典,就有数不清的著作,还有成套的儒家启蒙书, 如《三字经》《千家诗》《弟子规》《女儿经》《名贤集》《小四书》《女四书》等。读书人从小开始就在儒家思想里滚来滚去,满脑子都是儒家那一套,大都成为封建统治的驯服工具。这个循环圈对封建制度起了巩固作用,但从历史看,又像一个怪圈,使社会失去了前进的活力,是造成封建社会长期停滞的重要原因之一。

---

① 转引《论语正义·述而》。
② 《西园闻见录》。

长城内外——农牧文化的冲突与交流

　　在我国北方辽阔的土地上，东西横亘着一道绵延起伏、气势雄伟、长达一万多里的古代城墙，这就是被目为世界建筑史上一大奇迹的万里长城。它体现了我国古代工程技术的非凡成就，显示了中华民族的悠久文明。

　　从军事历史的角度讲，万里长城是一项巨大的古代防御工程，它是历史上中国各民族之间、主要是各民族统治者之间矛盾冲突的产物。

　　我国是一个经过长期历史发展而形成的统一的多民族国家。自古以来，在中国广袤的土地上就生活着众多的民族集团。考古遗址和古代传说表明，在新石器时代，我国黄河、淮河、长江流域，以及华南、西南、东北、西北各地就已经广泛分布着不同的文化区域和部落。后来，以传说中的黄帝、尧、舜为代表，黄河中下游部落集团壮大起来。至禹，又建立了最早的国家——夏朝。经过夏、商、周三代，逐渐形成了汉族的前身华夏民族集团。"华夏"，意为"冕服采章"和"大国"，表示有高度的文明，华夏以外的部落，则被称为"蛮夷戎狄"。其实，华夏集团中的很大一部分早先也很难与蛮夷戎狄分辨清楚。有的史书上把夏禹称之为戎禹、西夷、西羌，不少史学家指出殷商本出于东夷，周人则长期与戎狄部落杂居相处。只是因为夏、商、周人所在的黄河中下游地区是古代最易于发展农业的地方，遂使他们把原始农业迅速地发展成先进的农耕文化及其相关的国家制度，从而与蛮夷戎狄相分离。华夏集团认为自己是发达的大国，也就把自己占据之地看成是天下的中心，于是又出现了"中国"之称。当时"中国"一词的含义与现代并不一致。西周时，"中国"主要指周朝的京城，或指以河南为中心、相对于四方诸侯的"中土""中州"。春秋以后，其含义才逐步扩展为包括华夏各诸侯国，进而成了中原的地域代称。"中国"同时又是一种文化标准。那时，人们常以"天下""四海"来指称所知的中国大陆范围，华夏和蛮夷戎狄同在四海之内，在相当长时间里，它们彼此之间亦可交替称呼，华夏不行"中国礼乐",即可称之为夷狄;夷狄行"中国礼乐",亦得视为中国,界限不那么严格。

从华夏集团形成起,其农业区域也不断扩展,农业文化发展缓慢的夷狄部落便日益被排挤到中原四周,这期间既有战争,又有交往,是一个复杂而漫长的融汇吸收的过程。一直到春秋时代,华夏和蛮夷部落仍在中原不少地方混居。大批蛮夷戎狄在西周灭亡后涌入中原活动,一些华夏诸侯国则打出"尊王攘夷"作为争霸的旗号。经过春秋战国五百多年的争雄,中原蛮夷戎狄之国或被并吞,或被逐出中原,有一些原来被看作是戎蛮的国家如楚、秦则发展成为华夏之邦。楚国先统一了中国大陆的南部水田农业区,秦国统一了北部旱地农业区,秦始皇最后又把从黄河到长江的大部分地区统一到农耕文明之下。自秦统一起,中原王朝的直接管辖区称中国,中国又成了与边疆民族地区相对称的概念,但一直到清,号称"四裔"的边疆地区仍一直包括在"天下""四海"的领域之中。

秦的统一标志着多民族中央集权国家的开始形成,然而秦仍只是我国部分地区、部分民族的统一。从夏朝到战国,先后被逐出中原散布到北方草原的部落和当地土著结合,在北方干旱高原的地理环境下不得不全面弃农经牧。草原广阔地域给畜牧业从原始农业中分化出来走向专门化和大规模经营提供了充分活动的余地。北方戎狄有了和华夏集团不同的语言,不同的经济类型和生活习惯。春秋战国之际,草原戎狄中出现了东胡和匈奴两个大的部落联盟。在秦统一农业区的同时,北方高原也在匈奴族之下统一起来。从秦开始,农业区里的华夏集团似滚雪球般越滚越大,经过汉代而发展为汉族;草原上匈奴以后各族也前后继承着一种独特的游牧文明。农业区和牧业区的长期对峙从此成了中国古代历史中一个突出的格局。秦始皇造长城,在某种程度上便成了这种格局固定下来的标志。

修筑城墙是立足于土地之上的纯粹农耕民族发展到阶级社会后的必然趋势。最早的城墙是围绕某个城市而修建的。到春秋战国时期,诸侯国将自己国境线上的城堡和烽火台用城墙联系起来,就组成了长数百里甚至上千里的长城。楚国在公元前 7 世纪前后开始修筑长城,以后齐、燕、赵、秦、魏都纷纷修建。这些长城一部分是诸侯国用来互相防御对方的,也有一部分是防御北部游牧民族的。和离不开土地的农民相反,游牧民"逐水草而居",在移动中生活。他们充分利用马匹的功能,行动迅速,集散容易。当他们经济和人口发展到一定程度,和农业民族发生冲突时,他们往往处于攻势。依靠最早掌握骑兵战术而具有的野战优势,游牧军队经常南掠,使邻近他们的燕、赵、秦等国深感威胁,不得不修筑专为防北的长城。秦始皇并灭六国后,匈奴成了秦王朝境外的最大敌人。为了有效地护卫刚刚统一的江山,秦始皇先出动三十万大军从匈奴手中抢夺了具有战略地位的黄河河套南部,"因河为塞"。随即以燕、赵、秦三国北方长城为基础,增筑扩充,大规模修筑了西起临洮、东止辽东,绵延万余里的长城。秦汉时期,万里长城正式构成了农业区和牧业区的分界。汉文帝因此在给匈奴单于的信中说:"长城以北引弓之国受令于单于,长城以内冠带之室朕亦制之。"①自秦以后,西汉、东汉、北魏、北齐、北周、隋、金、明等各代都曾大举修筑或增建长城,其中以汉代和明代规模最大。修建长城并不限于汉族王朝,北魏、金等北方民族入主中原而建立的王朝,为防备草原新起的游牧族,也修筑长城。长城在防御体系上利用自然地形,"用险制塞",扬定居民族之长而抑游牧骑兵之短,在以冷兵器为主的古代有较大的功效。它在一定时期里保障了中原地区的农业文明和人民的生命财产,汉代河西长城还保卫过丝绸之路的畅通,这些都起到了积极的意义。但历史也表明,长城并非双方不可逾越的防线。对中原王朝而言,长城的防卫作用必须和一个朝代强大的军事政治实力结合才能发挥出来。中原王朝往往必须派强劲的武力远征塞外,或以高明的政治手段控制住草原各族,才能真正保证边疆的巩固。当任何一个中原王朝衰败之际,再坚固的城墙也无法阻挡得住北方的铁骑。长城目睹了游牧民族一次次越过城墙南进,或杀掠破坏而返,或入主中原建立政权;长城也看见汉族一些贪欲黩武的帝王屡屡跨过城墙发兵草原。长城线上演出了一出出惨烈的民族斗争的历史剧。

长城并非只是各民族争战的舞台。长城内外农牧民族之间始终就既有矛盾冲突,也有密切的交流与融合。农业区与游牧区都各有自己所特有的产品,是对方所没有或缺少的。尤其是游牧经济,从形成时起就是一种单一的不完全经济,它无法生产许多必需的生活用品和工具,对农业区有更大的依赖性。中国古代北方民族不断冲击中原,除了统治集团的矛盾外,其生产结构的某些不合理也是重要的经济动因,侵掠战争往往是正常交往遇到障碍后的必然结果。同样,汉族也需要从游牧区获得补充。比如食肉为主的游牧民族必须从

---

① 《汉书·匈奴传》。

农耕区获得茶叶来作为主要的消化饮料,缺少马匹的汉族又必须从草原上获得良种马,"茶马互市"便成了农牧民族间贸易的一宗大项。中原农业地区向游牧地区大量输出各种手工业品、农产品和生产技术,支援和丰富了游牧地区人民的物质和文化生活,促使不少游牧民族的社会发展出现了飞跃进步。游牧地区向中原提供的大量畜产品,对汉族社会也产生了深远影响。农耕地区不仅良种马不能充分自给,以前也没有驴、骡。驴在汉初在内地还与奇珍异宝并列,被视为稀有,后来从草原引进,逐渐成为民间常用役畜。这些比马更健壮耐劳的牲畜在中原推广,对农业生产力的发展产生了巨大推动。农业文明和牧业文明互相依存与交往,谁也离不开谁,这种深刻的内在联系是任何人工关塞所隔绝不了的。即使在战争期间,通过长城内外的贸易往来也一直没有中断过。本来主观上想阻断南北、被许多统治者和士大夫视作"华夷天堑"的长城,客观上却不时起到了民族交流的枢纽作用,在这个意义上说,长城又是中国古代民族关系发展的一个历史见证。

随着我们多民族统一国家的发展与巩固,长城作为我国国内民族间的防御工程的作用日趋减弱直至消失。

唐朝在魏晋南北朝民族大融合基础上建立,它的统治区远远深入到大漠以北;元朝和清朝统治者原本就来自长城以外,他们更全部实现了长城内外农业区和牧业区的华夷大统一。唐、元、清三代帝王都不屑于再修长城。清康熙皇帝还写诗嘲笑秦始皇:"万里经营到海涯,纷纷调发逐浮夸。当时费尽生民力,天下何曾属尔家。"

清朝对长城采取了"但留形胜壮山河"的态度。清以后,长城的实际政治军事功能就完全转变为一种文化和心理上的象征。这条蜿蜒的巨龙从此只是作为一个伟大的古迹静卧在崇山峻岭之中,激发着人们的缅怀与思考。

赤壁之战与三国鼎立
——合久必分,分久必合

折戟沉沙铁未销,自将磨洗认前朝。

东风不与周郎便,铜雀春深锁二乔。

——(唐)杜牧:《赤壁怀古》

这是唐人杜牧吟咏赤壁之战的一首绝句。不知从何时起,这场战争引出骚人墨客们的那么多的情思,杜牧写它,苏东坡也写它。后代的小说家、戏曲家又将它敷衍成群英聚会、蒋干盗书、草船借箭、庞统献计、诸葛祈风、华容释曹等富有传奇色彩的放事,使之更为广泛地流传。这里,我们将抛开那些故事中的虚构与渲染,讲述一下历史的真实。

东汉王朝延续了百余年的"大一统"格局,因外戚与宦官迭相擅政而出现了裂痕。当"党锢"狱起,"清议"被禁止,言路被堵塞时,人们普遍产生出一种"天下将乱"的预感。灵帝中平元年(184 年),黄巾农民大起义果然如同火山般地爆发了。它虽然最终失败了,但东汉王朝也开始分崩离析。"苍天已死,黄天当立",这颇有宿命论意味的起义口号,真的成了东汉即将灭亡的预言。一时之间,大大小小的军阀蜂拥而起,"大汉天子"不仅不能再对他们发号施令,反而要听任他们摆布了。为了争当新的"天子",各路军阀之间展开了激烈的搏斗。此时的形势,称得上是"乱哄哄你方唱罢我登场"——有的吞并了他人,迅速崛起;有的则被人消灭,倏忽衰落。到赤壁之战前夕,最初那数十家割据势力,拼杀得只剩下寥寥几家了。

赤壁之战的发起者是曹操。黄巾起义前,他不过是个小小的县尉,靠镇压起义而升任济南相。任上,他果断地惩处了一些"阿附贵戚,赃污狼藉"的属吏,既赢得了民心,又受到最高统治层的赏识,被调至京城洛阳。敏锐的政治嗅觉,使他感到东汉王朝的确气数已尽,乃于中平六年(189 年)借董卓专权、朝政更加紊乱之机出走,到陈留(今河南开封市东)一带发展自己的势力。在各路"诸侯"讨伐董卓的联合行动中,曹操不仅显示了自己的胆略与军事才干,还笼络了一些人才。同时又摸清他日后对手的底细。献帝初平三年(192年),他收降了黄巾余部三十多万人,组成"青州军",羽翼大丰。不久,又将逃亡流窜的汉献帝迎至许昌(今属河南),"奉天子以令不臣",取得了有利的政治地位。他还下令在许昌附近"屯田",经济实力因之壮大。凭借这些优势,他先后消灭了袁术、吕布、张绣等集团,力量进一步增强。建安五年(200年),遂与当时势力最大的袁绍集团在官渡(今河南中牟县东北)决战。曹操扬长避短,采取偷袭对方粮草辎重的策略,战胜了比自己强大的敌人。战后不久,袁绍病死。曹操乘势北征乌桓,并扫除袁氏的残余势力,使得我国北方的半壁河山大体归于统一。

赤壁之战的另一方是孙权和刘备两个集团的联盟。孙权之父孙坚也靠镇压黄巾军起家。讨董卓时在袁术部下,后在与刘表集团的一次战斗中丧生。其长子孙策统其旧部,渐渐脱离袁术而到江东(今长江中下游部分地区)求发展。官渡之战前几个月,他也为仇家所杀害。这样,孙权从哥哥的手中继承了对江东六郡的统治权。当时,这一带还有些"深险之地"不曾服从孙氏,更有些流寓于此的士人"以安危去就为意",采取观望态度,并不积极与之合作。然而,年仅十八岁的孙权却颇能团结部众,不但使孙策旧部中的张昭、周瑜等人"委心服事",又使甘宁、鲁肃、诸葛瑾、张纮等一批新来投靠者也能以各骋才智,甘为所用,故很快便在江东站稳了脚跟。

刘备是西汉王朝宗室的后裔。到他这一代却早已家境败落,"贩履织席为业"。后来,因一些富商的资助,也组成了自己的武装,投身于镇压黄巾军的行列之中。在军阀混战中,由于没有一个有远见的知识分子充当智囊,他的势力一直未能得到较大的发展,甚至未能取得一块固定地盘,只能依违于其他势力之间。官渡之战时,他正依附袁绍。败后,到荆州投靠刘表。他之所以能在群雄逐鹿的夹缝中生存下来,一靠汉室宗亲的招牌,在士族中有一定的声望;二靠能以"信义"二字对待部属,使得部下中的骨干分子关羽、张飞、赵云诸人在颠沛流离之中始终与之同心勠力,共尝甘苦。刘备到荆州后,得知名士诸葛亮正在隆中(今湖北襄阳市附近)隐居,立即三顾茅庐,诚恳地邀请这位"卧龙"先生出山。当诸葛亮陈述了著名的"隆中对策"后,刘备感到心窍顿开,大有相见恨晚、如鱼得水之慨。日后,他基本上依照诸葛亮为他设计的蓝图,开展了自己的政治活动。

仅仅统一了北方,当然不是曹操的最高目的。建安十三年(208年),在暂时稳住了割据关陇一带的马腾、韩遂集团后,便开始了他统一全国的行动。荆州是控扼长江的咽喉要地,被他视为心腹之患的刘备又恰在此寄寓,因而曹军兵锋首先便对准了这里。曹军尚未抵达,荆州牧刘表已病死,继承者刘琮懦弱无能,听说大军将至,早已吓破了胆,立即望风而降。曹操兵不血刃,轻而易举地拿下荆州,吞并了刘表苦心经营的水军。意外的胜利,使曹操得意万分,忘乎所以,随即用轻狂傲慢的口气写信给孙权说:"近者奉辞伐罪,旌麾南指,刘琮束手。今治水军八十万众(这是大言恫吓,实则只有二十余万),方与将军会猎于吴!"对于即将发生的战事,他竟看得如同行围打猎一样轻松,似乎真的成竹在胸、稳操胜券了。

再看孙、刘一方。刘琮降时,刘备正驻军樊城(今湖北襄阳市)。因刘琮有意封锁,刘备不知荆州之事。直至曹军快要掩袭而至了,他才得知消息,只好率部匆匆逃亡,逃至当阳(今属湖北),才稍稍安定下来。此时,孙权的使者鲁肃恰恰赶到这里。原来,江东一得到刘表的死讯,鲁肃马上对孙权陈述了荆州的战略意义,请借吊表以探听其虚实,伺机与刘备实行联合,共御曹操。孙权接受了建议,鲁肃迅即赶赴荆州。中途得知变故,又改道至当阳会见刘备。明白了鲁肃的来意,刘备大喜过望,立刻派诸葛亮随鲁肃到柴桑(今江西九江市附近)与江东订交,自己则依鲁肃之议率部屯驻樊口(今湖北鄂州市)。

诸葛亮过江后,向孙权说明了刘备方面的实际兵力,又分析了曹军"远来疲敝"、不习水战等弱点,并运用激将法以坚定孙权抗曹的决心。孙权召集臣下商议如何对付曹军。当他把曹操那封挑战书传给大家,张昭等文臣"响震失色",主张投降;鲁肃、周瑜等武将则力主迎战。鲁、周二人还分别对孙权晓以利害,周瑜更仔细地分析了敌我形势,请求给自己精兵数万,立下了"保为将军破之"的誓言。听了这些,孙权要与曹操一决雌雄的信念更加坚定,他拔出佩刀,猛地劈掉桌案的一角,道:"诸将吏敢复有言迎操者,与此案同!"随即命周瑜为统帅,带兵与敌人决战。

这年十月,联军与曹军相遇于赤壁(今湖北赤壁市)。其时,曹军中不少人因水土关系而生病,故在前哨战中便遭受挫折,退驻到江北的乌林。联军则屯扎在江南的赤壁山,与之隔江而峙。江东的部将黄盖见到曹军为让北方士卒适应水战而将战船用铁索互相连在一起,便对周瑜建议采用火攻,同时他又写信给曹操说自己准备向江北投降。一天,东南风刮得很急,黄盖率领一支船队顺风向江北进发。最前面的十只大船满载着干柴燃油,表面以篷幕遮盖,其余船只尾随其后以备冲杀。曹营这边见到船队驶来,以为是黄盖真的来降,毫不介意。当这些船驶至距曹军约两里之处,突然"同时火发"。火船借着风势,迅烈地烧向曹军,江北顿时成了一片火海。南岸一见火起,周瑜一声号令,战鼓齐鸣,联军主力乘势而进。曹营将士此时早已乱成一团,呼天喊地,夺路逃窜,烧死的、挤到江中淹死的不计其数。曹操带着残兵败将慌忙撤逃。逃至华容道(今湖北潜江市附近)时,由于道路泥泞,被马踏人踩,士卒又死伤了不少。周瑜、刘备指挥的联军水陆并进,直追杀到南郡(今湖北江陵县附近)才引军而还。曹操躲过追兵、清点人马时,发现"死者大半"。他部署了襄阳与江陵(今均属湖北)的防务后,匆匆退回北方。赤壁一战,为日后三国鼎立奠定了基础。曹操因损失惨重而无力南顾,只能一面整顿内政,一面收缩战线。后来,他消灭了割据关陇的韩遂、马超的势力,完全统一了北方。孙权在稳固了江东地区后又向岭南(今中国两广地区与越南部分地区)扩张,并在那里建立了自己的统治。刘备则占据了荆州部分地区,后来又攻占了益州(今四川大部)并在此建立了根据地。220年,曹操之子曹丕废掉了汉献帝,自己称帝,国号魏,都洛阳。第二年,刘备称帝,国号汉,后人称蜀汉,都成都。222年,孙权称吴王,七年后也称帝,国号吴,都建业(今江苏南京市)。至此,三分天下的局面形成。

俗云"合久必分,分久必合"。从东汉到三国,是由合到分(内中也包含着"合");三国鼎立的局面没维持多久,便又归西晋之一统。历史的运动就是这样奇怪。但无论是分是合,在古代社会里,靠的都是实力。

淝水之战与两晋南北朝的民族关系
——落后的征服者被文明的被征服者同化

你知道"风声鹤唳、草木皆兵"这句成语吗？它包含着一段生动的历史故事——秦晋淝水之战。

316年，结束三国鼎立才三十六年的西晋王朝在各地流民起义和进入内地的周边少数民族势力的打击下灭亡了。次年，原来的皇族司马氏在江南又重建了一个王朝，史称东晋。而在北方，则先后出现了二十来个由少数民族上层分子建立的政权，史称"五胡十六国"。中国又一次陷入了南北大分裂的局面。

4世纪下半叶，北方氐族贵族建立的前秦逐渐强大起来，它于370年至376年间，先后剪灭四个北方政权，统一了黄河流域。383年，前秦统治者苻坚又"思混一六合"，征发全国兵力南攻。号称大军百万，"东西万里，水陆齐进"。准备一举灭亡东晋。苻坚先派前锋攻下淝水（淮河支流）西岸的重镇寿春，又派五万军屯驻洛涧（洛水入淮之处），封锁淮河。在这强敌压境之际，东晋派宰相谢安为最高统帅，又遣都督谢石、谢玄率军八万迎敌。东晋军总数虽少，但比较精锐，指挥官富有谋略。而当时前秦军中成分复杂，各路军马又未全部开到，抵达前线只有二十万人。晋军趁前秦军尚未集中，先以精兵五千夜袭洛涧成功，然后将战线推进到淝水以东八公山与前秦隔河对峙。前秦军首战失利，锐气已伤，惊得苻坚在寿阳城楼上远望晋军阵容严整，仿佛山上的一草一木都是晋兵。东晋又派人向前秦挑战，要秦军略向后移，以便晋军渡河决战。苻坚打算乘晋军渡至河中央之时加以截击，遂下令稍退。不料因军心离散，一退即阵脚大乱。后面秦军以为前面秦军战败，争相奔逃。东晋乘机抢渡淝水猛攻。结果前秦军全军崩溃，苻坚带伤逃走，"闻风声鹤唳，皆谓晋师之至"。

淝水之战是东晋十六国时期规模最大的战争，也是中国历史上一次以少胜多的著名战例。此战之后，东晋得到了相对稳定，而前秦政权却随之瓦解。不到三年，北方又形成混乱割据局面，各政权之间进行了五十多年激烈的战

318

争。到 420 年，南方东晋被自己的大将篡夺，开始了有宋、齐、梁、陈四个政权更替的南朝。北方在 439 年由鲜卑族拓跋氏建立的北魏重新统一，以后又经历了东魏、西魏和北齐、北周，史称北朝。

淝水之战是氐族统治者发动起来的，有不少人认为这是一场民族战争，这是需要具体分析的。民族问题确是两晋南北朝历史的一个重心。这一时期少数民族政权林立，社会发展程度与汉族相差较大，其统治者以野蛮落后的方式治理百姓，民族矛盾十分尖锐。但正如马克思所说："野蛮的征服者总是被那些他们所征服的较高文明所征服，这是一条永恒的规律。"中原有发达的封建经济与文化，少数民族上层要巩固统治，必须适应这个地区的社会发展要求。在这种客观形势下，一些政权日益与汉族地主相结合，继承了中原封建统治的传统。如前燕统治者"躬巡郡县，劝课农桑"①，引用大批汉族士人处理政事，大兴礼乐，法制皆学汉人。前秦苻坚任用汉族谋士王猛等，"修废职，继绝世，礼神祇，课农桑，立学校"②，他还仿汉族统治者举行"亲耕藉田，其妻苟氏亲蚕于近郊"③的仪式，而且大修水利"开泾水上源，凿山起堤，通渠引渎，以溉冈卤之田。及春而成，百姓赖其利"④。他的政策使北方社会经济得到很大恢复，"关陇清晏，百姓丰乐，自长安至于诸州，皆夹路树槐柳，二十里一亭，四十里一驿，旅行者取给于途，工商贸贩于道"⑤。至前秦统一北方时，已转化为一个氐汉地主阶级的联合封建政权。它对东晋的战争是一场不成功的兼并统一战争，民族战争色彩已比较淡薄了。北周时期，各政权接受汉族经济文化的步伐更进一步加快，至北魏孝文帝时达到了高峰。北魏孝文帝不顾鲜卑贵族保守派的反对，将都城从平城（今山西大同市）迁到中原的洛阳，还下令鲜卑人一律改穿汉服，说汉语，改汉姓，与汉人联姻，废除一切鲜卑旧制，用强制性的改革促进了鲜卑的封建化。

统治阶级的变革适应了历史的总趋势，更深刻的变化则来自民间。汉族统一王朝的瓦解造成分裂和破坏，这是一件坏事，但中原统治者隔绝各族人民的壁垒也在此时被彻底打破，大批少数民族迁徙中原，这又可说是一件好事。据《晋书·文帝纪》载，两晋十六国时内徙的各族人数有"八百七十余万"，其数量之大是空前的。同时，中原人也大批迁往南方和其他各地，仅西晋末和

---

① 《晋书·慕容皝载记》。
② ③ ④ ⑤ 《晋书·苻坚载记上》。

十六国初期，就有约八分之一的中原居民迁往长江流域，有几十万人迁往东北和西北地区。大规模的迁徙造成了广大地区内的民族杂居。各族人民共同劳动、生活，互相通婚，经济文化联系日趋密切，时间一长，诸族在语言、生活习俗和血统上的差异就逐渐消失了。到隋唐时，曾经活跃于北方的匈奴、羯、鲜卑、乌桓等民族大都进入了汉族之中，为汉族注进了大量新鲜血液。同样，也有不少汉族人进入少数民族地区，充实了其他民族。

少数民族的汉化很引人注目，汉族在经济文化上也汲取了其他民族的许多精华。在少数民族影响下，汉族在衣、食、住、行不少方面都发生了变化。比如说，汉族过去一直席地而坐，此时推广流行了北方传来的"胡床"，才开始使用我们今天用的高足家具。中原的文学艺术在此时也补充了质朴刚劲的"胡歌""胡乐"的营养。著名的《木兰辞》以汉语五言为形式，词兼胡汉，描写北方妇女，其风格有明显的"胡风"。脍炙人口的《敕勒歌》原为鲜卑语民歌，后用汉语译写改编，它以粗犷雄浑的气势歌颂草原的游牧风光："敕勒川，阴山下。天似穹庐，笼盖四野。天苍苍，野茫茫，风吹草低见牛羊。"不仅为鲜卑族传唱，也被中原士人所接受，成为中华民族文化宝库中的一颗明珠。正如元代诗人元好问所赞："慷慨歌谣绝不传，穹庐一曲本天然。中州万古英雄气，也到阴山敕勒川。"

南北朝是春秋战国以来又一个战乱频仍的时代，也是又一次大融合的时代。经过战争与融合，一个全新的汉族出现了，少数民族也呈现出进一步的发展。高度繁盛的隋唐文明就在这样的土壤上形成了。

隋统一与大运河——为害一时,造福百代

尽道隋亡为此河,至今千里赖通波。
若无水殿龙舟事,共禹论功不较多。
——(唐)皮日休:《汴河怀古》

这是唐末文学家皮日休作的《汴河怀古》。历史不能假定,然而人们又常常假定,这与其说是对以往的惋惜,还不如说是对现实与未来的美好憧憬。历史也真奇怪,一条造福万代的水道偏偏同那个无恶不作的隋炀帝(杨广)结下了不解之缘。功过、是非、善恶竟如此紧密地交织在一起。

581年,杨坚废周静帝自立,建立了隋朝,他就是后来的隋文帝。即位以后,他积极策划统一大业。开皇七年(587年)灭掉建都江陵(今属湖北)的后梁,扫除了南进障碍。次年,其子杨广又率五十一万大军攻陈,以摧枯拉朽之势攻破陈都建康,生擒陈后主。不久,岭南(今两广一带)首领冼夫人也率众归附隋朝。自西晋以来长达三百多年的分裂局面至此结束,全国复归于一统。隋文帝、隋炀帝改革官制,创立科举,修订刑律,推行均田制、府兵制,使社会经济得以恢复,中央政权掌握的户口在大业五年(609年)由灭陈时的四百一十万户增加到八百九十万户,四千六百余万口,府库充盈,"计天下储积,得供五六十年"。凭借如许的经济实力,隋炀帝大兴土木,建东都,修长城,而影响最为深远的莫过于开凿大运河了。

大运河以洛阳为中心,北起涿郡(今北京市西南),南达余杭(今浙江杭州市),全长两千一百多千米。河身分四段:北段起洛阳至涿郡(今北京),名永济渠。中段自洛阳至山阳(今江苏淮安市),名通济渠。再往南从山阳起达江都(今江苏扬州市),以春秋末年吴王夫差所开的邗沟(即山阳渎)为基础再加疏浚。南段自京口(今江苏镇江市)到余杭,称江南河。

运河的开凿史可追溯到春秋战国时期。据考古发现,早在距今六七千年以前,江苏、浙江一带的先民就已经"刳木为舟,剡木为楫"。文献记载有迹可考的运河,最初就在这里诞生。春秋时期吴、楚争霸,为了运兵运粮,吴国曾开胥浦,东通大海,西连太湖,又开堰渎由太湖向西北通长江,相传为伍子胥督造,故又称胥溪。《越绝书·吴地传》记载:"吴古故水道,出平门,上郭池,入渎,出巢湖,上历地,过梅亭,入杨湖,出渔浦,入大江,奏广陵。"这条水道大致经苏州沿今运河往北到江阴以西、常州以北入长江。公元前486年,吴王夫差为北上与齐、晋争霸,动员人力开挖邗沟。《左传·哀公九年》记载:"秋,吴城邗沟通江、淮。"晋代杜预注:"于邗江筑城穿沟,东北通射阳湖,西北至末口入淮,通粮道也。今广陵韩江是也。"韩江即邗沟,又称渠水、邗溟沟、中渎水,是第一条沟通江淮的人工运河。吴王夫差曾率军自长江经邗沟入淮水,再溯淮水支流入齐境,大败齐军。继而又循之与晋国争雄。战国时期,魏惠王于公元前362年迁都大梁,次年开挖鸿沟,北接黄河,南与淮河几个支流相连,使黄淮间构成通航水系。邗沟、鸿沟的开通为后来全国范围内的水道交通网的形成奠定了初步的基础。秦汉以后,鸿沟演变为汴渠,是当时漕运的骨干水道之一。沟通黄河、海河的工程起步于三国时代。204年,曹操北征袁尚,"遏淇水入白沟,以通粮道"(白沟起淇县经黄骅入海)。213年又经营邺,引漳河水,过邺,入白沟,转通黄河,名为利漕渠。在北征乌桓时,他又开凿平虏渠(相当河北青县至天津静海一段的南运河)、泉州渠(北汇鲍丘水,即今蓟运河,南接潞河,即今海河)、新河(西起泉州渠北端,东至濡水,即今滦河)等,直达滦河流域。至此,沟通长江、淮河、黄河、海河四大水系的南北人工水运交通网已经初具规模。这些运河的兴建和发展,为勘测、设计、施工和管理方面提供了重要的经验,隋代大运河正是在这个基础上加以系统修整、疏浚和扩建而成的。

隋以前的运河是利用地形地势,沟通天然河流、湖泊,人工河并不长,尚属初创阶段。平地开工,长距离挖掘人工河道,大规模地构筑贯通南北、纵横东西的水运交通网,则始于隋代。隋炀帝出于政治、经济、军事和巡游的需要,即位第二年就下令开凿大运河。他征发河南、淮北民丁百余万,开通济渠,自西苑引谷洛水到黄河,再从板渚引黄河入汴水,又自大梁(今河南开封市)东引汴水入泗水以达淮河。接着又征发淮南民工二十余万,疏浚邗沟,由淮入江。通济渠和邗沟宽四十步,两岸筑御道,植柳树,从长安到江都(今江苏扬州市江都区),置离宫四十余所,造龙舟及杂船数万艘,以备巡幸之用。两年后又发河北军民百余万,穿永济渠,引沁水入黄河,北通涿县。丁男不足,发妇女充役。事隔两年,开江南河,自京口至余杭,长八百余里,宽十余丈,可通龙舟巨舰,以备东游会稽(今浙江绍兴市)。这样,从605年至610年,仅五六年间,一条四千余里,沟通江、淮、黄、海四大水系的人工大运河以崭新的面目呈现在中国大地,这不能不说是世界运河史上的一大奇迹。

隋唐大运河不完全等同于今天的京杭大运河,二者的差异主要是淮河以北的走向不尽一致。大运河到元朝初年已经年久失修,不能贯通,由南方北运大都的漕粮只好水陆两运,十分不便。元世祖忽必烈为了解决漕粮运输问题,在至元二十六年(1289年)开会通河,自须城(今山东东平县)到临清,长二百五十余里。又采纳著名科学家郭守敬建议,于至元二十九年(1292年)开通惠河,引大都西白浮泉等水穿过大都,东至通州入白河,长一百六十余里。这样,通惠河、会通河与扬州运河、江南运河相互贯通,由杭州直达大都的大运河又重新勃发生机。人们对历代帝王开凿运河有种种不同的评说。就实而论,主要在于兵、食二字。正如《河渠见闻》所说:"以通渠积谷为备武之道。"兵与食是君主专制政治制度的两个命根子。吴王夫差凿邗沟,魏武帝曹操开白沟,目的就是转输辎重粮饷。秦汉经营鸿沟,修筑敖仓,也是为了粮食的转运和贮存。元朝定都大都后,宋朝降臣王积翁献言道:"亡宋都汴时,每年运江南粮六百万石。如今江南粮多,运到京城,可食贱米。"得到朝廷赞许。明清两代几乎把运河视为京畿的命脉,难怪有人叹咏:"滋润京华赖此河。"隋炀帝开凿大运河也离不开兵、食二字。秦汉时期黄河上下,沃野千里,足为王霸基业,到魏晋以后,由于战乱、人口增加、生态破坏等原因,已经难以供养中央政权庞大的官僚和军事机器。江南经济在此时迅速发展,隋唐时已有"天下大计,仰于东南""赋之所出,江淮居多"的说法。运河开通,江南膏脂滚滚而来。据唐太宗估计,隋仓库所存,可供五六十年之用。当然,隋炀帝希图巡游享乐也是大规模整修运河的一个因素。巡游不仅仅是游玩,它是帝王显示力量和威严的一种重要方式。

隋代大运河的开凿是我国水利航运史上的一件大事,也是人类文明史上屈指可数的伟大的建设工程。大运河凝结着我国劳动人民的智慧和创造力。隋炀帝酷用民力,为祸一代,大运河却造福万代,泽及子孙。运河的实际功能远远超过了运兵、运粮的初衷,它像一条充满着新鲜血液的动脉,流淌到哪里就为那儿带来繁荣的经济和文化。隋唐的西都长安、东都洛阳、北宋的首都汴梁(今河南开封市)、南宋的临安(今浙江杭州市)、辽的燕京、金的中都、元的大都、明的南京,以及明、清两代的北京,都赖运河滋润;一个个繁荣的商业都市,诸如苏州、扬州、徐州、德州、天津等,无一不是靠运河发展起来的。大运河宛如一条白练穿起一串明珠,装点着江山。大运河在中外交流方面也发挥着重要的作用,历代王朝大都在杭州设市舶司。大运河的终点便是海上丝绸之路的起点。

"千里长河一旦开,亡隋波浪九天来"。建设长利需长计,超越了当时社会负担能力,难免不受到惩罚。人民的血汗没有白流,千里长河灌溉着中华文明!

贞观之治——"人治"的喜与悲

　　隋失其鹿,豪杰竞逐。一位少年英雄乘时而起。他辅佐父兄,誓师太原,破长安,建唐朝,继而南征北战,西伐东讨,剪灭薛仁杲,大破刘武周,擒杀窦建德,迫降王世充,平定刘黑闼和徐圆朗,终于"克定天下",立下了赫赫战功。公元 627 年,他开始君临天下。在他统治期间,实现了天下大治,为文明昌盛的大唐帝国奠定了根基,史称"贞观之治"。他就是在中国妇孺皆知、家喻户晓的一代英主——唐太宗李世民。

　　"其兴也勃焉,其亡也忽焉"。转瞬之间隋亡唐兴,沧桑巨变,令人眼花缭乱。隋炀帝和唐太宗,一个是昏君,一个是明主;一个为祸一世,一个造福一代;一个遗臭万年,一个名垂千载。这两个看上去是两极的历史人物,相似之处又何其多。这一对表叔侄,脉管中流着相似的血液,都是早慧聪明,生得相貌堂堂;父祖都是北周政权的勋臣和中坚,曾属于同一个政治、经济利益集团;都兼具文韬武略,戎马倥偬,纵横天下,完成一统大业;都是舞文弄墨,诗赋文章的高手;都是王朝的第二代皇帝,身兼创守,声播域外;都是老皇帝的第二个儿子;都是靠着阴险血腥的手段夺嫡篡位……

　　他们处在相同的历史时代,生活于大体相近的社会环境中,所依恃的社会政治制度大同而小异,都有才干,而政治效果迥异。造成隋唐二帝巨大反差的原因是多方面的。在"一言兴邦,一言丧邦"的时代,君主的政治精神风貌是兴衰存亡的重要因素。帝王讲究文武、刚柔之道。隋炀帝恃强自大,逞能自傲,极而为暴,恣肆妄为,结果求荣而取辱;唐太宗有鉴前车,注重刚柔相济,以刚辅柔,敬慎戒惧,结果畏慎而得福。历史人物是历史创造的。没有隋唐鼎革之际的社会大震荡,就没有唐太宗。

　　唐太宗的政治韬略是反思的产物,所谓"以古为镜可以知兴替,以人为镜可以明得失"。隋王朝既富且强,一个极盛的大帝国顷刻之间灰飞烟灭,原因何在？当时的人们普遍归咎于君主"无道"。于是如何防范王权失控成为唐初人们议论的中心议题之一。在不改变君权至上的前提下，人们纷纷论证畏天、重民、任贤、纳谏、执法、修德，等等，熔铸出富有特色的贞观时期的君道理论。这股思潮对唐太宗的影响极为深刻。切肤之痛使人铭心刻骨，成功经验远胜空泛说教。唐太宗的亲身经历使他的思想日渐深邃。有两件事对他的触动极大。一件事涉及君民关系。621年，身为秦王的李世民攻克东都洛阳，但见城池雄伟，宫殿巍峨，不禁叹道："逞侈心，穷人欲，无亡得乎！"相比之下，李渊父子起兵太原，西入长安，布宽大之令，"百姓苦隋苛政，竞来归附，旬月之间，遂成帝业"。"君舟民水"的古训导演了一场活生生的现实剧，两相比较使李世民深刻地理解了"君失道，人叛之"的道理，把调整君民关系视为"政本"，时时告诫自己，不要重蹈"君富而国亡"的覆辙。另一件事涉及君臣关系。李渊身为皇亲国戚，贵室之胄，应属于隋朝的腹心。可是隋炀帝妒才愎谏，"多所猜忌，人怀疑惧"。一次，李渊患病不能上朝，隋炀帝竟问道："可得死否？"李渊闻知心惊胆战，"纵酒沉湎纳赂以混其迹"。后来竟在儿子们的怂恿下铤而走险。礼部尚书杨玄感本是炀帝宠臣宰相杨素之子，李密本是隋上柱国李宽之子，偏偏是这样一批人，趁隋炀帝亲征高丽之机，起兵黎阳(今河南浚县东南)，进攻东都洛阳，险些抄了炀帝的后路。相比之下，在横扫六合，一统天下，谋夺帝位，治理国家的过程中，李世民深深体会到人才难得，贤佐可贵，君臣利害攸关，"同治乱，共安危"。由于他懂得了"君臣合契"，"同心协力""共相切磋，以成治道"的必要性和重要性，在调整君臣关系方面下了一番功夫。

唐太宗深知："成迟败速者，国也；失易难得者，位也。可不惜哉？可不慎哉？"一而再，再而三地感叹："为君不易。"颇有高处不胜寒之慨。在君臣论政中，在唐太宗亲自撰写的《帝范》《金镜》《民可畏论》等政治论文中，"畏""惧""难"成了到处可见的字眼。老天爷唯德是辅，不得不畏；"可爱非君，可畏非民"，"众怒难犯"，不得不畏；愎谏饰非，愚而自用，就会国破身亡，不得不畏；赏罚由心，法制弛紊，政治就会衰败，不得不畏。"畏"落实到行动上就是"慎"，"慎"则表现为节制。"傲不可长，欲不可纵，乐不可极，志不可满"，成了唐太宗的座右铭。于是，一个至高无上的皇帝，如临深渊，如履薄冰，躬行重民、和臣、纳谏、执法的为君之道，留下了一则则脍炙人口的政治佳话。

唐太宗的"从谏如流"，在中国历史上堪为典范，没有哪一个皇帝在这一点上可以与他媲美。有一次，唐太宗得到一只猎鹰，非常喜爱，这时魏徵来了，李世民连忙把它藏在怀中。魏徵故意借机讽谏,喋喋不休,结果"鹞死怀中"。还有一次,唐太宗打算到山南游玩,装束都准备好了,却没有成行。魏徵询问缘故,李世民答道:"当时实有此心,畏卿嗔,遂停耳。"掌握生杀予夺大权的皇帝却畏惧隶属于自己的臣子,似乎不可理解。其实,他并不怕魏徵,怕的是谏诤背后隐约可见的隋炀帝的亡灵。忠言逆耳毕竟强似国破家亡。在皇帝的关切和鼓励下,贞观一代贤能满朝,谏臣盈庭,号称"房谋杜断"的名相房玄龄、杜如晦,名将李靖、李勣、秦叔宝、程知节、尉迟敬德,忠谏之臣魏徵、王珪、刘洎、岑文本、马周、褚遂良,文学之士虞世南、李百药、颜师古、孔颖达,皇戚高士廉、长孙无忌,等等,各种人才聚集在唐太宗周围,一时之间群星璀璨,众才如云,成拱日捧月之势。这些人有的早结腹心,有的原为仇雠,有的出身贵胄,有的起家贫寒,有的亲为国戚,有的疏为低贱,但都被唐太宗网罗在麾下,礼敬器重。他们通晓典籍,文韬武略,于是乎定制度,修《唐律》,改革科举,义疏"五经",执法行政,纳谏进言,辅助文治;平突厥,定西域,和吐蕃,征高丽,恩威兼施,解除边患,佐成武功,使得唐太宗威震华夏,声播域外,成为领导中华民族,主宰空前疆域的"天可汗"。经唐太宗及其继任者的长期经营,唐朝前期,国力强大,国土东接日本、朝鲜,西接伊朗、印度,北到蒙古大沙漠以北,南到南洋群岛,超过了汉朝极盛时代。

在贯彻"以民为本"的政策方面,唐太宗也是最突出的皇帝之一。他鉴于隋帝"不恤民事","民叛国亡"的教训,把"安人理国","以清静抚之"作为国策。他认为:"为君之道,必须先存百姓,若损百姓以奉其身,如割股以自啖,腹饱而身毙。"于是以"节欲""节为""节俭"为务;轻徭薄赋,推行均田制和租庸调制,招徕流民,增殖人口,多次诏免租赋。他还制定法律,节制对民力的征用,限制和打击官僚豪强的侵民行为。由于政策得当,缓和了君民矛盾,使得丧乱之余,"自伊、洛之东,暨乎海、岱,萑莽巨泽,茫茫千里,人烟断绝,鸡犬不闻,道路萧条"的残破局面迅速改观,仅数年光景就出现了"马牛布野,外户不闭","频致丰稔,斗米三四钱"的景象。据说,贞观年间"风调雨顺,年登丰稔,人无水旱之弊,国无饥馑之灾"。这些记载虽不免夸张溢美之词,但这一时期封建经济迅速恢复和发展,国力由衰转盛却是历史事实。

唐太宗调整、完善三省六部制,进行一系列改革。贞观元年(公元627年)令御史大夫杜淹"参与朝政",跻身相职,从此,他官加"参议朝政""参议得失""参知政事"等名义,皆为实际上的宰相。这样,三省长官为宰相,将古宰相之职分而为三,又起用一些低级官员做宰相,形成集体宰相制。贞观五年(公元631年),唐太宗又"申明旧制",倡行"五花判事",规定"凡军国大事",由中书舍人"各执所见,杂署其名"。他还令谏官参加宰相议政活动,监督政治的运行。这样,既加强了君主集权,防止权臣专断,较好地解决了君权与相权的矛盾,又避免或减少了政治失误。

唐太宗无愧为"千古一帝"。正如欧阳修在《新唐书·太宗纪赞》上所说:"盛哉,太宗之烈也!其除隋之乱,比迹汤、武;致治之美,庶几成、康。自古功德兼隆,自汉以来未之有也。"

但帝王毕竟是帝王。只要稍稍留心,就可以举出贞观时期许多疵举弊政。唐太宗几次违反惯例审视史官记录,他究竟涂抹掩饰了多少丑闻已不得而知。闻名遐迩的谏臣魏徵就有好几次差点掉脑袋。正如唐太宗自己所承认:"吾居位以来,不善多矣。锦绣珠玉,不绝于前;宫室台榭,屡有兴作;犬马鹰隼,无远不致;行游四方,供顿烦劳;此皆吾之深过。"贞观中期以后,唐太宗未能慎终如始,致使宫廷之中风波迭起,四海之内怨言不绝。特别是置群臣众将苦苦劝谏于不顾,执意兴师亲征高丽,结果劳民伤财,无功而返。他刚愎自用,执拗不回,准备再度征辽,弄得一些地方民众被迫造反,差一点走上隋朝覆灭的老路。幸亏他的生命已经走到终点,不久即因"饵金石"中毒身亡,否则结局如何实难推测。

王朝更替,治乱兴亡,个中奥妙并不难知。隋炀帝都说过"民惟邦本,本固邦宁。百姓足孰与不足""天下之重,非独治所安"之类的话。可是一到实践中就面目皆非了。正如唐太宗在《帝范后序》中所说:那些修身治国的君道大纲,"非知之难,唯行之不易;行之可勉,唯终实难。是以暴乱之君,非独明于恶路;圣哲之主,岂独见于善途。良由大道远而难遵,邪径近而易践"。

孔老夫子"祖述尧舜,宪章文武",悲叹那遥远的先王盛世可望而不可即。孟子说"五百年必有王者兴",而那五百年之间的漫长岁月中,王道政治又当系于何人?荀子执着地追求着道义理想,可是举目四望,现实中的君主多为暗贪之辈,差强人意者也只能属于庸主。韩非把事情看得很透彻,在他看来,像尧、舜那样超人才智的君主和那样好的时代,像桀、纣那样残暴的君主和那样坏的时代,都是千世难遇的,绝大多数君主不过是中人之才。古代的政治理论是典型的人治理论,君主集权制度是典型的人治政治模式。人们想了许多办法去防范王权失控,其中不乏高明之见,如天谴论、民本论、纳谏论、执法论、尊师重道论、天下为公论、修德论等,可是偏偏没有想到如何从制度上有效地制衡君主,反而把理想政治的希望最终寄托在圣王出世,明君在位,君主自我节制上。因此也就无法避免治乱兴亡的轮回,只好听任历史演出一场接一场的无休止的悲剧。间或也有喜剧。可是,透过"贞观之治"之类的历史喜剧,从李世民式的模范皇帝身上,人们不是更能体味到人治政治的悲凉之雾吗?

科举制——天下英雄尽入彀中

　　科举制是我国古代通过考试选拔官吏的一种制度。科是考试科目,举是选拔人才。

　　这一制度创始于隋,完善于唐。隋文帝开始袭用晋以门阀士族为基础的"九品中正制"取士。由于不利于皇帝集权,不久即废除,把选官权集中到朝廷的吏部。隋炀帝时,"始建进士科",取士以考试策问为主。一般把隋炀帝创置进士科作为科举制度正式产生的标志。科举制在隋尚属草创阶段。唐高祖因循守旧,一度恢复了九品中正制选拔官吏,不久又废止,重行科举考试。唐太宗提倡不拘出身,任人唯贤,使科举制成为一种选贤任能的常规制度。唐高宗时,仕途大开,"求进者众,选人渐多"。武则天当政以后,大兴科举,滥与禄位,以收取天下士人之心"使感己而忘君父"①。她还创设武举科,并亲临洛阳城殿面试贡士,开了皇帝殿试的先例。科举制成为她用来打击政敌、巩固自己权力的政治工具。为了争取士人的支持,她甚至免考取士。唐人张鷟在《朝野佥载》中说:"则天革命,举人不试皆与官。"玄宗登基后,励精图治,处理了武后留给他的冗官遗产,使科举制走上正轨。从此,科举制便成为一种定制,为后世相沿不替。宋元明清各代不过在考试内容上略有增删变通,但基本原则一仍唐制。唐代参加科举考试的考生来源主要有二,一是生徒,即朝廷所设的国子监、弘文馆、崇文馆及各地方州、县学馆的学生。他们在学校考试合格后,再参加朝廷在尚书省举行的科举考试,称为省试;另一种叫乡贡,凡不属于各学馆的读书人,他们可直接向所在州县府报考,合格者亦同样赴京参加省试。宋代除州、省两试外,另加殿试,由皇帝亲自主考。972年,宋太祖赵匡胤在讲武殿召见了礼部录取的进士和诸科及第者二十八人,此

_____

　　① 王夫之:《读通鉴论》卷二十一。

330

后"殿试遂为常制"。明清时正式考试分级进行:院试、乡试、会试和殿试。院试之前，还要经过县试和府试两种预备性考试。县府预备性考试合格者称"童生"，取得童生资格者才能参加院试。院试在各地方府城或直属省的州治举行，一年一次，其及第者称秀才。乡试在京都及各省的省城举行，三年一次，中第者为举人，举人即使在参加全国性的会试落榜，也具备了做官的资格。会试相当于唐朝的省试，是全国性的考试，会试取中者称贡士。殿试由皇帝亲自主持，对贡士定名次，分三甲。一甲中只有三名，第一名为状元，二、三名为榜眼与探花。余为"二甲""三甲"，经殿试的通称进士。唐朝时，考中进士，只是有了出身，具备了做官的资格，还要经过吏部选试，才能授予官职，到后来只要考中进士就可以做官了。

考试科目之分，唐朝最细，有进士、明经、明法、明字、明算、诸史(前四史)、童子、武举、制举等。以后各朝设科多有变革，考试的内容也因所设科目不同而有所差异。同时，历代风气也对考试内容有重要影响。唐朝重诗文，自高宗起规定以诗赋作为进士科考试的内容，玄宗时以诗赋取士已蔚然成风。宋朝范仲淹发起革新运动，以策问代诗赋，上下哗然，同声反对，以失败而告终。其后又有王安石变法，取消考试诗赋和死记硬背的帖经、墨义等，代之以经义和策论，选士的标准，重在明理切事，经世致用。后来两派折中，把进士分为考诗赋和考经义两科。但总的来说，考经义和策论多于考诗赋。明清时，规定以朱熹注"四书"和"五经"作为学校的规范课本和科举考试的内容。答卷行文有一套僵化的固定格式，人们称之为八股文或四书文，从内容和形式上都束缚了当时知识分子的思想。

八股文，又叫"八比文""制艺""时文""制义""时艺"等，文体有固定的格式。文章由破题、承题、起讲、入手、起股、中股、后股、束股八部分组成。破题是点明题目;承题是对题目作进一步的说明;起讲是概论全文;入手是承上启下，过渡到正文。后面的四股均以两股对偶的句子来论述全文。读书人的脑袋一旦钻进八股之中，便会变得思想僵硬、不明事理，变成名副其实的书呆子。《儒林外史》中描写的那些呆头呆脑的酸秀才、老童生，便是八股取士的牺牲品。他们废书不读，废事不做，专背朱子注，专作"八股"文。其结果便如清人徐灵胎所说:"读书人最不济。背时文，烂如泥。国家本为求才计，谁知道变做了欺人技……就教他骗得高官，也是百姓朝廷的晦气。"

科举制本有"求才"和"欺人"两面。当唐太宗看到士子们川流不息、鱼贯而入考场时,曾踌躇满志地说:"天下英雄尽入吾彀中。"后来,唐朝有一个诗人,针对此事写道,"太宗皇帝真长策,赚得英雄尽白头"①。此后,帝王都诱士人走科举考场之路。相传宋真宗曾亲自作了一首《劝学诗》,说:"富家不用买良田,书中自有千钟粟。安房不用架高梁,书中自有黄金屋。娶妻莫恨无良媒,书中自有颜如玉。"以名利为诱饵,使天下士人奔竞于科场之中。其中虽有人"春风得意",飞黄腾达起来,但更多的人则潦倒终生,像鲁迅笔下的"孔乙己"。对于封建帝王来说,他们希望读书人要么为其所用,要么变成"孔乙己"。然而,能为其所用者有限,大多数人只能抱着升官发财的希望,终其一生没完没了地在科场上打滚,《儒林外史》中那白发苍苍、可怜分分的老童生形象,便是科举制下多数士人的必然归宿。"三场辛苦磨成鬼,二字功名误煞人。"明清之际思想家顾炎武曾经一针见血地指出, 八股取士比秦始皇焚书坑儒还厉害,秦始皇只坑埋了四百名儒生,而八股文却误尽天下士人。

士人们挣扎在科场上,为了出人头地,费尽心机。"头悬梁、锥刺股"。寒窗苦读并不能保证他们科场得手,所以科场舞弊,历代都有,宋以后尤滥。观其大要,则不外以下三种:(一)无权无势的考生,想方设法把事先写好的题带进专场。他们有的把四书、五经用蝇头小楷抄写在衣裤上;有的抄在薄纸上藏到笔管里。(二)富家权贵子弟以金钱贿赂主考官。清朝最大的一次科场案,是康熙五十年(1711)的江南乡试。主考官受贿于盐商,闹得不可开交。此事又关系朝廷内部的钩心斗角,因此,在一年多的时间内几经周折,才以将副主考官斩首而了结。(三)主考官为讨好皇亲国戚及上司而徇私。宋真宗时,考官陈尧咨为巴结枢密直学士刘师道,让其弟刘几道在考卷中做暗号,而把刘几道取在优等。宋徽宗宠幸的宦官梁师成也去应考,居然为主考官取中进士,显然是为博取皇帝的欢心。科举制作为一种封建的选士任官制度,在一定程度上保证了选贤能和公平竞争。从历史上看,科举制确实为封建政权提供了不少有用人才,给出身贫寒的士人提供了参政机会。根据学者统计,明初百余年间,平民(三代无功名)出身的进士高达百分之六十。

科举制又是最能体现封建专制主义本质的一种选官制度。它既能通过选拔人才强化封建政权,又能摧残体制外的多余的人才,阻碍了社会发展。历史上有许多有个性、有才华的士人为了施展才艺而绝意仕途,如明代的宋应星、

①《唐摭言》卷一

李时珍、徐霞客等著名科学家,都不是科举出身。顾炎武、黄宗羲、王夫之、孔尚任、曹雪芹等也未涉科场。

进入近代,欧风美雨袭来,科举制如日薄西山,难以维持。1904年清朝举行最后一科进士考试,录取了最后一名状元。科举取士与清朝一同寿终正寝。

丝绸之路——中外交流与互补

汉武帝元朔三年（公元前126年），汉长安城长乐宫内来了两个衣衫褴褛、面容憔悴的汉子。他们跪倒在汉武帝的宝座前，把一支已几乎秃了毛的节旄（为皇帝使臣所持有，上挂三把牦牛尾的竹竿）奉还皇帝。周围大臣无不欷歔感叹：十三年了，张骞终于从西域回来了！

张骞原为宫中的郎官。为了执行汉武帝夹击匈奴的计划，他于公元前139年应募出使西域（汉朝时指现新疆及中亚以西地区），去联络被匈奴从河西赶走的大月氏国。西行不久，他不幸被匈奴俘获，被迫在异地他乡娶妻生子，过了十年软禁式的生活。伺机逃出后，他又辗转跋涉西域数国，在今阿富汗北部找到了西迁的大月氏。但是当时大月氏已经在当地定居，不想再回去报仇了，张骞只得回国。途中又被匈奴抓住，拘留了一年多，后乘匈奴内乱逃回。张骞出发时共有一百多人随行，回到长安只剩下他和一个随从了。他没有达到预期的目的，但仍获得了很高的赞许。因为他了解考察了以前中原所不清楚的西域许多国家和地区的人口、物产、交通、风土和方位距离，使汉武帝对经营西域产生了极大的兴趣。七年后，汉军击败匈奴，控制了河西走廊。张骞又一次率三百人出使，他携带大量金银丝绸礼品和上万头牛羊，先到位于伊犁河流域的乌孙国，又派副使前往大宛（现乌兹别克斯坦费尔干纳盆地）、康居（现乌兹别克斯坦撒马尔罕）、大夏（今阿富汗）等国。以后这些国家都遣使和汉的副使一起来长安，汉和西域各国从此建立了关系。不久，长安形成了出使西域的热潮，许多青年争相前往。汉更派使者到安息（今伊朗）、身毒（今印度）、条支（今波斯湾西北）、黎轩（古罗马国）等国，出使者和随员"相望于道"，多者数百，少者百余。为保护通西域道路的安全，汉还继续打击匈奴，在河西设郡，建阳关和玉门关，修长城直到新疆罗布泊，以后又设立了西域都护府等机构。

从中外古籍和考古文物看,中国在汉以前就与西域中亚地区有了陆路的通商往来。张骞通西域和汉朝的一系列措施,使这条交通线从此迅速扩展,汉朝不仅利用它沟通了和各国的联系,而且在客观上正式促成了一条繁荣兴旺的国际贸易商道。这条商道以长安为起点,穿过河西走廊和塔里木盆地,跨越帕米尔高原,再经现在的乌兹别克斯坦、土库曼斯坦,达阿富汗、伊朗,直抵叙利亚和黎巴嫩,全长七千多千米。从叙利亚的地中海东岸的港口,还可以由海路西达埃及和欧洲。在这横贯欧亚大陆的大道上,各种使团、商队频繁地将各自的特产物品运往异国,掀起了中外经济文化交流的第一次高潮。当时中国输出的物品中,运销最远、数量最大而且最受欢迎的是丝绸,为了强调这一点,1877 年,德国地理学家李希霍芬首次将这条已开辟了两千余年的商路命名为"丝绸之路"。这个美丽而形象的名称便逐渐为世人所通用。

中国是蚕丝事业的发源地,在公元 6 世纪以前,中国是世界上唯一饲养家蚕和纺织丝帛的国家。据传说,养蚕缫丝织绸是由黄帝的后妃嫘祖发明的。考古发掘表明,新石器时代晚期,黄河流域和长江下游地区的人民就已经会制造丝线、丝带和绢了,已发现的最早实物有四千七百五十多年的历史。到商代,丝织已成为一项重要的手工业。经过劳动人民不断总结经验,改进技术,至秦汉时,中国蚕丝业日益兴盛,织出的丝织物经纬细密、花纹精致,纹丽色艳,有的薄如蝉翼,表现出极高的工艺水平。由于丝织业在全国普遍发展,使丝织品大量积聚,在国家经济中占有重要的地位。丝绸被皇帝用来赏赐臣下或支付官吏的俸禄,在对外交往时又成为重要的等价交换物,甚至起着货币的作用。精美的丝织物先是进入中国北方的游牧民族中,而后又输往中亚。公元前 4 世纪,丝织品已运销印度。公元前 3 世纪,大夏也有了中国的丝绸。张骞通西域后,丝绸西运的数量迅速增长,相继西传到了安息、希腊和罗马。它比西方人以往见到的所有纺织品都更加绚丽多彩、轻柔舒适,强烈地震动了当时世界上另一个大国罗马帝国。据一些西方史学家记载,公元前 53 年,罗马人和安息人进行着一场战争。当战斗达到白热化之时,安息人突然展开他们用丝绸制的各色军旗,罗马士兵被这前所未见的鲜艳夺目的彩旗所惊呆,竟然导致了这场战争的大败。这是罗马人第一次见到丝绸织物。不久,丝绸竟成为罗马人炫耀时髦之物。起初由于数量少,其价格几与黄金相等。罗马恺撒大帝穿了一件丝绸袍子到剧院看戏,惹得全场人赞叹不已,认为是绝代的豪华。一时之间,贵族们不惜以高价竞购丝绸,作家们以最美好的言辞颂扬丝绸,中国的这种产品使多少罗马人为之倾倒。丝绸需求量的增加,又促使为暴利所鼓舞的商人们更大规模地拓展丝绸贸易。经过几个世纪的发展,4世纪时,丝绸已在罗马相当普及,到6世纪,东罗马引进了中国的家蚕品种和饲养技术。

作为中国对世界物质文化的重大贡献,丝绸是中西文化交流中最突出的代表。但通过丝绸之路交流的,远不仅仅是丝绸一物。沿着丝绸之路,我国的漆器、竹器、钢铁,以及炼钢、打井技术和先进的农耕经验等,在汉代也大量传到了西域。魏晋至唐代,通过丝绸之路而进行的交流达于极盛。唐代在汉的基础上开辟了新的西去路线,当时的都城长安成为世界文化、贸易的枢纽。此后一直到15世纪海路运输蓬勃发展时止,中国的造纸、火药、印刷术也传到了西方。同样,中国也通过丝路从西方输入了毛织品、香料、宝石、金银铸币、玻璃、榨糖技术等。现在我国人民日常生活中常见的许多食品,如葡萄、核桃、苜蓿、石榴、黄瓜、大蒜、胡萝卜、菠菜等,原来亦都来自域外。在精神文明方面,西域及西方各国在音乐、舞蹈、绘画、建筑、医药、历法等领域都给了中国以巨大影响,佛教和伊斯兰教也是顺着丝路传入的,现存敦煌莫高窟、天水麦积山石窟等就是丝路上中外文化融合后的产物。

古代中国和外国,最初都是处于比较隔绝的状态。但任何社会要真正解决物质需要,都必须与周围地区互通有无,各取所需。而社会要向前进,也必须通过生产和精神方面不同形式的交流,互相促进而发展。正是在这种趋势下,尽管丝绸之路上很长一段是荒无人烟的大漠高山,自然环境险恶;尽管在历史上它经常受到战争、盗匪和政治动荡的冲击,但来往于这条道路上的旅行者仍然绵延不绝,使之成为一条友谊之路。在海道开通以前和以后的相当时间里,它联结了古代中国、印度、希腊三大文明,对人类发展做出了伟大贡献。而中国汉唐时期之所以被称为"盛世",也和这两个朝代实行对外开放,重视以丝绸之路为中心的国际交流有重要关系。一个国家越是交流开放,就越是发展强盛,这的确是一条历史规律。

唐末农民起义与五代十国
——多种力量交错下的历史运动

　　"天下百姓,哀号于道路,逃窜于山泽,夫妻不相活,父子不相救。"这是唐末翰林学士刘允章给皇帝的《直谏书》中说的一段话。在这份上书中,刘翰林归纳罗列了当时国家所呈现的"九破"(九种弊端)和老百姓所面临的"八苦",以期引起皇帝猛醒。上书并没有起到什么效果,但它道出了唐王朝后期统治已面临严重危机。

　　唐王朝前期政治经济繁荣向上,是当时世界上国力最强盛的王朝。然而随着统治阶级的腐化、土地兼并的盛行和社会各种矛盾的发展,唐初的均田制和府兵制度先后被破坏,地方军阀实力日益膨胀,终于在755年酿成了军阀安禄山、史思明的叛乱。"安史之乱"持续了八年,对社会经济造成了巨大破坏,唐王朝从此便由盛而衰。安史之乱以后的一百多年里,唐王朝政治日趋黑暗。朝廷中宦官的势力恶性发展,官僚朋党钩心斗角;地方上藩镇林立,拥兵擅财,在北方形成割据,9世纪中叶后的晚唐皇帝个个昏庸糜烂,恣意挥霍,加上对内对外各种战争及官僚机构的庞大开支,沉重的财政负担便压在人民头上,尤其是战乱较少的江南,平均每两户就要供养一个士兵,每七户就得供奉两名官员。统治阶级还巧立名目,施加各种苛捐杂税,酒、房屋、竹木、漆等许多生活必需品都要征税。为了增加收入,唐朝廷还对茶和食盐实行专卖,由官府垄断,任意抬高盐价,许多贫民被迫淡食。地主贵族的土地兼并在此时也达到登峰造极的地步,贫富不均尤为突出。据载,当时有一个宰相手下的亲信,其家中资财就可供全国两年的军费,而广大农民却"饥者不得食,寒者不得衣",破产沦为逃户流民的越来越多。阶级矛盾的急剧尖锐,导致各地农民起义不断,规模越来越大,最后形成了王仙芝、黄巢领导的唐末农民战争的大风暴。

　　王仙芝和黄巢都是山东长期从事私盐贩运的盐商。私盐贩运是唐朝廷实行食盐垄断的派生物,由于盐价昂贵,私运有利,许多人便不顾朝廷严禁,进行私煮私贩。私盐贩符合了人民的生活需求,在各地有众多的支持者。为了对付官兵的缉捕,他们往往挟持兵器,成群结伙行动,具有同官军进行武装斗争的经验。875年初,已被官府列为贩盐"名贼"的王仙芝首先在濮阳(今河南濮阳市)率数千人起义,自号"天补平均大将军兼海内诸豪都统"。当年七月,黄巢在曹州冤句(今山东菏泽市)起兵响应,两军不久会合,转战于山东南部。在此之前,从潼关以东直到海滨的广大区域正遭受严重的灾害,秋粮几乎颗粒无收,人民被迫吃草根、槐叶,濒于绝境的农民和流民争相投入王仙芝、黄巢的队伍,义军迅速壮大。

876年,起义军在沂州(今山东临沂市)作战受挫,随即转进河南、湖北。此期间唐王朝开展招降活动,王仙芝曾一度准备接受,遭黄巢反对,于是黄巢率部分将士北上山东,王仙芝率军活动于湖北。878年,王仙芝战死,余部与黄巢会合,黄巢自称黄王,号"冲天太保均平大将军"。面对唐廷在江北、中原集结大军的形势,黄巢采取他武装贩盐时惯用的流动作战方式,领兵渡江,向唐军力量薄弱的江南进军,先攻下江西、浙江许多州县,又进军岭南,进克广州。时逢岭南疫病流行,黄巢转军北上。他发布檄文,揭露唐朝宦官专权,朝政腐败,官吏贪污等罪恶,率起义军五十多万北伐,自桂林进入湖南,又沿长江东下,攻击今赣北、皖南、浙西一带。880年七月,起义军渡过长江、淮河,到达河南。

广大人民积极加入和支持,义军将士奋勇作战,使黄巢义军纵横五六千里,势如破竹。而唐朝军事力量严重分裂也给义军造成了有利形势。当时各地的藩镇之间为了保存各自的实力而互相钩心斗角,对于唐朝廷的命令常常是阳奉阴违望风使舵。黄巢精明地利用了这一点。进入河南后,他通牒诸藩镇,宣称义军向朝廷问罪,与藩镇无关,使大部分藩镇暂时采取了中立观望态度。义军进军顺利,很快占领洛阳。881年一月,起义军攻占潼关,唐僖宗仓皇逃往成都。一月八日,起义军"甲骑如流",浩浩荡荡地开进长安。黄巢命部将宣布:"黄王起兵,本为百姓,不像李家不爱护你们,大家尽管安居。"一月十六日,黄巢即皇帝位,建国号"大齐"。大齐政权严厉镇压留在长安的唐皇族和顽抗的官僚,贵族富豪的大量土地财产也被强行没收,称为"淘物",许多富家只得"跣而驱"①即光着脚走路。起义军以"平均"为旗帜,在实践中也是"见贫者,往往施与之"②。有人在长安尚书省门上写诗攻击说:"自从大驾(指唐僖宗)去

①《新唐书·逆臣下》之《黄巢传》。
②《资治通鉴》卷二五四,广明元年十二月。

奔西,贵落深坑贱出泥。邑号尽封元谅母,郡君变作士和妻。扶犁黑手翻持笏,食肉朱唇却吃齑。唯有一般平不得,南山依旧与天齐。"①反映出地主士大夫对农民政权革命措施的切齿仇恨。

起义军利用大规模流动战和孤立唐廷的策略使胜利达到了顶峰,但他们并没有建立起稳固的政权。起义军对所攻占的重要地区均未留兵防守,也没有去追击消灭西逃的唐廷和关中地区残留的唐禁军。长安很快陷入唐军重围,大齐政权仅控制长安附近狭小地区,近百万大军的粮食得不到补给,处境日益困难。

882年,唐廷招引沙陀(突厥族的一个分支,居山西北部)首领李克用率沙陀骑兵助战,又调诸镇军齐集长安。九月,防守同州(今陕西大荔)的黄巢军大将朱温叛变,起义军力量大为削弱。883年,李克用军攻入长安,黄巢被迫退入河南,沿途战斗又接连失利,高级将领不少人降敌。884年,起义军败退山东,六月七日,黄巢在山东莱芜狼虎谷战败自杀,大起义失败。

唐末农民战争历时十年,席卷山东、河南、安徽、江西、江苏、浙江、福建、广东、湖南、湖北、陕西等十二个省区,沉重打击了地主阶级的腐朽势力。在经济上,农民军在中国农民战争史上第一次提出了"平均"的口号。这种来源于小农经济的思想虽然不可能实现,但它表现了农民对封建剥削的新的认识,标志着农民革命斗争已提高到新的水平。

黄巢大起义虽然失败了,但经这次起义的打击后,唐王朝也已奄奄一息。一批在镇压起义中充当主力的新藩镇势力迅猛发展。北方崛起最迅速的新军阀是以河南为基地的朱温和以山西为中心的李克用。903年,朱温利用宦官与官僚的冲突发兵进入长安,挟持唐昭宗迁都洛阳。904年,他害死昭宗,立十三岁的唐昭宣帝为傀儡。907年,朱温废昭宣帝,自己称帝于开封,建国号为梁。史家为和南北朝时萧梁相区别,称之为后梁。继朱温之后,各地藩镇纷纷称王称帝,中国自魏晋南北朝后又一次进入大分裂阶段。按宋代人的称法,这一段历史被叫作"五代十国"。

五代是指建于华北、中原地区的五个先后更迭的朝代,它们是:后梁、后唐、后晋、后汉、后周。十国是指同时期里割据于淮水以南的九个政权和北方的一个政权,它们是:吴、南唐、吴越、闽、南汉、楚、荆南、前蜀、后蜀、北汉。

---

① 何光远:《鉴诫录·金统事》。

五代政治局面到后周开始发生变化。后周太祖郭威和世宗柴荣都是有作为的统治者。面对疮痍满目、弊政丛集的社会状况,他们整顿军队,加强中央集权,在经济方面招抚流亡,兴修水利,稳定赋税,在政治上惩治贪官,招揽人才,没过几年,中原就显露出崭新气象。柴荣在位时,后周军队南征北伐,表现出统一全国的气概。959年,柴荣病逝,把未竟的事业丢给自己七岁的儿子,同时也为觊觎者提供了机会。不久,替代后周的北宋王朝就在郭威、柴荣打下的坚实基础上结束了五代十国的分裂。

黄袍加身与杯酒释兵权
——宋朝皇权的高度集中

960 年春节,开封城内张灯结彩,热闹非凡。刚即位不久的后周小皇帝柴宗训(周恭帝)正和大臣们欢度新年,突然接到边关急报,说北汉勾结契丹大举南侵,请朝廷尽快发兵抵御。宰相不辨虚实,匆忙间派禁军统帅、殿前都点检赵匡胤率军出征。军队初三出发,当晚宿营于开封东北四十里的陈桥驿。一伙将士私下商议:"主上幼弱,未能亲政。今我辈出死力为国家破贼,谁则知之? 不若先立点检为天子……①次日清晨,在赵匡胤之弟赵光义和谋士赵普的支持下,这帮人鼓噪而起,突入驿中,将象征皇帝登基的黄袍披在赵匡胤身上。赵匡胤随即回兵开封,逼迫恭帝退位,自立为帝。赵匡胤曾任后周归德军节度使,驻节宋州(今河南商丘市),因而以"宋"作为新王朝的国号(史称北宋,以区别以后的南宋),仍以汴京(今开封市)为都,赵匡胤即历史上的宋太祖。

"陈桥兵变,黄袍加身"是五代盛行的骄兵悍将拥立皇帝闹剧的又一次重演,然而宋王朝却没有成为继五代之后的第六个短命王朝。那些梦想着通过拥立皇帝而升官发财或捞取其他实惠的将领们也没料到,由他们扶上宝座的人竟使他们成了这一类闹剧的最后一批演员。

赵匡胤出身军人世家,青年时应募投到后汉大将郭威帐下。951 年,郭威在军士拥立下发动兵变,代汉建周。赵匡胤是这次活动的积极参加者,从此受到后周太祖(即郭威)的重用。到周世宗柴荣当政时,赵匡胤已成为禁军高级将领,积累了丰富的政治和军事经验。周世宗在位期间实行了一系列改革,使国家实力大增,也给赵宋王朝奠定了良好的基础。在此基础上,赵匡胤和他的继承人赵光义用了十五年时间陆续灭掉南北各个割据政权,结束了中原和江南地区半个多世纪的分裂。为了保证赵宋江山的长治久安,赵匡胤还与他的

---

① 司马光:《涑水纪闻》卷一。

谋臣赵普等人反复研究唐末以来的经验教训,一步步将兵权、政权、财权最大限度地集中在自己手里,改变了以往"君弱臣强"的状况。

军阀跋扈是五代最突出的问题。五代中期以后,各王朝统治者竭力加强朝廷直接统领的禁军,削弱地方军镇实力。然而螳螂捕蝉,黄雀在后,禁军将领又构成了对皇帝权位的威胁。赵匡胤拥立过别人,自己又被人拥立,他最怕这类事件再次发生,悠悠万事,最要紧的是控制军权。

据一些史书记载,宋朝建国后一个秋天的傍晚,赵匡胤请帮他夺权的几位禁军高级将领一起饮酒。酒酣耳热之际,赵匡胤说:"我非尔曹之力,不得至此,念尔曹之德,无有穷尽。然天子亦大艰难,殊不若为节度使之乐。吾终夕未尝敢安枕而卧也。"[1]将领们吃惊地问:今天命已定,谁还敢有异心?赵匡胤回答:"汝曹虽无异心,其如麾下之人欲富贵者,一旦以黄袍加汝之身,汝虽欲不为,其可得乎?"[2]众人顿时吓出一身冷汗,跪下请皇帝指示生路。赵匡胤趁机鼓吹:"人生如白驹之过隙,所谓好富贵者,不过欲多积金钱,厚自娱乐,使子孙无贫乏耳。尔曹何不释去兵权,出守大藩,择便好田宅市之,为子孙立永远不可动之业,多置歌儿舞女,日饮酒相欢以终其天年……不亦善乎?"[3]于是,将领们第二天便纷纷称病辞职。这就是"杯酒释兵权"。这个富有戏剧性的故事,可以说是这一时期赵匡胤政治手腕的浓缩反映。从 961 年春开始,赵匡胤软硬兼施,在几年时间里将原禁军中的主要将领大部分免了职,或者调到地方上去做没有实权的节度使。紧接着,赵匡胤废除了原先设置的禁军最高指挥官殿前都点检的职位,将禁军统领权分属于殿前都指挥司、侍卫马军都指挥司和侍卫步军都指挥司三个机构,号称"三衙",三衙之间互不统属,大大削弱了禁军军官的权力。赵匡胤又设立枢密院,任命枢密使主管调动全国军队。三衙负责领兵,却无权发兵;枢密有调兵之权,却不能掌握军队。三衙与枢密院各自独立,相互制约,不能随便行事,从制度上把将帅架空,只有皇帝才能指挥军队。

解决了禁军的指挥问题,赵匡胤便大大扩充禁军,把原来地方军队中身强力壮又有武艺的士兵都选拔到禁军中, 留在地方的军队不再进行军事训练,只是做些杂役。随着禁军人数的不断增加,禁军便从原来皇帝的侍卫部队、京城卫戍部队而完全转变成了全国性的正规军。在部署上,大部分禁军仍

---

① ② ③《续资治通鉴长编》卷二,建隆二年七月。

集中于首都,以达到"强干弱枝"的目的。

为了保证新制度的实施,赵匡胤还采取了几条重要措施,最主要的是以下两项:

一、兵将分离:禁军必须轮番到各地戍守,屯驻或战争时期将帅都不固定,造成"兵无常帅,帅无常师","将不识兵,兵不识将"。

二、以文制武:五代是武夫的黄金时代,赵宋则反其道而行之。宋代规定,枢密院的长官枢密使和副使均须由文人担任,各级地方官亦须是文官,武将不能参掌最高军事机密。武将中地位最高的禁军三衙首长见了文官大臣也必须恭敬加礼,俯首听命。赵匡胤认为,文官即使都去贪污,为害也不及武将的十分之一。

在调整军事体制的同时,赵匡胤也对中央和地方的政治、财政机构进行了改革,其核心精神亦是尽可能分散各级机构的事权,使之互相牵制。如宰相以前总理万机,北宋则由枢密院分割了军务,由盐铁、度支、户部三司分割了财务,宰相只限于处理政务,皇帝得以更直接操纵一切。在地方上,各州郡长官一律由中央派京官担任,本地人不能在本地做官。除正官知州、知府外,另置副长官通判:通判有监察所在州府官员之权,州府文件必须由正官与通判共同署名方能生效。北宋还实行官僚的官名与其所担任的职务分离的政策:官制分"官""职""差遣"三种。"官"指上至"仆射""尚书",下至"员外郎"等各种京官官号;"职"指一些文官所带的如"某某学士"之类的称呼,官员的官与职只用来表示官衔和俸禄级别,不表示其实际责任,一个官员除了有官、职之称外还必须有"差遣"的职务才有真正实权。差遣都是皇帝的临时派遣,职务前通常加有"知""判""权"之类名称,如知州、知府均是。它们三年就需一换,各种级别的人都可担任。这样皇帝便可有效地抑制官僚在地方上树立私人势力。

赵匡胤的改革对北宋乃至以后的中国历史产生了重大影响。宋以后直到近代,中原再也没有出现像五代那样的军阀割据。

但是,君主高度集权措施也带来不少消极的后果。皇帝刻意造成下属权力分散,使"官与职殊""名与实分",互相牵制,无法专事。机构臃肿重叠,官吏日益冗滥,办事效率极低。在军事方面,皇帝对军人的防范走向了极端,由于兵不识将,将不识兵,军队将领就不可能拥有充分的指挥权,长官和士兵也无法形成战斗整体。"防内"的代价是军队战斗力的明显下降,这种情形在赵匡胤以后愈益严重。赵光义时每次作战都在宫中事先画好作战阵图,预授将帅,严令他们遵行,这种不顾前方战场实际和敌情变化的荒唐决定自然不会带来好结果。更糟的是,只要执行命令,老打败仗的庸将也不会受惩罚,而有主动精神的良将打了胜仗也无法立足。北宋在和辽、西夏的战争中常常吃败仗,和北宋军队本身的上述弊病是大有关系的。

熙宁变法——祖宗不足法,现实难变革

北宋王朝自建国始,便埋下了"积弱积贫"的病根。域内"田制不立"土地兼并异常严重;官府力役繁重,捐税苛严;再加上"养兵养官"政策,小民不堪重负,纷纷破产,要么冻饿逃亡,要么铤而走险。域外有辽、金、夏等强敌环伺边患频仍。其他封建王朝,都有过"兴盛"之时,唯独北宋政府一直为严重的经济和政治的危机所困扰。自仁宗朝始,就有许多有识之士试图通过政策调整,扭转局面。庆历三年(1043 年),参知政事范仲淹提出以"抑侥幸、精贡举"为中心的十项改革事目,但遭到保守势力的全力反击,"庆历新政"有如昙花一现,留下的只是遗憾和教训。

然而,变法图强的呼声并没有随着范仲淹的失败而沉寂,反而日益高涨,并汇成了一股强劲的时代潮流。正像南宋陈亮追述的那样:"方庆历、嘉祐,世之名士常惠法之不变也。"熙宁变法的主角——王安石正是这股时代潮流呼唤出来的风云人物。

王安石少好读书,胸怀大志,自述"材疏命贱不自揣,欲与稷、契遐相希"。庆历二年(1042 年)中进士甲科,任地方官十几年。他在鄞县(今浙江宁波市鄞州区)任县令时,曾根据当地自然条件,率民兴修水利。又在春荒时将官仓粟米抵贷给农民,使他们能平安渡过青黄不接的难关。多年的政治实践,不仅增强了王安石寻求政策调整的信心,也为日后"新法"的出台积累了丰富的经验。时人邵伯温评论说,王安石在鄞县"起堤堰、决陂塘,为水陆之利;贷谷于民,立息以偿,俾新陈相易;兴学校,严保伍,邑人便之。故熙宁初执政,所行之法,皆本于此"。治平四年(1067 年)王安石从知江宁府任上召为翰林学士,得以与宋神宗接近, 他的改革设想终于得到了宋神宗的首肯。熙宁二年(1069年),王安石被任命为参知政事,翌年拜相,酝酿多年的变法改革就这样搞起来了。

王安石的变法大体分为两步。一曰"大明法度",二曰"众建贤才"。王安石秉政伊始,就在中央政府设立了专门的变法机构:"制置三司条例司",针对时弊,逐项推出新法。主要有《青苗法》《免役法》《方田均税法》《保马法》《保甲法》《市易法》《均输法》《农田水利法》等十余项。其中以青苗、免役、保马、市易诸法影响最广,反对新法者的攻讦也最尖锐。依照王安石的设想,这些改革措施的主旨都是为了平均赋役,减轻农民负担,节省政府开支,增加税收。例如,宋代的高利贷十分普遍,一到春荒时节,或遇水旱灾年,缺粮农户便要以土地作抵押,向豪强富户借贷,"兼并之家乘其急以邀倍息,而贷者常苦于不得"。青苗法则变私贷为官贷,每年春、秋两次,依户等结保借贷,然后随夏、秋二税缴还。利率为百分之四十。这项措施对于豪强富户兼并小民无疑是沉重的打击,在一定程度上缓解了农民破产之苦,同时也增加了政府的收入。如熙宁六年(1073年)青苗利息达二百九十二万贯,颇为可观。再如,宋初力役繁重,尤以"衙前役"扰民至深。中等民户应差一次,往往"全家破坏,弃卖田业,父子离散"。免役法变应役为出钱,依户等缴纳,称"免役钱"。原免役各类人户,如单丁户、女户、寺观等也依等缴纳半数,称"助役钱"。然后由官府以钱雇役。这项措施既减轻了百姓的力役之害,也给政府带来极大的好处。如熙宁九年(1076年)的役钱剩余竟有三百九十多万贯。总的来看,新法实行不久,收效便十分显著,"所裁省冗费十之四",国库充盈起来。

王安石深知"守天下之法者,吏也。吏不良,则有法而莫守"。起用真正的有才之士是新法成败的关键。他在理论上提出了"建贤才"以"教之,养之,取之,任之"之道。其具体措施是对学校和科举制度的改革。熙宁五年(1072年)六月设武学;六年三月设律学;九年五月立医学,称"太医局",扩大了人才培养的范围。此外,熙宁四年(1071年)罢除诗赋、明经诸科,改为经义策论。熙宁六年置"经义局",由王安石亲自主持,对《诗》《书》《周礼》三部经典重新进行诠释,颁之学官,用为科考的教本,称《三经新义》,这既为推行新法提供了必要的理论依据,又有助于选用变法人才。

为了"广收人才",王安石还直接从低级官吏中选用有志于改革之士。变法派的重要人物吕惠卿、曾布、章惇等均来自下层。这一措施打破了官员升迁的传统做法,引起守旧权贵们的极大不满。诋毁新法者指斥王安石"罢黜中外老成人几尽,多用门下儇慧少年",恰恰反映了他在人事改革方面的大胆创新。

王安石的新法是对传统政治思路和既定方针的大胆修正，从某种意义上说，新法在政治思想领域引起的震动远远超出了统治集团内部的权力和利益之争。嘉祐八年(1063年)，王安石丁忧家居时，曾聚徒讲学，著《淮南杂说》《洪范传》，天下震动。他力图摆脱前儒思想束缚，自创新义，形成所谓"荆公新学"。"世谓其言与孟轲相上下，于是天下之士始原道德之意，窥性命之端云"。学术思想的自由倾向使王安石蔑视传统的思想权威，他曾这样宣称："善学者读其书，唯理之求。有合吾心者，则樵牧之言犹不废；言而无理，周、孔所不敢从。"在这样的认识基础上，王安石坚决反对因循守旧，认为传统的制度法规只要不合时宜，就必须变革。反对派将王安石的创新精神总结为"天命不足畏，祖宗不足法，流俗不足恤"，这足以引起司马光、文彦博、吕公著等保守势力的惊恐和全力反对。

君主政治的权力合法性来自传统，天命和祖宗正是传统合法性的象征。司马光就一再强调天的权威，说天是"万物之父也"，"违天之命者，天得而刑之；顺天之命者，天得而赏之"。王安石不畏天命而求"时变"，虽非离经叛道，但他似乎在君主政治的许可范围内走得太远了。事实上，反对新法者也不是不要变革，他们大多数也都意识到，为了摆脱困境，有必要进行某种政策调整。司马光就曾提出"欲振举纪纲，一新治道，必当革去久弊，一遵正法"。他于英宗治平年间(1064—1067)提出的"募役法"与王安石的"免役法"大同小异，后者的出台正是受了前者的启发。然而，在司马光等人看来，变革只能是个别的、局部的调整，不能多走一步。嘉祐六年(1061年)，司马光对仁宗说的一段话最有代表性："继体之君，谨守祖宗成法。苟不隳之以逸欲，败之以谗谄，则世世相承，无有穷期。"在他们眼里，"祖宗成法"是君主政治合法权威的根基所在，不得触动。王安石敢于冒犯祖宗和天命，且不论其变法的具体内容，仅就这种态度而言，就必然会遭到统治集团绝大多数人的反对。因为王安石的认识在某种程度上超出了君主政治的承受度。再加上新法的推行损害了豪强地主的既得利益，从变法之始，反对的势头就一浪高过一浪。"一言方下，一谤随之"，"行之未几，天下汹汹"。连当年积极参与"庆历新政"的韩琦、欧阳修也持反对态度。王安石之所以能拜相秉政全赖君主支持，宋神宗虽有志振兴朝纲，却也抵不住反对派的攻势。皇帝的立场一旦不稳，王安石的地位便摇摇欲坠。熙宁七年，王安石被免去相职。翌年虽一度复职，但终因守旧权贵与新法水火不容，被迫上疏乞退。熙宁九年，王安石罢归江宁(南京)。嗣后，随着神宗去世,哲宗即位,新法逐一废除,史称"元祐更化"。

熙宁变法的悲剧性结局是君主专制制度下改革者的必然归宿。从理论上看,王安石的政策设计不无可取之处,逻辑上具有减缓社会冲突的效果。然而在君主政治时代,政策执行必然要依赖封建国家官僚机器,结果事倍功半,远未能达到预期的实效。例如《青苗法》旨在济民春荒,可是在实施过程中,"使者以多散为功,一切抑配。恐其逋负,必令贫富相保。贫者无可偿,则散而之四方;富者不能去,必责使代偿数家之负"。新法反而成了封建官吏们巧取豪夺的手段。

王安石本质上是君主政治的补台派。他曾以汉末张角和唐末黄巢为例,向当权者指出改革的必要性。但是,他上要依赖皇权支持,下要靠封建官僚的维护,他的新法不得不交给腐败到骨子里的封建官吏来执行,其结果可想而知。再者,变法派自身也不可能超俗。参与变法带来的是各种经济政治利益,彼此间的权力之争也加速了新法的失败。总之,君主政治自身不具备完善的自我调节功能。从这个意义上说,熙宁变法的失败无可避免,王安石注定要做个悲剧人物,他在劫难逃。

元帝国——铁骑踏遍亚、欧

　　1224 年秋,中亚叶密里河(今新疆额敏河)畔旌旗飘舞,人呼马嘶。水草丰美的草原上,两个衣着华贵的蒙古小男孩兴奋地挥舞着小弓箭,拖着自己的猎物,向被一群武士簇拥着的一位老人奔去。老人六十岁开外,身材高大,目光炯炯。他捋了捋长长的白胡须,让两个孩子分别抓住自己的大拇指,然后用肉和油脂擦拭他们的手指。这位老人就是历史上声名赫赫的"一代天骄"成吉思汗,他刚率大军远征中亚归来。两个孩子是他的第四子拖雷的儿子,哥哥十一岁,叫忽必烈,弟弟九岁,叫旭烈兀。他们从蒙古本土前来迎接凯旋的爷爷。此刻他们正在进行自己人生中的第一次狩猎,忽必烈射杀了一只兔子,旭烈兀射杀了一只山羊。蒙古习俗,小孩第一次出猎要用肉和油脂拭指,成吉思汗亲自替他们完成了这个仪式。大汗祝福孙儿们成功和富裕,但当时他并未预见到,在他众多的孙子中,这两个人会取得尤为突出的业绩。三十多年后,旭烈兀在波斯建立了蒙古伊利汗国,忽必烈则建立元朝并完成了中国古代历史上规模空前的统一。

　　自唐末军阀混战,中国一直处于四分五裂之中。五代十国分裂动乱不用提,北宋王朝虽然结束了中原江南的割据,也始终无法恢复盛唐的规模。从10 世纪中叶到 13 世纪初,中国境内存在着许多少数民族政权。五代时,契丹人在北方建立辽朝,它在后来与北宋的多次战争中均占上风,北宋只能以输送岁币的代价和它僵持了一百多年。辽朝辖地整个蒙古高原、东北直到河北中部;在西北,党项族建立的西夏政权在 11 世纪后占据了今宁夏、甘肃大部和陕西北部,成为北宋最头痛的敌人;西夏以西,回纥汗国灭亡后西迁的回鹘人建有高昌回鹘国(今新疆吐鲁番地区)和喀拉汗国;在西南,宋太祖在建国之初就宣称"大渡河外吾不有也"放弃经营,吐蕃在此时分成许多部,云南建立了以白族和彝族为主体的大理国;12 世纪后,东北地区又有女真人兴起建立金朝。短短十二年里,金相继灭亡辽朝和北宋,据有中原。宋宗室部分人逃到江南建立南宋,与金朝以淮河秦岭为界,偏安一隅。这一时期和宋朝并立的各个政权虽然在富庶程度上比不上中原和江南,但它们统治地区广阔,存在时间长。与以往的边疆民族政权比,其经济、文化的发展水平更高。各政权的帝王几乎都强调自己是中国或中国一部分的统治者。辽、金称宋朝为南朝,宋朝也在公文中承认辽、金为北朝,连远离中原的喀拉汗朝君主也以"中国皇帝"自居。但由于各方实力相对平衡,全中国范围内割据与对抗的局面依然继续。13世纪初,随着这些政权先后走向衰微,新兴的、生气勃勃的蒙古民族崛起于北方草原

成吉思汗就是蒙古的开国领袖。他原名铁木真,出身于蒙古部落贵族家庭。他依靠坚强的意志和杰出的才能,陆续攻灭吞并了草原上操各种语言的近百个大小部落,于1206年被贵族议事大会尊立为成吉思汗(一个目前还未搞清其确切含义的表示崇高的称号),建立了大蒙古国。他又依靠勇悍善战的蒙古骑兵,以自己高超的军事指挥艺术,向周边各国大肆扩张,先后南下攻灭西夏、金朝,至1234年全部控制了华北和中原。他和他的继承人还三次西征,攻掠中亚、俄罗斯、东欧、波斯和阿拉伯。在半个多世纪里,蒙古军队似飓风般地横扫欧亚大陆,用铁蹄踏出了一个亘古未有的大帝国。这个帝国以哈剌和林(今蒙古国后杭爱省额尔德尼召附近)为首都,大汗直辖蒙古本土、中原汉地和畏兀儿等地,其他成吉思汗的子孙则分别在现新疆部分地区、中亚、钦察草原和俄罗斯、波斯等地建立了窝阔台汗国、察合台汗国、钦察汗国、伊利汗国四大汗国。

蒙古大帝国是在不断的屠杀和征服中而形成的,其基础并不稳固。成吉思汗一生热衷于征战,无暇顾及治理;不少蒙古贵族习惯于掠夺,还企图将游牧生产方式强加于农耕区域。如何适应被征服的较高文明地区的现状,改革统治政策,已成为摆在蒙古统治者面前日益尖锐的问题。1227年成吉思汗去世,其三子窝阔台继位,在已经汉化的契丹族政治家耶律楚材建议下曾初步实施过一些封建治理措施。但此后统治者并未进一步发展,蒙古国内政治经济经常处于混乱中。

1251年,拖雷长子蒙哥被推举为蒙古第四任大汗。蒙哥命三弟旭烈兀总领波斯之地,西征未服诸国,命二弟忽必烈总领漠南汉地军国事务。长大成人的青年王子开始登上政治舞台。

拖雷在成吉思汗诸子中最有统帅才能,可惜早逝,其妻唆鲁禾帖尼是一位富有政治才干的贵族妇女,她精心教育子女,还经常从华北征召儒士到漠北去。在父母的影响下,忽必烈青年时代就"思大有为于天下",他不仅继承了父亲的武略,而且还热心与汉人知识分子交往,对有着近千年历史的中原制度文化及其统治功能有较深的认识。受命管理中原后,他召聘儒臣组成幕僚集团,在桓州(今内蒙古正蓝旗)开藩府,营建开平城。同时在河北、河南、陕西分别设立机构,派官员以汉法整顿地方行政、设置屯田,收效巨大,得到了越来越多的汉族地主的拥护。1253 年,忽必烈奉命统军经吐蕃远征西南。大军很快便灭掉大理国,完成了对南宋的战略包围。1259 年 7 月,蒙哥汗在大举征伐南宋时死于四川钓鱼城下。正在湖北战线的忽必烈和留守和林的蒙哥幼弟阿里不哥展开争夺汗位的斗争。忽必烈没有得到蒙古国家军队主力的全力支持,也不占有蒙古的首都,但他依托汉地丰富的人力物力,很快取得胜利,成为蒙古新的大汗。

争夺和巩固权力的现实需要,促使忽必烈进一步采行汉法。1260 年,忽必烈按中原方式,建年号"中统"。不久,他下令定开平为上都、燕京(今北京)为大都,旧都哈剌和林不再为都,把统治中心移到汉地。同时,参照前代中原王朝的体制,建立了新的中央集权国家机构。1271 年,忽必烈又采《易经》中"大哉乾元"之义,改国号为"大元"。至此,元王朝正式建立。忽必烈即是元世祖。名义上,元朝皇帝仍是蒙古大汗,对蒙古各汗国享有宗主权,但实际上中国以外的各汗国随着各统治地区不同文明的影响已逐渐走上不同的发展道路。

忽必烈稳定统治后即把注意力放在对南宋的战争上。1273 年,先攻破汉水上的重镇襄阳和樊城,打开进入长江的门户。次年,命伯颜统帅二十万大军由汉水入长江,大举南征。元军节节推进,击溃南宋主力,直逼南宋都城临安(今浙江杭州市)。1276 年正月,南宋朝廷上表投降。一部分南宋大臣退往闽广,拥立宋宗室成员继续抵抗,至 1279 年在广东新会南海中的小岛崖山被元军最后消灭。

元灭南宋,实现了全中国范围的大统一。就版图而言,元朝疆域东抵库页岛,西到额尔齐斯河,南至南海,北逾西伯利亚直达北冰洋,其幅员之广超迈汉唐,这在中国历史上是空前的。

元朝是由少数民族统治者建立的第一个君临全国的政权。它具有一些汉族王朝所不具有的特点。元统治者更注意边远区域的开发;而以其入主中原,也使众多的少数民族进入内地。契丹、女真民族在元代逐渐消融在汉族之中，其他少数民族也有了更快的发展，还出现了新的民族——回族。这种更大规模的民族交流与融合，为明清时期统一多民族国家的最后形成创造了良好的条件。

元灭宋以后，将原为军事目的而设的临时机构——行中书省固定为地方一级行政区划，全国共划分为十一个行省。此后，省的名称一直沿用到今。由于实行行省，元朝对边疆的统治更加直接，如在唐、宋时代始终保持一定独立性的云南，从此行政管理一如内地。行省以外，元廷对西藏也确立了有效的管辖。1239年，窝阔台次子阔端派军进军吐蕃，正处于分裂状态的西藏各地方势力和藏传佛教的领袖们纷纷归附蒙古。以后元朝廷在西藏设置驻军、驿站，多次派人调查户口。元朝皇帝封藏传佛教首领为帝师，在大都设立政教合一的宣政院。宣政院在元皇帝控制下通过帝师管理藏传佛教及西藏一切事务，它的职能相当于一个特殊的行省，西藏至此完全成为中国的一部分。

忽必烈顺应历史潮流，不失时机进行改革和统一全国，为中华多民族大家庭的发展做出了重大贡献。但是另一方面，作为蒙古贵族利益的代表，忽必烈为了保障人口占少数的蒙古统治集团的特权，在采用中原体制的同时，也保留了许多蒙古旧制，如分土分民制、驱奴制、朝会滥赐制、贵族选汗制、官工匠制等。他还颁布了一些民族歧视的法令。如把全国人民分为蒙古、色目（指中亚、阿拉伯、欧洲等地来华的各民族人）、汉人（北方汉族和原来的女真、契丹人）和南人（原南宋统治区人民）四等，这种毫不掩饰的民族压迫严重地削弱了元朝的统治机器。元代政治在忽必烈以后便开始走下坡路。庞大的元帝国只统治了九十七年就在农民起义的风暴中瓦解了。

厂卫与宦官——高度专制下的畸形儿

　　明朝洪武年间的一天,国子监祭酒(国家最高学府的校长)宋讷进宫来朝见朱元璋。君臣二人交谈间,朱元璋忽然问道:"昨天国子监里出了什么事,惹得卿家发怒?"这一下把宋讷惊得目瞪口呆,心想:"我生气的事,皇上怎么知道的?"好会儿才回答说:"陛下,是一个监生打坏了茶具。"

　　是啊,一个普通大臣的些微琐事,当皇上的怎么会这么清楚?原来,朱元璋总是担心自己的臣下图谋不轨,时常派遣一些密探在暗中侦伺他们的行动,就连宋讷这样的老儒臣,身边竟然也安插了耳目。他还有什么事情不知道呢?上行下效,朱元璋的这套衣钵也为他的子孙后代所承袭,特务政治也就成了有明一代的突出特点。搞特务活动,并非朱元璋的发明。早在西周厉王时期,因"国人"(居住在都城的自由民和下层贵族)不满当时的残暴统治而有怨言,厉王便派"卫巫"去监视"谤者"的行动。《墨子·尚同》也提出过君主应设置"左右羽翼"的主张。这些可以说是中国早期的特务活动与理论。其后,有的朝代还建立过特务组织,如汉代的"大谁何"、唐代的"丽景门"、宋代的"内军巡院",等等。不过,像明代的厂卫那样与一代王朝相始终、特务活动影响了社会生活各个方面的情形,在我国历史上则是空前的。

　　"厂卫"是对东、西厂和锦衣卫等特务机构的统称。在这些机构中,以锦衣卫资格最早,设置于洪武十五年(1382年)。它的前身是朱元璋当"吴王"时所设的"拱卫司"(朱于1364年称吴王,拱卫司于洪武二年改称亲军都尉府,并将仪銮司划归其下)。那时,它只是朱的贴身卫队和仪仗队。改为锦衣卫后,虽仍保留着这两种职司,但更主要的任务,却是对"盗贼奸宄""密缉而时省之",干特务勾当了。朱元璋在未夺得天下之前,已经利用特务窥探自己部下的隐私了,但那时的人员并非专任。锦衣卫设置后,明王朝就有了专职特务。锦衣卫的长官称指挥使。卫下设若干个"所"及南、北两个镇抚司,有千户、镇抚、百户、将军、校尉等官卒。这些人锦衣绣马,被人称做"缇骑"。卫中有专门的刑狱,即"诏狱",又称锦衣卫狱,由北镇抚司专理。

东厂设于永乐十八年(1420年)朱棣迁都北京后不久。它自设立之日起,任务便十分明确:"专司缉访""锐意防奸",不兼其他职司,是比锦衣卫更加专业化的特务组织。它的长官称厂主、督主或提督东厂。其下有掌刑千户、理刑百户各一员,二者又称贴刑。再下则有掌班、领班、役长、番役等名目。西厂与内行厂一设于宪宗成化年间,一设于武宗正德年间,为时比东厂更晚。其组织形式史无明文,而且这二厂只存在了较短时期,不像锦衣卫和东厂,自设置之日至明室灭亡始终存在。

厂卫等特务机构,是高度专制的产物。在锦衣卫正式设立的两年前,发生了著名的"胡惟庸案",身为丞相的胡惟庸以"谋逆"被杀,朱元璋为此大肆株连。事后又采取了两项措施:一是永罢丞相一职,以分散臣权;二就是以锦衣卫加强对臣民的监视,防止类似事件重演。其目的都是为了强化君主独裁。其子朱棣是以"篡夺"的方式从自己侄儿手中攫取了皇位。以己度人,他比他的老子更害怕他人以同样的手段对付自己。只是在南京那十几年因忙于削藩与处理北部边患等事而未能顾及进一步加强特务组织。迁都以后,他刻不容缓地设置东厂则是十分自然的了。锦衣卫设时,只听命于皇帝,其他一切人等均受其监视,甚至可由其恣意处置。这就形成了锦衣卫权势过重的情况。朱棣则又设东厂监视锦衣卫,有意造成厂、卫之间的矛盾以使之互相牵制,从而更便于君主对它们的辖控。较之其父,朱棣称得上是青出于蓝而胜于蓝了。

东厂是由宦官出任最高长官的,它的设立埋下了日后宦官专权的种子。宦官是中国君主专制制度的特产。为了避免宫闱丑闻,君主将一些男性阉割,使他们丧失性机能后充当宫廷奴仆。阉宦之制起源很早,甲骨文中已有刀割生殖器的象形字,但其时是否已有此制尚难断定。不过至迟到西周晚期,这种制度便确立了。《诗经·巷伯》即是阉者讥刺周幽王之诗。这些人后又被称为寺人、阉人、奄官、内官、中官,等等。宦官们不能像其他人一样享受家庭生活的乐趣,在宫廷内所接触的又多是你争我夺、钩心斗角的政治阴谋,这些都造成他们中的一些人具有强烈的干政欲。另外,宦官在当时人的心目中地位极低,被目为"刑余之人"而为社会所不齿,这又使他们具有自卑感。这些人一旦把持了朝政,往往以极度仇恨的心态对待一切,给社会带来极大的危害。明代以前,汉唐两代的宦官专权都是如此。朱元璋有鉴于此,曾明令禁止宦者干政,违者要处以极刑。他虽也委派过宦官参与某些重要的政治活动,但都是临时性的,从未将长期的政治大权交付给宦官。朱棣不同。"靖难之役"中不少宦官曾为之出力。在他看来,整日厮守身旁的内臣较外臣可靠得多,故东厂一设,便以亲信太监提督厂事,其后便沿为定例。在明代,厂与卫表面上属不同机构,实际上是一体。这不仅因为厂内的许多官卒多自卫内更为狡黠凶悍者中抽调,更因为渐渐地宦权日重而使厂势益张,乃至有的锦衣卫使也纷纷趋附于厂主门下。再加上后来的权宦在抓厂的同时又抓卫,还委其心腹去充当卫使,于是厂与卫就成了撕不开扯不散的绳结,紧紧纠缠在一起。看来,明人将二者连称,又将厂置卫前,这并非无因。

高度的封建专制造就了厂卫、宦官这一对畸形儿,而这二者的结合又造成了有明一代特务横行的畸形政治。它不仅打乱了正常的封建统治秩序,更给人民带来无穷的灾难。

控制厂卫的权宦们往往把自己凌驾于政府中枢——内阁之上。正德年间的刘瑾为司礼太监;他以另两个宦官丘聚、谷大用分领东、西厂,自己主内行厂。这些人无恶不作,而当时的内阁却全要看他们的眼色行事。内阁首辅焦芳甚至跑到刘瑾那里去处理公务。冯保是隆庆、万历年间的权宦、东厂厂主。因内阁首辅高拱得罪了他,他便千方百计地排挤高拱,终于由张居正取而代之。而张居正在任期间所以能有所作为,搞了些改革,在很大程度上是依赖于冯保的支持。

排斥正直,打击英贤,更是权宦们的拿手好戏。天启年间的魏忠贤,擅权达七年之久,把朝廷搞得乌烟瘴气,遭到当时一些正派士人和忠直大臣的反对,形成了明代历史上著名的"阉党"与"东林党"之争。魏氏便利用他所掌握的厂卫,残酷迫害东林党人。东林士人杨涟与左光斗等被捕至锦衣狱中,遍受毒刑,以致"呼暴声沸然,血肉溃烂,宛转求死不得"。他们死后,尸体中尽生虫蛆,腐烂到不可辨识的地步。

厂卫对待王公大臣尚且如此,对平民百姓的摧残迫害就更为酷烈。比如天启年间的一天,京城中几个人夜间喝酒,其中一人喝醉了大骂魏忠贤。骂声未停,锦衣卫卒便闯进门来,将几人一起抓走。抓到狱中,竟把骂魏者活活剥了皮,又让另外几人站在一旁看他受刑,以致这几人吓得昏死过去。这还是因骂了权宦,有些人无缘无故便会祸从天降。那些厂卫官卒经常任意突入民宅,借故勒索,甚至邻里之间斗鸡骂狗一类的琐事,也会成为他们抓人入狱的口实。而一旦被抓入狱,少有生者。搞得有些地方见到穿鲜衣、骑好马、有京城口音的人都害怕。厂卫之害,真是不难想见了。

在明朝统治者看来,厂卫是皇权的保证,依靠特务手段残酷镇压就会使臣民百姓安分守己,免生非分之念。但"民不畏死,奈何以死惧之",推翻他们统治的,正是那些不甘忍受压迫的人民大众。

东林党——事事关心

风声、雨声、读书声，声声入耳；
家事、国事、天下事，事事关心。
——（明）顾宪成

　　这副对联极其生动地表达了东林党人的襟怀。在无锡城边的弓溪旁,有几株老柳、数间茅舍,这便是宋代杨龟山先生创办的"东林书院"故址。后一度改为僧舍。明万历三十二年(1604年),顾宪成、高攀龙等人又重加修葺。将其复为书院。他们在此发起召开东林大会,制定"东林公约",商定每年召开一次大会;除正月外,每月还有一次小会;又设立门籍制度以考察会员,形成了一个松散的民间学术、政治团体——东林党。他们的活动在朝野内外都引起了波澜。

　　东林党的骨干是一批负有盛名的士人。他们大多有过仕途经历,但又以清正、耿介、书生意气等原因难于在官场立足,或被革职,或遭贬黜。顾宪成(1550—1612),字叔时,号泾阳,无锡人,万历八年进士,授户部广东司主事,因"刺及时政"①,被贬到地方做官。后又擢吏部考功司主事。因立皇太子事触犯了皇帝,又因推举阁员事开罪于首辅王锡爵而被撤职。罢归后,著述讲学,倾动吴中。高攀龙(1562—1626)字云从,又字存之,号景逸,亦为无锡人。万历十七年进士,授行人司行人。由于正直敢言,冒犯阁臣,被贬至广东做一名小官。不久离职归里。顾、高二人加上顾允成(宪成之弟)、安希范、刘元珍、钱一本、薛敷教、叶茂才六人,志同道合,慨然自许,时称"东林八君子"。这些人失职而不失志,求道之心弥坚,自觉肩负历史使命。面对万历中叶以后"溃败决裂不可振救"②的形势,他们仍壮心不已,想力挽狂澜,扭转颓局。顾宪成大声

---

①《东林学案·顾宪成传》。
②《明通鉴》卷七三。

疾呼："士之号为有志者,未有不嘘嘘救世者也。"①他认为,如果士人做朝官"念头不在君父上",做地方官"念头不在百姓上",归于山林"念头不在世道上",那就不配做君子。儒家从孔子开始把人分为君子和小人,君子重义,小人贪利。东林党人把君子作为追求的目标。同当时贪官污吏、宵小无节之辈相比,他们中的多数确乎是一群君子。东林党人对社会政治问题极为关切,顾宪成说,自古以来,没有关起门来不问天下事的圣贤;圣贤也不去做不管人间烟火的学问。顾宪成与顾允成有一段对话,很能表达他们内心的痛苦与关切。

> 某一天,允成喟然而叹。
>
> 宪成问："何叹也?"
>
> 允成答道："我哀叹现今讲学的,任凭天崩地陷,他们也不管,还在那絮絮叨叨地讲。"
>
> 宪成问："他们都讲了些什么?"
>
> 允成答："对缙绅们只讲如何明哲保身;对布衣们只讲如何向上爬。"
>
> 宪成听罢,慨然长叹。

——《东林学案》

东林党人自视为治疗社会疾病的大夫,他们"裁量人物,訾议国政"②,目的就是开出一服救世的药方,而药方的主药是尊经、恤民、惠商。东林党人高唱尊经重道。高攀龙说："六经者,天之法律也。顺之则生,逆之则死。天下治而无乱,乱而即治者,以六经在也。"③《东林会约》中有"四要":一曰"知本",即通过修养达到致良知的境;二曰"立志",即对事业要有锲而不舍的追求,要自立;三曰"尊经";四曰"审几",即用纲常名教防微杜渐,觉人心。④他们还创办了慈善团体"同善会",表彰忠孝节义。当时社会风气、观念已不同明初,"邪说"横行,李贽直斥孔子,宣扬情欲是人的本性,对正统的儒学冲击很大。东林党人非常厌恶李贽,骂他是"小人"。同时他们又力排佛学,以重振儒学为己

---

① 《泾皋藏稿》卷八。

② 《东林学案》。

③ 《高子遗书》卷一。

④ 参见《顾端文公遗书》。

任,希图以此救世。

明中叶以后,权势之家侵占民田极其严重,如大学士朱赓几乎把"绍兴良田美宅"全部侵占。有些地方的民田少得可怜,只有十分之一。有鉴于此,东林党人高擎儒家轻徭薄赋、富民足君、贫富调和之旗,强烈反对土地兼并。党人蒋允仪在浙江嘉兴搞均田均税,朱国桢在吴兴也主张均田,高攀龙则提出了调整税法,以求"官民两利"的意见。这些都深受农民与中小地主的欢迎。应该说,东林党人在这方面的作为与成就极其有限,但他们敢于针对时弊提出问题并直陈己见,却充分体现出一种关心民瘼,以社会良心为己任的凛凛风操。

东林党人并非一群拘守儒家教条、不达时变的腐儒。如儒家对商人基本上持轻贱态度,视工商为末业。东林党人发源于工商发达的地区,故对工商的看法与儒家的传统不尽相同。党人赵南星认为工商与农等齐,均系"本业",高攀龙明确主张要"体恤铺行",李应升则呼吁"爱商恤民"。东林党人的这些主张绝非无的放矢,而是有所针砭的。当时由万历皇帝派往各地的矿监税使便是摧残工商的恶棍。这群由宦官充任的爪牙,穷凶极恶,为所欲为。矿监每至一处,即指地下有矿,他们焚人室庐,掘人坟墓,敲诈勒索;税使所到之处,"搜刮之令,密如牛毛"[1]。矿监税使引起了上下各界的强烈反对,新兴市民阶层反抗尤烈。成千上万的织工、市民上街游行示威,张贴檄文,包围税监衙门。东林党人也是反对矿监税使的一支有力团体。他们中的一些人在一定程度上还同情人民的反抗斗争。苏州织工领袖葛成出狱后病死,党人文震孟为他与碑,朱国桢为他志铭,力所能及地支持了反矿监税使的正义行动。

东林党人既做学问,又关心社会,痛指时弊,受到江南各界的仰慕,大批不满时政的人都聚集于东林的旗帜下,"罢官废吏富商大贾之类,如病如狂,走集供奉者,不知其数"[2]。东林党虽不具有近代意义的政党性质,但未尝不可将其视为后者的先驱。他们参与意识很强,这种参与已突破了朝堂议政的范围,有了一点儿独立的民间团体"訾议国政"的意味。

按照"达则兼济天下"的儒家理想,东林党人也期望自己能"达",以便左右朝政,但在万历年间,其势力基本限于朝廷之外。神宗死后,他们得以一度入朝掌权,与"争国本"一事有关。"国本"即太子。在家天下的时代,立太子是

---

① 《明史·食货五·商税》。
② 《明实录》神宗卷。

关系王朝最高统治权的继承和上层统治集团各派系权力再分配的大事,自然被人视为国之根本了。国本之争发生在万历中叶、东林党尚未形成之时。当时,按历来的传统,应立神宗的长子朱常洛为太子,但深受神宗宠爱的郑贵妃却要立她所生之子常洵,神宗偏向郑妃。朝臣为此也分为两派。顾宪成时为吏部郎中,不看皇帝的眼色而犯颜直谏,力主"无嫡立长",这是他被罢官的重要原因之一。从当时的观点看,道义在顾一方,因而虽被免职却声名益彰。后来朱常洛果真被立为太子,东林党也随即成立。一时,因太子居东宫而被称为"大东",东林则称"小东"。"天下气节之士,莫不以东林为东山,恨不旦晚得大贤之用"①。东林势力骤增。后朱常洛继皇位,党人杨涟便成为他的顾命大臣。光宗即位一年即暴死,此时又发生了继承人的斗争。杨涟、刘一燝、左光斗等扶立皇长子朱由校即位。东林党人从此进一步得到重用,刘一燝、叶向高做了首辅和大学士,赵南星为吏部尚书,孙慎行为礼部尚书,一时"东林势盛,众正盈朝"②。然而东林党人多不是精明的政治家,又囿于门户之见,排斥异己,为渊驱鱼,把一大批反对派都赶到了正在兴起的阉党魏忠贤门下。东林党人应该说已听到了魏忠贤的霍霍磨刀声,看到了发光的刀剑,但他们还呆头呆脑在那里做文章,上奏章,结果被魏忠贤扣上"诬皇亲,负先帝"的罪名,几乎将党人一网打尽。他们或被杀戮,或遭排斥,株连数百人。东林党人书生气十足,不敢杀人,但他们面对屠刀,却表现得一身刚烈、满腔浩气。杨涟疾恶如仇,宁死不屈,一身铮铮铁骨。李应升在狱中写诗给好友蒋允仪:"与君凤昔为兄弟,意气宁论杯酒间。他日蒙恩弛党禁,老亲稚子蒙君看。"③左光斗受炮烙之刑,脸面溃烂模糊,分辨不清,仍以国事当头,对前来探望的史可法说:"国家之事,糜烂至此,汝复轻身而昧大义,天下事,谁可支持者!"谆谆嘱史继承其志,为国效忠。当逮捕高攀龙的缇骑到无锡时,高攀龙微笑道:"吾视死如归耳。"又几次举起"原无生死"四个大字,从容投水自尽,免受阉党凌辱。东林党人受难,得到人民的同情与声援。当周顺昌在苏州被捕时,市民万余人为周顺昌申冤,这就是史称的"开读之变"④(开读就是开读诏书)。

---

① 《丛野堂存稿》卷八。

② 《明史·赵南星传》。

③ 《东林列传》卷十九之《蒋允仪传》。

④ 《烬余集》卷四附录《五人传》。

东林党人是一批忠于朱家皇帝的正统儒生,可是他们又偏偏死于皇帝豢养和支持的阉党之手,皇帝何其恶,儒生何其迂!

东林党人的死,可能比他们的生更要有意义。除教人以正气外,还引人反思。东林党人黄尊素倒下去了,他的儿子黄宗羲悟出了振聋发聩的道理:"天下之大害者,君而已矣!""天子之所是未必是,天子之所非未必非!"

明末义军——"均田免粮"的理想与空想

明天启七年(1627年)二月十五日黄昏时分,陕西澄城县知县张斗耀正在公堂上催逼农民缴纳皇粮。突然,衙外一片嘈杂,接着,一群衣衫褴褛的农民手执利器,从西门蜂拥而入,直奔公堂而来。张斗耀见势不妙,慌了手脚,一面喝令衙役阻挡,一面逃之夭夭。刚刚跑到后宅,就被农民追上,用乱刀砍死。消息迅速传开,全陕各县的农民纷纷响应,明末农民大起义的烈火点燃了。

明朝自万历以来,社会矛盾加剧,危机日深。在政治上,宦官专权,朝纲不振。神宗皇帝"万事不理",自称"静摄",终日昏昏;又贪婪成性,聚敛民财。每年除了巨额征税,又派宦官充任矿监税使,骚扰民间,形同劫掠。到了明熹宗时,官场腐败达于极点,可谓无官不贪。朝廷公开卖官鬻爵,"贿赂之盛,莫如此日"。民谣称"督抚连车载,京堂上斗量。好官昏夜考,美缺袖中商"。在经济上,以皇室为首的官绅地主阶级依仗权势,疯狂掠占土地,往往跨府越县,动辄万顷。正如一首诗所讽刺的那样,"唯余芳草王孙路,不入朱门帝子家"。结果是"贫者日益贫,富者日益富",社会贫富分化日趋严重。农民失去土地便丧失了谋生手段,生活已无着,还要依限纳税,"产去粮存"。富户勾结胥吏,通过"诡寄""飞洒"等方式逃避粮税;贫户更不堪重负,大量逃亡。官府则严刑酷法向未逃户追逼钱粮。加上长年水利不修,灾荒频仍,到了天启年间,农民已经被推到了死亡线上。正是在这样的情势下,澄城县农民抗粮杀官的义举便如同在一片干柴上投下的火种,终于引发了蓄积甚久的农民大起义。

明末义军的人数众多,番号混杂,主要有王嘉胤、不沾泥(张存孟)、王左挂、点灯子(赵胜)、邢红狼、闯塌天(刘国能)、闯王(高迎祥)、蝎子块、射塌天(李万庆)、老回回(马守应)、闯将(李自成)、西营八大王(张献忠)、混天星、过天星(惠登相)、曹操(罗汝才)、革里眼(贺一龙)、紫金梁等。其中,对于推翻明王朝起过决定性作用的是张献忠和李自成。

张献忠,陕西延安人,一说为延安卫柳树涧人,属于军籍。关于他的家世和早年情况,记载纷杂,大致可信的是,他幼时受过初级文化教育,粗通文字。早年曾在延安府当过捕役,因不堪差役之苦,投奔义军,自号西营八大王,名震遐迩。

李自成,陕西米脂人,出身农户。少时家贫,为地主放羊。成年后应募到固川驿当驿卒。崇祯二年(1629年)裁驿,李自成被裁,走投无路,遂参加义军不沾泥的队伍。后来自号闯将,势力渐强。

早期义军参加者除一部分士兵或军籍出身的人,主要是流民和饥民。他们勇力有余,经验不足,缺乏军事训练,组织松散,因而起义初期打败仗是常事。明政府对西北地区的"反贼"最初并未在意,待到酿成燎原之势,才惊慌失措。崇祯皇帝急忙调兵遣将,全力围剿,同时又听从陕西三边总督杨鹤的建议,采用招抚政策。义军们便针对明政府抚剿并用的两手政策,一遇到形势不利,便向明廷"诈降",以俟转机。形势一变,则揭竿再起。例如崇祯七年(1634年)春,五省军务总督陈奇瑜率大军进剿义军,李自成、张献忠部向川、陕一带转移,走到汉中栈道地区,误入险地。当时阴雨连天,"弩解刀蚀,衣甲浸,马蹄穿,数日不能一食"。明军前堵后截,形势极为不利。义军遂向明军诈降,"整旅出栈",巧妙地摆脱了困境。随后一夜间"尽缚诸安抚官",转攻宝鸡、麟游等处,"始纵横不可制矣"。

崇祯七年(1634年),义军转战河南。八年正月东入安徽,十五清晨,义军扫地王(张一川)、太平王等部攻入凤阳。凤阳是明廷皇陵所在,所谓"龙兴"之地。义军一把火烧毁了皇陵享殿和龙兴寺,挖了皇上的祖坟。这次胜利极大地鼓舞了义军士气,对明统治者是一次沉重的打击。崇祯皇帝闻讯后哭告太庙,下诏罪己,并下令全力剿灭"逆贼"。

在明朝统治者的打击下,义军一度转入低潮,但很快卷土重来。崇祯十四年(1641年),李自成部攻克洛阳,杀死福王朱常洵。张献忠、罗汝才部由川入鄂,攻下襄阳,活捉襄王朱翊铭。这两次战役相间不到一个月,标志着义军羽翼渐丰,开始掌握了战争的主动权。嗣后,李自成南下湖广,于崇祯十六年(1643年)春在襄阳建立政权,虽未立国号,但建立了各级政权机构,并进一步完善军制。李自成自称"奉天倡义文武大元帅"。同年五月,张献忠在武昌建立大西政权。崇祯十七年(1644年)正月初一,李自成在西安建国,国号大顺,改元永昌。三月十九日,大顺军攻入北京,崇祯皇帝缢死于煤山(今景山)。李自成于中午时分由德胜门进入北京城,来到皇城承天门下,亲手向承天门门匾上射了一箭,历时十八载的农民大起义终于推翻了腐败的明王朝。与此同时,张献忠的大西军进入四川,割据称王。

大顺军攻入北京后,随即着手稳定社会秩序,制定各项政策法规,筹备即位典礼,大顺政权取代明王朝似乎已成定局。然而,由于明将吴三桂降清和李自成轻敌,大顺军只在北京驻留四十二天,于四月二十九日撤离,辗转返回西安。在入关清军和各地叛军的夹击下,李自成屡战屡败。翌年五月初四,李自成在向西南转移过程中,路经湖北通山县九宫山下,突遭地主武装袭击,因寡不敌众,不幸遇害。

同年八月,张献忠在四川称帝,以成都为西京,年号大顺。清顺治三年(1646年)十一月二十七日,在大批清军围剿下,张献忠牺牲。轰轰烈烈的明末大起义进入了尾声。

明末义军从初起到壮大,始终受到民众的广泛支持和拥护。这固然是由于明统治者倒行逆施,官逼民反;但更重要的是义军实行的一些政策深得民心。义军每攻陷一地,便杀官济民,散发浮财。如李自成攻下洛阳,将福王府中大批粮食和金银财货赈散给饥民,一时间"远近饥民荷旗而往应之者如流水,日夜不绝。一呼百万。而其势燎原不可扑"。他们还明令废除明政府的苛捐杂税,提出"三年免征""不当差,不纳粮"的口号。张献忠攻占常德后,发布文告,明令"士民照常乐业,钱粮三年免征",连当时郧阳抚治李乾德的奏疏中也承认,"不催科"是义军"所到之处,望风迎顺"的主要原因。义军还实行保护农业生产政策,规定"杀牛一只,赔马十匹"。又给民"牛种,赈贫困,畜犗牲,务农桑,为久远之计"。义军"抚流亡,通商贾,募民垦田,收其籽粒以饷军"的政策与明统治者加派三饷(剿饷、练饷、辽饷)形成鲜明对照,"杀牛羊,备酒浆,开了城门迎闯王,闯王来时不纳粮"的歌谣真切地反映了明末社会下层民众的政治期盼。

在古代中国,土地的集中与否是政治兴衰的晴雨表,明末义军骤起的主要原因之一就是土地问题。在义军讨伐明统治者的过程中,部分地实现了对大土地所有者的剥夺。例如,义军为解决军需,曾在一些地方进行屯田,直接占有了明宗室、官绅地主的土地和无主荒地。明给事中李永茂在崇祯十六年正月二十五日的题本中就讲到,义军"将南阳迤南并西北楼寨庄田俱已占完"。张献忠攻占常德后,命令将兵部尚书杨嗣昌所"霸占土田,查还小民"。据查继佐《罪惟录》载,李自成的大顺政权有"贵贱均田之制"。目前虽然尚未查到有关义军推行均田制度的确切记载,但无疑存在农民分占地主土地的事实。如明衡王在青州府的庄田和禄粮被"仆佃悉行侵欠"。日照和诸城的农民"瓜占"了大官僚地主厉宁在两县的田产四千多亩。因之,《罪惟录》说大顺政权"伪为均田免粮之说",或非虚言。"均田免粮"得到了广大农民的普遍拥护,直接影响着他们的政治选择。明末义军席卷全国显然与"均田免粮"有着直接的关系。

明末农民起义最后失败了,但他们倡导的"均田免粮"给后人留下了追求和遐想。

清帝国——多民族国家的统一和巩固

　　距北京东北二百五十公里的承德市,有一座风景优美的古代园林——避暑山庄。这个被称为"塞外明珠"的旅游胜地曾经是清王朝的皇帝行宫,它不仅以别具一格的湖光山水和宫殿楼阁而享誉中外,而且因上演过许多重大史剧而著名。在清王朝国势强盛之时,它是中央政府加强同边疆各族联系的一个重要政治活动场所,它的兴建,正是当时多民族国家统一的一个反映。

　　清朝是我国历史上第二个由少数民族统治全国的政权,是满族贵族集团入关后建立的。满族是居住在东北地区的一个古老民族,和金代女真族有渊源关系,明代仍称女真。1583年(明神宗万历十一年),女真首领努尔哈赤以父祖遗甲十三副、部众数十人起兵,经过四十年努力,从小到大,统一女真各部。1616年,努尔哈赤称汗登位,自号天命,建立了政权。努尔哈赤还创制了满文,并在女真人原有的狩猎组织的基础上创建了军政合一的八旗制度,使原来涣散的女真各部落形成了严密的共同体。从1618年开始,努尔哈赤不断率军向明朝进攻。努尔哈赤去世后,其子皇太极改族名为满,定国号为大清。到皇太极之子福临(清世祖,年号顺治)继位时,清政权已统一东北,降服朝鲜、内蒙古,做好了争夺中原的准备。顺治元年(1644年),李自成农民军攻占北京,推翻明朝。清军在明朝宁远守将吴三桂的引领下,于山海关夹击打败农民军,随即入关进入北京。清统治集团打着为明朝君主复仇的旗号,争取汉族地主阶级的支持,用二十余年时间镇压了各地农民军与抗清武装,消灭了南方明朝的残余势力,逐步确立了对全国的统治。

　　历史学家一般把从清朝入关至18世纪末叶的一百五十多年看作清朝的前期。这段时期共经历了顺治、康熙(清圣祖玄烨)、雍正(清世宗胤禛)、乾隆(清高宗弘历)四个皇帝。其中康熙是清朝诸帝中政绩最为显著的一位。他精明强干,勤于政务。在位期间,对内实行轻徭薄赋政策,缓和阶级矛盾,又先后平定"三藩",统一台湾,打败侵入我黑龙江流域的沙俄侵略军,粉碎蒙古准噶尔部上层分子的分裂活动,基本上实现了国家的统一。康熙之后,雍正、乾隆继续对西北、西南扩张势力,改革赋役,进一步发展农业,使全国人口、耕地面积都出现了大幅度的增长。康、雍、乾时期因而被称为清朝的"盛世"。

统一的多民族国家在这一时期得到了空前巩固和发展。

注意并善于对边疆地区的经营,是少数民族建立的政权的特长。清王朝一方面用强大军事力量开发保卫疆土,另一方面也认真总结前朝经验,采取种种措施和制度加强对各民族地区的治理。

清代北部边疆问题的重心是蒙古。元亡以后,蒙古各部仍雄踞在东自松花江,西至天山南北的广袤土地上,其盛衰动向从明至清对中国政局影响甚大。努尔哈赤和皇太极父子二人都深知这一点,他们都竭力争取联合漠南蒙古,这不仅解除了自身侧翼的威胁,而且迅速改变了东北地区明清之间力量的对比。入关以后,清朝统治者更把建立牢固的满蒙联盟作为一项基本国策。至乾隆朝止,清统治者采取"恩威并重"的方式,先后使漠南、漠北、漠西的数百万蒙古族归属于清。清朝将最先归附的漠南蒙古一部分编为蒙古八旗,利用他们南征北伐。对于大漠南北的各部,清采取"分而治之"的原则,在蒙古原有社会组织的基础上改编建立"盟旗制度"。清政府将蒙古部落分成许多旗,从蒙古王公中任命旗长、盟长,使其权利世袭,但旗与旗之间不相统属,直接受中央政府的严格控制,蒙古从此难以形成独立的政治整体。

清初,蒙古准噶尔部曾一度占据天山南北路。西藏从明末起也先后被几支蒙古部落势力所控制。清政府平定准噶尔部多次叛乱后,乘势建立了对天山南北路维吾尔等各族的直接统治,并改革西藏行政,使西藏地方和中央的隶属关系得到了全面加强。

对于西南部边疆,清王朝在明王朝基础之上,以武力为后盾,实行了大规模的"改土归流",即将原来实行于西南少数民族地区、具有浓厚割据性的土司制度改成与内地相同的流官,在体制上进一步实现了西南地区和全国的一致。

怀柔笼络各民族上层分子是清王朝民族政策的重点,其效果在历代封建王朝中是最突出的。清王朝给予各族上层人物各种封爵及优待,对蒙古等部还长期采取联姻的形式。努尔哈赤有两个后妃是蒙古人,皇太极有六个后妃娶自蒙古,在清前期历史上很有影响的顺治之母孝庄文皇后就来自蒙古科尔沁部。清公主和宗室之女婚配蒙古王公的也不少,仅康熙帝就有七位公主下嫁蒙古。

为更直接地团结北疆各族,从清世祖福临开始,清帝还实行"秋狩"制度,由皇帝到张家口、独石口以北打猎,一为习武,一为巡视。康熙时,在塞外打猎地点建立了固定的"木兰(满语哨鹿之意)围场"(在今河北围场满族蒙古族自治县)。此后每年五月或七月,清帝都要出京北巡塞外到木兰行围,届时蒙古、维吾尔、哈萨克、柯尔克孜等各族王公必须率属员轮班扈从,称"围班"。打猎完毕,王公们还要陪同皇帝野宴。康熙曾写诗记其盛况:

> 龙沙张宴塞云收,帐外连营散酒筹。
> 万里车书皆属国,一时剑佩列通侯。
> 天高大漠围青嶂,日舞微风动彩旒。
> 声教无私疆域远,省方随处示怀柔。
>
> ——(清)爱新觉罗·玄烨:《塞上宴诸藩》

考虑到木兰围场距北京太远,从 1703 年开始,康熙下令在地处围场和北京之间的热河(后改名承德)修建规模宏伟、建置完备的行宫,题名为避暑山庄。避暑庄用近九十年的时间建成。从康熙以后,这里成为清朝的第二个政治中心。康熙帝每年有半年的时间住在这里处理朝政,乾隆等各帝也每年来此。清帝在避暑山庄接见招待各族王公和各国使节,举行各种重大政治活动,边疆和民族事务的许多问题都在这里解决。为了加强在蒙古、西藏、青海等地民族中具有很大影响力的藏传佛教等宗教的纽带作用,清王朝又在避暑山庄外陆续修建了具有不同民族特色的十一处寺庙,分属八处管理机构,号称外八庙,供来承德朝觐皇帝的少数民族王公和宗教领袖居住和举行宗教仪式。其中如普宁寺是为纪念平定准噶尔部达瓦齐叛乱而修,外形仿西藏第一所佛寺三摩耶寺;安远庙是为便利原居伊犁东南、后迁至承德的蒙古达什达瓦部进行宗教活动而建,外观仿伊犁河畔的固尔札庙;须弥福庙是为迎接前往避暑山庄为乾隆祝寿的班禅额尔德尼六世而建,风格仿西藏日喀则的札什伦布寺;规模最大的是普陀宗乘之庙,它是乾隆为了庆贺自己六十寿辰和皇太后八十寿辰而建的,样式仿西藏布达拉宫。1771 年,普陀乘之庙落成时,还发生了一件令清朝统治者感到十分兴奋的大事——土尔扈特部回归祖国。土尔扈特是厄鲁特蒙古的一部,原游牧于新疆北部,明末迁徙到伏尔加河下游。在远离祖国一百四十多年后，他们由于不堪忍受沙皇俄国的长期掠夺和压迫，在首领渥巴锡的率领下，克服千难万险，付出巨大牺牲，行程一万余里，于1771年初重返新疆。乾隆得知消息后，立即派大臣到伊犁迎接安置，并邀请渥巴锡等人到避暑山庄觐见。乾隆先后在木兰围场、避暑山庄正殿亲切接见渥巴锡，封汗位，还命渥巴锡与各民族王公一起参加了普陀宗乘之庙的落成大典。乾隆将此事亲自撰成碑文，用满、汉、蒙古、藏四种文字镌刻成两座巨型石碑。它们至今仍峙立于普陀宗乘之庙碑亭内，向后人叙说着民族团结史上这灿烂的一页。清前期帝王们维护、开发边疆的努力，客观上顺应了中国历史发展的潮流。至18世纪末叶，清领土西抵中亚巴尔喀什湖北岸，西北包括唐努乌梁海地区；北达漠北，东北到外兴安岭、库页岛，南至南海西沙和南沙群岛，东括台湾及所属岛屿。以后除外蒙独立及沙俄侵占的约一百五十万平方公里的土地外，清的疆域基本与我国今天的疆域一致。生活在大清这个辽阔帝国内的有五十多个少数民族，它们的分布情况也跟今天基本相同，中华民族大家庭在清代基本定型了。

普天之下莫非王臣——人身支配与社会矛盾

封建生产关系的主要特点不只是封建贵族占有物，更主要的是占有人、支配人。对人的占有与支配是多层次的，最后表现为君主对全体臣民的占有与支配。全国除君主外，没有一个人具有独立人格，形成一人为主，国人均为臣仆的局面。"普天之下，莫非王臣"，绝不是一句虚语或夸张之辞，它通过以下五个系统而成为现实：

其一，君主与臣民关系不只是领导与被领导、上级与下级的行政关系，首先是主仆关系。君主对所有的人都有生杀之权，"明主之所操者六：生之、杀之、富之、贫之、贵之、贱之"①。整个的国家就是君主的仓库："邦者，人君之辎重也。"②"贵为天子，富有天下。"③在这种观念和与之相应的一套体制下，所有臣民没有任何法定的权利自觉，只有忠君的义务。"臣事君、子事父、妻事夫"是"天下之常道也"④"君者，民之心也；民者，君之体也。心之所好，体必安之；君之所好，民必从之。"⑤民仅仅是被君主驯服的工具。这不是说臣民没有对君主进行造反的，但是造反，取而代之，并没有改变上述的观念体系与制度体系，造反成功不是没有意义，但大抵仅是在原来一套基础上的重建和调整，又开始了一个新的轮回。

其二，有一套等级结构，将所有人纳入占有和被占有、支配和被支配的社会网络。等级结构的意义不只是将人分为贵贱上下，而是将所有的臣民都变成没有独立人格的人。有人说，中国古代等级关系很淡，不像欧洲中世纪那样壁垒森严。应该说，这种说法是肤浅的。中国的等级制度同样很厉害，只不过

---

① 《管子·任法》。
② 《韩非子·喻老》。
③ 《荀子·荣辱》。
④ 《韩非子·忠孝》。
⑤ 《春秋繁露·为人者天》。

有自身的特点,概括言之,就是等级的多样性与成员的流动性。

多样性指存在着不同的等级系统,如爵制、官品、门第、职业以及种族等,都可被用来作为划分等级的标准。像爵制,周朝有公、侯、伯、子、男等规定,秦汉有二十等爵制。晋代把官分为九品,以后虽有因革,官品制度一直沿袭下来。不同官品在服饰、住房、车舆、仪卫、法律地位以及占田、荫客数上都不相同。门第也分高低,魏晋南北朝有士族、庶族之分,宋代把户分为"主户"和"客户","主户"又分五等,由贵族、官僚为主的"形势户"享有不同的特权。在不同的朝代,各个民族的地位不同,民族也成了贵贱的标准。

等级中成员的流动性除了改朝换代、政治争斗等原因外,官僚制是造成成员流动的最主要因素。单单是官僚的升降黜陟就形成了等级成员的流动。"朝为田舍郎,暮登天子堂","朝为布衣,夕为卿相",这种说法不免夸大,却形象地说明了社会成员起伏之大。

等级的多样性不仅增加了等级制的灵活性,而且覆盖面更宽更大。等级成员上下流动没有消除等级制,反而使等级生命力更强、更顽固。

其三,户籍体系是人身支配体系。户籍制度的建立可以追溯到商朝,以后历朝历代都把户籍作为一项最重要的事来抓。过去的户籍簿用黄色作封面,所以户籍又常称为黄籍或黄簿,"黄籍,民之大纪,国之治端"①。刘邦灭秦朝之后,萧何首先抓户籍。户籍的登记十分详细,姓名、性别、年龄、籍贯,身材的高矮、胖瘦、长相以及特殊的生理特征,都一一记录在案。户籍不只是社会行政管理,最主要的是行政对人身的支配和控制,是征派徭役、人头税、兵役等的依据。在户籍制度的控制下,人们不得随便迁徙、流动,没有政府的批准,不得离开乡土。历代把治民的地方官称为牧民之官。牧本是牧养牛、马、猪、狗,"夫牧民者,犹畜禽兽也"②。户籍制度,正是把民变为猪、狗的牢笼。

其四,通过一定的经济关系支配和控制人身。例如封建国家拥有大量的土地,国家通过授田制、占田制、均田制等,把农民变为国家的佃农、农奴等。普遍存在的农奴制、奴隶制自不待言,就是佃户、封户、荫户、客户等,在人身上也都有很大的依附性,主人对他们有程度不同的人身占有与支配权。古代的各种经济关系大多与一定程度的人身占有结合在一起。

---

① 《南齐书·虞玩之传》。
② 《淮南子·精神训》。

其五，思想支配与文化专制。前边讲到的"焚书坑儒""罢黜百家，独尊儒术"都属文化专制。明、清两代令人恐怖的文字狱更是思想文化专制登峰造极的表现。孔夫子讲的"非礼勿视、非礼勿听、非礼勿言、非礼勿动"①，给人们规定了思想的边界。后来的统治者把明等级贵贱视为圣训，教人们遵从。清顺治皇帝颁布了六谕对全国进行教化，六谕是："孝顺父母，恭敬长上，和睦乡里。教训子孙，各安生理，无作非为。"每月初一、十五把乡民都集中起来，由生员宣讲，还要进行评比鉴定，"登记簿册，使之共相鼓舞"。后来康熙又加以补充，成为"上谕十六条"。雍正对此详加阐扬，称为《御制圣谕广训》，颁发全国遵照。这既是教化，同时又是思想控制，违犯了圣谕自然是要被治罪的。

　　在古代社会，对人身的支配与占有总是同特权、专制、不把人当作人紧密联系在一起的。人身支配、占有与反人身支配、占有是一个普遍性的社会矛盾，许多次农民起义都有反贵贱、争平等的内容。人身的支配与占有成为社会动荡的重要原因之一。

　　与人身支配、占有相伴行，中国古代盛行的是臣民意识，而无公民意识，公民意识是近代从西方传进来的。从臣民意识向公民意识的转变，是社会意识最根本的转变之一。

---

　　①《论语·颜渊》。

耕者无田——土地问题与社会动荡

民以食为天，食以地为本。古人云："土，食之源也。"①在传统的自然农业经济中，土地与人的生存息息相关。中国历史上的风风雨雨，生死离别、社会震荡，几乎都直接或间接与土地的占有、分配、使用等有关。

土地问题牵动着整个社会，各朝各代都把调整土地问题摆在重要议事日程上。政治家、思想家以及各式各样的有识之士，都为土地问题绞尽脑汁。且不说各式各样的理想，见之于各代的土地制度就有"井田""授田""令民自实田""限田""度田""占田""均田""屯田""营田""圈地"……数不胜数的名称。土地，滋养着中华民族；土地，也困扰着社会与人生。那么，土地问题是沿着什么轨道来运动的呢？

有人说土地国有，靠国家支配；有人说土地私有，靠买卖运转。两说都有定道理，也都有偏颇。实际上，中国古代土地的主权、所有权、支配权、使用权等，是模糊不清的。在某种情况下，国家的主权一扩张，便可以把所有权、支配权统统包容起来；在另一种情况下，土地又可以买卖；有时表面上的买卖还伴随着内在的暴力与掠夺。如果对中国历史上土地运动方式的特点进行概括的话，可称之为：权力-买卖混合交错型。具体而言，又分为如下四种形式：

第一，合法的政治分配。所谓"合法"，指根据皇帝或政府的命令对土地进行分配。接受分配的对象不仅有官僚、贵戚，也有平民百姓。这种分配制各朝各代都有。当然，各朝各代也都有程度不同的变化。西周有分封制和井田制。战国一些国家实行授田制，每户百亩。秦汉的土地分配与二十等爵有密切关系。西晋时实行占田制，规定男女十六岁至六十岁为正丁，十三岁到十五岁及六十一岁至六十五岁为次丁。每一正丁占田七十亩，课田五十亩；次丁为正丁的一半。官吏按品级占田，第一品占田五十顷，以下每差一品减五顷，到第九

---

① （宋）曾巩：《隆平集·韩亿传》。

品占田十顷。隋唐实行均田制,贵贱占田各有差等。宋以后情况有较大变化,国家不再管平民百姓的土地,但按官爵封赏土地仍是普遍的事实。

第二,非法的暴力侵占。从中国历史上看,合法的分配土地从未认真执行过,非法的暴力侵夺既普遍又贯穿于各朝各代。皇帝或政府虽屡屡发出禁令或斥责侵夺行为,但这些禁令几乎都流于一纸空文。在最早的文献中有关记述土地运动的词汇,主要是一些表达暴力的词,如"侵""兼""取""逐""争""夺",等等。历朝历代有关这方面的史料,可以说成堆成筐。许多史家都说唐初相当认真地推行过均田制,恰恰此时也有大量越制强占的记录。贞观初年,高士廉出官益州时讲到当地的情况:"地居水侧者,顷值千金,豪富之家,多相侵占。"①

第三,强买。这种方式同直接凭靠权力侵夺不尽相同,表面上披着买卖的外衣,但又不是自由平等的交易,而是在刀剑逼迫下的买卖,历史上称之为"强买""强市""减价""半价""贱直(值)""不还值",等等。汉初萧何是历史上的明相,恰恰就是这位貌恭和顺的老先生"强买民田宅数千万"②。强买,不是在自由买卖的身上附加了一点暴力,而是暴力掠夺采用了自我遮掩的方式。强买,一方面表明在商品经济有了一定发展的情况下,政治暴力不得不向经济靠拢;另一方面它的存在又说明买卖自身还不是自由的,卖方的人身还受买方的政治强权的支配或操纵。这种情况是前资本主义社会的现象,权力在买卖的背后起着支配作用。

第四,权力支配社会环境下的买卖。这种买卖从表面上不是强买,也没有或很少有权势的干预,似乎买卖双方是按照市场的原则自由地进行。但是我们不能忽视,这种买卖同资本主义社会的买卖仍然是不同的。封建时代,权力支配着社会,在这种大环境下,土地的自由买卖实际上被它背后的政治大手控制着,只要有这只大手起作用,就不可能按照市场规律正常运行。对此可以从三方面考察:其一,买卖人本身是不自由的,当人本身还是不自由时,他所占有的土地也不会是自由的。且不说大的权力,就是族权,对本族人的土地买卖都要进行某种程度的干预。其二,土地的价格在很大程度上不取决于经济自身,而是取决于国家赋税的多少。当国家滥收赋税时,想卖土地都卖不出。

---

① 《旧唐书·高士廉传》。

② 《史记·萧相国世家》。

唐武则天时期赋税过重，"剔(贴)屋卖田，人不为售"①。明代后期，由于滥征赋役，以致出现"人皆以田为大累，故富室不肯买田，致田地荒芜，人民逃窜"②的反常现象。黄宗羲说："田土之价不当异时之十一，岂其壤瘠与？曰：否，不能为赋税也。"③清代任源祥说过一句很深刻的话："征愈急则银愈贵，银愈贵则谷愈贱，谷愈贱则农愈困，农愈困则田愈轻。"④显然以权力为基础的横征暴敛，从根本上破坏了土地市场应有的经济性性格。其三，买方的资金大多数不是靠经济方式积累而来的，而是靠政治特权获得的，如君主的赏赐、搜刮、贪污等。清代的高士奇原本是个穷儒生，后来成为豪富，有人弹劾他，康熙皇帝说："以觅馆糊口之穷儒，而今忽为数百万之富翁，试问金从何来？无非取给于各官。然官从何来？非侵国帑，即剥民膏。"⑤总之，在权力支配社会情况下的所谓土地自由买卖，在很大程度上仍然由权力起着操纵作用。

由于权力在土地运动中起主导作用，土地便随权力的运动而运动。占有土地多少，一般说，也随权力大小而变。有关"地主"的称呼大多也同表示权势的概念结合起来，称之为官户、权家、势家、权势之家、缙绅之家、形势户，等等。权势之家占有土地总数中的多少呢？对此，还有待深入的研究，不过有些大概的计算足以说明问题。比如宋代的大小官僚称为"形势户"，他们的人数很少，不过人口总数的百分之一，但占有全国耕地却在百分之七十以上。明代万历年间，四川成都附近各县，十分之七的土地属王庄，十分之二为军屯地，民田只占十分之一。说百分之七八十的土地集中在官宦之家，大抵是不过分的。中国古代的官僚是你方唱罢我登台，土地也随上台下台而转换。有的因犯罪被籍没，有的被新贵兼并，有的被不肖子孙吃光。"俗言三世为官，方会着衣吃饭。"其实，许多官僚之家传不到三世，就挥霍得差不多了。宋代的孙光宪在《北梦琐言》中说，纨绔子弟有三变："第一变为蝗虫，谓鬻庄而食也；第二变为蠹虫，谓鬻书而食也；三变为大虫，卖奴婢而食也。"⑥总之，土地是权力的附属物，土地也随权力运动而运动。

---

① 《旧唐书·狄仁杰传》。

② 《天下郡国利病书》。

③ 《明夷待访录·财计一》。

④ 《清经世文编》卷二九之任源祥：《赋役后议》。

⑤ 蒋良骐《东华录》卷一五。

⑥ 转引漆侠：《宋代经济史》。

土地集中于权势之家,耕者无地或很少有地。于是无地的平民百姓与占有土地者之间的矛盾就不只是经济问题、贫富问题,同时又是一个贵贱问题、压迫与被压迫问题。所以中国历来的土地问题,首先是政治问题。土地问题引起了一次又一次社会震荡和政治风云。

无休止地挤奶——徭役赋税与社会抵抗

赋税、徭役是喂养君主、贵族和庞大国家机器的母奶。它源远流长,上可以追溯到夏朝,其后各朝各代都有一套名目繁杂的赋税徭役制度,最早的夏、商、周三代有"贡""助""彻"三法。学者对这三法的解释颇多异义,要之,都是征收实物和征发力役。春秋时期实行"相地而衰征"和"税亩"制。战国时赋税有繁杂的名称,如"税""租""赋""征""敛""籍""徭""役"等,归纳起来就是孟子所说的:"有布缕之征,粟米之征,力役之征。"①汉代有"田赋""口赋""献费""正卒""戍卒""更卒"等。魏晋时期把人头税与田租合并,叫作"户调制",另外还有徭役。隋唐发展为"租调"和"租庸调制",唐后期实行"两税法"。明代实行"一条鞭"法。清又有"摊丁入亩"等。赋税徭役制度极为繁杂,概括起来主要有五大项:人头税:两税法以前以人头税为主,其后主要按资产纳税;田税;徭役、兵役;土贡:交纳土特产;杂税。各种赋税制度不外以上五项的不同组合而已。另外还有工商税。古代徭赋的征用有两个特点:

其一,征发的无限性。从表面看,各朝各代对徭役赋税的征发都有一定数量的规定,实际上,从来没有按规定实行过。

徭役是对人的劳动力的直接占有与剥夺,征来即用。在历史记载中,到处可以看到对徭役的哀叹与控诉。早在西周,诗人在《诗经·鸨羽》中便控诉了徭役之苦:"王事靡盬,不能蓺稷黍,父母何食?攸攸苍天,曷其有极?"历代有正义感的人不断发出"勿夺农时"的呼唤,可是又有谁听?《吕氏春秋·上农》中讲,"夺之以土事""夺之以水事""夺之以兵事",三夺相袭,"大饥乃来"。秦朝征发徭役之重,几乎到了尽人皆役的程度。汉武帝连年兴兵,服役者不绝于道,以致"六畜不育于家,五谷不殖于野"。十余年间,天下人口减半。杜甫的著名诗篇《三吏》《三别》,写的便是徭役所造成的生死离别的凄惨和苦痛。其《石

---

① 《孟子·尽心下》。

壕吏》记述男人因服役全被抓走,官吏犹征发妇孺不止,一位老妇苦苦哀求:

> 室中更无人,惟有乳下孙。
> 有孙母未去,出入无完裙。
> 老妪力虽衰,请从吏夜归。
> 急应河阳役,犹得备晨炊。

这种情形并不限于唐朝,明代徭役之重绝不比任何朝代稍逊,孤、寡、老、幼均须服役,"甚至一家当三、五役,一户遍三、四处"①顾炎武在《天下郡国利病书》中说,农民正当耕地之时,杂差纷至沓来,一早去当"轿夫",中午去当"杠夫",晚上去当"灯夫"。"三夫"未完,又被逼去当"纤夫"。稍有怠慢,便遭长鞭,农民根本无法耕种。在历史上,唐太宗是个难得的"好皇帝",比较惜用民力,就是这位圣主,也把老百姓折腾得够呛。隋朝时徭役太繁太苦,人们以死求生,把手、脚剁掉,以避徭役,称为"福手""福足"。唐太宗时这种现象依然存在。狠心的英主下令,剁手脚的,除给治罪外,还必须服役。赋税同徭役一样无度。春秋时赵简子派人去收税,吏问收多少,简子回答道:"勿轻勿重。重则利入于上,若轻则利归于民。"②唐实行两税法,指导思想是"量出制入"。究竟"出"多少,从来没有定准。因为征收多少完全取决于立法者的胃口。仁慈一点的,养鸡取卵;贪求无厌者,杀鸡取卵。秦朝主要征收人头税,于是用"头会箕敛"来形容,"百姓贺死而吊生"③。隋炀帝"东西巡幸,靡有定居,每以供养不给,逆收数年之赋"④。各朝各代都在所谓的"正税"之外,有数不清的加派、杂税。如宋代,买卖牛羊有税,粜卖粮食有税,买卖田宅有田契钱,修房盖屋有木税钱,牛活着上税,牛死了要交牛皮钱,丁口多要承担重差,而分居则又须出"罚钱",还有蒿钱、鞋钱、脚钱,打官司不胜要出罚钱,胜了则要交纳喜钱……名目繁多,举不胜举。正如朱熹所说,"古者刻剥之法,本朝皆备"⑤。继宋而起者,又超过宋。

---

① 《明宪宗实录》卷三三。
② 《韩非子·外储说右下》。
③ 《七国考·秦食货引大事记》。
④ 《册府元龟·邦计·重敛》。
⑤ 《朱熹语类》卷一一〇。

徭役赋税之重不到奶干血尽而不止,甚至死而不已,还要转嫁到子孙,甚至邻居身上,因为许多朝代都实行保甲连坐。

　　其二,徭役、赋税主要用于统治者的消费、浪费和奢靡。这不是说一点正当的用处也没有,也不是说毫无建设,比如修路、治水、必要的行政开支、军备、开边等,都有历史意义。但这类事业在财政的支出和徭役的使用上并不占主要地位,占主要地位的是皇帝为首的统治机构的纯消费、浪费奢靡以及官俸、军资。皇帝建造宫殿、亭台、楼阁、苑囿、陵墓……是社会的灾难。我们到北京故宫,无不对它的庄重、精美、豪华一步三叹。然而,当初明成祖修建它时动用上百万役夫,耗费巨资,所用木料多采于南方各省的原始森林,不知夺走了多少人的生命,以致激起了李法良领导的农民起义。万历皇帝虽属昏庸之君,但在历史上还不是最恶的。当时按规定,年赋税折银四百万两,万历二十七年(1599年)筹备皇子婚礼采办珠宝就用银两千四百万两,二十九年取办金玉杂料又用去一千零五十七万两。我们到明十三陵游览,总要看看这位皇帝的陵墓——定陵。万历皇帝为修造这座并非十分豪华的地宫,竟用去近一年的税银。除皇帝之用外,官俸、年资在财政中占重头。唐代的开支,"最多者兵资,次者官俸"①。明代同样是"国家经费莫大于禄饷"②。有人统计,正德以后,亲王有一百三十位,郡王二百一十五位,武职十余万员,卫所七百七十二,旗军八十九万余名,廪膳生三万五千八百二十名,吏五万五千余名,各项俸禄达几千万石。当时十三个布政使司加南北直隶一年的田赋总共才两千六百多万石,入不敷出。

　　无限制的剥削,无限制的浪费,这两者结合在一起,形成了恶性循环。在这个循环中,又培养和造就出了无数的贪污犯。尽管历朝历代都有惩治贪污的规定,在道德上都把贪污视为丑行,有些帝王对贪污犯进行过严厉惩罚,如朱元璋,把贪污犯的人皮装上草,放在官吏的大堂上,以警来者。然而这一切都无效,贪污照常横行。原因何在?具体分析,可以罗列一大堆,千条万条,最根本的是一条,即在权力支配社会的情况下,权力就是财神爷。例证举不胜举,不妨引两首打油诗为证。周遵道《豹隐纪谈》中有一首《鸡鸣》诗:

---

　　①《旧唐书·沈传师列传》。
　　②《明史·食货志六》。

鸡鸣喈之,鸭鸭呷呷,县尉下乡,有献则纳。

鸡鸣于埘,鸭鸣于池,县尉下乡,靡有孑遗。

鸡既烹矣,鸭既羹矣,锣鼓鸣矣,是尉行矣。

《广笑府》有一首诗描写官吏的盘剥:

来时萧索去时丰,官帑民财一扫空。

只有江山移不出,临行写入图画中。

这当然不是说为官都贪,自有清官在,正气存,然而在那种环境下,做清官比做赃官要难。名垂千古的包青天包拯就发出过清官难当的慨叹。

繁苛的赋役引起了多少抗议?奢靡浪费引起了多少人斥责?贪官污吏招来多少人痛恨?数都数不清。无数的风风雨雨盖源于此,这个恶性怪圈一直困扰着古人!

鸦片战争——被拖进近代

　　1839年6月3日,广东虎门太平镇传来一个振奋人心的消息:钦差大臣林则徐下令将收缴的鸦片悉数销毁。远近乡民闻听后,无不拍手称快。鸦片是一种毒品,是从罂粟中提炼出来的。吸食者一上瘾,身体就会受到很大的摧残。它是伴随着西方资本主义的崛起进入中国的。

　　西方资本主义经过几百年的发展,到19世纪,已经形成了广泛的经济市场和世界经济网络。伴随资本主义发展的是血与火的历史,为了开辟商品市场和原料产地,实行殖民地掠夺性经济侵略是满足资本主义发展需要的重要途径。早在明朝,西方就已开始叩击中国的大门。为了堵住西方资本主义的洪水,乾隆二十二年(1757年),清政府下令只准广州一地作为通商口岸,并采取了限制苛严的公行贸易制度。英国的纺织品受到中国自然经济的顽强抵制,而中国茶叶的出口额却激增,大量白银流入中国。为了扭转这一局面,英国商人便肆无忌惮地向中国走私鸦片。最初不过是少量输入,1773年,英国的东印度公司垄断了鸦片贸易后,这种危害人体健康的罪恶毒品更大量地涌入中国。从乾隆三十八年(1773年)到道光十四年(1834年)短短六十一年,鸦片输入量竟增加了二十二倍,达两万多箱,致使中国烟毒泛滥,大量白银流入东印度公司。这种情况引起了清廷朝野的警觉,以林则徐、黄爵滋为代表的部分大臣力主禁绝鸦片,他们告诫国人,鸦片"为毒人之物,而听其流行,复征其税课,堂堂天朝,无此政体"。若不予严禁,"是使数十年后,中原几无可御敌之兵,且无可以充饷之银"。禁与不禁关系清帝国的存亡,终于得到了道光皇帝的首肯,于是才有了震惊中外的虎门销烟之壮举。这是长期奉行闭关自守政策的封建王朝与西方资本主义世界的一次重要的较量。

　　虎门销烟对英国资产阶级无疑是一次沉重的打击。他们的经济手段失效,转而诉诸武力,用大炮轰击中国的大门。1839年9月4日下午2时半,英国"窝拉疑"号巡洋舰舰长士密乘坐"路易沙"号军艇,协同"珍珠号"巡洋舰,在九龙海面首先向中国水师开火,拉开了鸦片战争的帷幕。1840 年 4 月,英国议会正式通过以武力侵略中国的议案;6 月,乔治·懿律率领四千英军,分乘四十余艘船舰,到达南中国海,封锁珠江口,挑起了大规模的侵略战争。这次战争断断续续进行了三年,英国侵略者遭到了中国军民的顽强抵抗。1841 年 5 月 29 日,广州北郊三元里等一百零三乡人民奋起抗英,表现了崇高的民族气节和爱国精神。然而,由于清帝国政府腐败无能和双方军事力量的悬殊,英国侵略者先后攻占了厦门、定海、镇江、宁波等地,从广东打到福建、浙江、江苏,直到直隶的大沽口,最后顺长江而上,攻占上海、镇江,重兵直指南京,胁迫清政府签城下之盟。1842 年 8 月 29 日,清政府与英国签署了中国近代史上第一个丧权辱国的不平等条约——中英《南京条约》。主要内容为:五口通商,开辟广州、福州、厦门、宁波、上海为通商口岸,英国人"贸易通商无碍";割让香港;赔款两千一百万银圆;协定关税等。《南京条约》的签订标志着中国作为一个完整的主权国家时代的终结,从此国门洞开,西方资本主义势力蜂拥而至。在此后的七十年里,侵略的战火燃遍了中华大地。

1856 年爆发了第二次鸦片战争,1860 年英法联军攻入北京,洗劫并火烧了圆明园。1883 年的中法战争和 1894 年的中日战争,均以清帝国的失败而告终,随之而来的便是一系列不平等条约的签订。西方列强取得了领事裁判权、单方面的最惠国条款、租界权、开矿筑路权、驻兵权等种种政治和经济特权。随着国家主权的一步步丧失,中国在殖民地的泥潭里愈陷愈深。

在鸦片战争及后来的几次战争中,中国军民也曾有过局部的胜利。例如 1885 年 3 月,中法战争期间的镇南关大捷,但总的趋势是节节退败。究其缘由,一言以蔽之,中国已远远落后于时代。以病入膏肓的封建主义与上升时期的资本主义相抗争,是难以取胜的,更何况当时主宰中国的是腐朽、愚昧、保守的清统治者。他们对世界文明惊人地无知,最突出者莫过于盲目地自大自尊。当西方列强荷枪闯入国门时,他们大多只会从传统陈腐经验中套搬对策,往往战和不定,手足无措。就连当时率先"睁开眼睛看世界"的林则徐、魏源等人也不免带有浓烈的大国中心观念,站在以华制夷的立场上看待历史的剧变。林则徐说:"我天朝君临万国,尽有不测神威,然不忍不教而诛……"魏源认为中国只要"人才进",就能"一喜四海春,一怒四海秋","令行禁止,四夷来王"。冯桂芬也感叹"地球中第一大国,而受制于小夷也"。几千年来,中国统治者就一直以世界的政治和文化中心自居,如今却被英、法等"桀骜不驯,与山林野兽无异"的"蛮夷"强行闯入,顽固的封建统治者和士大夫们无论如何也不愿承认这个事实。他们一方面对西方的治和文化本能地排斥,另一方面又缺乏必要的国际政治和国际法常识,偏偏又要一味地保住天朝的尊严,结果是既不知彼,也不知己,只能处处被动挨打。

西方列强的大炮轰开了闭关锁国的封建堡垒,撬开了中国人的眼帘。丧权辱国的形形色色条约与清政府的腐败无能极大地震撼着朝野士民的心灵。遭受到前所未有欺辱的中国人产生了比以往任何时候都要强烈的民族认同意识。他们开始认真地思考中国与西方"蛮夷"的关系,"不得不变古而通今",救亡和图强的主旋律开始回荡在中华上空,新的思潮一浪高过一浪。一个民族的前途并不取决于一场战争的暂时胜败,而在于能否从失败中奋起,从历史的教训中获得新生。

鸦片战争将封建古国强行拖入了世界经济和文化的新格局。对于中国人来说,面前的道路虽然痛苦而艰难,但毕竟充满着希望和生机。

太平天国的兴衰——近代的人与古代的思想

　　鸦片战争使中国开始沦为一个半殖民地半封建的国家,也给生活在这片国土上的人民带来更加深重的灾难。早在战前,国内的各种矛盾尤其是阶级矛盾已相当尖锐:少数的地主官僚凭借手中的权力广占良田,对农民大肆盘剥,过着骄奢淫逸的生活;广大农民则无田少田,被迫在赋税、地租、高利贷的重压下挣扎呻吟,终年难得温饱。战后,军费开支造成了巨额亏空,不平等条约又规定了大宗赔款,等等,这些当然也不会以限制统治者的欲壑加以填补与偿付, 而只能通过种种名目转嫁到劳苦大众的头上。这样, 从 1841 年到 1849 年的几年里,中国人民身上的实际负担就比战前增加了好多倍。"民之财尽矣,民之苦极矣",一份农民起义告示中这简单的十个字,不知凝结着多少人的血和泪。人们再也无法忍耐,只好铤而走险了。这几年,各地大大小小的农民武装反抗已发生了不下百余起。它们正预示着一场更大更猛的革命风暴——太平天国起义的来临。

　　这场震惊中外的农民革命运动是由洪秀全和冯云山等人发动起来的。

　　洪秀全(1814—1864)是广东花县(今广东州市花都区)一个普通农民的儿子,靠父兄的辛勤劳作读了几年书,曾因家贫一度辍学务农,后来当上村塾教师。早年的经历,使他较为了解下层民众的生活疾苦,不满黑暗的现实。在学而优则仕的幻想破灭后,逐渐走上造反之路。他借用原始基督教中的某些传说和语言,根据自己的理解,创立了"拜上帝会",用以团结和组织群众。他的著作《原道救世歌》《原道醒世训》《原道觉世训》和《太平天日》成为发动这场起义的思想理论基础。

　　冯云山(1822—1852)也是广东花县人,家境较富裕,读过不少书,也做过塾师。他是洪秀全志同道合的朋友,最早接受洪秀全关于上帝是世间唯一真神,在上帝面前应人人平等的宣传。与洪一起创立"拜上帝会",共同传布他们的主张。他在广西桂平县(今广西桂平市)的紫荆山区做了大量的实际组织工作,发展了一批会众,发现和团结了杨秀清、萧朝贵、石达开等起义骨干,为创建紫荆山革命根据地付出了很大心血。

1848年至1849年间,广西大旱,不少地方半年滴雨未下,人民生活更加困苦,有的地方发生了"屠人鬻于市"的惨剧。在桂平,"拜上帝会"与当地地主武装"团练"的斗争日益尖锐。起义的时机终于成熟了。1851年1月11日是洪秀全三十八岁的生日。这一天,万余名"拜上帝会"的会众聚集到紫荆山前的金田村,洪秀全高声宣布起义开始,"正号太平天国元年"。金田村的一点星火,迅即燃成燎原之势,烧向全广西,烧向全中国。

起义伊始,洪秀全将会众分成男营和女营,按军队的办法实行编制,在军中实行大体平均的供给制度,并宣布了严格的纪律。另外,早在洪秀全的著作中,就已提出一个"阎罗妖"作为会众们所敬拜的"上帝"的对立面。此时,他更明确地把清朝皇帝作为阎罗妖的代表, 号召人们起来推翻清政府的黑暗统治。严密的组织纪律、明确的斗争目标,这是太平天国起义初期取得胜利的两个基本前提。从"拜上帝会"的会众向金田集结之时,清政府便调集军队前来镇压。但太平军得到了广大民众的支持,将士们作战又非常勇敢,屡屡打败腐朽的清军。起义部队从广西杀进湖南,又从湖南冲入湖北,一路所向披靡。攻下武昌后,已形成了一支五十余万人的浩浩大军。1853年2月,这支大军水陆并发,"帆幔蔽江",旌旗掩日,直指南京。一路之上克九江、下安庆、破芜湖,于3月4日便抵达南京城下。又经半个多月激战,一举将全城攻克,太平军布告安民,改南京为天京,并在此定都。月底,太平军又连下镇江、扬州、瓜洲、浦口等军事重镇,形成了对天京的拱卫之势。至此,一个与清王朝南北对峙的农民革命政权正式建立。

南京奠都的消息传到北京,使清统治集团大为震惊,有些官员甚至以为末日将临,遣送家眷离开北京。为了稳定局面,咸丰皇帝急命一直尾随太平军后面的向荣部在南京城外建立江南大营。不久又遣琦善、胜保二人率军赶赴扬州城外建立江北大营,企图扼制南京,绞杀革命。

太平天国的领导者们并不为其所动。他们一面准备粉碎敌人的夹击,一面分遣两路大军进行北伐与西征。林凤祥、李开芳所率的北伐军自5月由扬州出发,10月便逼近天津城郊。这次行动虽因孤军深入最后失败,但因其直通统治者的心脏北京而引起清廷的极大恐慌,同时也大大推动了北方革命形势的发展。由胡以晃、赖汉英所率的西征军起初较为顺利,但进入湖南后遭到曾国藩组建的湘军的顽强抵抗,一度受挫。由于增援及时,扭转了战局,石达开率领的援军屡屡重创湘军。西征取得了占领皖、赣两省及湖北大部的巨大胜利。1856年4月,杨秀清先率军击溃了江北大营,6月,又会同石达开部攻破江南大营,解除了清军对天京的威胁。

在开展一系列军事行动的同时,太平天国还颁布了自己的革命纲领《天朝田亩制度》,这是一个包括经济、政治、社会生活诸方面内容的重要文献。它试图建立一个"有田同耕,有饭同食,有衣同穿,有钱同使,无处不均匀,无处不饱暖"的崭新世界。在局部范围内,它也确实使受尽剥削压迫的农民们得到了利益,特别是将没收地主的土地、财物分配给农民,有的农民不再向地主纳租的做法,受到了人民的拥护与欢迎。依照这个纲领所实行的法律、文化教育的改革,也收到了一定的成效。

"早也盼,晚也盼,太平军来了穷人安。"这朴实无华的歌谣,生动地体现了太平天国统治区域内劳苦大众的欢乐心情。这个新兴的农民政权达到了鼎盛期。不幸的是,一幕悲剧也正在酝酿之中。

1856年的七八月间,杨秀清借"天父"下凡附体,召洪秀全至东王府听命,以"天父"的名义让洪与他同称"万岁"。洪当时虽然答允,但内心极为不满,密召在江西的韦昌辉和在湖北的石达开速回天京诛杨。韦昌辉先至,9月2日,率众冲入东王府,将杨秀清及杨氏一家老小全部杀死,连杨的部下也有许多人罹难。当石达开闻变赶回天京,劝阻韦昌辉不可滥杀无辜时,韦又要杀石。石达开闻讯逃出天京,韦昌辉又杀死石氏全家。石逃至安庆后,起兵讨韦,声言若不交出韦的人头,即攻破天京。洪秀全见事态扩大,下令阻止韦昌辉继续杀人。韦得令后大怒,竟进攻天王府。韦的行为,引起天京军民的愤慨,

11月初,石达开兵临天京城下,洪秀全在天京军民的支持下,捕杀了韦昌辉。历时两个月之久的天京变乱方告平息。一波才平,一波又起。洪秀全一面让石达开总理朝政,一面让自己的两个哥哥洪仁发、洪仁达牵制他,终于逼得石达开于1857年6月率十多万太平军离京出走。几年后,石在大渡河兵败被擒,遭清军杀害。

天京变乱和石达开出走,是太平天国革命由盛至衰的转折点。此后,虽然有洪仁玕、陈玉成、李秀成这"后期三杰"支撑大局,甚至在军事上出现过"浦口大捷"和"三河镇大捷";政治上力图实行《资政新篇》以期有所振作,但败局

却实实地难以挽回了。1864 年 7 月,清军攻陷天京。早在一个月前,洪秀全已病重身逝了。

　　太平天国运动的意义当然是重大的。洪秀全及他的战友们创建的农民政权与腐朽的清王朝对峙十余年,沉重地打击了封建统治者,并为后来的反清斗争提供了极其有益的启示。它还英勇地抗击过西方列强,显示了中国人民不屈服于任何外来压力,捍卫国家独立的坚强决心。它最终走向失败的原因也是多方面的,但归根结底,是太平军的领袖和战士们没有摆脱封建意识。他们的人虽已步入近代社会,思想却依然停留在中世纪。"封王建制"——洪为天王,称万岁;杨为东王,九千岁……这依旧是封建化的老谱。原来发动群众的宗教,后来成了内乱的一种间接原因。《天朝田亩制度》只不过把历史上农民起义的理想系统化。定都南京后洪秀全等人的奢靡腐化,杨秀清的骄横跋扈,乃至后来李秀成的不顾大局,无一不是封建思想作祟。《资政新篇》无疑包含了资本主义的新色彩,但在小生产者的汪洋大海中,它仅仅投下了一块小石头。

　　近代的人,古代的思想,悲剧当然不可避免。希望在于新兴阶级的崛起。

洋务运动——欲补天反戳破天

19世纪60到90年代,在清廷的支持下,李鸿章等洋务派官僚掀起了一场以引进西方军事技术和工业体系为中心的洋务运动。他们的主观愿望是用西方资本主义的皮毛去维护即将倒塌的封建专制大厦的内核,"求强""求富",结果相反,不但没有增强清廷专制统治的活力,反而被先进的生产力冲击了封建的母体,专制大厦的墙角被挖开了。

清政府办洋务完全是被迫的。一般来讲,封建统治者喜欢的是闭关自守的静态社会。为了防止资本主义列强插足中国,清廷的历代皇帝从总体上都实行闭关政策。但消极的闭关只能自取灭亡。1840年的鸦片战争,使清廷在蒙受巨大耻辱的基础上,在血与火的压迫下,被迫和世界建立了联系。1860年的火烧圆明园,使清廷切实感到西方资本主义列强威胁着它的生存,如果照一贯不变的传统方式统治下去是不可能的。其间又有南京的太平天国反清大起义,真是"内忧外患,不可收拾"。统治的危机使清廷不得不面对现实,重新思考保存权力的新方法。恰在这时,在前线镇压太平军起义的曾国藩、李鸿章等人开始借用西方资本主义的"洋枪""洋炮"。1862年,曾国藩还在安庆办了一个制造新式武器的内军械所。这些"热"武器较清廷旧式的"冷"武器威力要大得多,李鸿章面对新式的开花炮弹,多次发出"神极了"的赞叹。于是,曾、李等人就连上奏折,认为清廷自强之道是仿效西方办军事工业,训练近代化的军队。在这些实力大员的推进下,洋务运动就应运而生了。

从19世纪60年代到90年代,洋务官僚创办的制造枪炮、子弹、船舰的兵工厂有二十多个,较有影响的如1865年在上海建的江南制造总局和设于南京的金陵机器局,1866年左宗棠在福建建的福州船政局,1867年建的天津机器局,1888年建的广州枪炮厂等。与此同时,清廷还筹建了北洋海军和南洋海军,修建了旅顺、大连军港和威海卫、马尾军港,从国外购进了一批先进的军舰。在当时的亚洲,清廷在军事上近代化的程度是最高的。但是,先进的军事技术由于受封建的管理制度所制约,无法发挥其先进性。这些近代化的兵工厂和海军,一个个成了封建衙门,长官不懂技术和新式管理,瞎指挥,至于安置亲信、贪财中饱,更是司空见惯。资金由政府拨,产品由清廷包销。清廷军事工业兴办的过程变成了逐步破产的过程。

为了解决资金等问题,"寓强于富",从 19 世纪 70 年代开始,洋务派官员又着手兴办民用企业,包括采矿、冶炼、纺织、航运、铁路、电讯等。1872年,李鸿章在上海设立轮船招商局;1877 年,李鸿章在天津建开平矿务局;1880 年,李鸿章又在天津设立电报总局;1881 年建成了中国人自建的第一条铁路——唐山-胥各庄铁路;1888 年, 张之洞在广州筹设官办织布局;1890 年,张之洞在武汉建汉阳铁厂;如此等等,至 19 世纪 90 年代,洋务派办的新式企业达二十多个。这些企业采用先进的技术、先进的机器,具有近代意义;生产的部分产品投放到市场,带有资本主义色彩。但其开办的方式或为官办,或为官督商办,或是官商合办,"官"往往起决定作用,"商"处于被动的陪衬地位。不少工厂企业采用的完全是封建的管理,唯官之命是听,不按经济规律办事。因此,除了少数企业经营状况一般外,多数越办越糟。

无论办军事工业,还是搞民用企业,都遇到一个共同的人才问题。因为先进的科学技术需要具有近代文化知识的人去掌握,近代化的企业更需要高水平的管理人才,传统的科举制度是无法解决这一难题的。翻开洋务派官员的奏折、文稿,到处是关于人才的呼喊。但是,他们又不敢也不能去改变旧的科举制度,只能在旧教育制度之外兴办了二十多所洋务学堂,以应付燃眉之急。这些新式学堂主要分为外语、军事、科技三类,较有影响的如京师同文馆、上海广方言馆、天津北洋水师学堂、天津电报学堂、天津中西学堂、湖北自强学堂、福州船政学堂、南京储才学堂等。新学堂需要新教材,于是翻译了一批西书;新学堂更需新教师,于是聘用了一些外国教师,录用了不少具有新知识的知识分子。一批新人伴随着洋学堂产生了,和传统的封建专制统治格格不入。从这种意义上讲,新教育总是旧社会的对立物。为了促进洋务企业的发展,曾国藩、李鸿章还向美国和欧洲派了留学生。1872 年至 1875 年派往美国一百二十名,1877 年后陆续派往英国、法国、德国八十八名。这两百多名留学生归国后,虽没有得到清廷的重用,但还是力所能及地在洋务运动中发挥了作用。至于詹天佑、严复这样的佼佼者,则永远为中国人所怀念。洋务教育已经远远超出了李鸿章等人的最初设想,越来越背离封建专制的轨道,昭示着新的方向。这是资本主义的生产力进入中国本土后在文化教育领域里的必然反映。

洋务运动的兴起还为一些地主、官僚、买办、商人提供了新的发财门路。他们逐步认识到办工厂企业较经营土地要合算得多。洋务企业兴办的过程中又在技术、设备、市场、劳动力等方面创造了一些客观条件,开风气之先,使私人办厂具备了一定的可能性。于是从 19 世纪 70 年代到 90 年代,一些买办、商人、华侨、官吏等开始投资于近代工业,在缫丝、轧花、榨油、碾米、面粉、火柴等方面办起了一批小厂,这就是中国最早的民族资本工业。从 1872 年中国第一位民族资本家陈启源在广东南海建继昌隆缫丝厂起,到 1894 年,民族资本全业有五十多家,总资本五百多万元。其中具有代表性的如 1878 年朱其昂在天津设立的贻来牟机器磨坊,1881 年黄佐卿在上海建立的公和永缫丝厂,1882 年徐鸿复在上海办的同文书局,1886 年吴懋鼎在天津设立的自来火公司,1893 年李福明在北京创办的机器磨面坊等。这些企业资金不足、技术落后、规模较小,时时受到封建统治者和外国洋行的挤压,它们是在封建主义和帝国主义的夹缝中生长出来的畸生物。与这些企业相联系的民族资本家,就是中国早期的民族资产阶级。他们从自身利益出发,同封建统治者和帝国主义有矛盾,但又必须求得官僚和洋人的某种保护。这种双重性格,反映了中国民族资本主义的落后。但是,从中国历史的进程讲,民族资产阶级和先进的生产力相联系,是作为洋务运动的并行物而出现的,是不利于封建专制的。

作为资产阶级的孪生物,工人阶级也在洋务运动时期出现了。他们的基本来源是破产的农民,主要分布于外国人办的工厂、洋务派的企业和民族资本家的厂矿之中。至 19 世纪 90 年代,他们大约有九万人。但中国的工人工资低,劳动量大,受压迫深,因而具有很强的反抗力。

概而观之,由于清廷搞了一场不像样的洋务运动,请来了西方资本主义新生产力这个"怪物",使中国的经济、政治、思想文化发生了前所未有的变化。洋务运动之后,资本主义工商业作为一种新的经济势力缓慢地在崛起,不断显示其不可抗争的特性,冲击着固有的自给自足的自然经济。

洋务运动产生的资产阶级和工人阶级,成为中国的新的政治力量,原有的地主和农民处于不断的分化之中,这四股政治力量的交替和变化,构筑了近代中国新的政治格局。在洋务运动中产生的一代新知识分子,则展开了新的思考。19世纪80年代前后出现的以知识分子为主体的早期资产阶级改良派,一方面批评洋务运动,一方面呼吁进行政治上的变革,成了戊戌维新运动的先导。李鸿章这些洋务派天真地设想通过搞洋务来补清廷封建主义的"天",实际上反而捅了一个大窟窿。这个头一开,封建专制统治就朝不保夕了。

西方文化的传播
——中国传统文化遇到了挑战

鸦片战争后的七八十年间，随着中国被迫和西方世界建立不平等的联系，资本主义的新文化亦呼啸东来，中西文化的碰撞和交融比以往任何一个时代都突出。毛泽东同志将其概括为"中学西学之争"，实际上是资产阶级文化和中国传统文化的斗争，并在竞争中形成了影响今天文化风貌的"不中不西"的文化格局。

早在明清之际，西方的一些传教士就涉足中国，传播了一些西方的自然科学知识，开阔了中国一些人士的眼界。但范围极小，也未发生全局性的影响。1840年后，则达到了一个新阶段，西方的科技文化、政治文化、学术文化、文学艺术乃至生活文化等都破门而入，影响着中国的政治、经济、思想和日常生活。西方文化传播的方式是多种多样的，但综合起来不外如下几个渠道：

一、传教士

传教士是特殊的文化载体。他们以宗教的方式，为达到自己的目的，走遍全世界，意外地使各地文化相互沟通。鸦片战争时期首先来中国传教的马礼逊，曾编了《英华字典》，无疑促进了中外文化的交流。洪秀全1843年在广州得到《劝世良言》，西方的一些宗教文化渗透到了太平天国农民起义之中。鸦片战争后的一些西方传教士还办了医院，开了学堂，设立了像上海墨海书馆式的印刷机构，成为早期中国人了解西方文化的窗口。第二次鸦片战争后，传教合法化，大批传教士涌入中国。他们之中不少是帝国主义侵略中国的鹰犬，受到了中国人民的抗击。但也有一部分是出于宗教目的，在布道的同时传播西方文化。即使那些侵华分子，为了掩盖其本来面目，也介绍一些西方的科技文化。这一大批良莠不齐的传教士在中国办教会学堂，建出版社，发行报刊，办医院，搞了不少文化事业，其中影响颇大的上海广学会等，在客观上促进了西方文化在中国的传播。

二、留学生

鸦片战争前,中国有少数青年往意大利神学院留学,但大都未归,谈不上带回西方文化。1847年后,随着容闳等人的出国留学,中国人才开始重视出国学习。洋务运动时期,清廷从办洋务的需求出发,向美国、欧洲派了留学生。此后,留学人员急骤增多,形成了中国近代史上规模空前的留学生运动。中国留学生一方面向世界传播了中国文化,另一方面大量介绍了西方文化,他们是近代中西文化交流的桥梁。西方的先进的科学技术、文化艺术、思想流派、制度、法律、生活习俗、语言文字,大都由留学生介绍到中国。容闳、詹天佑、严复等,反映和代表了留学生在传播西方文化中的特殊作用。

三、翻译

翻译在近代中国是一项逐步兴盛的文化事业。洋务运动时期就有一批人翻译西方的科技图书,植物细胞理论、西医原理、X光、哥白尼的"日心说"等都被介绍到中国。同时也翻译一些文艺作品,如《天方夜谭》《伊索寓言》《马赛曲》和《祖国歌》等。甲午战后,翻译又扩展到哲学社会科学,严复译的《天演论》《原富》《原强》等,给一代人提供了新的精神食粮,初步缓解了知识界的"学问饥荒"。20世纪初年,翻译成风,西方的哲学、史学、法学、社会学、文学、经济学等大量被介绍过来,不懂外文的翻译家林纾的"林译小说"步入了千家万户,中国人对世界文化的了解进入了一个新阶段。

四、报刊和新学堂

近代中国的报刊种类多,数量大,内容极其丰富。像《申报》,早在1872年就创办,持续了半个多世纪;又如《东方杂志》,1904年发刊后,维持四十多年。它们实际成了近百年中国历史的缩影。特别在介绍西方文化方面,许多报刊不遗余力,成了中西文化交流的重要渠道。洋务运动至戊戌变法时期,报刊处于产生期,虽然数量不多,但西方的科技、史地、人情风貌主要是通过它们介绍给中国人的,戊戌变法的发动,报刊之功尤多。20世纪初年,报刊大盛,成了孙中山等资产阶级革命派发动辛亥革命的舆论工具。现存的这批报刊,不仅能从中寻到宝贵的历史资料,而且可以得到一些世界知识。当时的许多报刊在新学堂中广为流传,不少师生通过报刊获取新知识,启迪思想,又反过来研究问题,向报刊投稿,发表自己的新见解。新学堂事实上变成了产生和传播新文化的重要阵地。洋务学堂、戊戌变法中的学堂和辛亥革命时期的学堂,科学地反映了近代中国的思想演进,记录了西方文化传播的轨迹。

除了上述渠道之外,商人、外交官、访问团体、中外贸易等,也为西方文化的传播提供了方便。从某种意义上讲,一部中国近代史也可以看作一部中外文化交流史。这种文化交流,迫使中国文化在困境中再生,使中国人的文化观念不断更新,在哲学、思想和学术文化等方面发生了新变化。

西方的进化论在甲午战争前后传入中国,在哲学界影响很大。很多人开始用进化的观点观察社会,探讨中国的发展方向。一批先进的思想家,如康有为、梁启超、严复、谭嗣同、章太炎等,还善于把资产阶级的进化论和中国本土的“变易”观点相结合,试图创造新的哲学体系。他们从天地之间推到人生,从植物和动物的自然特性去探讨人性,从人性又讲到社会规律,再演变到新的社会模式。这一系列的探索,都和批判封建专制主义及宣传进化论结合在一起。由于这些思想家所依赖的阶级的力量弱小,物质力量的不足,政治环境的制约,中国文化传统以及他们自身素质的影响,康有为等人并没有创造出新的哲学体系,但进化论在中国扎了根,引起了各方面的惊人变化。可以说,近代中国的进步,归根到底,都和进化论联系在一起。

西方文化的传播还促进了中国人思想的变迁。鸦片战争前后的经世致用思潮,第二次鸦片战争之后的洋务思潮,戊戌维新思潮以及 20 世纪初年的反清革命思潮都和西方文化有这样那样的联系。1840 年之后的五十年间,以儒学为核心的中国文化处于最困难的时期,因为这种文化无法解决中国的民族危亡和工业化问题,于是在知识界出现了梁启超一再讲的“学问饥饿”。恰在这时,西方文化大量涌入中国,西方的“新道理”吸引了中国知识分子,产生了新认识,出现了新思想。20 世纪初年,思想界空前活跃,五彩缤纷,民主主义、无政府主义、国粹主义、欧化主义、“社会主义”等相互竞争,大大开阔了中国人的眼界。综观一部中国近代思想史,是在西方文化的冲击下,民主思想勃发而缓慢向前发展并与各种思想流派争斗的历史。近代思想发展的源和流是极清楚的。

西方文化对中国学术文化的冲击也带来了巨变。自然科学在洋务运动后逐步形成独立的学术体系,化学、物理、生物、西医、工程技术、冶炼制造等这些中国过去未成为系统的教学课程和研究目标的新学科兴盛起来了。清末废科举后，自然科学知识又成为青年学子考试的必修课，轻实学、重义理辞章的旧风气有较大改变。实际、质朴而又富有哲学气质的自然科学，不仅给中国带来了物质的变化，而且在浇铸着中国人的科学精神。这种精神进入文学界，出现了文体改革、"诗界革命"和五四前的新文学运动。资产阶级的新文学在突破旧传统之后，在20世纪初年有了长足的发展。小说、诗歌、散文、民间文学、说唱文学都呈现了新的生机，出现了初步繁荣的局面。各种资产阶级的文学理论亦应运而生，反过来指导和推进新文学运动。新的艺术，如绘画、音乐、戏剧、电影、建筑、歌舞等，也在吸收西方艺术的过程中发生了重大变化，反映了东方艺术的走向世界和不断创新。资产阶级的新史学在20世纪初年也破土而出，梁启超、夏曾佑等一批年轻的革新派，对传统的封建主义的史学进行了无情的批判，开始介绍和应用西方的一些史学方法去重新研究历史，并取得了一些值得肯定的成绩，促进了资产阶级史学理论的建立和发展。此外，经济学、法学、社会学、政治学等也不同层次地在中国逐步建立起来。封建时代的以儒家为中心的旧学术的一统天下格局被打破了。这种新格局加速了中国文化的再生和走向世界的步伐。

"无冕之王"的诞生——议论倾动天下

唐僖宗时,有个名叫孙樵的士人偶然得到了"数十幅书",上面逐条记述了一些朝廷政事。如"某日皇帝亲耕籍田,行九推礼。某日百僚行大射礼于安福楼南"等。这些记述"不立首末",孙樵不知为何物。后来有人告诉他,这些记载都是一百六十多年前玄宗朝的政事,"盖当时条报于外者"。原来,孙樵所得"数十幅书"是人们手抄的唐朝宫廷发布的政事公报,称作"报状"。有人认为这便是中国古代报纸的雏形。自唐而后,宋元明清各朝均有这种具有中央政府公报性质的原始形态报纸。它们有"进奏院状报""邸报""邸钞"等名称。其内容无非是朝廷政事,"奉扬纶音,记载奏牍,而其他未之及"。其传播范围最初只限于在京官吏,宋代以后逐渐扩大到全国各级官吏之中。这种报纸从内容到发行方式均与近代报纸相去甚远,仅仅是由封建统治者直接控制的政治宣传工具而已。

大约从明代末年起,邸钞有了明显的变化。一是变手抄为印刷。据明末清初的顾炎武说:"忆昔时邸报,至崇祯十一年(1638年)方有活版,自此以前,并是写本。"二是出现了专门的民间出版发行机关,称作"报房"。他们抄印邸钞,名为《京报》,批发给各地书贩销售。"报房"以公开的合法营业方式,将具有"官文书"性质的邸钞变为一种民间经营的出版物,标志着原始形态的报纸向近代过渡。

19世纪初叶,在中国出现的近代报刊,大都是由西方传教士和商人创办的。分两种情况:一种是在东南亚的殖民地华侨会集区创办发行,再由华侨输入中国。如1815年,英国传教士马礼逊在马六甲办《察世俗每月统纪传》。1823年在巴达维亚(雅加达)出版《特选撮要》。1828年在马六甲发行《天下新闻》。另一种是在中国境内创办报刊。如1827年,英国鸦片商马地臣在广州办《广州纪事报》,这被认为是在中国出版的第一种外文报刊。

鸦片战争后,外国人主办的中、外文报刊迅速流入沿海及华南,如1845年香港出版的《德臣报》,1850年上海出版的《北华捷报》(19世纪60年代中改为《字林西报》),1853年香港出版的中文月刊《遐迩贯珍》,1854年宁波出版的《中外新报》,1857年在上海出版的《六合丛谈》,等等。自19世纪60年代起,清朝政府筹办洋务,建同文馆,设译书局,这种开放姿态给报纸的发展提供了便利条件,报业逐渐深入内地。1866年汉口出版了《汉口时报》;1872年,《中西闻见录》在北京问世。这一时期,中国的报业基本被外资控制,他们不仅创办外文刊物,同时也操纵着中文报刊。如1858年,在香港出版的最早的中文日报《中外新报》,即由《德臣报》控制;1861年,在上海出版的中文报纸《上海新报》,由经营《北华捷报》的英商主办。当时也有极个别由华人主办的报纸,如1874年,早期维新人士王韬在香港创办《循环日报》。这些报纸除了作宗教宣传,报道商业新闻和地方新闻,同时也介绍一些世界见闻和科学知识,对当时人们了解外国、开阔眼界起了重要的作用。但真正把中国报业变成自由舆论工具的,是以康有为、梁启超为首的维新派。

早在19世纪70年代,一些具有政治改革思想的先进知识分子就纷纷提出了自由办报主张,他们认为,“思虑俱从见闻而生,见闻多由日报而出”。报纸可以使士君子“足不出户庭而周知天下之事”,“通达时务,卓为有用之材”。报纸既是增长见闻、学习新知识的工具;同时还可以“彰清议”“通上下之情”,充分发挥舆论监督的功能。“大小官员苟有过失”,论政者“必直言不讳”地将其披露于报端,以便“是非众著,隐暗悉彰”。这些认识显然已经否定了传统的官办“邸钞”,把报纸视为某种参政手段。这些具有强烈民主色彩的主张不可能为清廷接受,除了居于香港的王韬独得地利,得以秉笔议政,其他华人自由办报的愿望和尝试均受挫折。

甲午战败后,民族危机日益加深,以康有为、梁启超为首的维新派力主变法图强。他们把报纸作为传播西学,开启民智,推行变法的重要手段。他们指出,西方各国报馆林立,“阅报愈多者,其人愈智;报馆愈多者,其国愈强”。“中国受侮数十年”,正是由于上下不通,内外不通,见闻闭塞,风气保守。为了去塞求通,就要广泛办报。他们说,报纸是“天下之枢纽,万民之喉舌。得之则通,通之则明,明之则勇,勇之则强,强则政举而国立,敬修而民智”。在这样的思想指导下,维新派先后创办了《中外纪闻》《强学报》《时务报》《知新报》《湘学报》《国闻报》等新型报刊。其中《时务报》由梁启超任主笔,每十日一期,开辟了论说、谕折、京外近事、域外报译诸栏目,内容丰富,报道及时。梁启超在报上连续发表政论文章,宣传西学,倡言变法维新的民主思想。他的文笔犀利,"洞中时弊,议论动摇天下",使《时务报》数月之内便风靡全国,鼎盛时销售额达一万七千余份,"为中国有报以来所未有,举国趋之,如饮狂泉"。在《时务报》的带动下,全国各地的有识之士蜂起办报,"一稔之间,继辄十数"。从1895年至1898年三年间,维新派创办的新型报纸就有五十多种,为稍后的戊戌变法做了必要的舆论准备,更重要的是为中国社会和民众心态带来了巨大的变化。新型报纸作为一种现代化的大众传播媒介,将西方的科学知识、历史、经济和政治文化以及西方资产阶级启蒙思想传播到全国各地,从而打破了儒家文化的一统天下,给长期处于封建愚昧状态下的中国社会带来了缕缕生气。于是,"一孔之士,山泽之农,始知有神州;筐箧之吏,烟雾之儒,始知有时局"。人们的视野开始超出"华夏"天地,通过报纸的窗口,重新认识世界和认识自身的价值。到了19世纪末叶,报纸已经"成为中国人生活中不可缺少的一个因素",推动了整个社会的近代民主化进程。

随着新型报刊的广泛普及,人们对于报纸的性质和功能的认识也逐步明确和深化。谭嗣同指斥"二十四史"为"一姓之谱牒尔",与之相对,报纸则是"民史",办报意味着"国有口矣"。把报刊视为传播民意的工具,是自由舆论的体现。梁启超更明确宣称报馆有两大天职,"一曰对于政府为其监督者,二曰对于国民为其响导者"。他特别强调报纸的舆论监督功能,认为"报馆者即据言论、出版两自由,以龚行监督政府之天职者也"。他指出,"报馆者非政府之臣属",不能只为政府"拾遗补阙",而是"与政府立于平等之地位者也"。把报纸视为独立于权力之外的自由舆论,这是近代民主思想的一大飞跃。虽然维新派与封建王权有着千丝万缕的联系,但他们关于新闻自由的认识和实践,为中国的报业开创了一个新局面。

"百日维新"夭折后,以孙中山为首的革命志士举起了推翻帝制,建立共和的旗帜,利用报刊作为推进民主革命的重要手段。早期宣传革命的报刊有兴中会的机关报《中国日报》《国民报》半月刊、《游学译编》《湖北学生界》《浙江潮》《江苏》《女学报》《童子世界》等。然而,封建专制权力与言论新闻自由势同水火,清统治者千方百计要扼杀人民的声音,于是爆发了震惊中外的"苏报案"和"沈荩案"。

1903年5月27日,章士钊应聘担任《苏报》主笔,使《苏报》成为宣传民主思想的一柄利刃。《苏报》连续发表革命政论,6月9日在"新书介绍"栏刊登《读〈革命军〉》一文,10日又发表了章太炎写的《〈革命军〉序》。接着29日又发表章太炎的《康有为与觉罗君之关系》。这些文章的矛头直指清朝政府,声势颇壮,引起清统治者的惊恐和恼怒,遂勾结租界帝国主义势力,于6月30日逮捕章太炎,《革命军》的作者邹容投案,《苏报》随即被查封。这便是轰动全国的"苏报案"。一波未平,一波又起。7月19日,清统治者逮捕了新闻记者沈荩。沈荩为日本报纸工作,因将清廷与俄国签订密约,出卖东三省及蒙疆华北权益的丑行披露于报端,引起全国抗议。7月31日,清廷刑部奉旨将沈荩"杖毙",行刑"至四时之久,血肉横飞,惨酷万状而未及死,最后绳勒其颈而始气绝"。沈荩是中国历史上第一位被专制权力迫害至死的新闻记者。清政府的专制与残暴引起了中外人民的震惊和义愤。事实上,杀戮和监禁既堵不住天下悠悠之口,更阻不住历史的行进。

清朝统治者似乎也觉察到了自由舆论的威力难以强行遏制。为了挽救颓势,他们一方面明令各省"自设官报",采用办"官报"的方法,与民间报纸相对抗。一时间《北洋官报》《晋报》《南洋官报》《湖北官报》等纷纷出台,其宗旨不外乎"正人心而开民智,息邪诐而助政教","讲求政治学理","不取空言危论",目的在于造成一定的官方舆论,抵制私家"诡激失中之论"。另一方面,他们又企图通过新闻立法控制言论。1906年颁布《大清印刷物专律》,1908年1月正式颁定《大清报律》,授予巡警官署和地方官署以新闻检查权,并严格规定"报纸不得揭载诋毁宫廷之语,淆乱政体之语,扰害治安之语,败坏风俗之语",否则即行查封。

民意难禁,1905年以后,《民报》《中国女报》《神州日报》《民呼日报》《民吁日报》《民立报》《大江报》等宣传民主思想的自由报刊风起云涌,中国的"无冕之王"正是在与专制王权的斗争中成长的。1912年,《中华民国临时约法》第六条第四款明确规定了"人民言论、著作、刊行及集会结社之自由",首次以法律形式肯定了人民的言论及新闻自由,为稍后的新文化运动奠定了必要的政治和历史基础。

戊戌变法——一出三重悲剧

正当洋务派的大员们沉浸于"洋务成就"沾沾自喜之时,甲午中日战争于1894年打响了。黄海一战,北洋海军顷刻即溃,洋务派"自强"的迷梦也随之破灭。又一纸丧权辱国的文书《马关条约》的出笼,更充分地暴露出清王朝腐败无能、昏聩虚弱的本质。

此时,在帝国主义者的眼里,中国这块肥肉已经到了"人皆可得而啖一脔"的地步。西方列强早已按捺不住内心的贪欲,准备扑上来瓜分这片国土了。中国正面临着空前严重的危机。在这样的历史条件下,由资产阶级改良派发动的戊戌变法运动迅即掀起了高潮。中国的资产阶级是伴随着洋务运动产生的。从一开始,它就分成官僚资产阶级与民族资产阶级两部分。改良派所代表的是后者的利益。作为一种思潮,改良主义约出现于19世纪七八十年代。当时,一些留洋归国或与洋人有过较多接触的知识分子深感洋务派鼓吹的"中体西用"理论和举办的那套"实业"中听中看而不中用,并不能使自己的祖国真正走上富强之路。他们认为,要让中国得以自立于世界民族之林,除发展本民族的资本主义工商业外,更要从政治、经济、思想、社会等方面进行一番改革,尤其要效法西方,改变封建的专制制度。容闳、王韬、薛福成、郑观应等就是早期改良主义者的代表。不过,他们当时的活动,仅仅限于著书立说。直至甲午战后社会危机进一步加深,这一社会思潮才发展成为一场政治运动。

这次运动的发起者是康有为。他是广东南海人,早年接受的是封建传统教育,后接触到"西学"而眼界大开,逐渐形成了一套资产阶级改良主义的思想体系。1888年,他痛感国事日艰,乃以"布衣"身份上书光绪皇帝,初步提出了关于变法图强的主张,因此声名大噪。1891年,他在广州开设"万木草堂"聚徒讲学。在此期间,他依据今文公羊派的"变易"思想,糅以资产阶级的进化论,写出了《新学伪经考》《孔子改制考》等著作,为日后的变法运动奠定了理论基础。同时,还培养出梁启超、陈千秋、麦孟华等具有改良主义思想的年轻人才,造就了变法的基本骨干。

戊戌变法运动的序幕由"公车上书"揭开。1895 年,甲午战败及《马关条约》签订的消息传开,举国悲愤,舆论大哗。要求惩办卖国大臣、继续对日作战、反对签约的爱国呼声陡然四起。其时,正在北京等待"会试"的千余名各地举人,由康有为领头举行集会,并公推由康执笔,写成一份万言书,提出"拒和、迁都、练兵、变法"等要求,于 4 月上呈光绪帝。汉代,以公家车马接送入京待举之人,后人便以"公车"为举人之代称,这次活动即因此得名。上书未能呈给皇帝,但这一行动本身及万言书的内容却不胫而走,广为传播。自此,言维新、谈变法者日多。

"公车上书"后不久,康有为中进士,当上工部主事。他又先后两次上书,终于使自己的意见让光绪帝得知。年轻的君主对书中所陈的变法强国之策甚为赞赏,帝师翁同龢甚至亲去拜访康氏商讨变法事宜。由于得到他们的支持,维新运动很快便形成了高潮。在其后的几年里,北京、天津、上海、湖南、广东等地的维新人士纷纷组织学会、创办报刊、开设学堂,以各种办法宣传救亡图强、变法维新的道理。在这些活动中,梁启超、严复、谭嗣同等人活跃非凡,成了家喻户晓的人物。

梁启超(1873—1929),广东新会人。自幼接受系统的封建教育,因接触西学及受康有为的影响成为维新派。公车上书时,他多方奔走,出力颇多。北京组织强学会,他任书记;上海创办《时务报》,他为主笔。他在这一时期所写的《变法通议》等文章,极富感情,海内争诵,对当时"士气之奋发、思想之解放"起了极大的作用。

严复(1852—1921),福建侯官(今福州)人。早年入福州船政学堂,后留学英国学习海军,归国后任天津水师学堂总教习。这一时期,他与夏曾佑等在天津创办《国闻报》,鼓吹学习西方的政治制度和科学文化,要求实行君主立宪,变法维新。他通过翻译英人赫胥黎的《天演论》等著作,向国人传播进化论,影响及于 20 世纪初年。

谭嗣同(1866—1898),湖南浏阳人,出身于大官僚家庭。他幼年在家中受歧视,养成"叛逆"性格。又喜交结,了解下层社会,对清廷腐败颇不满。他主张"变尽西法",全面学习西方。这一时期,他应湖南巡抚陈宝箴之约至长沙,主持湖南维新活动,创办《湘学报》《湘报》和南学会,又与梁启超一起执教于时务学堂,培养维新人才。其所著《仁学》一书,猛烈抨击封建专制制度与伦理纲常,无所顾忌。他是维新派中最激进者。

维新派的活动引起了清廷中顽固派、洋务派的官僚和地方保守反动势力的极度恐慌与不满。尤其是关于兴民权、否专制、倡立宪的主张,更像掘了他们的祖坟一样,使之痛心疾首,怒不可遏。他们或暗或明,对变法运动百般阻挠与攻讦。在湖南,甚至发生了以王先谦、叶德辉为首的封建顽固分子叫嚣解散时务学堂、搅闹南学会、殴打《湘报》主笔之事。不过从全国范围看,维新运动的声势还是形成了。

1897年11月,德国强占胶州湾;12月,俄国又强占大连湾。帝国主义的强盗行径激怒了中国人民,各地的反瓜分斗争一浪高过一浪。这也将变法维新运动推向了最高潮。12月,康有为第五次向光绪帝上书,请求立即实行变法。1898年1月,他又上呈《应诏统筹全局折》,提出"大誓群臣以定国是""立对策所以征贤才""开制度局而定宪法"的变法基本纲领及一些具体措施。6月11日,光绪皇帝根据康氏建议,颁布《明定国是诏》,宣布实行变法。16日,又召见了康有为,君臣二人长谈达两个多小时,康被赐予六品卿衔的"总理衙门章京上行走",许专折奏事。7月3日,光绪帝召见梁启超,赏六品卿衔,命他办理译书局事务。9月5日,赏杨锐、刘光第、林旭、谭嗣同等"四品卿衔军机章京",令四人参与新政。这期间,光绪帝还颁布了一系列上谕,其内容均与变法相关。政治方面:准许创办报纸和上书言事,精简行政机构,裁汰冗吏。经济方面:设农工商总局、矿务铁路总局,鼓励实业;创办国家银行,编制预决算,节省开支。军事方面:裁撤绿营,实行新军制。文教方面:开办京师大学堂,各地开办新中学,选派学生出洋留学;改革科举,废八股,考试策论。仅与维新派的要求比,这些上谕的内容也是偏于保守的,它没有涉及"君主立宪"与改变封建专制统治这一根本性问题,充其量只是触动了一下早已腐朽不堪的旧官僚机器,给了民族资产阶级及开明士绅以某种参政之机。并在一定程度上放松了对民间舆论的限制。这既表现了这位皇帝的软弱,更说明资产阶级改良派的先天不足。

以慈禧太后为首的顽固派就是对这一点点的改良也不能容忍,顽固派们更不允许自己手中的权力有些微丧失。从光绪新政开始之日起,慈禧同顽固派便无时无刻不在伺机反扑。她通过罢黜翁同龢、控制用人权和军队以及密切监视皇帝行动等手段,一直在牢牢地左右着局势。而作为维新派最大靠山的光绪帝也从未摆脱过自己的傀儡地位。当他和康有为等人意识到顽固派已在采取行动,不仅变法将要夭折,连自身的安危也难以预料之时,想到了握有重兵的袁世凯,希图靠他解除危难。但袁是个两面三刀的家伙,在最关键的时刻出卖了光绪帝和维新派。9月21日,慈禧太后发动政变,囚禁了光绪帝,又下令逮捕康有为、梁启超等人。变法运动最终被扼杀。从6月11日颁布变法诏书到光绪帝失去自由,维新变法只搞了一百零三天,故称"百日维新";1898年是农历戊戌年,故又称"戊戌变法"政变发生后,康、梁流亡日本,严复避居上海。谭嗣同则大义凛然,当得知自己即将被捕,别人劝他设法逃走时,他不为所动,坚决表示:"各国变法无不从流血而成,今中国未闻有因变法而流血者,此国之所以不昌也。有之,请自嗣同始!"9月28日,他同杨锐、林旭、刘光第、康广仁、杨深秀等人一起,被杀于北京菜市口。"戊戌六君子"用自己的鲜血为这次变法运动画了一个悲壮的句号。

戊戌变法运动是一出三重悲剧。对维新派来说,他们幻想依靠皇帝进行点滴改良,即能拯国家民族于水火,而不知此路不通,最终是"求治翻为罪",此悲剧之一。对顽固派来说,他们梦寐以求的是封建统治万世永存,而不知历史无情,在他们扼杀了变法仅十余年,清王朝即寿终正寝,这对他们也是悲剧。而对中国人民来说,则又一次丧失了走向世界、靠拢"近代化"的时机。在世界大踏步地前进时,一个人口最多的大国依然要步履蹒跚地再走上几十年,才能赶上历史的潮流,此其悲剧之三。

近代政党——新型政治格局的开辟

政党是社会政治利益集团或政治团体的组织形式之一，一般具有一定的政治纲领、组织系统和以政治领袖为核心的领导机构。在阶级社会，政党具有阶级性。古代中国的最高政治权威是君主，他拥有无限的权力，全社会所有成员都是他的臣仆，"率土之滨，莫非王臣"，中国的这句古语丝毫没有夸张。这样，王权之外的任何政治利益集团或政治团体也就自然被视为异端。但事实上，中国历代都有"党派"之争，东汉有党锢之祸，唐代有牛李党争，宋代有新、旧党之争，明后期政治党派活动遍于朝野，著名的有东林党等。这些党派泛称"朋党"。此外还有许多秘密结社，清代统称之为"会党"。有些民间秘密组织有宗旨和严密的组织系统，并有程度不同的政治色彩，但总的来看，秘密结社缺乏明确的政治目标，在组织上有着浓厚的宗法制特征，会党和朋党均不可与近代政党同日而语。

鸦片战争改变了君主政治固有的运行轨迹，打开了人们的眼界。随着封建帝国的没落，西学蜂拥而至。19世纪60年代，洋务派热衷于"师夷之长技"，以求"自强"。一些有识之士不以"中学为体、西学为用"为限，主张既学习"西艺"，还要引进"西法"，近代政党观念伴随着西方民主政治观念进入中士。最初的认识是模糊不清的，如马建忠批评美国的议会制度，谈到政党轮流执政的情况时说"美之监国，由民自举，似乎公而无私矣，乃每逢选举之时，贿赂公行，更一监国，则更一番人物，凡所官者，皆其党羽，欲望其治得乎？"郭嵩焘说："法人君党凡三，民党亦三，议论视他国犹繁。"这些评介仍然带有传统的"朋党"价值观念的痕迹。直到19世纪末，改良运动兴起，政党观念才逐渐清晰起来。梁启超议论说："政党者，以国家之目的而结合者也；朋党者，以个人之目的而结合者也。"此外有人撰《政党论》，明确指出政党与朋党之不同："政党者，欲把握国家权力，而遂行其志意，故联合同人为一党也。""朋党者，本小人之事,每以阴险为手段,在牵制君主之肘,以营利于其间。"这时人们逐渐认识到政党在社会政治中有着重要的地位和作用,政党政治开始被人们崇敬和向往。正如《政党说》指出的那样:"天下者,党派之天下也;国家者,党派之国家也。欧西各国政治,皆操之于政党。政党者,聚全国爱国之士,以参与一国之政;聚全国舌辩之士,以议论一国之政者也。凡设立内阁,则内阁之大臣,皆政党之魁首;召集议会,则议会之议员,皆政党之名士。用以抵抗暴政,则暴政绝迹而不行;用以代表民情,则民情无微而弗达。故文明之国,但闻有无国之党,不闻有无党之国。"这里已经明确要求以政党政治抵抗暴政,把政党的存在和参与政治看作文明社会的标志。

近代中国的历史进程总是表现出理论的进化先于实践的特征。政党的发展也是这样。随着改良运动的兴起,出现了大量的政治性组织,当时名之曰"会",如强学会、南学会等。早期的资产阶级革命派组织也称作"会"。称"会"而不称"党",一方面由于清统治者的党禁严厉;另一方面,与人们鄙视"朋党"和畏惧"党祸"的社会政治心理有关。梁启超在《政闻社宣言书》中便道出了苦衷。他说:"政闻社其即今世立宪国之所谓政党乎?曰是固所愿望,而今未敢云也。"直到清政府推行"新政"四年之后,才有人公开称党。

近代西方政党观念的输入,为近代中国从封建君主政治向着近代政党政治的转型准备了文化条件。早期改良派的政治组织虽然也有明确的政治主旨和领导骨干,但往往组织松散,纪律涣散,还远未达到政党的水平。1894年11月24日孙中山在檀香山创立了革命团体兴中会,标志着中国近代第一个资产阶级政党的诞生。

兴中会的政治宗旨明确,提出了九条宣言,宣称"是会之设,专为振兴中华,维持国体起见"。"创兴是会以申民志,而扶国宗。"它的政治纲领是:"驱除鞑虏,恢复中华,创立合众政府。"要以资本主义的共和制取代君主政治。兴中会的组织原则是民主选举和少数服从多数,凡决定重大事项,"当照舍少从多之例进行,以昭公允"。并规定"不论中外各国人士,倘有心益世,肯为中国出力"者均可入会。入会者要宣读誓词,填写入会盟书。兴中会的成立掀开了中国近代政治史的新一页。此后,随着革命形势的高涨,从1895年至1905年的十年间,全国涌现出大批新型革命组织,主要有:黄兴在长沙成立"华兴会",吕大森、胡瑛等在武昌建立"科学补习所",蔡元培、陶成章在上海成立"光复会"。此外,江苏有励志学会、强国会,安徽有岳王会,江西有自强会、我群社;

福建有文明社、益闻社,四川有公强会、公德社,贵州有自治会、科学会,云南有誓死会,等等。这些"会""社"成员大都有限,至多数百人,组织方式和纪律也不十分周密,但它们宗旨明确,就是要以革命手段推翻清朝,建立民主政治。例如科学补习所的宗旨是"革命排满";光复会的宗旨是"光复汉族,还我山河,以身许国,功成身退"。这些小型革命组织为日后统一的资产阶级政党——中国同盟会的建立作了组织准备。1905 年 8 月 20 日,中国同盟会在日本东京赤坂区灵南坂阪本金弥寓所举行成立大会,通过了中国同盟会《章程》三十条(同盟会《章程》三十条已佚,现存《中国同盟会总章》是 1906 年 5 月 16 日修订的,只有二十四条)。选举孙中山为总理。同盟会以"三民主义"作为政治纲领。《章程》规定,其总部领导机构依"三权分立"原则,设执行、评议、司法三部,联席议事。下设九个支部。国内为东、西、南、北、中五个支部,每支部下辖几省,省设分会。国外为南洋、欧洲、美洲、檀香山四个支部。支部下依国别设分会。同盟会以《民报》作为机关报。入会誓词为:"驱除鞑虏,恢复中华,创立民国,平均地权。"同盟会的成立意味着资产阶级革命力量以政党的新形式登上历史舞台,敲响了中国两千年封建君主政治的丧钟。

值得注意的是,近代中国的政党并非只是革命派一系。1906 年清统治者迫于形势,颁行《预备仿行立宪》上谕后,立宪派政党纷纷成立。如康有为的帝国宪政会,梁启超的政闻社,郑孝胥、张謇的预备立宪公会,杨度、熊范舆的宪政公会,等等。这些组织的宗旨是"君民共治、满汉不分"的君主立宪政治。

近代政党的出现意味着中国历史走到了一个新的起点,一种新型的政治格局正在开辟。

辛亥革命——民主与专制之争

　　1911 年发生的辛亥革命,结束了统治中国几千年的皇帝专制,一度建立了资产阶级民主共和国, 中国历史开创了新纪元。这场革命虽然失败了,但标志着中国民主力量的崛起,昭示了专制集权必然退出历史舞台的命运。

　　辛亥革命之所以发生,从经济上讲是洋务运动以来中国民族资本主义工商业发展的结果;从政治上讲则是鸦片战争后七十年间中国人民反帝反封建斗争的集中体现;从思想上讲是近代中国民主自由主义冲击传统的封建主义的特殊反映。走在这场革命前列的是以孙中山为代表的资产阶级革命民主派,具体可概括为知识分子出主意,会党和新军出力,华侨出钱,三股力量交叉性地结合,推进了武昌起义的爆发。

　　早在 1894 年, 孙中山就在海外成立了第一个资产阶级革命小团体——兴中会,提出"驱除鞑虏,恢复中华,创立合众政府"。随后不断发动反清的武装起义,但响应者不多。1900 年后,随着八国联军侵华战争的发生,清政府朝不保夕,帝国主义的侵略日益加深,国破家亡的惨祸威逼着中华民族的生存,反清和救亡成了时代的主旋律,孙中山逐渐为大多数中国人所了解,他倡导的革命主张受到了各方面的支持,"一日千丈"地发展了起来。1903 年前后,在孙中山周围聚集了一批思维敏捷、见解新颖又献身祖国的知识分子。他们办报刊,写文章,搞集会,鼓吹反清,介绍西方资产阶级的民主理论,呼吁建立民主共和国。邹容的《革命军》、陈天华的《狮子吼》和《猛回头》、章太炎的《驳康有为论革命书》、秋瑾办的《中国女报》风靡全国,在思想界出现了反专制、争民主的大潮。与此相联系,湖南、湖北、浙江等地先后出现了华兴会、科学补习所和光复会等革命小团体,并不断组织武装起义。1905 年 8 月,孙中山面对高涨的革命形势,在日本东京成立了中国第一个政党——同盟会，提出"驱除鞑虏，恢复中华，建立民国，平均地权"的十六字纲领，后又概括民族、民权、民生的"三民主义"。从此，在同盟会的领导下，民主革命迅速向前推进。

1905年前后，梁启超这批在戊戌变法时期急切要求改革的维新志士对孙中山等革命派的反清革命越来越不理解，并著文反对，认为中国只能改良，不能革命；只能实行"开明专制"，不能建立民主共和国；只能维持旧有的土地所有制，不能平均地权。这批人能量很大，直接妨碍着革命的进程。因此，孙中山发动了1905年至1907年的革命派和改良派的大论战，以无可辩驳的事实抨击了梁启超等人的谬论，使"三民主义"理论得到了普及，梁启超的阵地逐步缩小，在思想上为辛亥革命的到来奠定了基础。

在展开思想斗争的同时，同盟会组织发动了一系列的武装起义，其中著名的有1906年的萍（乡）浏（阳）醴（陵）大起义，1907年至1908年孙中山发动的华南沿海和广西的六次大起义，1907年后浙江光复会的两次大起义，1910年的广州新军起义和1911年4月27日的黄花岗起义。黄花岗起义由黄兴具体领导，集中了同盟会最优秀分子，不少青年一腔热血洒在了羊城的沃土上，显示了中国人民争民主、争自由的英雄气概。现存的广州黄花岗公园，就是对他们最好的纪念。这些起义，由于没有建立巩固的革命根据地，准备不足，仓促起事，所以都失败了。但是，它振奋了全国各族人民反清的决心和勇气，为武昌起义铺平了道路。

1911年夏秋之交，随着清廷进行的"假立宪"的失败，各地反帝爱国运动和反清民主风潮此起彼伏。广东、湖南、湖北一带的保路运动持续高涨，四川的保路运动则开始向武装反清的方向发展。为了镇压四川人民的反抗，清政府急忙从武昌调大批军队入川。武昌的革命党人见有机可乘，便积极组织武装起义。9月中旬，同盟会下属的两个革命小团体——文学社和共进会实现了联合，决定在中秋节前后发动反清起义。10月9日，革命党人在汉口英租界的一所房子里秘密试制炸弹，不幸因抽烟起火，暴露了目标，清军四处捕人，阴森恐怖。10日晚，工程营第八营的革命党人为了将起义推向前进，打响了反清的枪声，各处革命党人迅速响应，占领了湖北总督衙门，取得了起义的胜利。这就是著名的10月10日武昌起义。

武昌起义胜利后，群龙无首，原商定的新政府的领导人刘公、孙武和蒋翊武都不在武汉，没办法，于是推清军混成协的统带黎元洪出任湖北军政府都督,并以他的名义通电全国。一个月内,湖南、陕西、上海、江苏、广东、广西、福建、云南、贵州、四川、山西、安徽、江西等地纷纷响应,脱离清政府的统治。为了建立一个统一的中央政府, 各地派代表往武汉 (后转往南京),决定成立南京临时政府,推孙中山为临时大总统。1912 年 1 月 1 日,具有伟大历史意义的南京临时政府正式宣布成立。它敲响了封建专制集权的丧钟,代表着中国人民争取民主斗争的胜利。

但是,地主买办阶级具有很强的政治和经济实力,只要有一点可能,它们绝不让民主之花在中国盛开。当时清廷是没有希望了,反动派已把目光集中于袁世凯身上。袁世凯,字慰亭,河南项城人,地主官僚出身,甲午战争后在天津小站练兵,成为新建陆军七千人的首领,从此为人侧目。戊戌变法时, 他采取两面派的手法, 出卖了康梁维新派, 将光绪帝推入火坑。1900 年后,飞黄腾达,不可一世。光绪帝死后,1909 年宣统皇帝继位,乳臭未干,实际由其父(光绪之弟)载沣总理朝政。载沣本想为兄报仇,杀掉袁世凯,但迫于各方面的压力,将袁赶回河南老家。武昌起义一爆发,袁世凯认为他东山再起的机会来了。因为清廷不用袁世凯就无法对付南方的革命党人。可是,袁世凯被起用后,并不忠于清廷。他的如意算盘是用清廷压南方革命党就范,用南方革命党逼清廷退位,一箭双雕,权归袁氏。于是,袁世凯先命北洋军进攻武汉,占领汉口、汉阳,但不渡江攻武昌,以保留革命党,作为他向清廷要权的筹码。同时,做出和谈的姿态,麻痹革命党人。随后即派人逼清廷让位。2 月 12 日,清帝被迫退位,13 日袁世凯去电孙中山要总统职位。理由是南北和谈中有一条协议,只要袁迫清廷退位,就请他任大总统。2 月 15 日,孙中山信守自己的诺言,由南京临时参议院选袁世凯为临时大总统。4 月 1 日孙中山解职,辛亥革命的胜利成果被袁世凯窃取了。

袁世凯上台后,并没有扔掉民主共和的招牌,表面上有宪法、国会,实行选举制,但实质上专制独裁,践踏民主,较清廷有过之而无不及。专制集权采用"新瓶装旧酒"的方式又延续下来了。诚如一首诗中所称:"无量金钱无量血,可怜购得假共和。"1916 年,当袁世凯认为自己的独裁统治相对稳定了,就亮出了做皇帝的本意,爬上了洪宪皇帝的宝座。然而,民主的潮流不可阻挡,人民的觉醒不可低估,仅八十三天,袁世凯就被赶下台,在恐惧和哀丧中离开了人世。袁世凯死后,出现了北洋军阀混战,也演过十二

409

天的张勋复辟,国家一天天地坏下去,但追求进步和光明的中国人民又开始了新的反思,一代青年知识分子痛苦地思索着辛亥革命的历史教训,含辛茹苦地向西方寻求救国救民的真理,包括留法勤工俭学,研究马克思主义,最后终于找到了中国问题的症结——缺少科学和民主。以此为两面大旗,先进知识分子发动了新文化运动,后发展为震惊中外的五四运动,中国又出现了新的生机。